ROUDH EL-KARTAS.

HISTOIRE
DES
SOUVERAINS DU MAGHREB
(ESPAGNE ET MAROC)

ET ANNALES DE LA VILLE DE FÈS.

A PARIS,

CHEZ BENJAMIN DUPRAT,

LIBRAIRE DE L'INSTITUT, DE LA BIBLIOTHÈQUE IMPÉRIALE ET DU SÉNAT,

Rue du Cloître-Saint-Benoît, n° 7 (rue Fontanes);

CHEZ CHALLAMEL AINÉ,

LIBRAIRE COMMISSIONNAIRE POUR L'ALGÉRIE, LES COLONIES ET L'ORIENT,

Rue des Boulangers, n° 30,

ET A LA LIBRAIRIE NOUVELLE,

Boulevard des Italiens, n° 15.

Propriété du traducteur. Droits réservés. Formalités remplies.

ROUDH EL-KARTAS.

HISTOIRE

DES

SOUVERAINS DU MAGHREB

(ESPAGNE ET MAROC)

ET ANNALES DE LA VILLE DE FÈS.

TRADUIT DE L'ARABE

PAR A. BEAUMIER,

AGENT VICE-CONSUL DE FRANCE À RABAT ET SALÉ (MAROC)
CHEVALIER DE LA LÉGION D'HONNEUR, ETC.

PUBLIÉ SOUS LES AUSPICES DU MINISTÈRE DES AFFAIRES ÉTRANGÈRES.

PARIS.

IMPRIMÉ PAR AUTORISATION DU GARDE DES SCEAUX

A L'IMPRIMERIE IMPÉRIALE.

M DCCC LX.

AVERTISSEMENT.

Roudh el-Kartas, le Jardin des feuillets, écrit à la cour de Fès, en 1326, sur les livres et les documents les plus authentiques de l'époque, par l'imam Abou Mohammed Salah ben Abd el-Halîm, de Grenade, nous éclaire sur cinq siècles et demi de l'histoire d'Occident, durant lesquels cinq dynasties et quarante-huit émirs se sont succédé sur le trône de Fès et de Maroc. Chacune de ces dynasties a eu sa capitale de prédilection et sa nécropole, où les tombeaux des anciens souverains sont aujourd'hui encore vénérés comme des lieux saints; chacune a laissé des monuments que l'on peut dire impérissables.

L'auteur commence son récit à la fuite d'Edriss, cinquième descendant d'Ali, gendre du Prophète, qui, en l'an 788 de Jésus-Christ, chassé de l'Arabie, arrive dans le Maroc, y propage l'Islamisme, bâtit *Fès* et fonde la dynastie des *Edrissites*, qui règnent pendant deux cents ans.

Les *Zenèta* enlèvent le pouvoir aux descendants

d'Ali, se déclarent indépendants des Ommiades, maîtres de l'Espagne, et, ne pouvant asseoir leur gouvernement à Fès (la turbulente), fondent *Oudjda*, où ils maintiennent pendant quatre-vingts ans le siége de leur puissance.

Les *Almoravides*, s'élançant du Sahara occidental, parviennent à renverser les Zenèta, fondent *Maroc*, leur capitale, et pénètrent en Espagne à la suite de la sanglante bataille de *Zalaca* (1086 de J. C.). Ils règnent simultanément à Maroc et à Cordoue pendant soixante et dix-huit ans, avec le titre de *Princes des Croyants*, que les sultans du Maroc ont conservé depuis lors.

En l'an 1140 de Jésus-Christ, les *Almohades*, surgis de *Tynmâl*, ville de l'Atlas (*Daren*), arrachent aux Almoravides Maroc, Fès, tout le nord de l'Afrique jusqu'à Barka et la plus grande partie de l'Espagne; ils élèvent à son apogée la puissance musulmane en Occident (bataille d'*Alarcos*, 1196 de J. C.), et marquent, par leur désastre d'*Hisn el-Oukab* (Las Navas de Tolosa, 1212 de J. C.), la première heure de sa décadence.

Pendant un règne de cent trente ans, les Almohades édifient Gibraltar; les quais, la kasbah, les fortifications, l'aqueduc, la grande mosquée, le minaret (la Giralda) et la Tour-d'Or de Séville; la kasbah et l'aqueduc de Fès; la kasbah, l'aqueduc et la grande tour de Maroc; la ville de Rabat et la tour de Hassan; les fortifications d'Oudjda, de Mezemma et de Badès dans le Rif.

Enfin les *Beny Meryn*, anciens Arabes d'Orient, confondus avec les Berbères de la lisière du Sahara, arrivent pour saisir et perdre peu à peu l'héritage en lambeaux des Almohades, dont ils ne conservent que la partie comprise entre la Moulouïa et l'Atlantique, la côte du Rif et le Désert, c'est-à-dire le *Maroc* tel qu'il est encore aujourd'hui.

Les Beny Meryn édifient successivement les nouvelles villes d'Algéziras el-Djedid, Fès el-Djedid, Tlemcen el-Djedid et Oudjda, qu'ils avaient rasée au commencement de leur domination.

C'est sous le règne du neuvième souverain de cette dynastie des Beny Meryn qu'a vécu l'imam Abd el-Halîm; c'est à cette époque (1326 de J. C.) que s'arrête son histoire.

Roudh el-Kartas contient, en outre, les dates et quelquefois les descriptions des phénomènes célestes et des fléaux qui ont épouvanté ou frappé l'humanité durant cette longue période de plus de cinq siècles. Il donne les titres de certains ouvrages et les noms de divers personnages de l'époque, auteurs, médecins, légistes et autres, et ces notes ne peuvent que faciliter les nouvelles recherches que l'on pourrait faire, dès à présent, dans les bibliothèques de Séville et de Cordoue, et qui se feront sans doute un jour dans celles de Fès, où l'auteur du Kartas nous dit que *treize charges de manuscrits* ont été déposées, en 684 (1285 J. C.), par l'émir Youssef, qui les avait arrachés au roi de Séville, Sancho, fils d'Alphonse X.

Roudh el-Kartas, en nous faisant suivre la marche des armées dans toutes les directions de l'empire maghrebin, nous donne encore de précieux renseignements sur la topographie du Maroc. Le Maroc! étrange phénomène politique qui, en regard des côtes de l'Europe et limitrophe de l'Algérie, est resté jusqu'à ce jour en dehors des investigations des savants, des voyageurs et du courant de la civilisation!

Écrit *par un Musulman et pour des Musulmans*, ce livre dévoile, enfin, le caractère immuable de cette loi intolérante qui peut toujours, d'un moment à l'autre, reproduire ces excès de fanatisme sanglant qui viennent, une fois encore, de faire frémir tout le monde chrétien! de cette religion du fatalisme qui paralyse seule l'intelligence incontestable et la bonne nature de l'Arabe africain! Aussi, au risque de sacrifier quelquefois l'élégance du style à l'exactitude de la traduction, nous sommes-nous appliqué à reproduire en fran-

AVERTISSEMENT.

çais le texte arabe de l'imam Abd el-Halîm dans toute son originalité, et mot à mot, pour ainsi dire. En lisant cet ouvrage, quiconque a des rapports avec les Musulmans reconnaîtra que les Arabes de nos jours pensent, agissent et écrivent comme pensaient, agissaient et écrivaient les Arabes du *Roudh el-Kartas*, il y a mille ans, et ce sera, entre autres enseignements, une observation pleine de conséquences.

« J'ai pu, » écrivait dernièrement un juge très-compétent, M. Léon Roches, dans un rapport officiel sur la traduction de *Roudh el-Kartas*, « j'ai « pu comparer la correspondance des émirs entre « eux, il y a huit cents ans, et celle des émirs « avec les princes chrétiens; il me semblait lire « les lettres que l'empereur du Maroc adressait, « en 1844, à son fils et au maréchal Bugeaud, et « qui ont été trouvées à la bataille d'Isly... »

En publiant notre traduction de *Roudh el-Kartas*, nous n'avons pas la prétention d'offrir une œuvre inconnue à la science; les savants orientalistes ont pu, depuis longtemps, trouver dans les différentes bibliothèques de Paris, d'Upsal, de Wiborg, de Leyde et d'Oxford, des exemplaires arabes plus ou moins complets de cet intéressant ouvrage, sur lesquels M. C. J. de Tornberg a fait sa remarquable traduction latine publiée à Upsal, en 1846, aux frais du gouvernement suédois.

M. de Tornberg a placé, au commencement de son volume, un savant examen critique de ces divers manuscrits arabes, dont pas un seul exemplaire ne possède, d'après lui, un texte correct, et dont plusieurs seraient même singulièrement tronqués ou altérés.

Notre traduction a été faite sur deux manuscrits arabes, les seuls que nous ayons pu nous procurer durant quinze années de recherches en Afrique. Le premier est une copie textuelle d'un très-ancien manuscrit (l'original peut-être), déposé dans la grande mosquée de la ville de Maroc, faite par un thaleb que nous envoyâmes, à cet effet, pendant notre séjour à Mogador; il porte la date de Maroc, an 1263 (1846 de J. C.). Le second a été trouvé par nous quelques années plus tard, à Tunis, et porte la date de Fès, an 1100 (1688 de J. C.). Les orientalistes pourront consulter ce dernier exemplaire, qui est très-net et très-complet, à la Bibliothèque impériale de Paris, à laquelle nous nous proposons d'en faire hommage aussitôt après la publication de notre traduction [1].

[1] Nous nous proposons également d'offrir à la bibliothèque de

Dans son examen critique, M. de Tornberg discute également la valeur des différentes traductions du Kartas, qui ont été tentées à plusieurs époques. La première, qui existe à la Bibliothèque impériale de Paris, est un manuscrit français, autographié de Pétis de la Croix, « terminé le 28 novembre 1693. » Une copie en a été donnée à la bibliothèque d'Upsal; « il est, « dit M. de Tornberg, comme l'ébauche d'un « livre. C'est plutôt une espèce de paraphrase « qu'une traduction fidèle, moins en rapport « avec les termes qu'avec le sens du texte. » Vient ensuite une traduction en allemand (Agram, 1794) de F. Dombay : « Il s'en faut de beau-« coup, dit le savant suédois, que le livre de « Dombay soit la traduction fidèle de l'ouvrage « de l'auteur; on peut, à bon droit, ne la con-« sidérer que comme un abrégé. » En 1828, un père de la Merci, Antonio Moura, homme « d'un rare talent dans la littérature arabe, » fit paraître une traduction en portugais « plus « conforme au texte, et destinée à mettre en lu-« mière l'histoire du Portugal. » Enfin, « Conde, »

Marseille notre manuscrit de Maroc, dont nous avons eu l'honneur de déposer à la bibliothèque du ministère des affaires étrangères une belle copie, faite sous nos yeux, en 1858, à Salé, par un des écrivains du sultan Moulaï Abd er-Rahman.

dit toujours l'auteur de l'examen critique que nous citons, « a inséré dans son livre très-connu « sur l'histoire d'Espagne, traduite en allemand « par Rutschmann, la presque totalité du Kartas, « sans faire mention de l'auteur, suivant son ha- « bitude..... Le jugement sévère que Gayangos « a naguère porté sur le livre de Conde me pa- « raît d'autant mieux fondé qu'en le lisant avec « attention, j'y ai trouvé de grossières erreurs qui « ne pourraient s'expliquer si on n'avait à cons- « tater que Conde était mort avant que son tra- « vail fût terminé. »

En ce qui nous concerne, nous devons humblement confesser que, lorsque nous fîmes copier à grands frais notre premier manuscrit dans la bibliothèque de la mosquée de Maroc, nous ignorions complétement l'existence des divers exemplaires répandus en Europe, ainsi que des traductions qui en avaient été faites; ce n'est qu'au moment de la publication de notre ouvrage que la connaissance du livre latin de M. de Tornberg nous a éclairé. Néanmoins, loin de rien regretter, nous trouvons, au contraire, dans le cas que nos maîtres paraissent avoir toujours fait de cet important livre d'histoire, le meilleur témoignage de l'utilité de notre travail. Nous espérons, d'ailleurs, qu'il nous sera tenu compte d'avoir mené à fin un pareil ouvrage, en saisissant, pour ainsi dire, les rares loisirs que nous ont laissés des fonctions publiques, actives et incessantes, pendant un séjour de quinze années au Maroc et à Tunis, où, moins heureux que le savant professeur d'Upsal, nous n'avions, hélas! aucune des ressources ni aucun des documents qui auraient pu faciliter ou abréger notre tâche.

Un mot sur le nom de l'auteur et la signification du titre de *Roudh el-Kartas*. L'examen critique de M. de Tornberg nous apprend qu'il s'est élevé, à ce sujet, de nombreuses controverses. Sans avoir le droit de nous prononcer sur ces questions, nous nous bornerons à dire qu'en concédant à l'imam Abd-el-Halîm l'honneur d'avoir écrit le *Kartas*, nous nous sommes conformé non-seulement aux textes de nos manuscrits arabes, mais encore à l'opinion unanime des foukhâa et des tholba ou savants marocains que nous avons consultés. Ces érudits nous ont tous également donné la même explication du titre, assez bizarre il est vrai, de cet ouvrage. Selon eux, il serait ainsi nommé *Roudh el-Kartas*, le Jardin des feuillets, parce que l'imam Abd el-Halîm a dû recueillir une foule de notes, de documents, de feuillets épars pour les rassembler dans son livre, comme on rassemble des fleurs dans un parterre.

AVERTISSEMENT

En résumé, nous n'avons d'autre but, en publiant notre traduction, que de vulgariser un des rares ouvrages d'histoire marocaine qui jouissent, à juste titre, de l'estime générale des savants européens et des lettrés arabes. C'est parce que la connaissance du *Roudh el-Kartas* nous a rendu, à nous-même, les plus grands services dans nos rapports avec les Musulmans, que nous espérons faire une œuvre utile en le livrant à l'étude pratique des hommes, nombreux aujourd'hui, que leurs fonctions mettent en contact avec les Arabes ou qui ont intérêt à les connaître, et aux méditations de tous ceux qui s'occupent de l'histoire et de l'avenir de notre belle colonie d'Afrique.

Qu'il nous soit permis, en terminant, d'adresser ici un témoignage public de notre profonde gratitude,

A S. Exc. M. Thouvenel, ministre des affaires étrangères, dont la haute bienveillance nous a mis à même d'entreprendre la publication de notre ouvrage, et qui a daigné nous autoriser à le placer sous les auspices de son Département;

A chacun des ministères du gouvernement protecteur de Sa Majesté Impériale, qui ont honoré notre livre du généreux concours de leurs souscriptions;

A l'Imprimerie impériale de Paris;

AVERTISSEMENT.

A nos directeurs et sous-directeurs du ministère des affaires étrangères;

A tous nos chefs et à nos amis, qui nous ont assisté de leurs conseils et de leurs encouragements dans l'accomplissement de notre travail.

Auguste BEAUMIER.

Paris, le 25 octobre 1860.

Nota. Les ouvrages français qui traitent des Arabes ont adopté chacun une orthographe particulière pour les noms de lieux et de personnes. Cette diversité dans les modes de reproduction en français des lettres arabes est une cause permanente d'obscurité et de difficultés qu'il serait indispensable de faire disparaître. Nous croyons savoir que le ministère de l'Algérie, préoccupé à juste titre de ces inconvénients, songe à faire publier un dictionnaire officiel de tous les noms arabes transcrits en caractères français. En attendant cette utile publication, nous nous sommes conformé, autant que possible, en ce qui nous concerne, à l'orthographe adoptée par M. le baron de Slane dans son savant et bel ouvrage, l'Histoire des Berbères.

ROUDH EL-KARTAS.

HISTOIRE
DES SOUVERAINS DU MAGHREB
ET

ANNALES DE LA VILLE DE FÈS.

Au nom de Dieu clément et miséricordieux!

Que Dieu répande ses bénédictions sur notre seigneur Mohammed, sa famille et ses compagnons, et leur accorde le salut!

Il n'y a de force et de puissance qu'en Dieu très-haut, très-magnifique!

Le cheïkh, l'imam distingué, savant et sage, versé dans le hadits, Abou Mohammed Salah ben Abd el-Halim, que le Très-Haut lui fasse miséricorde et l'agrée, amen! a dit:

Louanges à Dieu qui conduit toutes choses selon sa volonté et sa direction, qui aplanit les difficultés par son soutien et son concours, qui a créé toutes choses dans sa sagesse et leur a donné leurs formes, qui a donné la vie à ses créatures par son pouvoir et leur a dispensé les choses nécessaires à leurs besoins! Je lui adresse mes louanges, et mes louanges sont celles d'un homme qui connaît sa faiblesse et les bienfaits du Seigneur. « Il n'y a de Dieu que Dieu seul, il n'a pas d'associé! Je le témoigne du fond de mon cœur et de ma pensée. Je témoigne aussi que notre seigneur Mohammed est le serviteur et l'envoyé de Dieu, qui l'a élu pour remplir sa mission, et dont il a mérité l'amitié, les bienfaits et la toute-bonté. Que le Très-Haut répande ses bénédictions sur lui et sur sa famille juste et pure, sur ses femmes sans taches qu'il a exemptées de souillures! Que Dieu soit propice à ses compagnons qui, les premiers, l'ont suivi dans la foi et la victoire, lui ont porté honneur et respect, et à ceux qui les ont suivis et qui les suivront jusqu'au jour de la résurrection dans la voie du bien! Que cette prière soit faite aussi longtemps que la nuit aura ses ténèbres et le jour sa lumière! »

Je prie aussi pour l'heureux règne des Méryn, fils d'Othman. Que Dieu élève leurs ordres et leur puissance! Qu'il conserve leur gouvernement aussi longtemps que les jours! Qu'il les comble de grandeurs et de prospérités, leur donne la victoire et des conquêtes éclatantes! Ensuite, que Dieu prolonge la vie de notre maître le khalife, l'imam qui chérit et élève l'islam, qui déteste et dompte l'infidèle, la couronne qui répand la justice, qui découvre et confond l'injustice, le prince du temps, l'ornement du siècle, le défenseur de la religion et de la foi, l'émir des musulmans, Abou Saïd Othman, fils de notre maître, le protégé, le victorieux, le roi, l'adorateur, l'austère, le juste qui excelle en toutes choses, le prêtre de la justice, le soutien de la vérité, l'émir des musulmans, Abou Youssef Yacoub ben Abd el-Hakk! Que Dieu rende notre maître victorieux! Qu'il le protége, éternise son gouvernement et ses jours! Qu'il comble de bonheur et de victoires sa bannière et ses enseignes! Qu'il lui ouvre les régions de l'Orient et de l'Occident! Qu'il fasse tomber les têtes de ses ennemis pour qu'il puisse monter sur leurs cols en temps de paix ou de guerre! Qu'il lui donne des victoires éclatantes! Qu'il laisse le khalifat à ses descendants jusqu'au jour de la résurrection, et que ses descendants le conservent et le fassent revivre sans cesse! Qu'ils élèvent sa lumière! Qu'ils le préservent du mal! Puissent la prospérité accompagner leurs affaires, la joie être toujours sur leur seuil, la victoire unie à leur bannière, et puissent tous les cœurs les aimer aussi longtemps que les teintes variées de l'aurore coloreront le vêtement de la nuit, et que les oiseaux chanteront et gazouilleront sur les arbres! Je prie pour notre maître qui ne cesse de défendre l'islam, qui combat dans la vérité pour cette vie et pour l'autre, qui donne sans ostentation, et chez qui l'on trouve ce que l'on désire. Et, lorsque j'ai vu la générosité de cet heureux gouvernement, que Dieu l'éternise ! ce règne semblable à un collier de perles précieuses, dont toutes les bouches chantent les louanges et dont toutes les actions étincellent, jetant partout leur clarté, ce règne qu'une resplendissante lumière soutiendra à jamais ; ce prince qui suit l'exemple de ses ancêtres et ne peut pas périr : j'ai voulu aussi en tracer les beautés et chercher à les rendre accomplies. J'ai essayé d'écrire ses grandeurs dans cet ouvrage; mais elles sont telles que je n'ai pu les exprimer par des mots. Je me suis placé sous l'ombre de cette cour, et j'en ai bu l'eau douce ! Mon livre, d'une étendue moyenne, contient les beaux faits de l'histoire ; il réunit les principales époques, leurs merveilles et leurs prodiges. Il contient aussi l'histoire des rois et des hommes illustres de l'antiquité, et la durée des dynasties anciennes, leurs règnes, leurs origines, leurs âges, leurs gouvernements, leurs guerres, leur conduite envers leurs peuples, leurs constructions dans le Maghreb, leurs conquêtes dans les régions diverses, la description de leurs châteaux et de leurs forteresses, les impôts qu'ils ont perçus. J'énumère émir par émir, roi par roi, khalife par khalife, siècle par siècle, selon leur rang et leur mérite, depuis le commencement du règne du chérif Edriss, fils d'Abd Allah el-Hosseïn jusqu'à nos jours.

J'y ai mis tous mes soins, j'y ai employé tous mes

efforts, j'y ai consacré tout mon temps. J'ai demandé à Dieu si mon œuvre lui serait agréable. Je l'ai prié de me secourir. Dieu m'a entendu et je dois la réussite à ses bienfaits et à la bénédiction de notre maître, l'émir des musulmans.

J'ai rassemblé ce joli recueil en choisissant les perles des principaux livres d'histoire authentiques. Je n'ai décrit que les faits véritables et je me suis borné aux explications essentielles, en renvoyant pour plus de détails aux ouvrages dont je me suis servi. J'ai ajouté ce que j'ai appris moi-même des cheïkhs de l'histoire, de mes collègues, et des écrivains contemporains, tous gens honnêtes et dignes de foi, dont je connais la vie et l'origine, que j'aurais rapportées si je n'avais craint de surcharger et obscurcir mon livre de choses inutiles. J'ai cherché à dire le plus de choses possible en peu de mots, et j'ai ainsi fait un livre d'étendue moyenne, ce qui est préférable à tout, comme le savent les sectateurs du Prophète (que Dieu le comble de bénédictions!), au précepte duquel je me suis conformé. Dans le hadits, il est dit qu'un jour Mohammed, conversant avec ses compagnons, leur apprit que, de toutes choses, la moyenne est la meilleure. J'ai intitulé mon livre *Roudh el-Kartas* (Jardin des feuillets), *Histoire des souverains du Maghreb et annales de la ville de Fès*. Que Dieu préserve mon ouvrage d'erreurs, il ne contient que ce que j'ai pensé. Puissé-je en être récompensé! Que le Seigneur nous conserve notre maître, l'émir des musulmans, que son règne soit au-dessus de tous les règnes, et que ses ennemis lui soient soumis, que sa puissance soit victorieuse et ses jours chéris de tous!

Il n'y a de Dieu que Dieu, et de bien que son bien!

ANNALES
DES
SOUVERAINS DU MAGHREB,

DEPUIS LES EDRISSITES HOSSEÏNIENS

(QUE DIEU LES AGRÉE!),

LEUR HISTOIRE

ET CELLE DE LA VILLE DE FÈS, BATIE PAR EUX,

DEMEURE DE LEURS PRINCES ET SIÉGE DE LEUR GOUVERNEMENT.

L'auteur de ce livre (que Dieu lui pardonne!) raconte ainsi les motifs de la venue et de l'établissement dans le Maghreb des Edrissites Hosseïniens. L'imam Mohammed, fils d'Abd Allah, fils d'Hosseïn, fils d'el-Hosseïn, fils d'Ali, fils d'Abou Thaleb (que Dieu les agrée!), s'était soulevé contre Abou Djafar el-Mansour, l'Abbassite, prince des musulmans dans l'Hedjaz, dont il blâmait la tyrannie et les iniquités; on était alors dans l'année 145 (762 J. C.). El-Mansour envoya à Médine une grande armée qui chassa l'imam Mohammed et s'empara de sa famille et de ses amis. L'imam, s'étant échappé, se dirigea secrètement vers les pays de la Nubie, où il demeura jusqu'à la mort d'el-Mansour (que Dieu lui fasse miséricorde!). El-Mehdi, fils d'el-Mansour, devint khalife à la place de son père; Mohammed ben Abd Allah ben Hosseïn partit pour la Mecque à l'époque du Mousam, et, à son arrivée, il convoqua le peuple pour se faire proclamer souverain; un nombreux parti l'accueillit, et les habitants de la Mecque et de Médine, ainsi qu'un grand nombre d'hommes de l'Hedjaz, se soumirent à lui. Mohammed fut surnommé *le Probe*, à cause de sa dévotion et de son extrême probité, de ses aumônes, de son abstinence, de sa science et de ses bienfaits. Il avait six frères : Yahya, Soliman, Ibrahim, Aïssa, Ali et Edriss; il en dépêcha plusieurs dans les principaux pays, avec mission de faire reconnaître sa souveraineté. Ali, qu'il envoya en Ifrîkya, fut accueilli par un grand nombre de tribus berbères, mais il mourut avant d'avoir atteint son but. Yahya, qui fut envoyé au Khorassan, y demeura jusqu'à l'époque de la mort de son frère Mohammed, où il se réfugia dans le pays de Deïlem. Il y fut bien reçu, parvint à s'y faire reconnaître souverain, et devint très-puissant. Le khalife el-Rachid, après avoir vainement envoyé ses armées contre lui, fut obligé d'employer la ruse, et parvint à l'attirer à sa cour en lui donnant l'aman. Yahya resta quelque temps auprès du khalife et finit par y être empoisonné.

Soliman alla en Égypte, et y demeura jusqu'à ce qu'il eût appris la mort de Mohammed son frère; alors il passa successivement dans le Soudan, dans le Zâb africain[1], et arriva enfin à Tlemcen, ville du Maghreb, où il se fixa. Il eut un grand nombre d'enfants, qui, plus tard, à l'époque de son frère Edriss, prirent le nom d'Hosseïniens, à cause de leur descendance de Soliman, fils d'Abd Allah, fils d'Hosseïn. Ce fut aussi alors, dit-on, que ces Hosseïniens se répandirent dans le sud, et pénétrèrent jusque dans le Sous el-Aksa[2].

Cependant l'imam Mohammed étant devenu fort et puissant à la Mecque, en sortit avec une nombreuse troupe de soldats de l'Hedjaz, de l'Yémen et d'autres lieux, pour attaquer l'armée d'el-Mehdi. La rencontre eut lieu à un endroit connu sous le nom de Fadj, situé à six milles de la Mecque (que Dieu l'ennoblisse!). Un grand combat fut livré, et le massacre fut sanglant. L'imam Mohammed fut tué (que Dieu lui fasse miséricorde!), son armée mise en déroute, la majeure partie de ses soldats massacrés, et les autres dispersés et mis en fuite. Les cadavres furent abandonnés sur le champ de bataille, tant ils étaient nombreux, et devinrent la proie des oiseaux et des lions. Le combat eut lieu un samedi, jour de Trouyat[3], 8 du mois dou'l hidjâ de l'année

[1] Zâb, ancienne province d'Afrique, dont le chef-lieu était Biskera.

[2] Sous el-Aksa, province extrême de la Mauritanie, chef-lieu Tarudant. (*Géographie d'Aboulféda et d'Idrisi.*)

[3] يوم التّرويّة jour de la boisson; c'est le jour où les pèlerins de la Mecque boivent l'eau du puits de Zemzem.

169 (786). Ibrahim, qui fut du nombre des fuyards, vint chercher asile à Bassora, où il se fixa. Il continua à faire la guerre à ses ennemis, jusqu'à ce qu'il eût trouvé la mort dans un combat (que Dieu lui pardonne!)

Edriss, après la mort de son frère et des siens, prit la résolution de se réfugier dans le Maghreb. Il sortit, déguisé, de la Mecque, accompagné d'un ancien serviteur, nommé Rachid, passa en Égypte, et arriva dans la capitale, qui était gouvernée par un des lieutenants d'el-Mehdi, nommé Ali ben Soliman el-Hachemy. Edriss et son serviteur firent halte en cette ville, et, un jour, tandis qu'ils parcouraient les places et les rues, ils s'arrêtèrent devant une fort belle maison, dont ils se mirent à contempler l'architecture et l'extérieur remarquable. En ce moment le maître du logis sortit, les salua, et, après qu'ils eurent rendu le salut, leur demanda pourquoi ils considéraient ainsi cet édifice.

« Seigneur, répondit Rachid, nous admirons sa
« grandeur, son architecture et sa solidité. — Vous
« êtes étrangers, à ce que je vois? dit cet homme.
« — Puisse notre venue vous être propice! nous
« sommes étrangers. — Quel est votre pays? —
« L'Hedjaz. — Et de quelle ville de l'Hedjaz êtes-
« vous? — Nous sommes de la Mecque. — Appar-
« tiendriez-vous aux descendants d'Hosseïn, et seriez-
« vous du nombre de ceux qui ont pris la fuite après
« la défaite de Fadj? » A cette question, Edriss et

Rachid furent sur le point de déguiser la vérité, pour cacher leurs affaires; mais, leur interlocuteur leur ayant paru bon et bienfaisant, Rachid répondit : « Seigneur, sur votre physionomie il nous a semblé « que nous n'avions que le bien à attendre de vous; « car vos actions doivent être comme la sérénité de « votre front et la joie de votre visage. Cependant, « si nous nous faisions connaître à vous, si nous vous « disions nos affaires, garderiez-vous le secret? — Je « vous le promets, au nom du Seigneur de la Kaaba ! « Je cacherai vos affaires; je garderai vos secrets, « et je ferai tout ce qui me sera possible pour votre « bien. — C'est ce que nous avions pensé de vous, « et ce que nous attendions de votre bienfaisance, « reprit Rachid. Eh bien, voici Edriss, descendant « d'Hosseïn, fils d'Ali, fils d'Abou Thaleb (que Dieu « les agrée tous!), et je suis son serviteur Rachid, et « je l'ai accompagné dans la fuite, parce que je crai- « gnais qu'il ne perdît la vie avant qu'il eût atteint « le Maghreb. — Rassurez-vous donc, et cessez de « craindre. J'appartiens aussi au peuple de la Mec- « que, je suis un de ses serviteurs, et, comme tel, « je dois être le premier à garder ses secrets et à « faire tout ce qui est en mon pouvoir pour son bien. « Soyez donc sans peur, sans soupçons, car vous êtes « mes hôtes. » Ils entrèrent alors dans la maison, et ils y demeurèrent quelque temps, comblés d'attentions et de générosités.

Cependant le gouverneur Ali ben Soliman el-

Hachemy, ayant été informé de la présence de ces étrangers, fit venir l'hôte qui les avait accueillis, et lui dit : « Je sais que tu donnes refuge chez toi à deux « hommes, et le commandeur des croyants a ordonné « de poursuivre les Hosseïniens, et de faire périr tous « ceux que l'on découvrirait. Il a envoyé ses cava- « liers sur les chemins pour les chercher, et il a « placé des gardes sur les routes de la ville, pour vi- « siter les caravanes, afin que nul ne passe avant d'a- « voir fait reconnaître son identité, expliqué ses af- « faires, et déclaré d'où il vient et où il va. Je ne veux « point pourtant faire verser le sang du peuple de la « Mecque, ni être cause qu'il lui arrive aucun mal. « Je donne donc l'aman à toi et à tes hôtes; va les « trouver, et fais que dans trois jours ils ne puissent « plus être en mon pouvoir! »

L'Égyptien se rendit immédiatement auprès d'Ed- riss et de Rachid, leur fit connaître ce dont il s'agissait, et s'occupa aussitôt des préparatifs de leur départ pour le Maghreb. Il acheta trois bêtes de somme, dont une pour lui, fit d'abondantes provisions, et se munit de tout ce qui était nécessaire pour aller en Ifrîkya. Il dit ensuite à Rachid : « Sors avec la foule « par la grande route, tandis qu'Edriss et moi nous « prendrons un chemin détourné et solitaire. La ville « de Barka sera le lieu de notre rendez-vous, et nous « t'y attendrons; car là nous serons à l'abri des pour- « suites. — Ton avis est le mien, » répondit Rachid; et, s'étant déguisé en marchand, il sortit par la grande route avec la foule. Edriss et l'Égyptien partirent aussi, et, suivant toujours les lieux déserts, ils arrivèrent à la ville de Barka; ils attendirent la venue de Rachid, et alors l'Égyptien, ayant renouvelé les provisions et tout ce qui était nécessaire pour la continuation du voyage de ses hôtes, leur dit adieu et retourna dans son pays. Edriss et Rachid se mirent en route à travers l'Ifrîkya, et marchèrent à grandes journées jusqu'à ce qu'ils eussent atteint la ville de Kairouan, où ils se reposèrent quelque temps avant de reprendre leur voyage vers le Maghreb el-Aksa. Rachid était de ceux qui réunissent en eux le courage, la science, la prudence, la force, l'esprit, la religion et la pureté de la famille par excellence. En sortant de Kairouan, il revêtit par précaution Edriss d'une robe de laine ordinaire et d'un turban grossier, et, lui donnant des ordres, il affectait de le traiter comme un domestique. Ils allèrent ainsi jusqu'à Tlemcen, d'où, après s'être reposés quelques jours, ils se dirigèrent vers les terres de Tanger, et ayant passé l'Oued Moulouïa, ils entrèrent dans le Sous el-Adna. Le Sous el-Adna est compris entre la Moulouïa et la rivière Oumm el-Rebya. C'est la terre productive du Maghreb; elle est d'une merveilleuse abondance. Le Sous el-Aksa est compris entre Tedla et le Djebel Derèn.

Edriss et son serviteur marchèrent jusqu'à ce qu'ils eussent atteint la ville de Tanger. Tanger était alors la capitale du Maghreb, la mère de ses villes, la plus belle alors et la plus vieille. Mais j'ai déjà parlé de sa fondation et de ses annales dans mon grand ouvrage intitulé *Zohrat el-Boustân fi Akhbâr el-Zeman*.

Edriss et Rachid demeurèrent quelque temps à Tanger; mais ils ne purent s'y plaire, et ils se remirent en route. Ils arrivèrent à Oualily [1], chef-lieu des montagnes de Zraoun. Oualily était une ville entourée de superbes murs de construction antique, et située au milieu de belles terres, abondamment arrosées et couvertes d'oliviers et de plantations. Edriss descendit chez le chef d'Oualily, nommé Abd el-Medjid, qui le reçut généreusement, et qui, en lui entendant conter son histoire, donna les plus grandes marques de joie, l'accueillit dans sa propre maison et le servit en cherchant à prévenir tous ses désirs.

Ce fut l'an 172 (788 J. C.) qu'Edrisss entra dans le Maghreb. Son arrivée chez Abd el-Medjid à Oualily eut lieu dans les premiers jours du mois béni raby el-aouel de la même année.

Edriss demeurait depuis six mois à Oualily, lorsque dans le commencement du ramadhan de ladite année, Abd el-Medjid, ayant rassemblé ses frères et les Kabyles d'Ouaraba, leur fit connaître l'histoire d'Edriss, ses vertus et sa parenté avec le prophète de Dieu (que le Seigneur le comble de bénédictions et lui accorde le salut!). Il leur parla de sa noblesse, de sa

---

[1] Oualily, aujourd'hui Zaouïa Moulaï Edriss, située dans les montagnes de Zraoun, à vingt myriamètres environ de Fès et en vue de Mekenès. Lieu saint inaccessible aux infidèles.

science, de sa religion et de toutes les autres bonnes qualités qui étaient réunies en lui. « Loué soit Dieu « qui nous l'a donné! s'écrièrent les Kabyles. Sa pré- « sence au milieu de nous nous ennoblit ; car il est « notre maître et nous sommes ses esclaves, prêts à « mourir pour lui ! Mais dites : Que désirez-vous de « nous? — Proclamez-le souverain, répondit Abd el- « Medjid. — Nous avons entendu ; qu'il soit notre sou- « verain, qu'il reçoive ici le serment de notre sou- « mission et de notre fidélité! »

HISTOIRE DU RÈGNE DE L'IMAM EDRISS L'HOSSEÏNIEN, PREMIER IMAM SOUVERAIN DU MAGHREB.

Edriss, fils d'Abd Allah, fils d'Hosseïn, fils d'el-Hosseïn, fils d'Ali, fils d'Abou Thaleb (que Dieu les agrée!), se montra en public dans la ville d'Oualily, le vendredi quatrième jour du mois de Dieu ramadhan de l'année 172. La tribu des Ouaraba fut la première à le saluer souverain; elle lui donna le commandement et la direction du culte, de la guerre et des biens. Ouaraba était à cette époque la plus grande des tribus du Maghreb; puissante et nombreuse, elle était terrible dans les combats. Vinrent ensuite la tribu des Zenèta et des fragments des tribus berbères de Zouakhta, Zouagha, Lemmaya, Louata, Sedretta, Khyata, Nefrata, Mekenèsa et Ghoumâra, qui le proclamèrent et se soumirent à lui.

Edriss affermit son gouvernement et son pouvoir; de toutes parts on venait en foule lui rendre hommage. Bientôt devenu puissant, il se mit à la tête d'une immense armée, composée des principaux d'entre les Zenèta, Ouaraba, Senhadja et Houará, et il sortit pour faire une razia dans le pays de Temsena. Il se porta d'abord sur la ville de Chella, qui était la plus proche, et s'en empara. Il soumit ensuite une partie du pays de Temsena et se dirigea sur Tedla, dont il enleva les forteresses et les retranchements. Il n'y avait dans ce pays que quelques musulmans; les chrétiens et les juifs y étaient très-nombreux; Edriss leur fit à tous embrasser la religion de Mohammed.

L'imam Edriss revint à Oualily, où il fit son entrée à la fin du mois dou'l-hidjâ de ladite année 172. Il y passa le moharrem, premier mois de l'an 173 (789 J. C.), pour donner à ses gens le temps de se reposer, et il sortit de nouveau pour aller soumettre ce qui restait encore dans le Maghreb de Berbères, chrétiens, juifs ou idolâtres. Ceux-ci étaient retranchés et fortifiés sur des montagnes et dans des châteaux inaccessibles; néanmoins, l'imam ne cessa de les attaquer et de les combattre que lorsqu'ils eurent tous, de gré ou de force, embrassé l'islamisme. Il s'empara de leurs terres et de leurs retranchements; il fit périr la plus grande partie de ceux qui ne voulurent pas se soumettre à l'islam, et dépouilla les autres de leurs familles et de leurs biens. Il ravagea le pays, détruisit les forteresses des Beni Louata, des Médiouna, des Haloula et les citadelles des Khyata et de Fès; il revint alors à Oualily et y entra vers le milieu de djoumada el-alchira de la même année 173.

Un mois après, vers le 15 de radjeb, son armée étant reposée, l'imam se remit en campagne et se porta sur Tlemcen, qui était occupée par les tribus des Mahgraoua et des Beni Yfran. Étant arrivé dans les environs de cette ville, il campa, et aussitôt l'émir Mohammed ben Ghazen ben Soulat el-Maghraouy el-Ghazy, qui la commandait, vint vers lui pour demander l'aman. Edriss le lui accorda, et reçut sur le lieu même la soumission de Mohammed ben Ghazen et de tous ceux qui l'accompagnaient.

L'imam entra sans coup férir à Tlemcen, donna l'aman au peuple et édifia une belle mosquée, qu'il orna d'une chaire sur laquelle il fit graver ces mots : « Au nom de Dieu clément et miséricordieux. Ce « temple a été élevé par les ordres de l'imam Edriss « ben Abd Allah ben Hosseïn ben el-Hosseïn ben Ali « ben Abou Thaleb, que Dieu les agrée ! » On était alors au mois de safar de l'année 174 (180 J. C.).

Sur ces entrefaites, on annonça au khalife Rachid qu'Edriss avait conquis le Maghreb, que toutes les tribus l'avaient proclamé souverain, et qu'il s'était emparé de la ville de Tlemcen, où il avait fait élever une mosquée. On l'informa également du courage entreprenant de l'imam, de ses moyens, du grand nombre de ses sujets et de leur puissance à la guerre, et on lui parla du dessein qu'il avait

conçu de s'emparer de l'Ifrîkya. A ces nouvelles, le khalife craignit qu'Edriss, rendu puissant, ne vînt un jour l'attaquer, car il n'ignorait pas ses bonnes qualités et l'amour que les hommes portaient à ceux qui appartenaient à la famille du Prophète. (Que Dieu le comble de bénédictions et lui accorde le salut!) Cette pensée l'épouvanta et l'inquiéta vivement; il envoya chercher son premier ministre Yhya ben Khaled ben Bermak, homme puissant et entendu dans les affaires du gouvernement, pour lui raconter ce qu'il venait d'apprendre, et lui demander conseil. Il lui dit qu'Edriss descendait d'Ali, fils d'Abou Thaleb et de Fatime, fille du Prophète (que Dieu le comble de bienfaits et lui accorde le salut!), qu'il avait affermi sa souveraineté, qu'il commandait de nombreuses troupes, et qu'il s'était emparé de la ville de Tlemcen. « Tu sais, ajouta le khalife, que
« Tlemcen est la porte de l'Ifrîkya, et que celui qui se
« rend maître de la porte est bientôt maître de la mai-
« son entière. J'avais résolu d'envoyer une forte armée
« pour faire périr Edriss; mais ayant ensuite réfléchi à
« l'éloignement du pays, à la longueur de la route
« qui sépare l'Orient de l'Occident, j'ai vu qu'il
« était impossible aux armées de l'Irak d'aller jusque
« dans le Sous, qui est situé à l'Occident, et j'ai
« changé d'avis; je ne sais que faire, donne-moi donc
« tes conseils. — Mon opinion, répondit Yhya ben
« Khaled, est que vous envoyiez un homme résolu,
« rusé, éloquent et audacieux, qui tuera votre

« ennemi et vous en débarrassera. — C'est bien,
« Yhya, ton opinion est bonne; mais où trouver cet
« homme? — Prince des croyants, reprit le ministre,
« je connais parmi les gens de votre suite un indi-
« vidu nommé Soliman ben Djérir, entreprenant,
« audacieux, fourbe et méchant, fort en discussion,
« éloquent et rusé : vous pourriez l'envoyer. — Qu'il
« parte à l'instant, » dit le khalife. Aussitôt le ministre se rendit chez Soliman ben Djérir, lui apprit
ce dont il s'agissait et la mission dont le chargeait
le prince des croyants, en lui promettant en récompense de l'élever aux premières dignités et de le
combler de richesses et de biens; il le munit de tout
ce qui pouvait lui être nécessaire et le congédia. Soliman ben Djérir partit de Bágdad, et marcha avec di-
ligence jusqu'à son arrivée dans le Maghreb. Il se
présenta à Edriss dans la ville d'Oualily et le salua.
L'imam lui ayant demandé son nom, son origine,
sa résidence habituelle et le motif de son voyage, il
répondit qu'il était un des anciens serviteurs de son
père, et qu'ayant eu de ses nouvelles, il était venu
vers lui pour lui offrir ses services, sa fidélité, et le
dévouement qu'il professait pour ceux de la famille
par excellence, qui étaient supérieurs à tous et n'é-
taient comparables qu'à eux-mêmes. Edriss, tran-
quillisé par ces paroles, l'accueillit avec joie, lui
accorda sa confiance et son estime, et bientôt il ne
lui permit plus de le quitter. Jusque-là l'imam ne
s'était attaché particulièrement à personne, parce

que, à cette époque, les habitants du Maghreb étaient grossiers et barbares; mais, reconnaissant la politesse, l'esprit, les talents et la science qu'il y avait chez Soliman ben Djérir, il lui accorda son affection entière. Dans les assemblées où Edriss siégeait au milieu des principaux Berbères et Kabyles, Soliman prenait la parole, parlait des vertus et de la sainteté de la famille par excellence, et, faisant venir le discours sur l'imam Edriss, il disait que lui seul était imam, et qu'il n'y avait d'imam que lui. Il appuyait son raisonnement de démonstrations et de preuves évidentes, et gagnait ainsi le cœur d'Edriss. Mais tandis que celui-ci, frappé de tant d'esprit, de talent et de connaissances, l'admirait et l'aimait toujours plus, Soliman cherchait le moyen et le moment de tuer l'imam, chose jusque-là impossible, car Rachid le serviteur ne quittait jamais son maître. Enfin, il arriva un jour que Rachid dut sortir pour faire quelques visites. Ben Djérir vint chez l'imam selon sa coutume, s'assit auprès de lui et lui adressa quelques paroles. Bien certain de l'absence de Rachid, il crut avoir trouvé l'occasion favorable de mettre son projet à exécution, et il dit à Edriss : « Seigneur, puissé-je vous être propice ! J'ai apporté « avec moi de l'Orient un flacon d'essence odoriférante, et, comme il n'y en a point dans ce pays, « j'ai pensé que c'était à vous qu'il appartenait d'en « faire usage plutôt qu'à moi, qui ne suis rien auprès « de vous, et c'est là ce que j'ai à vous offrir. » En même temps il sortit un flacon et le donna à Edriss, qui, après l'avoir remercié beaucoup de cette attention, l'ouvrit et se mit à en respirer le parfum. Ce qu'ayant vu, Soliman ben Djérir, qui savait avoir atteint son but, se leva et sortit tranquillement, feignant d'avoir un besoin à satisfaire; il se rendit chez lui, et aussitôt, sautant sur un superbe cheval, excellent coursier, qu'il tenait toujours prêt à l'événement, il sortit de la ville d'Oualily, pour se mettre en sûreté par la fuite. Le flacon était empoisonné. A peine Edriss eut-il respiré l'essence, que le poison, lui montant à la tête et se répandant bientôt dans le cerveau, l'étourdit, et il tomba sans connaissance la face contre terre, de sorte que personne ne put savoir ce qu'il avait, avant que Ben Djérir, auquel on ne pensait pas, se fût déjà fort éloigné. L'imam resta dans cet état jusqu'au soir et rendit l'âme (que Dieu lui fasse miséricorde!). Dès que le serviteur Rachid avait été informé de ce qui se passait, il était accouru en toute hâte et était arrivé auprès de son maître, qui respirait encore, mais qui ne pouvait déjà plus proférer un seul mot, tant la mort était proche. Rachid, anéanti et ne sachant à quoi attribuer ce malheur, demeura au chevet d'Edriss jusqu'au dernier moment. L'imam Edriss mourut dans les derniers jours du mois de raby el-aouel, an 177 (793 J. C.), après avoir gouverné le Maghreb pendant cinq ans et sept mois. On n'est pas d'accord sur le genre d'empoisonnement dont fut victime l'imam; outre la version de l'essence que l'on vient de raconter, il en est d'autres qui rapportent qu'Edriss s'empoisonna en mangeant du chabel (alose), ou bien des anguilles. Ceux-ci s'appuyent sur ce que l'imam fut pris durant son agonie d'un relâchement des parties génitales. Dieu connaît la vérité!

Cependant, après qu'on eut enseveli Edriss, Rachid demanda où était Soliman ben Djérir. On ne sut où le trouver, et bientôt des gens venus du dehors donnèrent la nouvelle qu'ils l'avaient rencontré à une distance de plusieurs milles de la ville. On comprit alors que c'était lui qui avait empoisonné l'imam, et aussitôt un grand nombre de Berbères et Rachid lui-même, montant à cheval, partirent à sa poursuite; la nuit ne les arrêta point, et ils coururent tant que les chevaux eurent de forces; ils succombèrent tous, excepté celui de Rachid, qui seul atteignit le fuyard au moment où il passait l'Oued Moulouïa. Rachid se précipita sur Soliman, lui coupa la main droite et lui porta trois coups de sabre sur la tête; mais son cheval était à bout de forces, et il fut obligé de s'arrêter avant d'avoir tué le traître qui, mutilé et couvert de sang, continua à fuir. Ben Djérir arriva dans l'Irak; des gens venus plus tard de Bagdad affirmèrent l'avoir vu manchot du bras droit, et marqué de plusieurs cicatrices à la tête.

Rachid, abandonnant la poursuite, retourna à la

ville pour tranquilliser la population par sa présence et faire élever un tombeau à l'imam. (Que Dieu très-haut lui fasse miséricorde et l'agrée!)

Edriss mourut sans enfants, mais il laissa sa femme enceinte. Mohammed Abd el-Malek ben Mohammed el-Ourak dit avoir lu, dans l'ouvrage intitulé *El-Mekabès*, dans El-Bekry, El-Bernoussy et plusieurs autres auteurs, qui traitent de l'histoire des Edrissites, que l'imam Edriss, fils d'Abd Allah, qui n'avait point eu d'enfants durant sa vie, laissa, en mourant, sa femme, Berbère de naissance et nommée Khanza, enceinte de sept mois.

Rachid, après avoir achevé de rendre les derniers devoirs à son maître, rassembla les chefs des tribus et les principaux du peuple. « L'imam Edriss, leur dit-
« il, est mort sans enfants, mais Khanza, sa femme,
« est enceinte de sept mois, et, si vous le voulez
« bien, nous attendrons jusqu'au jour de son accou-
« chement pour prendre un parti. S'il naît un gar-
« çon, nous l'élèverons, et, quand il sera homme, nous
« le proclamerons souverain; car, descendant du pro-
« phète de Dieu, il apportera avec lui la bénédiction
« de la famille sacrée. S'il naît une fille, vous verrez
« ce que vous aurez à faire pour choisir entre vous un
« homme de bien. — Ils répondirent, ô vieillard béni!
« pouvons-nous avoir d'autre avis que le vôtre? Ne
« tenez-vous pas auprès de nous la place d'Edriss?
« Comme lui donc soyez notre chef, dirigez notre culte,
« gouvernez-nous selon le Livre et le Sonna, jusqu'au

« jour de l'accouchement de Khanza ; si elle nous
« donne un garçon, nous l'élèverons et le proclame-
« rons souverain. Dans le cas contraire, nous ne se-
« rons point embarrassés ; car nul ici ne vous surpasse
« en vertus, en religion et en science! » Rachid les
remercia, et, après avoir prié avec eux, il les congédia. Il se mit donc à la tête des affaires, et gouverna les Berbères jusqu'au jour de l'accouchement
de Khanza, qui mit au monde un garçon, d'une res-
semblance frappante avec l'imam Edriss. Rachid présenta le nouveau-né aux principaux d'entre les Berbères, qui s'écrièrent unanimement : « C'est Edriss
« lui-même! Edriss n'a pas cessé de vivre, » et l'on
donna à l'enfant le nom de son père.

Rachid continua à gouverner les Berbères et à
veiller aux affaires. Dès que l'enfant eut cessé d'être
allaité, il le prit auprès de lui, pour lui donner une
bonne éducation. Il commença par lui faire étudier
le Koran (et à l'âge de huit ans, le jeune Edriss le
savait entièrement par cœur). Il l'instruisit dans le
Sonna, la doctrine, la grammaire, la poésie, les
sentences et les pensées arabes, dans l'organisation
et la direction des biens. Il le fit exercer à monter
à cheval, à lancer le javelot et lui enseigna l'art et
les ruses de la guerre. A dix ans, Edriss, fils d'Edriss,
possédait toutes ces connaissances. Rachid le présenta au peuple, pour le faire reconnaître souverain
du Maghreb ; sa proclamation eut lieu dans la mosquée de la ville d'Oualily.

HISTOIRE DU RÈGNE DE L'IMAM EDRISS,
FILS D'EDRISS L'HOSSEÏNIEN. QUE DIEU L'AGRÉE!

L'imam Edriss, fils d'Edriss, fils d'Abd Allah, fils d'Hosseïn, fils d'El-Hosseïn, fils d'Ali, fils d'Abou Thaleb, que Dieu les agrée! eut pour mère Khanza, femme qu'Edriss avait reçue en présent, et naquit le troisième jour du mois de radjeb de l'année 177.

Edriss ben Edriss, auquel on donna le prénom d'Abou el-Kasem, était le portrait vivant de son père; teint rose, chevelure frisée, taille parfaite, yeux noirs et parole facile; très-bien élevé, savant dans le Livre de Dieu, dont il suivait fidèlement les préceptes, observateur du Hadits du Prophète (que le Seigneur lui accorde le salut et le comble de bénédictions!), fort versé dans la doctrine et le Sonna, distinguant sagement ce qui est permis de ce qui est défendu, jugeant sainement tous les différends, désintéressé, religieux, charitable, généreux, laborieux, courageux, bon soldat, très-intelligent, profond dans les sciences et versé dans les affaires.

Voici ce que rapporte Daoued ben Abd Allah ben Djafar.

« J'accompagnais Edriss, fils d'Edriss, dans une
« expédition contre les Berbères hérétiques de Sefe-
« ria, qui se présentèrent à nous au nombre de
« trois mille. Au moment où les deux troupes se fu-
« rent rapprochées, je vis Edriss descendre de cheval,

« se purifier, se prosterner et invoquer le Dieu très-
« haut, puis remonter à cheval et se précipiter au
« combat. Le massacre fut sanglant; Edriss, courant
« d'un bout à l'autre de sa ligne, frappait partout
« et sans cesse. Vers le milieu du jour, il se retira
« dans son camp et vint se placer près de son dra-
« peau, tandis que ses gens continuaient à com-
« battre sous ses yeux; je m'étais mis derrière lui,
« et je l'observais attentivement. Debout, à l'ombre
« des bannières, il excitait sa troupe au combat et
« dirigeait ses mouvements. J'étais frappé d'étonne-
« ment, par tant de courage et de talent, lorsque,
« ayant tourné la tête, il m'aperçut et me dit :
« Ô Daoued! qu'as-tu donc à m'observer ainsi ? —
« Prince, lui répondis-je, j'admire en vous des choses
« que je n'ai vues chez nul autre. — Et quelles sont
« ces choses, Daoued? — Ce sont, repris-je, votre
« beauté, votre élégance, la tranquillité de votre
« cœur, la sérénité de votre visage, et l'ardeur sans
« pareille avec laquelle vous fondez sur vos ennemis!
« — Ces biens, ô Daoued, me viennent de la béné-
« diction de mon aïeul, le prophète de Dieu (que le
« Seigneur lui accorde le salut!), qui veille sur moi,
« et pour lequel je prie; ils sont aussi l'héritage de
« notre père Ali, fils d'Abou Thaleb (que Dieu
« l'agrée!) — Comment se fait-il, prince, lui dis-je
« encore, que vous ayez la bouche si fraîche, tandis
« que la mienne est sèche et brûlante. — Ceci, Daoued,
« provient du sang-froid et du courage que j'apporte

« à la guerre, tandis que chez toi, esprit faible, la
« peur dessèche la bouche et trouble les sens. — Et
« pourquoi, seigneur, vous agitez-vous sur la selle?
« Pourquoi, courant sans cesse, ne restez-vous pas
« un moment au même endroit?—L'activité et la ré-
« solution, ô Daoued, sont choses bien nécessaires à
« la guerre. Ne va pas penser, au moins, que ces
« courses et ces mouvements soient motivés par la
« crainte, » et il ajouta en vers :

« Tu ne sais donc pas que notre père Hachim,
« ceignant ses vêtements, a transmis à ses fils l'art de
« frapper de la lance et du sabre? Nous ne redou-
« tons pas la guerre, et la guerre ne nous dédaigne
« pas. Si le malheur nous atteint, nous ne nous plai-
« gnons pas. »

Edriss était bon poëte. Voici ce qu'il écrivit à un
certain Behloul ben Abd el-Ouahed, chef puissant
et son allié, auquel Ben el-Khaleb, lieutenant du
khalife El-Rachid, qui commandait dans l'Ifrîkya,
avait conseillé de passer de son côté et de se soumettre au khalife, avec promesse de lui donner les
plus grands biens :

« O Behloul! les grandeurs dont ton esprit se
« flatte auront bientôt changé leur éclat en tristesse.
« Ibrahim, quoique loin de toi, te trompe, et de-
« main tu te trouveras bridé sans t'en douter.
« Comment ne connais-tu point les ruses de Ben el-
« Khaleb? Demande, et tous les pays te les feront
« connaître. Tes plus belles espérances, Behloul,

« ne sont que malheurs! les promesses d'Ibrahim
« sont des chimères! »

Edriss eut pour ministre Ameïr ben Mosshab Elezdy; pour kady, Amer ben Mohammed ben Saïd el-Kasby, et pour secrétaire Abou el-Hassen Abd Allah ben Malek el-Ensary.

L'imam Edriss ayant accompli dix ans et cinq mois, Rachid le Serviteur résolut de le mettre à la tête du gouvernement des tribus berbères et autres du Maghreb; mais il n'en eut point le temps, car Ibrahim ben Khaleb, qui gouvernait dans l'Ifrîkya, ayant connu son projet, gagna, par de fortes sommes envoyées secrètement, les Berbères de sa suite, qui le mirent à mort en 188 (803 J. C.). Rachid fut remplacé dans les affaires par Abou Khaleb ben Yezid ben Elias el-Hamoudi, qui fit reconnaître, vingt jours après, la souveraineté d'Edriss par toutes les tribus berbères. Sa proclamation eut lieu un vendredi, au commencement du mois de raby el-aouel, an 188.

Abd el-Malek el-Ourak, parlant dans son histoire de la mort de Rachid, rapporte ce qui suit :

« Ibrahim ben Khaleb, dans une de ses lettres au
« khalife Rachid, écrivit en témoignage de son dé-
« vouement et de sa fidélité : Sachez que Rachid a
« succombé à mes ruses et n'existe plus, et que je
« tends pour Edriss de nouvelles embûches. J'ai su les
« atteindre dans leur demeure lointaine, et je leur ai
« fait justement ce qu'ils voulaient me faire. C'est le
« frère de Hakim qui a tué Rachid, mais c'est moi qui

« l'ai poussé, car il dormait tandis que je veillais. »

Celui que Ben Khaleb désigne par le frère de Hakim se nommait Mohammed ben el-Mekatel el-Haky, et avait aussi un commandement dans l'Ifrîkya que le khalife Rachid lui ôta à cette occasion pour le donner à Ibrahim ben el-Khaleb.

Dans Bekry et Bernoussy on trouve que Rachid ne mourut qu'après la proclamation d'Edriss, et il est dit ce qui suit :

« L'imam Edriss, ayant accompli sa onzième année, « possédait un esprit, un talent, une raison et une « éloquence qui surprenaient les sages et les savants; « Rachid le présenta aux Berbères pour le faire re- « connaître comme souverain. C'était le vendredi de « raby el-aouel, an 188. Edriss monta en chaire « pour réciter au peuple les prières de ce jour, et dit : « Louange à Dieu! je le glorifie! Qu'il me pardonne « et me secoure! Dieu unique, je vous ai imploré; « guidez mon âme dans le bien, préservez-moi du « mal et préservez-en les autres. Ici, je le témoigne, « il n'y a de Dieu que Dieu, et notre seigneur Moham- « med (que le Tout-Puissant le bénisse!) est son ser- « viteur et son prophète, envoyé auprès des hommes « et des génies pour les avertir, les instruire et les « appeler dans la voie du ciel, au nom de leur Dieu « et par des signes évidents. Répandez, ô mon Dieu, « vos bénédictions sur lui et la famille sacrée, famille « pure, préservée de tout mal et exempte de toute « souillure! Ô hommes! je vais avoir désormais le

« commandement de ces affaires que Dieu récom-
« pense ou punit doublement, selon qu'elles sont
« bonnes ou mauvaises. N'allez donc pas chercher
« un autre chef que moi, et soyez certains que je com-
« blerai vos désirs, tant qu'ils seront conformes à la
« justice. — Les assistants furent frappés de la clarté,
« de l'esprit, de l'énergie et du sang-froid qu'Edriss
« déployait si jeune, et à peine fut-il descendu de
« chaire qu'ils se portèrent en foule vers lui pour lui
« baiser la main en signe de leur soumission. C'est
« ainsi qu'eut lieu la proclamation d'Edriss dont la
« souveraineté fut reconnue par les tribus des Zenèta,
« Ouaraba, Senhadja, Goumâra et tous les Ber-
« bères du Maghreb. Rachid mourut quelque temps
« après. »

Dieu connaît la vérité! Edriss ayant reçu la soumission de tous les habitants du Maghreb, régularisa et étendit sa domination, augmenta le nombre de ses officiers et agrandit ses armées. On accourait vers lui de tous pays et de tous côtés. Il employa le reste de l'année de sa proclamation, 188, a distribuer des biens, à faire des présents aux nouveaux venus et à s'attacher les grands et les cheikhs. En 189 (804 J. C.), une foule d'Arabes des pays d'Ifrîkya et d'Andalousie arrivèrent chez Edriss, ainsi que cinq cents cavaliers environ des tribus d'Akhysia, El-Houzd, Medehadj, Beni Yahthob, Seddafy et autres. L'imam les accueillit avec joie, les éleva aux honneurs et les initia aux affaires de son gouvernement, à l'exclusion des Berbères, auxquels il les préférait à cause de l'idiome arabe que ces derniers ne savaient pas. Il choisit pour ministre Ameïr ben Mosshab; c'était un des principaux chefs arabes dont le père, Mosshab, s'était maintes fois distingué en Ifrîkya et en Andalousie, où il s'était valeureusement comporté dans les guerres contre les chrétiens. Il éleva également Amer ben Mohammed ben Saïd el-Akhyssy de Khys Khillen à la dignité de kady. Amer était homme de bien, intègre, instruit, et versé dans les doctrines d'El-Malek et de Souffian el-Tourry, qu'il suivit exactement.

Edriss se décida à aller faire la guerre sainte en Andalousie; mais à peine fut-il descendu dans l'Adoua, qu'il fut rejoint par un grand nombre d'Arabes et autres qui venaient se rallier à lui de tous les points du Maghreb; alors, considérant que sa domination s'était étendue, que son armée s'était augmentée à tel point que Oualily était désormais trop petite pour la contenir, l'imam conçut l'idée de bâtir une nouvelle ville pour lui, sa famille, sa suite et les principaux de ses sujets. Revenant donc sur son premier dessein, il partit, avec quelques officiers et les chefs de sa suite, à la recherche d'un emplacement. On était alors en 190 (805 J. C.). Arrivé au Djebel Oualikh, Edriss, charmé de la position du terrain, de la douce température et de l'étendue des vallées qui entouraient cette montagne, traça à sa base le circuit de la ville. On commença à bâtir; mais déjà une partie des murs d'enceinte était élevée, lorsqu'un torrent, se précipitant une nuit du haut de la montagne, détruisit tout ce qui était construit, emporta les habitations des Arabes et dévasta les champs. Edriss cessa de bâtir et dit : « Ce lieu n'est point pro- « pre à l'élévation d'une ville, car le torrent le do- « mine. » C'est ainsi que Ben el-Ghâleb rapporte ce fait dans son histoire. On raconte aussi qu'Edriss, fils d'Edriss, ayant atteint le sommet du Djebel Oualikh, fut charmé de la belle vue que l'on avait de tous côtés, et ayant rassemblé les chefs et les principaux de leurs sujets, il leur ordonna de bâtir au pied de la montagne. Ceux-ci, se mettant à l'ouvrage, construisirent des maisons, percèrent des puits, plantèrent des oliviers, des vignes et autres arbustes. L'imam lui-même jeta les fondements d'une mosquée et des murs d'enceinte, qui étaient déjà élevés au plus du tiers de leur hauteur, lorsqu'une nuit la tempête survint et plusieurs torrents réunis, descendant impétueusement de la montagne, détruisirent tout ce qui avait été construit, dévastèrent les plantations et emportèrent les débris jusqu'au fleuve Sebou où ils s'engloutirent. Un grand nombre d'hommes périrent cette nuit-là, et telles furent les causes qui firent abandonner les travaux en cet endroit.

Au commencement de moharrem, an 191 (806 J. C.), l'imam Edriss se mit de nouveau en campagne pour aller chercher l'emplacement de la ville qu'il voulait construire. Arrivé à Khaoullen, près du fleuve Sebou, il fut séduit par le voisinage de l'eau et du bois, et résolut d'y bâtir sa ville. Il commença à creuser les fondements, à préparer le mortier et à couper des pièces de bois; mais au moment de construire, il lui vint à l'idée que les eaux bouillonnantes du Sebou, déjà si abondantes, pouvaient bien, en temps de pluie, augmenter encore et causer par leur débordement la perte de ses gens. Saisi de crainte, il renonça encore cette fois à sa ville et revint à Oualily. Cependant, il chargea son ministre Ameïr ben Mosshab el-Azdy de lui trouver un emplacement convenable pour mettre son projet à exécution. Ameïr partit, accompagné de quelques hommes, et parcourut le pays en tous sens; arrivé à Fhahs Saïs, il fut satisfait des terres vastes, fertiles et bien arrosées qui se déroulèrent devant lui, et il mit pied à terre près d'une fontaine dont les eaux limpides et abondantes coulaient à travers de vertes prairies. S'étant purifié ainsi que ses gens à cette source, le ministre fit la prière du Douour et supplia le Dieu très-haut de lui venir en aide et de lui désigner le lieu où il lui serait agréable que ses serviteurs demeurassent. Alors, remontant à cheval, il partit en ordonnant à ses gens d'attendre là son retour. Ce fut Ameïr ben Mosshab qui donna le nom à cette fontaine, que de nos jours encore on appelle *Aïn Ameïr*. C'est de lui que descendent également les Beni Meldjoum, qui sont les maçons de Fès.

Ameïr parcourut Fhahs Saïs et s'arrêta aux sources de la rivière de Fès, qui jaillissent au nombre de soixante et plus, sur un beau terrain couvert de romarins, de cyprès, d'acacias et autres arbres. « Eau « douce et légère! dit Ameïr après avoir bu à ces « sources, climat tempéré, immenses avantages!... Ce « lieu est magnifique! Ces pâturages sont encore plus « vastes et plus beaux que ceux du fleuve Sebou! » Puis, suivant le cours de la rivière, il arriva à l'endroit où la ville de Fès fut bâtie; c'était un vallon situé entre deux hautes montagnes richement boisées, arrosé par de nombreux ruisseaux, et qui était alors occupé par les tentes des tribus des Zenèta désignées sous les noms de Zouagha et Beni Yarghich.

Retournant près d'Edriss, le ministre lui rendit compte de ce qu'il avait vu, et lui fit une longue description de ce pays si beau, si fertile, abondamment arrosé et placé sous un climat doux et sain. L'imam, émerveillé, lui demanda : « A qui donc appartient « cette propriété? — A la tribu des Zouagha, qu'on « appelle aussi Beni el-Kheïr (Enfants du Bien), ré- « pondit Ameïr. — Ce nom est de bon augure, » dit Edriss, et aussitôt il envoya chez les Enfants du Bien pour acheter l'emplacement de la ville, qu'il leur paya 6,000 drahem, ce dont il fit dresser acte.

On raconte aussi que l'endroit où Fès est située était habité par deux tribus zenèta, les Zouagha et les Beni Yarghich, hommes libres, dont les uns professaient l'islamisme et les autres étaient chrétiens, juifs ou idolâtres. Les Beni Yarghich étaient campés sur le lieu nommé aujourd'hui *Adoua el-Andalous;* mais leurs habitations et leurs familles étaient à Bel Chybouba. Les Zouagha occupaient l'emplacement actuel de l'Adoua el-Kairaouyn.

Ces deux tribus étaient constamment en guerre, et elles se battaient pour une question de territoire, lorsque Edriss et son ministre Ameïr arrivèrent. L'imam, ayant appelé à lui les principaux des deux partis, leur fit faire la paix et leur acheta l'emplacement de Fès, qui était alors couvert de bois et d'eau, et servait de repaire aux lions et aux sangliers.

Suivant un autre récit, l'imam acheta des Beni Yarghich l'emplacement de l'Adoua el-Andalous pour 1,500 drahem qu'il leur paya, et fit dresser l'acte de vente par son secrétaire le docte Abou el-Hassen Abd Allah ben Malek el-Ensary el-Regeragi. On était alors en 191. Edriss commença à bâtir et établit ses tentes à l'endroit nommé aujourd'hui encore *el-Gedouara* qu'il entoura de broussailles et de roseaux.

Ce fut après cela qu'Edriss acheta pour 3,500 drahem l'emplacement de l'Adoua el-Kairaouyn, qui appartenait aux Beni el-Kheïr, fraction des Zouagha.

HISTOIRE DES CONSTRUCTIONS FAITES PAR L'IMAM EDRISS DANS LA VILLE DE FÈS. DESCRIPTION DES BIENFAITS ET DES BEAUTÉS QUE DIEU A DISPENSÉS À FÈS, QUI EXCELLE SUR TOUTES LES AUTRES VILLES DU MAGHREB.

L'auteur du livre (que Dieu l'agrée!) continue : Depuis sa fondation, la ville de Fès a toujours été le siége de la sagesse, de la science, de la paix et de la religion; pôle et centre du Maghreb, elle fut la capitale des Edrissites hosseïniens qui la fondèrent, et la métropole des Zenèta, des Beni Yfran, des Maghraoua et autres peuples mahométans du Maghreb. Les Lemtuna s'y fixèrent quelque temps, lors de leur domination; mais bientôt ils bâtirent la ville de Maroc, qu'ils préférèrent à cause de la proximité de leur pays, situé dans le sud. Les Mouâhédoun (Almohades), qui vinrent après eux, suivirent leur exemple par la même raison; mais Fès a toujours été la mère et la capitale des villes du Maghreb, et aujourd'hui elle est le siége des Beni Meryn qui la chérissent et la vénèrent. (Que Dieu perpétue leurs jours!)

Fès réunit en elle eau douce, air salutaire, moissons abondantes, excellents grains, beaux fruits, vastes labours, fertilité merveilleuse, bois épais et proches, parterres couverts de fleurs, immenses jardins potagers, marchés réguliers attenant les uns aux autres et traversés par des rues très-droites; fontaines pures, ruisseaux intarissables qui coulent à flots pressés sous des arbres touffus, aux branches entrelacées, et vont ensuite arroser les jardins dont la ville est entourée.

Il faut cinq choses à une ville, ont dit les philosophes : eau courante, bon labour, bois à proximité, constructions solides, et un chef qui veille à sa prospérité, à la sûreté de ses routes et au respect dû à sa puissance. A ces conditions, qui accomplissent et ennoblissent une ville, Fès joint encore de grands avantages, que je vais décrire, s'il plaît à Dieu.

Dans nulle partie du Maghreb on ne trouve de si vastes terres de labour et des pâturages si abondamment arrosés que ceux qui entourent Fès. Du côté du midi s'élève la montagne des Beni Behloul, dont les forêts superbes donnent cette quantité incalculable de bois de chêne et de charbon que l'on voit accumulée chaque matin aux portes de la ville. La rivière, qui partage la ville en deux parties, donne naissance, dans son intérieur, à mille ruisseaux qui portent leurs eaux dans les lavoirs, les maisons et les bains, et arrosent les rues, les places, les jardins, les parterres, font tourner les moulins et emportent avec eux toutes les immondices.

Le docte et distingué Abou el-Fadhl ben el-Nahouy, qui a chanté les louanges et la description de Fès, s'est écrié :

« O Fès, toutes les beautés de la terre sont réu-
« nies en toi ! De quelle bénédiction, de quels biens
« ne sont pas comblés ceux qui t'habitent ! Est-ce ta
« fraîcheur que je respire, ou est-ce la santé de mon
« âme ? Tes eaux sont-elles du miel blanc ou de
« l'argent ? Qui peindra ces ruisseaux qui s'entre-
« lacent sous terre et vont porter leurs eaux dans les
« lieux d'assemblées, sur les places et sur les che-
« mins ! »

Le docte Abou el-Fadhl ben el-Nahouy était de ceux qui possèdent science, religion, intégrité et bienfaisance, ainsi qu'il est dit dans le Téchaouïf qui traite de l'histoire des hommes savants du Maghreb.

Un autre illustre écrivain, le docte et très-savant Abou Abd Allah el-Maghyly, étant kady à Azimour, a dit ce qui suit dans une de ses odes à Fès :

« O Fès! que Dieu conserve ta terre et tes jardins, « et les abreuve de l'eau de ses nuages! Paradis « terrestre qui surpasse en beautés tout ce qu'il y a « de plus beau et dont la vue seule charme et en- « chante! Demeures sur demeures aux pieds des- « quelles coule une eau plus douce que la plus douce « liqueur! Parterres semblables au velours, que les « allées, les plates-bandes et les ruisseaux bordent « d'une broderie d'or! Mosquée el-Kairaouyn, noble « nom! dont la cour est si fraîche par les plus grandes « chaleurs!... Parler de toi me console, penser à toi « fait mon bonheur! Assis auprès de ton admirable « jet d'eau, je sens la béatitude! et avant de le lais- « ser tarir, mes yeux se fondraient en pleurs pour le « faire jaillir encore! »

L'auteur du livre reprend : L'Oued Fès, dont l'eau l'emporte par la douceur et la légèreté sur les meilleures eaux de la terre, sort de soixante sources qui dominent la ville. Cette rivière traverse d'abord une vaste pleine couverte de gossampins et de cyprès; puis, serpentant à travers les prairies toujours vertes qui avoisinent la ville, elle entre à Fès, où elle se divise, comme on l'a dit, en une infinité de petits ruisseaux. Enfin, sortant de Fès, elle arrose les campagnes et les jardins, et va se jeter dans le fleuve Sebou, à deux milles de la ville.

Les propriétés de l'eau de l'Oued Fès sont nombreuses ; elle guérit de la maladie de la pierre et des mauvaises odeurs ; elle adoucit la peau et détruit les insectes ; on peut sans inconvénient en boire en quantité à jeun, tant elle est douce et légère (qualités qu'elle acquiert en coulant à travers le gossampin et le cyprès). Le médecin Ben Djenoun rapporte que, bue à jeun, cette eau rend plus agréable le plaisir des sens. Elle blanchit le linge sans qu'il soit nécessaire d'employer du savon, et elle lui donne un éclat et un parfum surprenants. On tire de l'Oued Fès des pierres précieuses qui peuvent remplacer les perles fines. Ces pierres valent un metkal d'or la pièce, ou plus ou moins, selon leur pureté, leur beauté et leur couleur. On trouve également dans cette rivière des cheratyns (écrevisses) qui sont très-rares dans les eaux de l'Andalousie, et on y pêche plusieurs espèces de poissons excellents et très-sains, tels que el-boury (le mulet), el-seniah, el-lhebyn (cyprinum), el-bouka (murex) et autres. En résumé, l'Oued Fès est supérieur aux autres rivières du Maghreb par ses bonnes et utiles qualités.

Il n'existe nulle part des mines de sel aussi remarquables que celles de Fès ; situées à six milles de la ville, ces mines occupent un terrain de dix-huit milles, et sont comprises entre le hameau de Chabty et l'Oued Mesker, dans le Demnet el-Bakoul. Elles donnent différentes espèces de sel variant entre elles de couleur et de pureté. Ce sel, rendu en ville, coûte un drahem les dix *sda*, quelquefois plus, quelquefois moins, selon le nombre des vendeurs; autrefois avec un drahem on en avait une charge (de chameau), et souvent même les marchands ne pouvaient s'en défaire, tant l'abondance était grande; mais ce qui est vraiment merveilleux, c'est que l'espace occupé par ces mines est coupé en divers sens par des champs cultivés, et certes, quand au milieu du sel on voit s'élever de belles moissons dont les épis se balancent sur de vertes tiges, on ne peut que dire : c'est là un bienfait de Dieu, un signe de sa bénédiction!

A un mille environ de Fès est situé le Djebel Beni Bazgha, qui fournit ces quantités indicibles de bois de cèdre qui chaque jour arrivent en ville. Le fleuve Sebou, qui n'a qu'une seule source, sort d'une grotte de cette montagne et suit son cours à l'est de Fès, à une distance de deux milles. C'est dans ce fleuve que l'on pêche le chabel et le boury (l'alose et le mulet), qui arrivent si frais et en si grande quantité sur les marchés de la ville. C'est aussi sur les bords du Sebou que les habitants de Fès viennent faire leurs parties de plaisir.

A tous les avantages qui distinguent Fès des autres villes, il faut ajouter encore les beaux bains de Khaoulen, situés à quatre milles de ses portes, et dont les eaux sont d'une chaleur extraordinaire. Non loin de Khaoulen sont enfin les magnifiques thermes de

Ouachnena et de Aby Yacoub, les plus renommés du Maghreb.

Les habitants de Fès ont l'esprit plus fin et plus pénétrant que les autres peuples du Maghreb; fort intelligents, très-charitables, fiers et patients, ils sont soumis à leur chef et respectent leur souverain. En temps d'anarchie ils l'ont toujours emporté sur les autres par leur sagesse, leur science et leur religion.

Depuis sa fondation, Fès a toujours été propice aux étrangers qui sont venus s'y établir. Grand centre où se réunissent en nombre les sages, les docteurs, les légistes, les littérateurs, les poëtes, les médecins et autres savants, elle fut de tout temps le siége de la sagesse, de la science, des études nouvelles et de la langue arabe, et elle contient à elle seule plus de connaissances que le Maghreb entier. Mais, s'il n'a jamais cessé d'en être ainsi, il faut l'attribuer aux bénédictions et aux prières de celui qui l'a fondée; l'imam Edriss, fils d'Edriss (que Dieu l'agrée!), au moment d'entreprendre les premiers travaux, leva les mains au ciel et dit : « O mon Dieu! faites que ce « lieu soit la demeure de la science et de la sagesse! « que votre livre y soit honoré et que vos lois y soient « respectées! Faites que ceux qui l'habiteront restent « fidèles au Sonna et à la prière aussi longtemps que « subsistera la ville que je vais bâtir! » Saisissant alors une pioche, Edriss commença les premiers fondements.

Depuis lors jusqu'à nos jours, an 726 (1325 J. C.), Fès a effectivement toujours été la demeure de la science, de la doctrine orthodoxe, du Sonna, et le lieu de réunion et de prières. D'ailleurs, pour expliquer tant de bienfaits et de grandeurs, ne suffit-il pas de connaître la prédiction du Prophète (que Dieu le bénisse et le sauve!), dont les propres paroles sont rapportées dans le livre d'Edraiss ben Ismaël Abou Mimouna, qui a écrit de sa propre main ce qui suit :

« Abou Medhraf d'Alexandrie m'a dit qu'il tenait « de Mohammed ben Ibrahim el-Mouaz, lequel le te- « nait de Abd er-Rahmann ben el-Kasem, qui le tenait « de Malek ben Ans, qui le tenait de Mohammed ben « Chahab el-Zahery, qui le tenait de Saïd ben el- « Messyb, qui le tenait d'Abou Hérida, lequel avait « entendu de Sidi Mohammed lui-même (que Dieu « le sauve et le bénisse!) la prophétie suivante : Il « s'élèvera dans l'Occident une ville nommée *Fès* qui « sera la plus distinguée des villes du Maghreb; son « peuple sera souvent tourné vers l'Orient; fidèle au « Sonna et à la prière, il ne s'écartera jamais du che- « min de la vérité; et Dieu gardera ce peuple de tous « maux jusqu'au jour de la résurrection! »

Abou Ghâleb raconte dans son histoire qu'un jour l'imam Edriss, se trouvant sur l'emplacement de la ville qu'il voulait bâtir, était occupé à en tracer les contours, lorsque arriva vers lui un vieux solitaire chrétien, qui paraissait bien avoir cent cinquante ans, et qui passait sa vie en prières dans un ermitage situé non loin de cet endroit. « Que le salut soit sur toi! « dit le solitaire en s'arrêtant; réponds, émir, que

« viens-tu faire entre ces deux montagnes ? — Je
« viens, répondit Edriss, élever une ville où je de-
« meurerai et où demeureront mes enfants après moi,
« une ville où le Dieu très-haut sera adoré, où son
« Livre sera lu et où l'on suivra ses lois et sa religion ! »
« — Si cela est, émir, j'ai une bonne nouvelle à te
« donner. — Qu'est-ce donc, ermite ? — Écoute. Le
« vieux solitaire chrétien, qui priait avant moi dans ces
« lieux et qui est mort depuis cent ans, m'a dit avoir trou-
« vé dans le livre de la science qu'il exista ici une ville
« nommée *Sèf* qui fut détruite il y a dix-sept cents ans,
« mais qu'un jour il viendrait un homme appartenant
« à la famille des Prophètes, qui rebâtirait cette ville,
« relèverait ses établissements et y ferait revivre une
« population nombreuse ; que cet homme se nom-
« merait Edriss ; que ses actions seraient grandes et
« son pouvoir célèbre, et qu'il apporterait en ce lieu
« l'islam qui y demeurerait jusqu'au dernier jour. —
« Loué soit Dieu ! Je suis cet Edriss, » s'écria l'imam,
et il commença à creuser les fondations.

A l'appui de cette version l'auteur cite le passage
d'El-Bernoussy où il est dit qu'un juif, creusant les
fondements d'une maison près du pont de Ghzila,
sur un lieu qui était encore, comme la plus grande
partie de la ville, couvert de buissons, de chênes,
de tamarins et autres arbres, trouva une idole en
marbre, représentant une jeune fille, sur la poitrine
de laquelle étaient gravés ces mots en caractères an-
tiques : « En ce lieu, consacré aujourd'hui à la prière,

« étaient jadis des thermes florissants, qui furent dé-
« truits après mille ans d'existence. » D'après les
recherches des savants qui se sont particulièrement
occupés des dates et de la fondation de la ville de
Fès, Edriss jeta les premiers fondements le premier
jeudi du mois béni de raby el-aouel, an 192 de
l'hégyre (3 février 808 J. C.). Il commença par les
murs d'enceinte de l'Adoua[1] el-Andalous, et, un an
après, dans les premiers jours de raby el-tâni, an
193, il entreprit ceux de l'Adoua el-Kairaouyn. Les
murs de l'Adoua el-Andalous étant achevés, l'imam
fit élever une mosquée auprès du puits nommé
Gemâa el-Chiak (lieu de réunion des cheïkhs) et y
plaça des lecteurs. Ensuite il fit abattre les arbres et
les broussailles qui couvraient de leurs bois épais
l'Adoua el-Kairaouyn, et il découvrit ainsi une infinité de sources et de cours d'eau. Ayant mis les travaux en train sur cet emplacement, il repassa dans
l'Adoua el-Andalous et s'établit sur le lieu appelé
el-Kermouda; il construisit la mosquée El-Cheyâa
(que Dieu l'ennoblisse!) et y plaça des lecteurs. Ensuite il bâtit sa propre maison, connue jusqu'à ce
jour sous le nom de *Dar el-Kytoun* et habitée par
les chérifs Djoutioun, ses descendants; puis il édifia
l'Al-Kaysseria (les bazars) à côté de la mosquée, et
établit tout autour des boutiques et des places. Cela

---

[1] عُدْوَة *Adoua*, rive; les rives d'un fleuve, d'un ruisseau, les deux côtés d'un détroit.

fait, Edriss ordonna à ses gens de construire leurs demeures. « Ceux d'entre vous, dit-il, qui auront « choisi un terrain et qui auront sur ce terrain établi « des maisons ou des jardins avant que les murs « d'enceinte soient entièrement achevés, en reste-« ront propriétaires. Je le leur donne, dès à présent, « pour l'amour du Dieu très-haut. » Aussitôt le peuple se mit à bâtir et à planter des arbres fruitiers; chacun, choisissant un emplacement assez vaste pour construire sa demeure et son jardin, le défrichait et employait à la construction de sa maison le bois des arbres qu'il abattait.

Sur ces entrefaites, une troupe de cavaliers persans de l'Irak, appartenant en partie aux Beni Mélouana, arrivèrent auprès d'Edriss et campèrent dans le voisinage de l'Aïn-Ghalou; cette fontaine, située au milieu d'une épaisse forêt de dhehach, de ghyloun, de kelkh, de besbâs et autres arbres sauvages, était la demeure d'un nègre nommé *Ghalou*, qui arrêtait les passants. Avant la fondation de Fès, personne n'osait s'approcher de cet endroit, ni même se mettre en chemin, de peur de rencontrer Ghalou. A cette peur se joignait l'épouvante qu'occasionnaient le bruissement des bois épais, le grondement de la rivière et des eaux, et les cris des bêtes féroces qui avaient là leurs repaires. Les bergers fuyaient ces parages avec leurs troupeaux, et si quelquefois il leur arrivait de se hasarder de ces côtés, ce n'était jamais que sous une nombreuse escorte. Edriss commençait à bâtir sur l'Adoua el-Andalous lorsqu'il apprit ces détails; immédiatement il donna l'ordre de s'emparer du nègre, et, dès qu'on le lui eut amené, il le tua et fit clouer le cadavre à un arbre situé au-dessus de ladite fontaine, où il le laissa jusqu'à ce qu'il eût entièrement disparu en lambeaux de chair décomposée. C'est de là que vient le nom de Ghalou que cette fontaine porte encore aujourd'hui.

Dans la construction des murs de l'Adoua el-Kairaouyn, l'imam prit pour point de départ le sommet de la colline d'Aïn Ghalou, où il fit la première porte de la ville qu'il nomma *Bab Ifrikya* (porte d'Afrique); de là, portant les murs vers Aïn Derdoun et jusqu'à Sahter, il éleva la deuxième porte *Bab Sadaun;* de Bab Sadaun, il se dirigea vers Ghallem, où il établit la porte appelée *Bab el-Fars* (porte de Perse); de Ghallem, il descendit sur les bords de la rivière (Oued Kebir) qui sépare les deux Adoua, et il fit le *Bab el-Facil* (porte de la séparation), qui conduit d'une Adoua à l'autre. Passant sur l'autre rive, il construisit, en remontant le cours de l'eau, cinq mesafat de murs, au bout desquels il établit le *Bab el-Ferdj* (porte du soulagement), que l'on nomme aujourd'hui *Bab el-Selsela* (porte de la chaîne); repassant la rivière et rentrant sur l'Adoua el-Kairaouyn, il remonta de nouveau le courant jusqu'aux fontaines situées entre El-Sad et El-Gerf, et construisit là le *Bab el-Hadid* (porte de fer); rejoignant enfin cette dernière porte au Bab Ifrikya, il acheva l'enceinte de l'Adoua el-Kairaouyn, ville de grandeur moyenne, ayant six portes, abondamment arrosée et contenant grand nombre de jardins et de moulins à eau. Passant à l'Adoua el-Andalous, il construisit au midi la porte par laquelle on prend le chemin de Sidjilmeça, que l'on nomme aujourd'hui *Bab el-Zeïtoun* (porte des oliviers); de là il dirigea les murs le long de la rivière, en remontant vers Bersakh, et, arrivé vis-à-vis le Bab el-Ferdj de l'Adoua el-Kairaouyn, il fit une porte; puis, continuant les murs jusqu'à Chybouba, il construisit la porte de ce nom qui fait face au Bab el-Facil de l'autre Adoua; de *Bab el-Chybouba* il arriva à la pointe de Hadjer el-Feradj, et y plaça la porte de l'orient nommée *Bab el-Kenesya* (porte de l'église), qui conduit au bourg des malades et par laquelle on prend le chemin de Tlemcen. Cette dernière porte fut conservée telle qu'Edriss l'avait faite jusqu'en 540 (1145 J. C.). A cette époque, elle fut détruite par Abd el-Moumen ben Ali, qui, devenu maître du Maghreb, s'était emparé de la ville de Fès. Elle fut rebâtie en 601 (1204 J. C.) par El-Nasser ben el-Mansour l'almohade, qui refit à neuf les murs d'enceinte, et elle prit alors le nom de *Bab el-Khoukha* (porte de la lucarne). Le bourg des malades était situé au dehors de Bab el-Khoukha de façon à ce que le vent du sud pût emporter loin de la ville les exhalaisons qui auraient été nuisibles au peuple. De même, la rivière ne passait dans ce bourg qu'au sortir de Fès, et on n'avait point à craindre ainsi que les eaux se corrompissent par le contact des malades qui s'y baignaient et y jetaient leurs ordures. Mais, en 619 (1222 J. C.), lors de la désastreuse famine qui, jusqu'en 637 (1239 J. C.), bouleversa le Maghreb et le plongea dans les troubles et la misère (malheurs dont Dieu se servit pour mettre fin au gouvernement des Almohades et faire briller celui des Meryn), les lépreux passèrent le Bab el-Khoukha, et vinrent s'établir en dehors de Bab el-Cheryah (une des portes de l'Adoua el-Kairaouyn), dans les grottes situées auprès du fleuve, entre les silhos aux grains et le jardin Meserlat. Ils demeurèrent là jusqu'à ce que les Meryn, devenus souverains du Maghreb, eurent affermi leur pouvoir, fait briller la lumière de leur justice, répandu leur bénédiction sur le peuple, rétabli la sûreté des routes et accru par leurs bienfaits la population de la ville. Alors seulement, en 658, on se plaignit à l'émir des musulmans, Abou Youssef Yacoub ben Abd el-Hakk, de ce que les malades se baignaient et lavaient leurs vêtements, leur vaisselle et autres objets dans la rivière, et corrompaient ainsi les eaux dont l'usage compromettait la santé des musulmans de la ville. Aussitôt Abou Youssef (que Dieu lui fasse miséricorde!) ordonna au gouverneur de Fès, Abou el-Ghala Idriss ben Aby Koreïch, de faire sortir les malades de cet endroit et de les chasser loin de la rivière. Cet ordre fut exécuté, et les lépreux furent relégués dans les cavernes de Borj el-Koukab, au dehors de Bab el-Djysa, une des portes de l'Adoua el-Kairaouyn.

Edriss construisit une porte dans le sud de l'Adoua el-Andalous et la nomma *Bab el-Kabla* (porte du Sud); cette porte resta intacte jusqu'à l'époque où elle fut détruite par Dounas el-Azdy, qui s'empara, les armes à la main, de l'Adoua el-Andalous; elle fut ensuite reconstruite par El-Fetouh ben el-Mouaz ben Zyry ben Athia el-Zenety el-Maghraouy, lors de son gouvernement à Fès, ou, suivant l'histoire de Ben Ghâleb, par El-Fetouh ben Manser el-Yfrany, qui lui aurait donné son nom.

Fès, dit Abd el-Malek el-Ourak, était anciennement composée de deux villes ayant chacune ses murs d'enceinte et ses portes; la rivière qui les séparait rentrait du côté de Bab el-Hadid par une ouverture pratiquée dans le mur, à laquelle on avait adapté une porte à bon et beau grillage de bois de cèdre, et sortait par deux portes semblables à l'endroit nommé *El-Roumelia;* les murs et les portes des deux villes étaient hauts et forts; par le Bab el-Hadid on prenait le chemin du mont Fezez et des mines de Ghouam; par la grande porte (Bab-Soliman), on prenait celui de la ville de Maroc, du Messamid et autres pays; par le Bab el-Mkobera (porte du Cimetière), on allait vers l'ancienne chapelle située au sommet du mont Meghaya. Cette dernière porte fut fermée à l'époque de la famine, en 627, et n'a plus été ouverte depuis. Enfin la dernière porte construite par Edriss dans l'Adoua el-Andalous fut le *Bab Hisn Sadoun,* située au nord des murs, sur le mont Sather.

Plus tard, à l'époque des Zenèta, la population s'étant accrue, une partie des habitants dut aller se loger dans les jardins situés au dehors de la ville, et ce fut alors que l'émir Adjycha ben el-Mouaz et son frère El-Fetouh, qui gouvernait l'Adoua el-Andalous, renfermèrent dans une même enceinte les deux Adoua et leurs murs; ils firent construire chacun une porte à laquelle ils donnèrent leur nom. Le Bab Adjycha, situé vis-à-vis le Bab Hisn Sadoun susmentionné, fut conservé tout le temps des Zenèta et des Lemtouna jusqu'à l'époque du gouvernement de l'émir des croyants Aby Abd Allah el-Nasser l'Almohade, qui fit reconstruire les murs détruits en 540 par son grand-père Abd el-Moumen. Aby Abd Allah fit bâtir par delà le Bab Adjycha une grande porte qu'il appela également *Adjycha*, dont on fit El-Djycha, en substituant l'article *el* au *aïn*, nom qu'elle garda jusqu'à sa fin. Détruite par le temps, en 684 (1285 J. C.), elle fut relevée par ordre de l'émir des musulmans Abou Youssef Yacoub ben Abd el-Hakk (que Dieu lui fasse miséricorde!), lequel était alors à Djezyra el-Hadra (île verte, Algésiras) dans l'Andalousie. En même temps on refit à neuf toute la partie des murs attenants à cette porte, excepté le Kous el-Barâni (arc des étrangers), que l'on trouva en bon état et auquel on ne toucha pas.

En 681 (1282 J. C.), Abou Youssef (que Dieu lui fasse miséricorde!), après avoir fait réparer et reconstruire les murs du sud de l'Adoua el-Andalous, fit abattre toute la partie comprise depuis le Bab el-

Zeytoun jusqu'au Bab el-Fetouh. Ces travaux furent exécutés sous la direction du docte kady Abou Oumya el-Dylley.

Les maisons de Fès ont deux, trois, et jusqu'à quatre étages, tous également bâtis en pierres dures et en bon mortier; les charpentes sont en cèdre, le meilleur bois de la terre; le cèdre ne se corrompt point, les vers ne l'attaquent pas, et il se conserve mille ans, à moins que l'eau ne l'atteigne.

Chaque Adoua a toujours eu sa mosquée principale, ses bazars et son Dar Sekâ (établissement de la monnaie) particuliers; à l'époque des Zenèta ces deux parties eurent même un sultan chacune, El-Fetouh et Adjycha, fils tous deux de notre père l'émir El-Mouaz ben Zyry ben Athia; El-Fetouh commandait l'Adoua el-Andalous et Adjycha l'Adoua el-Kairaouyn; l'un et l'autre avaient une armée, une cour, et adressaient leurs prières au Dieu très-haut; mais l'un et l'autre aussi voulaient le pouvoir suprême et gouverner le pays entier. De là, haine mortelle entre eux et une longue suite de combats sanglants qui furent livrés sur les bords de la grande rivière, entre les deux villes, à l'endroit connu sous le nom de *Kahf el-Rekad*.

Les habitants de l'Adoua el-Andalous étaient forts, valeureux et la plupart adonnés aux travaux de la terre et des champs; ceux de l'Adoua el-Kairaouyn, au contraire, généralement haut placés et instruits, aimaient le luxe et le faste chez eux, dans leurs vêtements, à leur table, et ils ne se livraient guère qu'au négoce et aux arts. Les hommes de l'Adoua el-Kairaouyn étaient plus beaux que ceux de l'Adoua el-Andalous; mais, en revanche, les femmes de l'Adoua el-Andalous étaient les plus jolies.

On trouve à Fès les plus belles fleurs et les meilleurs fruits de tous les climats. L'Adoua el-Kairaouyn surpasse cependant l'autre Adoua par l'eau délicieuse de ses nombreux ruisseaux, de ses fontaines intarissables et de ses puits profonds; elle produit les plus délicieuses grenades aux grains jaunes du Maghreb, et les meilleures qualités de figues, de raisins, de pêches, de coings, de citrons et de tous les autres fruits d'automne. L'Adoua el-Andalous, de son côté, donne les plus beaux fruits d'été, abricots, pêches, mûres, diverses qualités de pommes, abourny, thelkhy, khelkhy, et celles dites de Tripoli, à peau fine et dorée, qui sont douces, saines, parfumées, ni grosses ni petites, et les meilleures du Maghreb.

Les arbres plantés à Merdj Kertha, situé au dehors de la porte Beni Messafar, produisent deux fois par an, et fournissent en toute saison à la ville une grande quantité de fruits. Du côté de Bab el-Cherky, de l'Adoua el-Kairaouyn, on moissonne quarante jours après les semailles; l'auteur de ce livre atteste avoir vu semer en cet endroit le 15 avril et récolter à la fin du mois de mai, c'est-à-dire quarante cinq jours après, d'excellentes moissons, et cela en 690 (1291 J. C.), année de vent d'est continuel, et durant laquelle il ne tomba pas une goutte de pluie, si ce n'est le 12 avril.

Ce qui distingue encore Fès des autres villes du Maghreb, c'est que les eaux de ses fontaines sont fraîches en été et chaudes en hiver, tandis que celles de la rivière et des ruisseaux, qui sont froides en hiver, sont chaudes en été, de sorte qu'en toutes saisons on a de l'eau froide et de l'eau chaude à volonté, pour boire, faire les ablutions et prendre des bains.

On n'est pas d'accord sur l'étymologie du mot Fès. On raconte que, lors des premiers travaux, l'imam, par humilité et pour mériter les récompenses de Dieu, se mit lui-même à l'ouvrage avec les maçons et les artisans, et que ceux-ci, voyant cela, lui offrirent un fès [1] (pioche) d'or et d'argent. Edriss l'accepta, et s'en servit pour creuser les fondements; de là le mot fès fut souvent prononcé; les travailleurs disaient à tout instant, donne le fès, creuse avec le fès, et c'est ainsi que le nom de Fès est resté à la ville. L'auteur du livre intitulé *El-Istibsâr fi Adjeïb el-Amçar* [2] rapporte qu'en creusant les premiers fondements du côté du midi, on trouva un grand fès pesant soixante livres et ayant quatre palmes de long sur une palme de large, et que c'est là ce qui fit donner à la ville le nom de Fès.

Selon un autre récit, on commençait déjà à construire, lorsque le secrétaire d'Edriss demanda quel serait le nom de la nouvelle ville. « Celui du premier « homme qui se présentera à nous, » lui répondit

---

[1] فَأْسٌ pl. فُؤُوسٌ *Securis, bipennis.* (Kam. Dj.)
[2] *Considérations sur les merveilles des grandes villes.*

l'imam. Un individu passa et répondit à la question qui lui en fut faite. « Je me nomme Farès; » mais, comme il blésait, il prononça Fès pour Farès, et Edriss dit: « Que « la ville soit appelée Fès. » On raconte encore qu'une troupe de gens du Fers (Persans) qui accompagnaient Edriss tandis qu'il traçait les murs d'enceinte furent presque tous ensevelis par un éboulement, et qu'en leur mémoire on donna au lieu de l'accident le nom de Fers, dont plus tard on fit Fès. Enfin on rapporte que lorsque les constructions furent achevées, l'imam Edriss dit: « Il faut donner à cette ville le nom de « l'ancienne cité qui exista ici pendant dix-huit cents « ans et qui fut détruite avant que l'Islam ne resplen- « dît sur la terre. » Cette ville se nommait Sèf et en renversant le mot on en fit Fès. Cette version dernière est la plus probable de toutes; mais Dieu seul connaît la vérité.

Lorsque la ville et les murs d'enceinte furent achevés et que les portes furent mises en place, les tribus s'y rendirent et s'établirent chacune séparément dans un quartier; les Kyssyta occupèrent la partie comprise entre Bab Ifrîkya et Bab el-Hadid de l'Adoua el-Kairaouyn; à côté d'eux se rangèrent les Haçabyoun et les Agyssya. L'autre partie fut occupée par les Senhadja, les Louata, les Mesmouda et les Chyhan. Edriss leur ordonna de diviser les terres et de les cultiver, ce qu'ils firent, en plantant en même temps des arbres sur les bords de la rivière, dans Fhahs Saïs, depuis sa source jusqu'à l'endroit où elle se jette dans le fleuve Sebou. Un an après, ces arbres donnèrent des fruits, et c'est là un prodige dû à la bénédiction et aux vertus d'Edriss et de ses ancêtres. (Que le Dieu très-haut les agrée!)

A Fès, la terre est excellente, l'eau très-douce, le climat tempéré, aussi la population s'accrut-elle promptement, et avec elle les biens et l'abondance, et bientôt on vit de tous côtés accourir une foule innombrable de gens qui venaient se rallier au descendant de la famille de l'Élu, race généreuse et pure. (Que Dieu la comble de bénédictions!)

Un grand nombre de gens de tous pays et quelques fragments de tribus vinrent bientôt de l'Andalousie chercher à Fès le repos et la sûreté; en même temps une foule de juifs s'y réfugièrent, et il leur fut permis de s'établir depuis Aghlen jusqu'à la porte de Hisn Sadoun, moyennant un tribut annuel (djeziâ) qu'Edriss fixa à 30,000 dinars. Les grands et les kaïds choisirent leurs habitations dans l'Adoua el-Andalous, et Edriss, après avoir laissé à la garde de gens de confiance ses chevaux, ses chameaux, ses vaches et ses troupeaux, fixa sa résidence dans l'Adoua el-Kairaouyn avec sa famille, ses serviteurs et quelques négociants, marchands ou artisans.

Fès demeura ainsi pendant tout le règne d'Edriss et de ses successeurs jusqu'à l'époque des Zenèta; sous la domination de ceux-ci, elle fut considérablement agrandie; on construisit au dehors une infinité de maisons qui rejoignirent bientôt les jardins de la ville.

Du Bab Ifrîkya jusqu'à l'Aïn Aslîten s'élevèrent au nord, au sud et à l'est des fondouks (caravansérails), des bains, des moulins, des mosquées et des souks (marchés, places). Tout cet espace fut rempli par les tribus Zenèta, Louata, Maghilà, Djyraoua, Ouaraba, Houara, etc. qui s'établirent chacune dans un quartier à part auquel elles donnèrent leurs noms. C'est ainsi que prirent naissance le faubourg Louata, le faubourg El-Rabt ou Aghlân, le faubourg Aben Aby Yakouka ou Berzakh, le faubourg Beni Amar ou El-Djer el-Ahmar, etc.

Huit mille familles de Cordoue, ayant été battues et chassées de l'Andalousie par l'imam Hakym ben Hischâm[1], passèrent dans le Maghreb et vinrent à Fès; elles s'établirent dans l'Adoua el-Andalous et commencèrent à bâtir à droite et à gauche depuis Keddân, Mesmouda, Fouara, Harat el-Bryda et Kenif jusqu'à Roumelia. C'est depuis lors que cette Adoua s'appela Adoua el-Andalous. L'autre Adoua prit également son nom de Kairaouyn, de trois mille familles de Kairouan qui vinrent s'y fixer du temps d'Edriss.

Les Zenèta bâtirent dans l'Adoua el-Kairaouyn les bains nommés *hamam Kerkoufa, hamam el-Amir, hamam Rechacha, hamam Rbatha*, et dans l'Adoua el-Andalous, ceux nommés *hamam Djerouaoua, hamam Keddân, hamam Cheikhyn* et *hamam Djezyra*. Ils augmentèrent également le nombre des fondouks (cara-

---

[1] Hakym ben Hischâm, troisième khalife ommiade d'Espagne (180 à 206 de l'hégyre).

vansérails) et des mosquées. Ils retirèrent les khatheb (prédicateurs) de la mosquée El-Cheurfa, construite par Edriss ben Edriss, mais ne touchèrent point au monument par respect pour le fondateur, et nul après eux n'osa y porter le moindre changement, jusqu'à ce qu'enfin le temps eût fait tomber son toit et fait crouler ses murs; alors seulement, en 708 (1308 J. C.), elle fut reconstruite, exactement telle que l'avait bâtie Edriss, par le docte mufty El-Hadj el-Moubarek Abou Meryn Chouayb, fils du docte El-Hadj el-Meberour Aby Abd Allah ben Aby Medyn, qui s'efforça ainsi de mériter le pardon et les récompenses du Dieu très-haut.

C'est à l'époque des Almohades que Fès fut dans toute la splendeur de la richesse, du luxe et de l'abondance. Elle était la plus florissante des villes du Maghreb. Sous le règne d'El-Mansour l'Almohade et de ses successeurs, on comptait à Fès sept cent quatre-vingt-cinq mosquées ou chapelles; quarante-deux diar loudhou et quatre-vingts skayat, soit cent vingt-deux lieux aux ablutions à eau de fontaine ou de rivière; quatre-vingt-treize bains publics; quatre cent soixante et douze moulins situés autour et à l'intérieur des murs d'enceinte et non compris ceux du dehors. Sous le règne de Nasser, on comptait en ville quatre-vingt-neuf mille deux cent trente-six maisons; dix-neuf mille quarante et un mesrya[1];

---

[1] Mesrya, petits logements à un étage, ou simple chambre indépendante pour un homme seul.

quatre cent soixante-sept fondouks destinés aux marchands, aux voyageurs et aux gens sans asile; neuf mille quatre-vingt-deux boutiques; deux kaysseria[1], dont un dans l'Adoua el-Andalous, près de l'Oued Mesmouda, et l'autre dans l'Adoua el-Kairaouyn; trois mille soixante-quatre fabriques; cent dix-sept lavoirs publics; quatre-vingt-six tanneries; cent seize teintureries; douze établissements où l'on travaillait le cuivre; cent trente-six fours pour le pain, et mille cent soixante et dix autres fours divers.

Les teinturiers s'établirent, à cause de la proximité de l'eau, des deux côtés de la langue de terre qui partage l'Oued Kebyr depuis son entrée en ville jusqu'à Roumelia. Les faiseurs de beignets et les marchands de gazelle ou autres viandes cuites, bâtirent également leurs petits fours en cet endroit, et au-dessus d'eux, au premier étage, se fixèrent tous les fabricants de haïks. Le Oued Kebyr est le seul qui se présente aujourd'hui encore nettement à la vue; tous les autres ruisseaux de la ville de Fès sont couverts par les constructions. La plupart des jardins ont aussi disparu, et il ne reste plus des anciennes plantations que les oliviers de Ben Athya.

Il y avait à Fès quatre cents fabriques de papier; mais elles furent toutes détruites à l'époque de la famine, sous les gouvernements d'El-Adel et de ses frères El-Mamoun et Rachid, de l'an 618 à l'an 638. Ces princes, qui régnèrent pendant ces vingt années

[1] Kaysseria, bazar généralement couvert, comme un passage.

de malheur et de misère, furent remplacés par les Meryn, qui relevèrent le pays et rétablirent la sûreté des routes.

L'auteur de ce livre déclare avoir pris tout ce qui précède d'un manuscrit du cheïkh docte et noble Abou el-Hassen Aly ben Omar el-Youssy, qui l'avait pris lui-même d'un ouvrage écrit de la main du noble El-Kouykiry, inspecteur de la ville sous le règne de Nasser l'Almohade.

Ben Ghâleb raconte dans son histoire que l'imam Edriss, ayant achevé de construire la ville, monta en chaire un jour de vendredi, et qu'aussitôt après le prône, levant les mains au ciel, il s'écria : « O mon « Dieu! vous savez que ce n'est point par vanité, ni « par orgueil ou pour acquérir des grandeurs et de « la renommée que je viens d'élever cette ville! Je « l'ai bâtie, Seigneur, afin que, tant que durera le « monde, vous y soyez adoré, que votre livre y soit « lu et qu'on y suive vos lois, votre religion et le « Sonna de notre seigneur Mohammed (que Dieu le « comble de bénédictions!). O mon Dieu! protégez « ces habitants et ceux qui viendront après eux, dé- « fendez-les contre leurs ennemis, dispensez-leur les « choses nécessaires à la vie, et détournez d'eux le « glaive des malheurs et des discussions, car vous « êtes puissant sur toutes choses! » Amen! dirent les assistants.

En effet, la nouvelle ville prospéra bientôt. Du temps d'Edriss et pendant cinquante ans, l'abondance fut si grande que les récoltes étaient sans valeur. Pour deux drahem on avait un *saa* de blé, et pour un drahem un *saa* d'orge; les autres grains se donnaient. Un mouton coûtait un drahem et demi; une vache, quatre drahem; vingt-cinq livres de miel, un drahem; les légumes et les fruits ne coûtaient rien.

Lorsque la ville fut achevée, l'imam vint s'y établir avec sa famille et en fit le siége de son gouvernement. Il y demeura jusqu'en 197 (812 J. C.); à cette époque, il en sortit pour aller faire une razia sur les terres des Messamides, dont il conquit le pays et les villes de Nefys et de Aghmât. Étant rentré à Fès, il en sortit de nouveau en 199 (814 J. C.) pour combattre les Kabyles de Nefrata; il les vainquit, et vint à Tlemcen, qu'il visita et qu'il fit réparer; il dota d'une chaire la mosquée de cette ville, et, à ce sujet, Abou Mérouan Abd el-Malek el-Ourak rapporte ce qui suit : « Je suis allé, dit-il, à Tlemcen, en 550, et « j'ai vu, au sommet de la chaire de la mosquée, un « morceau de bois de l'ancienne chaire sur lequel « l'imam avait gravé ces mots : « Construit par les « ordres de l'imam Edriss ben Edriss ben Abd Allah « ben Hosseïn ben el-Hosseïn (que Dieu les agrée « tous!), dans le mois de moharrem, an 199. » Edriss demeura trois ans à Tlemcen et dans ses environs, et revint à Fès, d'où il ne sortit plus. Il mourut à l'âge de trente-trois ans, an 213 (828 J. C.). (Que Dieu lui fasse miséricorde!) Il fut enterré dans la mosquée du côté de l'orient, disent les uns, du côté de l'occident, selon les autres.

El-Bernoussy rapporte qu'Edriss ben Edriss mourut étouffé en mangeant des raisins, le 12 de djoumad el-tâny, an 213; qu'il était âgé de trente-huit ans, et se trouvait à cette époque à Oualily, dans le Zraoun, où il fut enseveli dans le cimetière d'Oualily à côté du tombeau de son père.

Edriss mourut après avoir gouverné le Maghreb pendant vingt-six ans, et laissa douze enfants : Mohammed, Abd Allah, Ayssa, Edriss, Ahmed, Giaffar, Yhya, El-Kassem, Omar, Aly, Daoued et Hamza. Mohammed, l'aîné de tous, lui succéda.

HISTOIRE DU RÈGNE DE L'IMAM MOHAMMED BEN EDRISS BEN EDRISS L'HOSSEÏNIEN.

L'imam Mohammed ben Edriss ben Edriss ben Abd Allah ben Hosseïn ben el-Hosseïn ben Aly ben Abou Thaleb (que le Dieu très-haut les agrée tous!) eut pour mère une femme légitime d'Edriss, appartenant à une famille noble de la tribu de Nefiza. Il était blond, bien fait; il avait une figure agréable et les cheveux frisés. A peine fut-il au pouvoir que, pour complaire aux désirs de Khanza, sa grand'-mère, il divisa le Maghreb en préfectures ou provinces, dont il donna le commandement à ses frères comme il suit :

A Kassem, les villes de Tanger, Sebta (Ceuta), Hadjer el-Nesr (Alhucema), Tétouan et leurs dépendances, auxquelles il joignit le pays de Mesmouda;

A Omar, les villes de Tedjensas, Targha, les pays de Senhadja et de Ghoumâra;

A Daoued, les pays de Houara, Tsoul, Mekenesa et le Djebel Ghyatha;

A Yhya, les villes de Basra, Asîla, Laraïch et dépendances jusqu'au pays de Ourgha;

A Ahmet, les villes de Meknès, de Tedla et le pays de Fezez;

A Abd Allah, la ville de Aghmât, les pays de Nefys, de Messamid et le Sous el-Aksa;

A Hamza, la ville de Tlemcen et dépendances.

L'imam Mohammed, s'établit à Fès où il fixa le siége de son gouvernement, et garda auprès de lui, sous la tutelle de son aïeule Khanza, ceux de ses frères qui, à leurs grands regrets, n'avaient point eu de commandements. Mohammed et ses frères s'occupèrent chacun à fortifier et à organiser leurs gouvernements, à assurer la tranquillité des routes, et firent tous leurs efforts pour rendre leurs actions utiles et méritoires. Cependant Ayssa, qui commandait à la ville de Chella et au pays de Temsena, se révolta contre l'imam, son frère, avec l'intention manifeste de s'emparer du pouvoir. Mohammed écrivit immédiatement à Kassem, gouverneur de Tanger, et lui ordonna d'aller soumettre le rebelle; mais Kassem ne répondit pas même à la lettre de son frère, qui s'adressa alors à Omar, qui était à Tedjensas, dans le pays de Ghoumâra. Celui-ci se mit aussitôt en campagne avec une forte armée composée de Berbères de Ghoumâra, Ouaraba, Senhadja et autres, et marcha contre son frère Ayssa. Étant arrivé dans les environs de la ville de Chella, il écrivit à l'imam pour lui demander un renfort de dix mille cavaliers Zenèta; puis, ayant rencontré Ayssa à la tête de ses troupes, il livra bataille et remporta une victoire complète. Il chassa Ayssa de la ville et le força même de sortir des états qu'il commandait. Omar écrivit aussitôt à Mohammed pour l'informer de ses succès, et l'imam, l'ayant beaucoup remercié, lui confia le gouvernement du pays qu'il venait de soumettre, et lui ordonna d'aller sur-le-champ châtier El-Kassem, qui lui avait désobéi en refusant d'aller combattre Ayssa. Omar exécuta ce nouvel ordre et livra bataille à Kassem qui, à son approche, était sorti de Tanger à sa rencontre. Le combat fut sanglant; El-Kassem fut battu et forcé de se retrancher dans sa ville; mais bientôt, tout le pays étant tombé au pouvoir de son frère, il dut songer à sa sûreté et, prenant la fuite par le rivage, il arriva près d'Asîla, où il construisit une chapelle sur le bord d'une petite rivière nommée *El-Mharhar,* et là, il renonça au monde et consacra à la prière le reste de ses jours. (Que Dieu lui fasse miséricorde!) Omar joignit les états de Kassem aux siens et à ceux d'Ayssa, et les gouverna tranquillement au nom de son frère Mohammed jusqu'à sa mort. Son corps fut transporté de **Fedj el-Fers,** du pays de Senhadja, à

Fès, où son frère Mohammed le fit ensevelir après avoir lu lui-même les prières d'usage sur son cercueil. Omar ben Edriss est l'aïeul des deux Mohammed qui régnèrent en Andalousie vers l'an 400 de l'hégyre; il laissa quatre enfants, Aly et Edriss, fils de Zineba bent el-Kassem el-Djady, et Abd Allah et Mohammed qu'il avait eus de Rebaba, fille d'un esclave.

L'imam Mohammed ne survécut que sept mois à son frère Omar; il mourut à Fès dans le mois de raby el-tâny, an 221 (387 J. C.), et fut enseveli dans la mosquée du côté de l'orient, auprès de son frère et de son père.

Il avait régné huit ans et un mois. Durant sa dernière maladie, il choisit pour lieutenant son fils Aly, qui lui succéda.

HISTOIRE DU RÈGNE DE L'ÉMIR ALY BEN MOHAMMED, BEN EDRISS EL-TÂNI L'HOSSEÏNIEN. QUE DIEU LES AGRÉE TOUS!

L'émir Aly ben Mohammed ben Edriss ben Edriss eut pour mère Rakietta, femme légitime de l'imam Mohammed et fille d'Ismaël ben Omar ben Mosshab el-Azdy. Il fut proclamé le jour même de la mort de son père, qui déjà l'avait nommé son khalife. L'émir Aly avait alors neuf ans et quatre mois, et à cet âge il avait déjà l'esprit droit et distingué et toutes les qualités de ses ancêtres et de sa noble famille. Il suivit la voie de son père et de son aïeul, et comme eux il fut juste, vertueux, religieux et prudent. Il gouverna au nom de la vérité, organisa le pays, fit réparer les villes et tint ses ennemis en respect. Le peuple du Maghreb vécut dans la paix et le bonheur sous son règne. Aly mourut au mois de radjeb de l'année 234 (848 J. C.), et eut pour successeur Yhya son frère.

HISTOIRE DU RÈGNE DE L'ÉMIR YHYA BEN MOHAMMED BEN EDRISS BEN EDRISS L'HOSSEÏNIEN.

L'émir Yhya ben Mohammed ben Edriss, etc. fut proclamé souverain le jour de la mort de son frère Aly, et marcha dans la voie de ses prédécesseurs.

Sous son règne la population de Fès s'accrut considérablement, et la ville fut bientôt insuffisante; une foule d'étrangers venus de l'Andalousie, de l'Ifrîkya et de toutes les parties du Maghreb, furent obligés de s'établir dans les jardins du dehors. Yhya fit construire de nouveaux bains et de nouveaux caravansérails pour les marchands, et c'est à cette époque que fut bâtie la célèbre mosquée El-Kairaouyn. (Que Dieu l'ennoblisse de plus en plus!)

HISTOIRE DE LA MOSQUÉE EL-KAIRAOUYN, SA DESCRIPTION, SES ACCROISSEMENTS DEPUIS SA FONDATION JUSQU'À NOS JOURS, AN 726.

L'auteur de ce livre (que Dieu lui pardonne!) a dit : Sous les Edrissites, les cérémonies religieuses du vendredi furent toujours célébrées dans la mosquée El-Cheurfa bâtie par Edriss dans l'Adoua el-Kairaouyn et dans la mosquée des cheïkhs de l'Adoua el-Andalous. L'emplacement où est construite la mosquée El-Kairaouyn était alors un terrain nu, contenant du gypse et clair-semé de quelques arbres; il appartenait à un homme d'Houara qui en avait hérité de son père, lequel en était devenu propriétaire avant que la ville fût achevée. Or on se rappelle que du temps d'Edriss un grand nombre de familles de Kairouan vinrent s'établir à Fès; de ce nombre était celle de Mohammed el-Fehery el-Kairouany qui était arrivé d'Ifrîkya avec sa femme, sa sœur et sa fille. Cette dernière, appelée *Fathma* et surnommée *Oumm el-Benïn* (la mère des deux fils), était une femme vertueuse et sainte; à la mort de ses parents elle hérita d'une grande fortune légitimement acquise, dont on ne s'était jamais servi pour le commerce, et qu'elle voulut consacrer à une œuvre pieuse pour mériter la bénédiction de Dieu. Fathma crut atteindre ce but en bâtissant une mosquée, et, s'il plaît à Dieu très-haut, elle trouvera sa récompense en l'autre monde, *le jour où chaque âme retrouvera devant elle le bien qu'elle aura fait!*[1] Elle acheta du propriétaire, moyennant une forte somme d'argent, l'emplacement de la mosquée El-Kairaouyn dont elle jeta les premiers fondements le samedi 1er du mois de ramadhan le grand, an 245 (859 J. C.). Les murs furent bâtis en tabiah et en keddhân que l'on extrayait au fur et à mesure d'une carrière située sur le terrain même, qui fournissait aussi la

[1] *Koran*, chap. III, verset 28.

terre, les pierres et le sable dont on avait besoin. Fathma fit creuser le puits qui existe aujourd'hui encore au milieu de la cour, et d'où l'on tira toute l'eau nécessaire aux travailleurs, de sorte que cette mosquée sacrée fut entièrement bâtie avec les matériaux de son propre sol, et que l'on eut ainsi la certitude que rien de ce qui aurait pu n'être pas parfaitement légitime et pur n'avait été employé. La sainte femme jeûna tout le temps que durèrent les travaux, et, lorsqu'ils furent achevés, elle adressa des actions de grâces au Dieu très-haut qui l'avait secondée. La mosquée bâtie par Fathma mesurait 150 empans du nord au sud; elle avait quatre nefs, une petite cour, un mîhrab[1] qui occupait la place située aujourd'hui sous le grand lustre. Son minaret était peu élevé et construit sur l'Aneza du côté du sud. Telle est la version que rapporte Abou el-Kassem ben Djenoun, dans ses Commentaires sur l'Histoire de Fès.

On raconte aussi que Mohammed el-Fehery avait deux filles, Fathma Oumm el-Benïn et Meriem : Fathma bâtit la mosquée El-Kairaouyn, et Meriem la mosquée El-Andalous avec les biens légitimes dont elles avaient hérité de leur père et de leur frère. Ces mosquées restèrent telles que les avaient construites les deux sœurs pendant le règne des Edrissites jusqu'à l'époque des Zenèta. Ceux-ci, de-

[1] Le Mîhrab est une niche pratiquée dans le mur de la mosquée pour indiquer la direction de la Mecque.

venus maîtres du Maghreb, renfermèrent dans une seule enceinte les deux Adoua et les jardins qui les entouraient, et ils reculèrent ainsi les premières limites de la ville, dont aujourd'hui encore on peut voir les vestiges. Puis, la population s'étant accrue, la mosquée El-Cheurfa devint insuffisante pour les cérémonies du vendredi, et les Zenèta les firent célébrer à la mosquée El-Kairaouyn qui était la plus spacieuse et qu'ils embellirent d'une chaire. Cela eut lieu en l'an 306 (918 J. C.). Le premier prône fut prononcé par le docte et distingué cheïkh Abou Abd Allah ben Aly el-Farsy.

Selon une autre version, le premier qui fit passer les khatheb de la mosquée El-Cheurfa à la mosquée El-Kairaouyn fut l'émir Hamed ben Mohammed el-Hamdany, lieutenant d'Obeïd Allah el-Chyhy au Maghreb, an 321 (932 J. C.). L'émir Hamed déplaça également les khatheb de la mosquée des cheïkhs, et les attacha à la mosquée El-Andalous, où le premier prône fut prononcé par Abou el-Hassan ben Mohammed el-Kazdy.

Les choses restèrent en cet état et aucun changement ne fut plus apporté ni à l'une ni à l'autre de ces mosquées, jusqu'à l'époque où l'émir des croyants Abd er-Rahman el-Nasser Ledyn Illah, roi de l'Andalousie, s'étant emparé de l'Adoua (El-Gharb) fit re-reconnaître sa souveraineté à Fès, dont il confia le gouvernement à un préfet choisi entre les Zenèta et nommé Ahmed ben Aby Beker el-Zenèty. Celui-ci, homme de bien, vertueux, religieux et intègre, écrivit aussitôt à l'émir des croyants pour lui demander l'autorisation de faire réparer, agrandir et embellir la mosquée El-Kairaouyn. El-Nasser accueillit favorablement son message, et lui envoya de fortes sommes d'argent provenant du cinquième du butin fait sur les chrétiens, en lui ordonnant de les consacrer comme il le désirait à la mosquée El-Kairaouyn. Ahmed ben Aby Beker se mit de suite à l'œuvre, et fit élargir la mosquée du côté de l'orient, du côté de l'occident et du côté du nord. Il détruisit les restes de l'ancien minaret situé sur l'Aneza, et fit élever celui qui existe aujourd'hui.

HISTOIRE DU MINARET DE LA MOSQUÉE EL-KAIRAOUYN,
QUE DIEU L'ENNOBLISSE !

L'imam Ahmed ben Aby Beker construisit le minaret de la mosquée El-Kairaouyn en forme de tour carrée, ayant sur chaque côté 27 empans[1] de base sur 108 empans, somme des quatre bases ou côtés, de hauteur, dimension exacte de cet édifice construit, d'ailleurs, dans les règles de l'architecture. Sur la porte située à la façade du couchant sont gravés dans le plâtre et incrustés d'azur les mots suivants : « Au « nom de Dieu clément et miséricordieux! Louange « à Dieu l'unique, le tout-puissant! Ce minaret a été « élevé par Ahmed ben Aby Beker Saïd ben Othman

---

[1] شِبْرٌ pl. أشْبَارٌ spithama, empan, palme.

« el-Zenèty. Que Dieu très-haut le conduise dans la
« vraie voie, lui donne la sagesse et lui accorde ses
« récompenses les plus belles! Sa construction fut
« commencée le premier mardi du mois de radjeb,
« l'unique de l'année 344 (955 J. C.), et fut entiè-
« rement achevée dans le mois de raby el-tâny, an
« 345 (956 J. C.). » On lit également sur un des
côtés de la porte, « Il n'y a de Dieu que Dieu, et
« Mohammed est l'apôtre de Dieu; » et sur le côté
opposé : « *Dis, ô mes serviteurs : vous qui avez agi*
« *iniquement envers vous-mêmes, ne désespérez point de*
« *la miséricorde divine; car Dieu pardonne tous les pé-*
« *chés! il est indulgent et miséricordieux*[1]. »

Sur le sommet du minaret on plaça une pomme
en métal doré et incrustée de perles et de pierreries;
l'imam Ahmed ben Aby Beker fit surmonter cette
pomme de l'épée de l'imam Edriss ben Edriss, afin
d'attirer sur l'édifice la bénédiction du fondateur
de Fès. On raconte, à ce sujet, que le minaret était
à peine achevé lorsque les descendants de l'imam
Edriss, se disputant la propriété de cette épée, en
appelèrent, après de vives querelles, à l'imam Ahmed
ben Aby Beker. « Soyez d'accord, leur dit celui-ci,
« et vendez-moi cette arme? — E' qu'en feras-tu, émir?
« demandèrent-ils unanimement; — Je la placerai sur
« le haut de ce minaret que je viens de construire,
« afin qu'elle le couvre de sa bénédiction. — Si tel
« est ton désir, émir, nous te vendons l'épée et nos

[1] *Koran*, chap. xxxix, verset 54.

« querelles sont finies. » Et ainsi il fut fait. Ce minaret avait été bâti en belles et bonnes pierres de taille; mais, une fois achevé, personne n'y toucha plus et les oiseaux, pigeons et étourneaux, entre autres, y établirent leurs nids. Ce ne fut qu'en 688 (1289 J. C.) que le docte et vertueux Abou Abd Allah ben Aby el-Sbar, qui cumulait les fonctions de kady, de khatheb et d'imam de la mosquée El-Kairaouyn, eut la pensée de réparer cet édifice, et en demanda l'autorisation à l'émir des musulmans Abou Yacoub, fils de l'émir des croyants Youssef ben Abd el-Hakk (que Dieu leur fasse miséricorde et les agrée!). Ce prince la lui accorda et lui offrit les fonds nécessaires prélevés sur les tributs imposés aux chrétiens; mais Abou Abd Allah le remercia en lui disant que les biens des mosquées (habous) suffiraient avec l'aide de Dieu, et il commença aussitôt les réparations, en ayant soin de planter de grands clous en fer de distance en distance pour soutenir le plâtre et la chaux : 18 rbah 1/2 (460 livres) de clous furent ainsi employés. Une fois ce travail fini, les ouvriers se mirent à polir et repolir la surface jusqu'à ce qu'elle fût devenue unie comme celle d'un miroir très-pur, et on parvint ainsi, en embellissant le minaret, à le préserver des oiseaux qui lui avaient causé maints dégâts. Abou Abd Allah bâtit en même temps la chambre des muezzins qui est située auprès de la porte. Après l'émir Ahmed ben Aby Beker, nul ne toucha à la mosquée bénie jusqu'à l'époque

de Hachem el-Mouïd, qui éleva à la dignité de hadjeb El-Mansour ben Aby Amer. Celui-ci construisit un dôme à la place de l'ancien minaret sur l'Aneza situé au milieu de la cour, et fit placer sur ce dôme les signes et les talismans qui se trouvaient sur la coupole qui surmontait dans le temps le premier mîhrab. Ces anciennes figures furent ajustées sur des pointes de fer que l'on planta sur le nouveau dôme. Un de ces talismans avait pour vertu de préserver la mosquée de tous les nids de rats; ces animaux ne pouvaient pénétrer dans le saint lieu sans être aussitôt découverts et détruits. Un autre, sous la forme d'un oiseau tenant en son bec un scorpion dont on n'apercevait que les palpes, garantissait la mosquée des scorpions, et s'il arrivait qu'un de ses insectes y pénétrât transporté sur le haïk de quelque fidèle, il ne tombait point et sortait en même temps que celui auquel il s'était accroché. « Un vendredi, raconte le docte El-Hadj Ha-
« roun, assistant à la prière, je vis un scorpion qui
« était entré sur les vêtements d'un fidèle ou plus
« probablement sur quelque objet qui avait été dé-
« posé à terre, venir dans l'espace qui séparait le
« rang dont je faisais partie du rang de ceux qui
« priaient devant moi; et tout à coup demeurer là
« étourdi et privé de tout mouvement. Les assistants,
« d'abord saisis de crainte, se rassurèrent, croyant
« l'animal mort; mais il ne l'était point, et lorsque,
« la prière finie, on voulut l'écraser, il se débattit

« longtemps. » Ce fait-là est certain. Un troisième talisman, monté sur une pointe de cuivre jaune, a la forme d'un globe et éloigne les serpents, aussi n'en a-t-on jamais vu un seul dans la mosquée, où ils ne pourraient pénétrer sans être aussitôt découverts et tués.

Abd el-Malek ben el-Mansour ben Aby-Amer fit construire le Bit el-Mostadhil (chambre ombragée) situé près du Hafat (bord de la rivière) et la Skayah (bassin, réservoir) qui reçoit les eaux de l'Oued Hassen qui coule hors de la ville du côté de Bab el-Hadid. Il fit également construire une chaire en bois de jujubier et d'ébène, sur laquelle fut gravée l'inscription suivante :

« Au nom de Dieu clément et miséricordieux ! Que
« Dieu comble de ses bénédictions notre seigneur
« Mohammed, sa famille et ses compagnons et leur
« accorde le salut ! Cette chaire a été construite par
« les ordres du khalife, épée de l'Islam, El-Mansour
« Abd Allah Hachem ben el-Mouïd Billah (que Dieu
« prolonge ses jours!), sous la direction de son had-
« jeb Abd el-Malek el-Medhafar ben Mohammed el-
« Mansour ben Aby Amer (que le Très-Haut le pro-
« tège!). Djoumad el-tâny, an 375 (985 J. C.) » Jusqu'au temps des Lemtouna, les khatheb firent leurs sermons dans cette chaire.

Les gouverneurs, les émirs et les rois eurent toujours à cœur d'ajouter quelque chose à la mosquée El-Kairaouyn, ou au moins de réparer ce que le temps endommageait, dans l'espérance que les récompenses du Très-Haut leur seraient acquises.

A l'époque de la domination des Morabethoun (Almoravides) dans le Maghreb, et sous le règne de l'émir des musulmans Aly ben Youssef ben Tachfyn el-Lemtouni, la population de Fès s'accrut considérablement, et la mosquée El-Kairaouyn devint insuffisante, au point que, les vendredis, les fidèles étaient obligés de prier dans les rues et les marchés environnants. Les cheïkhs et les fekhys se réunirent chez le kady de la ville Abou Abd Allah Mohammed ben Daoued pour délibérer à ce sujet, et chercher le moyen de remédier à cet inconvénient. Le kady, homme de science, de justice et d'une intégrité parfaite, écrivit à l'émir des croyants pour lui faire part de la réunion de ce conseil, et lui demander l'ordre de faire agrandir la mosquée. L'émir accueillit favorablement cette demande et ouvrit à Ben Daoued un crédit sur le bit el-mâl (trésor) pour subvenir aux dépenses; mais celui-ci le remercia et lui répondit: « Dieu fera peut-être « que nous n'aurons pas besoin de toucher aux fonds « du trésor, et qu'il nous suffira de retirer les rentes « des habous qui sont entre les mains des oukils (per- « cepteurs). » Toutefois Aly ben Youssouf lui recommanda bien de n'employer que des sommes pures, et appartenant exclusivement aux mosquées; il l'engagea en même temps à ne rien épargner pour les réparations et les embellissements de la mosquée El-Kairaouyn, et lui ordonna de rechercher avec soin tous les habous et d'en réunir les produits en les retirant des mains de ceux qui en jouissaient. Le kady se rendit au lieu où il faisait la justice, et, ayant mandé tous les oukils, il lui fut aisé de découvrir qu'il y avait entre eux des hommes impies qui avaient dépensé les biens qui leur étaient confiés, et d'autres qui se les étaient appropriés; il fit rendre compte à chacun, non seulement des propriétés habous, mais encore des revenus dont ils avaient joui, et se fit restituer le tout; en même temps il nomma de nouveaux oukils d'une probité garantie, et qui par leurs soins augmentèrent les produits et les rentes de cette année-là.

Le docte Mohammed ben Daoued parvint ainsi à réunir une somme de plus de 18,000 dinars; il commença par acheter les terrains attenant au sud et à l'est de la mosquée, et il en paya la juste valeur pour ne mécontenter personne. Cependant, comme il y avait sur ces emplacements un assez grand nombre de maisons appartenant à des juifs (que Dieu les maudisse!) qui refusaient de les vendre, on fit une juste estimation de ces propriétés, on leur en compta la valeur et on les chassa, conformément à une loi établie par l'émir des musulmans Omar ben el-Khettâb (que Dieu l'agrée!) qui s'était trouvé dans un cas semblable lorsqu'il voulut agrandir la mosquée sacrée de la Mecque.

Lorsque le terrain nécessaire fut acheté, le kady fit abattre toutes les maisons qui y étaient situées, et vendit les décombres pour une somme égale à celle qu'il avait dépensée, de sorte que l'emplacement ne lui coûta rien, tant est grande la bénédiction de Dieu! Il joignit ce nouveau terrain à celui de la mosquée, et y fit bâtir la grande porte de l'occident, nommée anciennement *Bab el-Fekharyn* (porte des potiers), et appelée aujourd'hui *Bab el-Chemahyn* (porte des vendeurs de cire). Mohammed ben Daoued assistait aux travaux et donnait lui-même les mesures de hauteur, largeur et profondeur de cette porte; il y plaça de magnifiques battants ajustés sur de beaux gonds, véritables chefs-d'œuvre, et il fit graver ces mots sur le fronton intérieur : « Cette porte a été commencée et « achevée dans le mois de dou'l hidjâ, an 528 (1133 « J. C.) » En creusant à l'endroit où l'on voulait établir le support des battants, c'est-à-dire à gauche en entrant, où se trouve aujourd'hui la Doukhana, on découvrit une fontaine fermée par une pierre carrée de huit achebars[1] de côté, et surmontée d'une voûte très-ancienne dont on ne put reconnaître l'époque. Les travailleurs pensèrent qu'il pouvait y avoir là quelque trésor caché, et ils commencèrent à démolir; or ils ne trouvèrent qu'un réservoir rempli d'eau douce dans laquelle vivait une énorme tortue d'une surface égale à celle du réservoir; quelques-uns essayèrent de tirer dehors cet animal, mais cela leur fut impossible, et ils coururent faire part de la découverte au kady Ben Daoued et aux autres fekhys de la ville. Ceux-ci décidèrent dans leur sagesse de laisser la tortue tran-

---

[1] *Achebar*, empan, palme.

quillement à sa place, et de rebâtir le voûte telle qu'elle était auparavant. « Glorifions Dieu magnifique et puis-« sant qui dispense comme il lui plaît les choses né-« cessaires à la vie de ses créatures! Il n'y a de Dieu « que Dieu, vers lequel tout retourne. » Ce fait est raconté comme il précède par Abou el-Kassem ben Djenoun. « Cependant, ajoute l'auteur du livre, j'ai « lu une note écrite de la main du docte et juste Aly « el-Hassan ben Mohammed ben Faroun Ellezdy qui « fait remarquer que la voûte en question fut dé-« couverte près du Karsthoun, à droite en entrant. »

Cette grande porte resta telle que l'avait construite le kady Abou Abd Allah ben Daoued, jusqu'à l'incendie des bazars, dans la vingt-deuxième nuit du mois de djoumad el-tâny, an 571 (1175 J. C.). Le feu partit du Souk, près du Bab el-Selselat, et détruisit tout ce qu'il rencontra jusqu'à cette porte, qui fut elle-même consumée en grande partie ainsi que le dôme qui lui était attenant. L'émir des croyants, Abou Youssef ben Aly ben Abd el-Moumen, fit relever la porte et le dôme dans le mois de djoumad el-tâny, an 600 (1203 J. C.), et confia à Abou el-Hassen ben Mohammed el-Layrak el-Athar la direction des travaux qui furent faits aux frais du bit el-mâl (trésor) dont le kady Abou Yacoub ben Abd el-Hakk était alors le gardien.

Le docte kady Abou Abd Allah ben Daoued fut remplacé à sa mort par le vénérable Abd el-Hakk ben Abd Allah ben el-Mahycha, qui acheva ce qui était commencé, et fit réparer ce qui était endommagé. Ce nouveau magistrat, ayant conçu le projet de construire le mîhrab (niche) El-Kairaouyn sur l'emplacement de l'Aïn Kerkouba, rassembla les principaux maçons et les artisans les plus habiles, qui reconnurent que la chose n'était pas possible à cause des maisons du fekhy Aly ben Aby el-Hassen qui étaient situées sur ce terrain. Il fut donc résolu que l'on agrandirait la mosquée de trois nefs seulement, pour construire le mîhrab et la chaire, et on ajouta, en effet, une nef au-dessus du niveau du sol, au nord, et deux nefs de l'est à l'ouest.

Tous ces travaux furent faits avec les matériaux du propre sol, sans qu'il fût besoin d'avoir recours aux carrières dont on extrayait les pierres pour les constructions ordinaires. En creusant au milieu de la deuxième nef, on découvrit une carrière d'où l'on put tirer en même temps du sable, de la terre, et de grosses pierres qui, passant directement de la main des carriers dans celle des maçons, rendaient le travail plus commode, et assuraient par leur pureté la solidité et la durée de ces constructions. Le docte kady décida également dans sa sagesse que toutes les portes fussent doublées de cuivre jaune, que chacune fût surmontée d'un dôme, qu'elles fussent agrandies, et qu'il fût fait quelques changements au minaret.

Lorsque le mîhrab fut achevé, on construisit sa coupole, que l'on incrusta d'or, d'azur et autres diverses couleurs; la précision et l'élégance de ce travail étaient telles que les curieux restaient émerveillés, et que les fidèles ne pouvaient même s'empêcher d'être distraits de leurs prières par l'éclat des peintures; aussi, lorsque les Almohades entrèrent à Fès (le jeudi dixième jour de raby el-tâny, an 540 (1145 J. C.) les cheïkhs et les fekhys de la ville craignirent que les nouveaux venus, qui n'étaient arrivés au pouvoir que par mensonge et hyprocrisie, ne leur reprochassent vivement ce luxe de décors et de peinture, et leur crainte redoubla quand ils surent que le lendemain, vendredi, l'émir des croyants Abd el-Moumen ben Aly, accompagné de ses cheïkhs, devait entendre la prière dans la mosquée El-Kairaouyn.

Dans cet embarras, ils rassemblèrent à la hâte les principaux maçons, et, pendant la nuit, ils leur firent recouvrir tout le dôme avec du papier sur lequel ils passèrent une couche de plâtre et quelques couches de chaux, de sorte que les Almohades ne virent le lendemain qu'un dôme parfaitement blanc.

A la même époque fut construite la chaire dont on se sert encore aujourd'hui. Cette chaire est faite en bois d'ébène, de sandal incrusté d'ivoire, d'arneg, de jujubier et autres bois précieux; on la doit aux soins du cheïkh distingué Abou Yhya el-Attady, imam, rhéteur et poëte, qui vécut environ cent ans. Il en était au tiers de ses travaux lorsqu'il fut remplacé par le kady de la ville, le docte, le zélé, le savant, le conseiller Abou Merouan Abd el-Malek ben Bydha el-Khissy. Celui-ci acheva tout ce qui était commencé conformément aux plans d'Abou Mohammed Abd el-Hakk ben el-Mahycha, excepté qu'il ne doubla point les portes en cuivre jaune, et qu'il ne porta aucun changement au minaret. Tous les travaux dont on vient de parler furent achevés dans le mois de Dieu châaban le grand, an 538 (1143 J. C.).

Le premier prédicateur qui fit le khotba dans la nouvelle chaire d'El-Kairaouyn fut le cheïkh, le fekhy vertueux Abou Mohammed Mehdy ben Ayssa. Ce célèbre khatheb prêcha depuis tous les vendredis sans jamais prononcer deux fois le même sermon; il fut destitué, par les Almohades, qui bouleversèrent tout à leur arrivée à Fès; autorités, khatheb, imam, furent remplacés, sous prétexte que, ne connaissant point la langue berbère, leur ministère devenait inutile.

Le Schan (la cour) fut pavé sous le kady Abou Abd Allah ben Daoued, architecte habile. Avant lui quelques essais avaient été faits, mais ces travaux inachevés ne lui convinrent point, et il confia l'entreprise au connaisseur Abou Abd Allah Mohammed ben Ahmed ben Mohammed el-Khoulany, qui l'engagea à faire un sol uni et assez incliné pour que les eaux pussent s'écouler jusqu'à la dernière goutte. El-Khoulany (que Dieu lui fasse miséricorde!) avait quatre maisons, biens hallal dont il avait hérité; il les vendit et employa le produit à faire fabriquer les briques nécessaires et à payer le salaire des ouvriers. Ainsi, de son propre argent, et sans le secours de personne, il eut la gloire de paver cette cour, de même qu'il avait pavé celle de Ben Messaoud, n'espérant d'autres récompenses que celles qu'il plaira à Dieu de lui donner. Puisse Dieu très-haut le récompenser !

Cinquante-deux mille briques furent employées au pavage de la cour de la mosquée El-Kairaouyn. Voici le calcul : il y a 11 arcades, et sous chaque arcade il y a 20 rangs de 200 briques chacun, soit, 4,000 briques; donc 11 fois 4,000 font 44,000, et à cette somme il faut encore ajouter 8,000, nombre des briques faisant le tour des arcades; on a donc 52,000 briques, total sur lequel il n'est permis d'élever aucun doute. C'est à cette même époque, 526 (1131 J. C.), que ledit kady Ben Daoued fit construire la grande porte qui est située vis-à-vis le karsthoun. Quand le pavage de la cour fut achevé, le docte kady fit faire une tente en coton, soigneusement doublée, de la grandeur exacte du Sehan, qui s'étendait et se pliait à volonté au moyen de poulies et de grosses cordes. En été on se préservait ainsi de la chaleur, et pendant la canicule on laissait la tente tendue nuit et jour. Le temps détruisit ce chef-d'œuvre, que nul, depuis, n'a été capable de remplacer.

Le bassin et le jet d'eau qui sont au milieu de la cour furent construits en 599 (1222 J. C.), sous Aby Amrân Moussa ben Hassen ben Aby Chemâa, géomètre et architecte habile, qui dirigea lui-même les travaux faits aux frais du fekhy ben Abou el-Hassen el-Sidjilmessy. (Que Dieu le récompense !) Abou el-Hassen était religieux, humble, modeste, et dépensait chaque jour en aumônes 10 dinars de son bien ou de ses revenus.

Moyennant un canal de plomb souterrain on amena l'eau du grand réservoir jusque dans la cour au bassin et au jet d'eau. Le bassin est de beau marbre blanc d'une pureté irréprochable, et reçoit par plusieurs robinets une quantité d'eau égale à celle qui peut sortir en même temps par quarante orifices pratiqués sur les bords, vingt à droite, vingt à gauche. L'ajustage du jet d'eau est en cuivre rouge doré et monté sur un tuyau également de cuivre, de cinq palmes de haut au-dessus du sol. Ce tuyau est divisé dans sa longueur en deux compartiments; dans l'un, l'eau monte à l'ajustage au bout duquel elle jaillit par dix ouvertures d'une pomme en métal, et elle retombe dans un petit bassin d'où elle redescend par le deuxième compartiment du tuyau, de sorte que le jet va sans cesse, et que le grand bassin est toujours plein d'eau, constamment renouvelée sans qu'il s'en répande une seule goutte à terre. Cette eau est à la disposition du public; en prend qui veut pour son usage, et celui qui désire boire trouve des gobelets dorés suspendus à de petites chaînes tout autour de la fontaine. Au-dessus du bassin on construisit, en marbre blanc, une fenêtre à grillage, merveille de l'époque, sous laquelle on grava sur une pierre rouge l'inscription suivante : « Au nom de Dieu clément et miséricordieux! Que le « Dieu très-haut répande ses bénédictions sur notre « Seigneur Mohammed, *car des rochers coulent des*

« torrents, les pierres se fendent et font jaillir l'eau! Il y
« en a qui s'affaissent par la crainte de Dieu! et certes
« Dieu n'est pas inattentif à vos actions[1]. »

Ces ouvrages furent achevés dans le mois de djoumad el-tâny, an 599. Au sortir du bassin et de la fontaine à jet, l'eau passe dans les réservoirs de l'Aïn Kerkouba, alimente les maisons et les abreuvoirs des environs, et se répand dans les fabriques, où elle est entièrement absorbée.

L'ancien Anezà, où l'on fait les prières en été, était construit en planches de bois de cèdre, et surmonté de cette inscription : « Cet Anezà a été construit dans le mois de châaban, an 524. » L'Anezà actuel, construit aux frais des habous, par le docte, le khathîb, le kady Abou Abd Allah Abenou Aby el-Sbor à l'époque de son kadydat, fut commencé le premier dou'l kaada, an 687 (1288 J. C.), et mis en place en 689 (1290 J. C.), le samedi 18 raby el-aouel, correspondant au 10 mars de l'ère barbare.

Il y a dans la mosquée El-Kairaouyn 270 colonnes qui forment 16 nefs de 21 arcs chacune, tant en longueur qu'en largeur. Dans chaque nef s'établissent, les jours de prières, 4 rangs de 210 fidèles, soit 840 fidèles par nef, somme exacte à n'en pas douter, puisque chaque arc contient 10 hommes d'une colonne à l'autre. Pour avoir le nombre d'hommes qui peuvent assister à la prière, on a donc 16 fois 840,

---

[1] *Koran*, la Vache, chap. II. verset 69.

soit 13,440, total auquel il faut ajouter 560, nombre des fidèles qui se placent au besoin devant les colonnes, plus 2,700 que contient la cour, plus, enfin, 6,000 autres qui prient, sans ordre, dans la galerie, les vestibules et sur le seuil des portes, ce qui fait en tout 22,700, nombre exact, ou à peu près, des personnes qui peuvent, le vendredi, entendre ensemble la prière de l'imam, comme cela s'est vu aux époques florissantes de Fès.

On compte 467,300 tuiles sur les toits de la mosquée El-Kairaouyn, qui a quinze grandes portes d'entrée pour les hommes, et deux petites portes exclusivement réservées aux femmes. Les plus anciennes de ces portes sont celles de l'orient, de l'occident et du midi; la porte du nord est nouvelle, mais la plus récemment faite de toutes est la grande porte de l'escalier, qui est située au midi, et qui a été construite par le fekhy, le juste Abou el-Hassan Aly ben Abd el-Kerym el-Djedoudy à l'époque de son commandement à Fès. El-Djedoudy perça également une nouvelle porte faisant face à la mosquée el-Andalous, et y amena l'eau de l'Aïn ben el-Sâady, aujourd'hui Aïn el-Khouazyn (source des potiers), qu'il conduisit par le Rahbâ el-Zebyb (marché aux raisins) où il construisit un nouveau réservoir. Ces travaux furent achevés en 689. Cependant l'émir des Croyants Abou Yacoub ben Abou Youssef ben Abd el-Hakk, irrité de ce qu'on avait ouvert cette dernière porte, qui était d'ailleurs inutile, sans ses ordres et même sans sa permission, adressa de vifs reproches au fekhy el-Djedoudy, son gouverneur, et lui ordonna de la faire fermer immédiatement.

Le grand lustre fut construit sous le fekhy, le sage, le khathîb, le vertueux Abou Mohammed Abd Allah ben Moussa. Celui dont on se servait à cette époque était abîmé et en partie détruit par le temps; Abou Mohammed le fit fondre avec une quantité suffisante de cuivre de la même qualité pour en faire un nouveau, et dépensa de son propre argent 717 dinars 2 drahem 1/2, tant pour l'achat du métal que pour le salaire des ouvriers. Ce lustre pèse 1,763 livres, et a 509 becs ou lampes qui ne contiennent pas moins ensemble d'un quintal et sept jarres d'huile.

Dans la vingt-septième nuit du ramadhan, où il est d'usage d'allumer toutes les lampes de la mosquée, au nombre de 1,700, on consomme trois quintaux et demi d'huile. Le grand lustre fut régulièrement allumé les vingt-septièmes nuits de ramadhan jusque sous le kadydat d'Abou Yacoub ben Amran, qui ordonna de l'allumer durant tout ce mois. Ce kady mourut le jour d'Arafat[1], an 617; c'est lui qui fit ouvrir le Bab el-Ouarakyn (porte des lecteurs), surmonté de cette magnifique coupole en plâtre découpée. L'année suivante (618) on alluma encore le grand lustre pendant tout le ramadhan; mais c'est

---

[1] يَوْمُ ٱلْعَرَفَة jour d'Arafat, neuvième jour du mois dou'l hidjà, où les pèlerins de la Mecque se rendent au mont Arafat.

alors que survinrent ces temps malheureux, où la population de Fès fut décimée par les troubles, la misère et la faim : la mosquée, appauvrie, ne put plus se procurer de l'huile, qui avait fini par disparaître complétement du pays, et le grand lustre ne fut plus allumé, ni pendant tout le ramadhan, ni même pendant la vingt-septième nuit. On s'en consola pourtant sur ces paroles du fekhy : « Ce n'est « point le feu que nous adorons, mais c'est Dieu. » Les choses restèrent ainsi jusqu'en 687 : à cette époque, le fekhy, le khathîb, Aby Abd Allah ben Aby el-Sebor, kady de la ville, demanda l'autorisation d'allumer de nouveau le grand lustre à l'émir des Musulmans, Abou Youssef Abd el-Hakk (que Dieu lui fasse miséricorde!), qui voulut bien la lui accorder, toutefois pour la vingt-septième nuit seulement du ramadhan de chaque année. Cet usage s'est conservé depuis, et se pratique encore de nos jours.

Les deux battants rouges de la porte El-Kabla, qui donne sur le passage de Bab el-Djysa, appartenaient dans le temps à Abou el-Kassem el-Meldjoun, connu sous le nom de Ben Berkya, qui les avait fait faire à grands frais pour un pavillon construit sur sa maison, située au faubourg Louata. De ce pavillon Ben Berkya dominait l'intérieur des maisons voisines, et voyait les femmes entrer nues dans leurs bains; il se plaisait surtout à plonger ses regards dans le *meslah* (vestiaire) de la fille El-Ban, qui demeurait à côté, et cela si souvent que l'on finit par porter plainte à l'émir des Croyants, Abou Youssef ben Abd el-Hakk, en appuyant l'accusation du témoignage du lieutenant Abd el-Malek. L'émir envoya aussitôt au kady de Fès, Abou Mohammed el-Tadly, l'ordre de faire raser ce pavillon, et cela fut fait le mercredi, 30 radjeb, an 588. Les successeurs de Ben Berkya conservèrent les deux battants de ce pavillon, et, ne pouvant mieux les employer, ils en firent présent à la mosquée El-Kairaouyn, où ils furent mis en place en 617, avec une inscription portant le nom de Ben Berkya, celui de l'ouvrier qui les avait construits, et la date à laquelle ils avaient été achevés, mois de radjeb an 578.

Le Mestoudâ (Sacrarium) fut commencé par le fekhy vertueux Aby Mohammed Ychekour, qui fit faire la chambre souterraine, dont les parois, en pierre et en terre, soutiennent une voûte en marbre qui est recouverte de sable et de plâtre. Le fekhy Abou el-Kassem ben Hamyd, chargé de ces constructions, fit poser trois serrures à chacune des deux portes du Mestoudâ, et plaça dans l'intérieur plusieurs coffres-forts, mais cela n'empêcha pas que sous le kadydat d'Abou Amrân, les capitaux de la mosquée, les revenus des habous, les livres et autres dépôts précieux, y furent volés sans qu'on ait pu jamais découvrir le voleur.

Le mur de l'orient et ses dépendances, déjà très-anciens et n'ayant pu être entretenus, faute d'argent, pendant le temps de famine et de troubles qui désolèrent Fès, tombaient en ruine. En 682 (1283 J. C.),

Abou Abd Allah el-Madhoudy écrivit à l'émir des Musulmans El-Kaïm Bil Hakk Abou Yacoub ben Abd el-Hakk, pour lui demander la permission de faire toutes les réparations nécessaires. Ce prince généreux (que Dieu l'agrée!) lui répondit favorablement, et l'autorisa à prélever les fonds sur les revenus de la djeziâ et de l'achoura, après toutefois que les sommes habous auraient été employées. Abou Abd Allah el-Madhoudy refit donc à neuf toute la partie est de la mosquée, et y dépensa de fortes sommes.

Le mur du nord tombait également en ruines; en 699, le fekhy Abou Ghâleb el-Maghyly demanda l'autorisation de le réparer à l'émir des Musulmans Aby Yacoub (que Dieu l'agrée!). Ce prince la lui accorda, et lui envoya en même temps un bracelet d'or de la valeur de cinq cents dinars. «Sers-toi de ce bra-« celet, lui écrivit-il, pour refaire à neuf la partie « nord de la mosquée. C'est un bien hallal, pur. « L'émir mon père fit faire ce bijou avec l'argent « que Dieu lui avait dispensé sur le cinquième du « butin remporté sur les Chrétiens en Andalousie, et « en fit présent à ma mère, dont j'ai hérité. Puis-je « en faire un meilleur usage que de le consacrer à la « mosquée bénie?» (Que le Dieu très-haut les récompense tous trois!) Le mur du nord fut donc refait à neuf avec le produit de ce bracelet, depuis le Bab el-Hafat jusqu'à la petite chapelle des femmes.

La grande skayah (réservoir, bassin) fut construite sous le fekhy, l'imam vertueux, intègre et modeste, le béni Abou Mohammed Ychekour (que Dieu le protége!), et aux frais du cheïkh Aby Amram Moussa ben Abd Allah ben Sydâf. Ce cheïkh, qui était fort riche, avait quitté le Djebel Beny Bezgha, son pays, et s'était fixé à Fès, où il s'était lié avec le fekhy Abou Mohammed Ychekour. « J'ai beaucoup « de biens, lui dit-il un jour, et je désirerais l'em- « ployer à quelque œuvre utile à la mosquée sacrée; « mes richesses sont hallal et pures, j'en ai hérité de « mon père, auquel mon grand-père les avait laissées; « jamais elles n'ont servi à faire le commerce; mes « aïeux les ont amassées du produit de leurs terres « et de leurs troupeaux. » Mais le fekhy Abou Mohammed Ychekour, ne s'en tenant pas à ces paroles, refusa son offre et lui déclara d'abord qu'il ne permettrait pas qu'un seul drahem de ces biens fût employé à la mosquée. Pourtant Aby Amram l'ayant supplié encore de lui laisser au moins construire une skayah et un dar loudhou (réservoir et lieux aux ablutions) pour le service des fidèles, à côté de la mosquée, le fekhy ne put le lui refuser, mais il exigea qu'il prêtât serment, et lorsque, dans la mosquée, au milieu du mîhrab, une main sur le Livre, il eut juré que ses biens étaient purs et hallal, qu'ils provenaient de l'héritage de ses pères, et que jamais ils n'avaient servi à faire le commerce, il lui dit : « A présent, « Aby Amram, tu peux employer tes richesses à une « bonne œuvre; construis la skayah; Dieu très-haut « te récompensera! »

Aby Amram acheta donc le terrain du dar loudhou qui est situé vis-à-vis le Bab el-Hafat, et après l'avoir soigneusement nivelé, il fit ses constructions, qui furent achevées dans les premiers jours du mois de safar, an 576 (1120 J. C.). De son côté, le fekhy Abou Mohammed Ychekour écrivit à l'émir des Musulmans pour lui faire part de cette affaire et pour lui demander, en même temps, l'autorisation de faire arriver l'eau à ce nouveau réservoir. L'émir lui ayant répondu de prendre toute l'eau qu'il voudrait, dût-elle passer à travers la ville, il rassembla les hommes de l'art, les maçons et les principaux habitants, et leur ordonna de désigner le lieu d'où l'on pourrait tirer cette eau. Leur choix tomba sur *Aïn el-Debâghin* (fontaine des tanneurs); mais il ne convint pas au fekhy Abou Mohammed, qui objecta que les eaux de cette fontaine étaient corrompues par les tanneries dont elle recevait toutes les immondices, et, sur son refus, on désigna la magnifique fontaine nommée *Aïn Khoumâl*, située au dehors des tanneries, dans une fabrique de teinture. Aby Amram acheta cette fabrique et la paya le double de sa valeur à cause de ladite fontaine. La source est située dans une chambre souterraine semblable à une salle de bains, où l'eau jaillit en deux endroits à travers un rocher. Cette eau, bien que difficile à digérer, est pure et douce. Aby Amram l'amena, au moyen d'un canal, dans un bassin situé à côté de ladite chambre; de là il établit une conduite en plomb qui passe à travers la montée du Souk el-Doukhan, suit le karsthoun au sud de la mosquée El-Cheurfà, traverse les bazars, le marché *El-Hararyn* (des soyers), la place *El-Khezâzyn* (marchands d'étoffes), et aboutit au bassin en plomb situé devant la dernière boutique des mouthekyn (notaires) qui est attenante à la mosquée El-Kairaouyn. De ce bassin l'eau passe dans une citerne carrée doublée de plomb, d'où enfin elle se répand en quantité suffisante à chaque endroit, dans les skayah, à l'ancien jet d'eau, au Bab el-Hafat, dans les chambres du dar loudhou et dans le grand bassin de la fenêtre à grillage.

Le dar loudhou (lieux d'aisances), est pavé en marbre et contient quinze cabinets qui reçoivent l'eau chacun en même temps. Au milieu du beydhat (chambre aux ablutions) est construite une large pile au centre de laquelle s'élève un tuyau de cuivre doré, d'où l'eau jaillit par plusieurs robinets. Tout cela est d'un travail fini et d'une remarquable élégance. Le beydhat est surmonté d'une magnifique coupole en plâtre, incrustée d'azur et d'autres couleurs diverses; il fait face au Bab el-Hafat. A côté de cette porte, qui est moins haute que large, et par laquelle la foule entre et sort le plus, se trouve un petit bassin en cuivre, d'où l'eau retombe sur des dalles de marbre blanc, vert et rouge, pour le service de ceux qui vont pieds nus; toutes les autres portes d'entrée furent pavées en marbre jusqu'à la cour par le khathîb Abou Abd Allah Mohammed ben Aby Sbor; avant lui elles étaient pavées en briques, comme la cour.

A côté du Bal el-Hafat est située l'ancienne skayah, construite par Abd el-Melek el-Moudhafar. Les fidèles y font aussi leurs ablutions, et quelques-uns y viennent puiser l'eau qui leur est nécessaire. Au sortir de cette skayah, les eaux forment un ruisseau où les ouvriers prennent l'eau dont ils ont besoin et où les écoliers vont jouer et se baigner.

HISTOIRE DES KHATHEB[1] (PRÉDICATEURS) DE LA MOSQUÉE EL-KAIRAOUYN, SOUS LE RÈGNE DES ALMOHADES ET SOUS CELUI DES MERYN, DESCENDANTS D'ABD EL-HAKK. QUE DIEU PROLONGE LEURS JOURS ET ÉTERNISE LEUR GOUVERNEMENT !

L'auteur du livre a dit : Le premier khathîb qui prêcha dans la chaire d'El-Kairaouyn, construite par Abou Mohammed Abd el-Hakk ben Mahycha fut le

[1] Les fonctions d'imam et de khathîb sont très-simples; ces prêtres président à la prière, la commencent à haute voix aux heures où les musulmans se rendent à la mosquée, et veillent au maintien de l'ordre. Les plus anciens ou les plus habiles remplissent un rôle analogue à celui de nos prédicateurs : ce sont les khatheb. Chaque vendredi, à l'heure de midi, ils montent en chaire et prononcent ce que l'on appelle le khotbah, sermon, espèce de prône qui doit renfermer la louange de Dieu, celle du prophète et une formule ou acclamation en faveur du sultan et pour la longue durée de son règne. Cet usage date de l'époque des premiers khalifes d'orient, qui l'avaient institué, en leur nom, dans leurs états et dans ceux qui reconnaissaient leur suzeraineté. Plus tard, et après l'extinction de la race des Abbassides, chaque prince mahométan fit faire cette prière, véritable *Domine salvum*, pour son propre compte et en son nom seul, ce qui s'observe

kady, le fekhy, vertueux et intègre Abou Mohammed Mehdy ben Ayssa. Homme de bien et grand orateur, il avait la parole facile, claire et persuasive. Chaque vendredi il prononçait un nouveau sermon, cependant il ne conserva ses fonctions que pendant cinq mois, et il fut remplacé, à l'arrivée des Almohades, par le docte et vertueux Abou el-Hassem ben Athya, qui avait l'avantage de parler le berbère. Celui-ci prêcha pour la première fois, le premier vendredi du mois de djoumad el-aouel, an 540, et demeura khathîb de la mosquée jusqu'au jour de sa mort, le samedi 8 du mois dou'l kaada, an 558. (Que Dieu

encore aujourd'hui non-seulement au Maroc, mais en Turquie, en Perse et chez plusieurs peuples de l'Asie centrale.

Le khathîb, lorsqu'il prend la parole, tient en main un bâton, en guise d'épée, insigne d'une religion dont l'esprit dominant a été la conquête et est encore aujourd'hui l'intolérance. Quelquefois il arrive que le sermon se borne à la lecture d'une sentence impériale ou d'un ordre relatif à quelque affaire de douane ou d'administration. Qu'il s'agisse, par exemple, d'une levée d'hommes ou d'impôts, et les fidèles manqueront de voix pour le vivat de l'empereur. Mais il est des circonstances, rares il est vrai, surtout dans les temps modernes, où le khathîb soulève d'un mot un enthousiasme frénétique, c'est lorsqu'il s'agit de faire appel à la guerre sainte contre les Chrétiens. A la lecture solennelle du chapitre VIII[*] du Koran, intitulé *le Butin*, succèdent, suivant les circonstances et les localités, des commentaires qui peuvent émaner d'ordres supérieurs, comme cela s'est pratiqué en 1844, ou bien, comme on l'a vu souvent en Algérie, n'être dictés que par le fanatisme de simples marabouts.

[*] C'est sur le 63ᵉ verset de ce chapitre, «*S'ils inclinent à la paix (les infidèles), tu t'y préteras aussi et tu mettras ta confiance en Dieu, car il entend et sait tout,*» que s'est appuyé Moulaï Abd er-Rahman, en 1844, pour se disculper aux yeux des bons musulmans d'avoir traité avec la France.

lui fasse miséricorde!) Le fekhy Abou Mohammed Ychekour el-Djeroury lui succéda. C'était un des cheïkhs du Maghreb en religion, en bienfaisance et en générosité; fort riche et possédant dans son pays d'immenses troupeaux et de nombreuses bêtes de somme dont il avait hérité de son père, il s'était adonné aux belles-lettres et à l'étude des sciences. Toutefois il ne parlait qu'un berbère si inintelligible qu'il ne lui fut pas possible de faire le khotbah; conservant les fonctions d'imam, il confia celles de khathîb à Abou Abd Allah Mohammed ben Hassen ben Zyad Allah el-Mezly, qui les remplit jusqu'au jour de sa mort, le mercredi 23 djoumad el-aouel, an 572. (Que Dieu lui fasse miséricorde!) Il fut remplacé par le fekhy Abou el-Kassem Abd er-Rahman ben Houmyd, également désigné par Mohammed Ychekour, lequel exerça pendant quarante ans les fonctions d'imam de la mosquée El-Kairaouyn, et n'oublia pas une seule fois de remplir ses devoirs religieux, tant son cœur était dégagé de toute autre pensée. Le khathîb Abou el-Kassem mourut le mardi 14 ramadhan le grand, an 581, et eut pour successeur le fekhy Abou Amram Moussa el-Maâlim (le maître) qui tenait une école sur le pont d'Aby Raous. El-Maâlim avait la parole si touchante que tous ceux qui lui entendaient réciter le Koran ne pouvaient retenir leurs larmes. En recevant l'ordre qui lui conférait les fonctions de khathîb, il fut saisi d'étonnement et de crainte « O mon Dieu! s'écria-t-il, « en sanglotant, ne me couvrez pas de confusion au

« milieu de vos serviteurs, ô Seigneur clément et mi-
« séricordieux! » Le lendemain, jeudi, il s'en alla dans
les zaouïas et se mit à visiter les tombeaux des Justes
en pleurant et en priant; le soir il se retira dans une
chapelle où se trouvaient plusieurs personnes, et
passa toute la nuit en larmes à invoquer le Très-Haut
et à réciter le Koran. Les assistants, émus, pleuraient
de ses pleurs et étaient tristes de sa tristesse. Ils firent
avec lui la prière du matin. Lorsque le muezzin fit
entendre le premier chant du vendredi, El-Maâlim,
revêtu de ses plus beaux habits, se rendit, précédé
des muezzins, à la mosquée sacrée; triste et silen-
cieux, il s'assit sur un banc de pierre; puis, au second
appel du muezzin, il monta dans la chaire, autour
de laquelle le peuple se pressait; tant que les chants
durèrent, il ne cessa de verser des pleurs; alors il se
leva et lut la prière correctement et sans hésitation,
et, s'étant placé sur le mîhrab, il fit le khotbah avec
tant de sagesse et d'éloquence, que les assistants ne
purent retenir leurs larmes, et chacun, à la fin du
sermon, se précipita vers lui pour lui baiser les mains.
Moussa el-Maâlim continua, dès lors, à remplir les
fonctions de khathîb. Lorsque le kady Abou Abd Allah
Mohammed ben Mymoun el-Houary vint à Fès, son
premier mot, en entrant en ville, fut pour demander aux habitants quel était le khathîb de la mosquée
El-Kairaouyn. « Un saint homme, » lui répondit-on;
et après qu'on l'eut nommé, il approuva le choix.
Cependant, le vendredi suivant, étant allé à la prière,

il trouva à Moussa el-Maâlim une figure si déplaisante qu'il ne put s'empêcher de dire qu'il était honteux d'avoir conféré une pareille dignité à un tel homme. « Seigneur, lui répliqua quelqu'un, quand vous enten-« drez son khotbah, vous trouverez sa figure belle. » Et, en effet, à peine le khathîb eut-il prononcé quelques mots, que le kady ben Mymoun ne put retenir ses larmes et alla lui demander humblement pardon des paroles qu'il avait dites. Le fekhy Abou Amram Moussa el-Maâlim était d'une grande sensibilité, et d'une modestie qui allait parfois jusqu'à la crainte. A la mort d'Abou Mohammed Ychekour (20 dou'l kaada, an 598), il réunit les fonctions d'imam à celles de khathîb, mais il ne les conserva que pendant trois mois, étant mort lui-même le 20 safar, an 599. (Que Dieu lui fasse miséricorde!)

Le fekhy Abou Abd Allah succéda à son père Moussa el-Maâlim. La première fois qu'il monta en chaire il avait à peine dix-huit ans; mais, aussi beau que sage, il se distinguait déjà par sa bienfaisance, son intégrité et son éloquence. Il n'eut aucune des passions de la jeunesse, et dès sa plus tendre enfance il se livra exclusivement à l'étude des sciences et de la religion. C'est le seul exemple d'un homme jeune et imberbe qui soit monté dans la chaire de la mosquée El-Kairaouyn; ses rares qualités étaient connues de tous; vertueux, religieux, modeste, sa conduite fut toujours aussi belle que sa figure. Lorsque Moussa el-Maâlim tomba malade, on vint le prier de désigner son fils pour lui succéder au khotbah; mais le vertueux fekhy répondit: « Dieu connaît le bien, et à « lui seul il appartient de choisir les serviteurs de sa « maison! » et quelques jours après il rendit l'âme. Lorsque son corps fut transporté au cimetière et déposé au bord de la tombe, tous les assistants sanglotaient et disaient : « Qui est ce qui pourra réciter « les prières sur ce cercueil? — C'est au fils, répondit « le kady, qu'il appartient de rendre les derniers de-« voirs au père! » Et le jeune Abou Mohammed, ayant pris la parole, récita les prières d'usage et l'on se sépara. Le fils d'El-Maâlim avait ainsi rempli ses premières fonctions d'imam. Le vendredi suivant, il se revêtit des vêtements que son père portait en chaire, et ayant passé par-dessus un burnous blanc dont lui avait fait cadeau Abou Mrouan, il lut le khotbah et récita les prières avec une onction qui étonna les assistants et les remplit d'admiration pour cet enfant si sensible et si craintif encore. L'émir des Croyants, Abou Abd Allah el-Nasser étant venu à Fès, désira voir le fekhy Abou Mohammed pour lui offrir quelques cadeaux. Le jeune khathîb s'étant rendu au palais (situé sur le Oued Fès) dans la matinée du mardi, engagea avec l'émir une conversation dans laquelle il fit preuve d'un esprit et d'une éloquence qui plurent fort à ce prince. A l'heure du Douour, l'émir le pria de faire la prière, et lui dit: « Qui est ce qui récitera la prière dans « la mosquée aujourd'hui, puisque tu es avec nous? « — J'ai laissé un remplaçant qui vaut mieux que

« moi, répondit le fekhy, c'est le maître qui m'a en-
« seigné à lire le livre du Dieu que je chéris. Avant
« de sortir je me suis souvenu du Prophète, et ne sa-
« chant pas quand je reviendrais, j'ai prié mon maître
« de me remplacer à la chaire et à la prière, et mon
« maître est mon seigneur; car le Prophète (que Dieu
« le comble de ses bénédictions!) a dit : *Celui qui*
« *vous enseigne les versets du livre de Dieu très-haut*
« *est votre seigneur et maître*. Je l'ai donc choisi et
« tous m'en ont remercié. » Abou Abd Allah el-Nasser,
ayant congédié le jeune khathîb, le fit suivre d'un serviteur chargé de sept vêtements et d'une bourse contenant mille dinars, mais le fekhy, revenant aussitôt
sur ses pas pour le remercier, lui dit : « Ô émir des
« Croyants! j'accepte volontiers les sept vêtements que
« tu m'offres; mais je te rends l'argent, dont je n'ai
« nul besoin. Je suis copiste habile et mes copies me
« donnent de quoi vivre. — N'importe, lui répondit
« l'émir, garde toujours cette somme; elle te servira à
« te munir de choses utiles. — Ô émir des Croyants!
« garde-toi d'ouvrir pareille porte. Cette somme t'est
« plus nécessaire qu'à moi. Tu as des serviteurs et des
« soldats à payer, des bons Musulmans à secourir et
« des frontières à défendre. » Et il sortit sans vouloir
accepter un seul drahem. Abou Mohammed ben
Moussa el-Maâlim remplit les fonctions d'imam et de
khathîb jusqu'à sa mort, le dimanche 11 du mois de
radjeb l'unique, an 621. (Que Dieu lui fasse miséricorde!) Pendant sa maladie il choisit pour le rempla-

cer son maître Abou Mohammed Kassem el-Koudhakhy, qui lui avait enseigné la lecture du livre de Dieu chéri. Devenu imam et khathîb, à la mort de son élève, El-Koudhakhy, fut bientôt attaqué par des fekhys et des cheïkhs, qui l'accusèrent d'avoir des rapports avec les femmes par l'entremise de ses écoliers. Le fekhy Abou Mohammed ben el-Nehyry, ayant écrit au prince des croyants pour lui faire part de ce qui se passait, reçut cette réponse de l'émir : « Ce que « vous m'écrivez relativement à El-Koudhakhy est im-« possible, car j'ai moi-même entendu son prédé-« cesseur dire que son maître valait mieux que lui; « en conséquence, j'entends que rien ne soit changé. » Cependant, lorsque le fekhy Abou Mohammed Kassem el-Koudhakhy eut connaissance de cette accusation, il abandonna l'école et ne sortit plus de la mosquée, où il vécut retiré dans son appartement d'imam jusqu'au jeudi 22 ramadhan, an 625. (Que Dieu lui fasse miséricorde!)

A la mort d'El-Koudhakhy, le khotbah passa au fekhy Abou Abd Allah Mohammed ben Abd er-Rahmam el-Chekhaby, homme docte, bienfaisant, religieux, éloquent et versé dans la connaissance des temps et des astres. C'est durant son imamat qu'arriva du Ksar Ketâma le muezzin Abou el-Hadj Youssef ben Mohammed ben Aly el-Skathy, astronome habile et doué d'une si belle voix, que le kady Ben Amrân lui conféra, en 626, le khotbah dans la mosquée de la Kasbah, dont le khathîb était malade.

El-Chekhaby mourut en 629, et fut remplacé par le fekhy vénérable, El-Hadj el-Khathîb, auquel succéda, en 635, le cheïkh Abou Mohammed Abd el-Khaffar, qui céda lui-même ses fonctions au bout de six mois au cheïkh Abou el-Hassan Aly ben el-Hadj, qui mourut en 653. Son successeur, le cheïkh, l'imam, le savant, le guerrier saint, le conseiller, le vertueux, l'intègre Abou Abd Allah Mohammed ben el-Cheïkh el-Hadj ben el-Hadj Youssef el-Mezdaghy (que Dieu le récompense!) confia le khotbah à son fils, le fekhy Abou el-Kassem, et garda pour lui les fonctions d'imam. Il avait déjà refusé trois fois l'imamat, et, un jour, questionné sur la cause de ces refus, il répondit : « Le cheïkh vertueux et versé dans le « Hadits, Abou Der el-Hacheny, qui m'a enseigné à « lire le livre de la sagesse, me dit, le jour même de « la mort de l'imam Abou Mohammed ben Moussa el-« Mâalim, en me regardant d'un regard prolongé : « O « Mohammed! tu deviendras l'émir de la prière dans « la mosquée El-Kairaouyn, mais alors la fin de tes « jours sera proche! » Cette pensée, qui me revient « sans cesse à l'esprit, a été la cause de mes premiers « refus. »

Le fekhy Abou Abd Allah Mohammed fut remplacé, à sa mort, par le cheïkh, l'imam Abou el-Hassen Aly ben Hamydy; et son fils Abou el-Kassem céda le khotbah à Abou Abd'Allah Mohammed ben Zyad el-Medeny; à leur mort, les cheïkhs et les fekhys de la ville élurent pour imam le fekhy vertueux et béni, le lecteur du livre dans la mosquée El-Kairaouyn, Abbas Ahmed ben Aly Zrah, et ils confièrent le khotbah au cheïkh vertueux et bienfaisant, Abou el-Kassem ben Mechouna; mais soixante et dix jours après ces nominations, il arriva un ordre supérieur de l'émir des Croyants, Abou Youssef, qui conférait le khotbah au fekhy versé dans le Hadits, Abou el-Kassem el-Mezdekhy, et l'imamat au cheïkh vertueux et juste, Abou Abd Allah Mohammed ben Aby el-Sebrany, qui le céda plus tard au juste et versé dans le Hadits, Abou el-Abbas, fils du fekhy Aby Abd Allah ben Rachid, le plus docte, le plus saint imam de son époque. L'imam Abou el-Abbas ben Rachid se retira au bout de trois ans environ, et fut remplacé par le fekhy Abou el-Kassem el-Mezdakhy, qui remplit les fonctions d'imam et de khathîb tant que son âge avancé le lui permit, et les céda enfin à son fils, le fekhy vertueux et béni, Abou el-Fadhl. (Que Dieu le conserve par sa toute-bonté; car Dieu est miséricordieux et bienfaisant!)

La mosquée El-Andalous demeura telle qu'elle avait été bâtie jusqu'à l'an 600. A cette époque, l'émir des Croyants Abou Abd Allah el-Nasser donna l'ordre d'y faire toutes les réparations nécessaires. En même temps il fit ouvrir la grande porte du nord, qui donne sur la cour, et fit construire au-dessous un réservoir en marbre rouge, dans lequel l'eau fut amenée du Bab el-Hadid. Le jet d'eau et le bassin de la cour furent faits aux frais de Sid Abou Zakaria, père de khalifes, qui versa entre les mains d'Abou Chama el-Djyachy, directeur des travaux, la somme nécessaire à ces constructions. Depuis lors, jusqu'en 695, on ne toucha plus à cette mosquée; à cette époque, Abou Abd Allah ben Mechouna, imam et cheïkh, pria l'émir des Croyants, Abou Yakoub, fils de l'émir des Musulmans, Abou Youssef ben Abd el-Hakk (que Dieu les agrée!), de lui permettre de réparer cet édifice. L'émir l'ayant autorisé, Ben Mechouna refit à neuf tout ce qui était détruit ou endommagé, et dépensa à cela de fortes sommes habous. Le jet d'eau, le bassin, le réservoir et les lieux aux ablutions reçurent leurs eaux de la source du Bab el-Hadid jusqu'à l'époque de la famine de deux ans, où, tous les canaux ayant été détruits, il fallut puiser à la rivière Mesmouda l'eau nécessaire à la mosquée. Plus tard, l'émir des Musulmans, Abou Thâbet Amer ben Abd Allah, y amena de nouveau l'eau de la fontaine du Bab el-Hadid, en faisant reconstruire les travaux faits dans le temps par El-Nasser l'Almohade, et dont il ne restait plus que les traces. Ces travaux, semblables aux premiers, furent faits en 707 (1307 J. C.) aux frais du bit el-mal, et sous la direction de l'architecte Abou el-Abbas Ahmed el-Djyâny.

CONTINUATION DE L'HISTOIRE DES EDRISSITES HOSSEÏNIENS (QUE DIEU LEUR FASSE MISÉRICORDE!)

L'émir Yhya succéda à son père Yhya ben Mohammed ben Edriss ben Edriss, sous le règne duquel la mosquée El-Kairaouyn fut construite: Yhya ben Yhya était un prince de mauvaises mœurs; il viola dans le bain une jeune fille juive nommée Hanyna, la plus belle femme de l'époque, qui avait résisté à ses offres et à ses prières. Bientôt Abd er-Rahman ben Aby Sahel el-Djedmy se révolta contre le nouvel émir, et forma, avec la femme de Yhya ben Mohammed, le complot de l'assassiner; mais Khateka, fille d'Aly ben Omar et femme de l'émir, ayant découvert leur projet, pressa son mari de passer dans l'Adoua el-Andalous, afin de se soustraire à leurs tentatives; il n'en eut pas le temps; il mourut dans la même nuit, de douleur et de remords de s'être attiré, par sa propre faute, la honte et l'opprobre qui le couvraient. Abd er-Rahman ben Aby Sahel prit alors le gouvernement de la ville; mais Khateka écrivit aussitôt à son père, Aly ben Omar ben Edriss, pour lui faire part de ce qui venait de se passer et de l'usurpation de Ben Aby Sahel. A la réception de ces nouvelles, Aly ben Omar ben Edriss, qui gouvernait le pays de Senhadja, rassembla à la hâte ses soldats et ses gens, et marcha sur Fès. Il entra dans l'Adoua el-Kairaouyn, renversa l'usurpateur et fit reconnaître par les deux Adouas sa souveraineté, qu'il eut bientôt établie et étendue sur tout le Maghreb. C'est ainsi que le pouvoir passa des mains des descendants de Mohammed ben Edriss dans celles des descendants d'Omar ben Edriss, frère de Mohammed.

HISTOIRE DU RÈGNE DE L'IMAM ALY BEN OMAR BEN EDRISS.

Aly ben Omar ben Edriss ben el-Hosseïn ben el-Hosseïn ben Aly ben Abou Thaleb (que Dieu les agrée!) fut proclamé souverain de Fès et de tout le Maghreb après la mort de son cousin Yhya ben Yhya. Il conserva le pouvoir jusqu'à l'époque où il fut attaqué par Abd el-Rezak el-Fehery, l'étranger. Celui-ci, étant passé de Ouechka[1] en Andalousie, son pays, dans le Maghreb, vint camper sur le mont Ouablân, situé à une journée et demie de Fès. Accueilli par un grand nombre de Berbères des tribus de Médiouna, de Ghyata et autres, qui l'élurent pour chef, il construisit, sur le mont Sla, dans les terres de Médiouna, un château qu'il appela *Ouechka*, du nom de sa patrie, et qui existe encore aujourd'hui. Ensuite, ayant fait une descente dans le pays de Sfarya, il s'empara du village de Sfar, dont les habitants augmentèrent le nombre de ses soldats, et alors, revenant sur ses pas, il marcha sur Fès. A son approche, l'émir Aly ben Omar ben Edriss sortit de la ville avec une forte armée et lui livra bataille. Le combat fut sanglant, mais la victoire resta

---

[1] Huesca.

à Abd el-Rezak, et l'émir, voyant la plus grande partie de son armée détruite, prit la fuite et se retira dans le pays de Ouaraba. Abd el-Rezak entra à Fès et s'établit dans l'Adoua el-Andalous, où les khotbah furent faits en son nom. Toutefois il ne put se faire reconnaître par les habitants de l'Adoua el-Kairaouyn qui, ayant envoyé chercher Yhya ben el-Kassem ben Edriss, surnommé el-Mekadem (le chef), le proclamèrent émir et le mirent à leur tête. Celui-ci, ayant attaqué Abd el-Rezak, le défit et le chassa de l'Adoua el-Andalous, où sa souveraineté fut aussitôt reconnue et par les indigènes et par les étrangers andalous qui l'habitaient. L'émir Yhya ben el-Kassem confia le gouvernement de l'Adoua el-Andalous à un préfet nommé Thalabah ben Mehârib ben Abd Allah, de la tribu de Azdy, du pays de Rebath et descendant de Mehhaleb ben Aby Sfrah. Thalabah fut remplacé à sa mort par son fils AbdAllah, surnommé Abboud, également nommé par l'émir Yhya, et auquel succéda son fils Mehârib ben Abboud ben Thalabah.

HISTOIRE DU RÈGNE DE L'ÉMIR YHYA BEN EL-KASSEM BEN EDRISS EL-HOSSEÏN, SURNOMMÉ *EL-MEKADEM* (LE CHEF).

L'émir Yhya ben el-Kassem fut proclamé souverain de Fès après la fuite de son cousin Aly ben Omar, et après avoir chassé Abd el-Rezak de l'Adoua el-Andalous, dont il confia le gouvernement à son préfet Thalabah ben Mehârib. Ce prince se mit immédiatement en expédition pour aller châtier les gens du pays de Sfarya contre lesquels il eut à soutenir de grands combats et de sanglants massacres. D'ailleurs, il gouverna heureusement jusqu'en 292, époque à laquelle il fut assassiné par Rébi ben Soléïman.

HISTOIRE DU RÈGNE DE L'ÉMIR YHYA BEN EDRISS BEN OMAR BEN EDRISS.

Yhya ben Edriss ben Omar ben Edriss, l'Hosseïnien, succéda à son cousin germain Yhya ben el-Kassem el-Mekadem; il fut proclamé émir par les deux Adouas, et son nom fut placé dans tous les khotbah du Maghreb. Il distribua les commandements des provinces aux descendants d'Omar, et fut le plus grand et le plus illustre des Edrissites après Edriss ben Edriss. Aucun ne fut si instruit, si bien élevé, si puissant, et n'eut une domination aussi étendue. Docteur en loi et versé dans le Hadits, il parlait l'arabe pur, et il fut juste et religieux. Il gouverna tranquillement jusqu'en 305, où il fut attaqué par Messala ben Habous el-Mekenèsy, kaïd d'Obeïd Allah el-Chyay[1], qui régnait alors à Kayrouan. A l'approche de ce général, l'émir Yhya sor-

---

[1] Obeïd Allah el-Chyay ou Chyi, fondateur de la dynastie des Fathimites, en Afrique, appelée aussi des Obeïdites ou des Ismaëliens. Obeïd Allah surgit de Sidjilmessa en 296 ou 298 de l'hégyre, se faisant appeler El-Mehdy, le directeur, et se disant annoncé par ces paroles de Mahomet : « Vers l'an 300 le soleil se lèvera du côté de l'occident. » (D'Herbelot.)

tit de la ville avec ses troupes; mais il fut battu et forcé de rentrer à Fès, où il se renferma. Assiégé par Messala, il fut bientôt obligé de capituler et de se soumettre aux conditions du vainqueur, qui exigea de fortes sommes, et une déclaration écrite par laquelle l'émir se reconnaissait dépendant d'Abd Allah el-Chyay, souverain de l'Ifrîkya. Messala retourna alors à Kayrouan, laissant la surveillance du Maghreb à Moussa ben Aby el-Afya, maître de Tsoul et du pays de Taza qui, à son arrivée, était venu au-devant de lui avec des présents, l'avait bien accueilli dans ses états et avait pris part à la guerre qu'il venait de faire dans le Maghreb. Moussa ben Aby el-Afya, enorgueilli par le succès, chercha bientôt à faire prévaloir son autorité dans le Maghreb; mais il ne put l'emporter sur Yhya ben Edriss, l'Hosseïnien, qui avait pour lui noblesse, générosité, religion, justice, et qui contrecarrait aisément tous ses plans. Moussa était dévoré de colère et d'envie; aussi, en 309, lorsque le kaïd Messala passa pour la seconde fois dans le Maghreb, lui adressa-t-il les plus vives instances pour qu'il s'emparât de la personne de l'émir de Fès, tant qu'enfin ce général, excité et poussé à bout par ses supplications réitérées, condescendit à ses désirs et marcha sur Fès. A son approche, l'émir Yhya sortit avec l'élite de ses soldats pour le recevoir; mais à peine arrivé, il fut arrêté et couvert de chaînes. Messala entra à Fès précédé de son prisonnier, monté sur un chameau; puis, à force de mauvais traitements, il se fit livrer tous les biens et les trésors cachés du malheureux Yhya, et, lorsqu'il n'eut plus rien à attendre de ses révélations, il lui ôta ses chaînes et l'exila dans la ville d'Asîla, nu et manquant de tout. L'émir Yhya passa quelque temps chez son cousin, où la pitié de ses amis lui prodiguait des secours. Bientôt, ne pouvant plus se résigner à accepter ces aumônes, il partit pour passer en Ifrîkya; mais, arrêté en route par Moussa, il fut jeté dans les prisons de la ville de Mekenès, où il demeura très-longtemps avant de recouvrer sa liberté.

Tel fut pourtant l'effet de la colère paternelle. Un jour, Omar ben Edriss, son père, s'étant fâché, avait appelé sur lui la douleur, la misère et la honte; et, en effet, le malheureux Yhya resta près de vingt ans dans les prisons de Ben el-Afya. Lorsqu'il en sortit, il ne trouva d'autre refuge que la ville de Mehdïa, dont le peuple était en révolte, et il mourut de faim au commencement de l'année 332 (943 J. C.), pendant qu'Abou Zyd Moukhalid ben Keïdâd, le Zenèta, assiégeait cette ville.

Messala conserva le gouvernement de Fès et des pays circonvoisins pendant environ trois ans, sous le commandement de son préfet, Ryhan, qui fut chassé par El-Hassen ben Mohammed ben el-Kassem ben Edriss el-Hosseïn.

HISTOIRE DU RÈGNE DE L'ÉMIR EL-HASSEN BEN MOHAMMED BEN EL-KASSEM BEN EDRISS EL-HOSSEÏN, SURNOMMÉ *EL-HADJEM* (LE CHIRURGIEN, LE BARBIER, LE PHLÉBOTOMISTE).

L'émir El-Hassen ben Mohammed ben el-Kassem ben Edriss fut surnommé *El-Hadjem* parce que, dans un grand combat qu'il soutint contre son oncle Ahmed ben el-Kassem, il frappait les cavaliers ennemis justement au mehadjem (endroit du cou où s'appliquent les ventouses); ce que voyant, Ahmed s'était écrié : « Décidément mon neveu est hadjem. » Le surnom lui resta, et c'est ce qui lui fit un jour répondre à quelqu'un ce vers : « On m'appelle Had- « jem, mais je ne suis point hadjem, bien que je ne « manque jamais le mehadjem de mes ennemis. »

L'an 310 (922 J. C.), l'émir el-Hassen entra secrètement à Fès avec quelques hommes, et peu de jours après il se fit proclamer souverain, à l'insu du gouverneur Ryhan el-Mekenèsy, qui prit la fuite ; il fut reconnu par un grand nombre de tribus berbères, et étendit sa domination sur les villes de Louata, Sefra, Médiouna, les deux Mekenès, Basra et sur la plus grande partie du Maghreb. En 311, il se mit en expédition pour aller attaquer Moussa ben Aby el-Afya, auquel il livra bataille à Fahs el-Dhad, sur les bords de l'Oued el-Methahen[1]. Ce fut le plus grand combat qui eut lieu sous les Edrissites;

---

[1] Oued el-Methahen : rivière des moulins, entre Fès et Taza.

2,300 soldats de Moussa restèrent sur le champ de bataille, et de leur nombre était Sahel, fils de ce général. L'émir El-Hassen ne perdit environ que 600 hommes, mais, en retournant à Fès, il eut l'imprudence de devancer son escorte et de rentrer seul en ville. En le voyant arriver ainsi, le kaïd Hamed bou Hamdan el-Hemdany el-Ouaraby, qui était d'origine africaine, saisit l'occasion, et fit fermer les portes de la ville à la face de l'armée qui arrivait. Ayant attendu la nuit, il se rendit chez l'émir, le chargea de chaînes et l'emmena prisonnier dans sa maison; puis il expédia un courrier à Moussa ben Aby el-Afya pour lui annoncer ce qu'il venait de faire et l'engager à venir prendre le gouvernement de Fès. Moussa arriva en toute hâte, entra dans l'Adoua el-Kairaouyn, et fut bientôt maître de l'Adoua el-Andalous. Une fois souverain de Fès, Moussa dit à Hamed ben Hamdan : « Livre-moi El-Hassen afin que « par sa mort je compense la perte de mon fils. » Mais Hamed frémit à cette demande, car il n'était pas assez criminel pour faire verser le sang de la famille par excellence. Il cacha encore plus soigneusement son prisonnier, et, à la faveur de la nuit, il alla le trouver, rompit ses fers et le fit échapper par-dessus les murs de la ville. Le malheureux El-Hassen, faute d'une corde, dût sauter de fort haut et se cassa la jambe; cependant il parvint à se traîner jusqu'à l'Adoua el-Andalous, où il mourut après y être demeuré caché pendant trois jours.

En apprenant cette fuite, Moussa ben Aby el-Afya, oubliant que c'était à Hamed ben Hamdan qu'il devait le gouvernement de Fès, résolut de le faire périr à la place de Hassen el-Hadjem; mais il n'en eut pas le temps, Hamed ben Hamdan avait pris la fuite pour la Mehdïa.

Le règne de l'émir El-Hassen dit El-Hadjem avait duré environ deux années.

HISTOIRE DU RÈGNE DE MOUSSA BEN ABY EL-AFYA, ÉMIR DE FÈS ET D'UNE GRANDE PARTIE DU MAGHREB.

L'émir Moussa ben Aby el-Afya ben Aby Bacel ben Aby el-Dhahak ben Medjoul ben Amrys ben Feradys ben Ouanif ben Meknas ben Sethif el-Mekenèsy émir des Mekenèsa, se rendit maître de Fès en 313 (953 J. C.), et étendit successivement sa domination sur les villes de Taza, Tsoul, El-Koutany, Tanger, El-Basra et sur une grande partie des provinces du Maghreb. A peine les habitants de Fès eurent reconnu sa souveraineté, il s'éleva entre lui et Hamed ben Hamdan une forte querelle au sujet de l'émir Hassen; et, comme nous l'avons raconté, Hamed ben Hamdan, déjà accablé de remords, n'ayant pu consentir à livrer l'émir, ne dut son salut qu'à la fuite. Bientôt Moussa, proclamé émir par tous les cheïkhs et les Kabyles du Maghreb, se mit à la tête de ses troupes pour chasser les Edrissites de leur pays; et, à mesure qu'il les renvoyait impitoyablement de leurs demeures, il s'empara des villes de

Asîla, de Chella et de quelques autres points que ces malheureux princes avaient conservés. Vaincus, subjugués, poursuivis, les descendants d'Edriss se réfugièrent tous ensemble dans la citadelle d'Hadjer el-Nser (Alhucema), place forte et inexpugnable. (Mohammed ben Ibrahim ben Mohammed ben El-Kassem dit, dans son histoire, qu'à cette époque les Edrissites disparurent dans un nuage [1]). Moussa ben Aby el-Afya vint aussitôt mettre le siége devant Hadjer el-Nser avec l'intention manifeste d'anéantir la race des Edrissites. Mais les cheïkhs et les principaux du Maghreb qui l'accompagnaient l'en empêchèrent : « Comment, lui dirent-ils, vous voulez en-
« lever à notre pays jusqu'au dernier rejeton de la
« famille du Prophète! Vous voulez exterminer cette
« race bénie! cela ne sera pas, et non-seulement
« nous ne vous aiderons point, mais nous nous y op-
« poserons par tous nos moyens. » Moussa, honteux de ces justes reproches, leva le siége et retourna à Fès, en laissant toutefois un de ses kaïds, Abou el-Fath de Tsoul, avec 1,000 cavaliers pour bloquer et gouverner les derniers descendants d'Edriss.

Ces événements s'accomplirent en 317. Moussa, émir de Fès, gouverna tranquillement jusqu'en 320, époque de la venue, dans le Maghreb, de Hamid ben Sahel, kaïd d'Obeïd Allah el-Chyay, émir de Mehdïa, qui arriva à la tête d'une grande armée

---

[1] Image : la forteresse de Hadjer el-Nser (rocher de l'aigle) est située sur le sommet d'un mont souvent enveloppé de nuages.

avec Hamed ben Hamdan el-Hemdany. Voici pourquoi :

A son retour de Hadjer el-Nser, Moussa était resté quelque temps à Fès, et, pendant son séjour, il avait fait périr Abd Allah ben Thalabah ben Mhârib ben Abboud, gouverneur de l'Adoua el-Andalous, et avait nommé à sa place Mohammed ben Thalabah, frère d'Abd Allah, qui, destitué à son tour, avait été remplacé par Taoual ben Aby Yezyd ; d'un autre côté, il avait confié l'Adoua el-Kairaouyn à Moudyn, son propre fils. Alors il s'était mis en marche et s'était porté sur Tlemcen, qui était encore au pouvoir d'un descendant d'Edriss, nommé Hassen ben Abou el-Aïch ben Edriss, lequel, ayant fait aussitôt sa soumission, se retira, en 319, à Melilia, une des îles de la Moulouïa, abandonnant à Moussa Tlemcen et ses dépendances. Un an après, au mois de châaban 320, Moussa s'était emparé de la ville de Tekrour et de tout le pays environnant ; et alors, comme roi de Fès, de Tlemcen et de Tekrour, il avait envoyé sa soumission à l'émir de l'Andalousie, Abd er-Rahman el-Nasser Ledyn Illah, au nom duquel il fit faire les khotbahs dans tous ses états.

Ce fut, en apprenant cette dernière nouvelle, qu'Obeïd Allah el-Chyhy, régnant à Mehdïa, se décida à envoyer dans le Maghreb son kaïd Hamid, à la tête de dix mille cavaliers. Ce général, ayant rencontré Moussa à Fahs-Mysour, lui livra bataille. Le combat fut sanglant, mais sans résultat. Alors Hamid, ayant attendu la nuit, tomba sur le camp ennemi et le défit entièrement. Moussa prit la fuite et se retira avec le reste de ses soldats à Aïn Ashak dans le pays de Tsoul. Après ce succès, le kaïd Hamid marcha sur Fès, dont il s'empara sans coup férir, et dont le gouverneur, Moudyn, fils de Moussa, avait pris la fuite à son approche. Le kaïd Hamid confia le gouvernement de ses conquêtes à Hamed ben Hamdan el-Hemdany et retourna en Ifrîkya.

Quand les Edrissites, réfugiés à Hadjer el-Nser, apprirent la défaite de Moussa, la fuite de Moudyn, et que Fès était au pouvoir de Hamed ben Hamdan, ils se soulevèrent contre le kaïd Abou el-Fath, le chassèrent et dispersèrent ses soldats. Ceci eut lieu l'an 321.

Cependant Hamed ben Hamdan ne conserva pas longtemps le commandement de Fès. Attaqué par Ahmed ben Aby Beker Abd er-Rahman ben Sahel, kaïd de Moussa, il fut défait et resta aux mains du vainqueur, qui envoya sa tête et son enfant à Moussa ben Aby el-Afya, lequel les adressa en hommage à l'émir des Musulmans, El-Nasser Ledyn Illah à Cordoue.

Ahmed ben Aby-Beker gouverna la ville de Fès, au nom de Moussa ben Aby el-Afya, jusqu'en l'an 323 (934 J. C.); à cette époque il fut attaqué, à son tour, par Mysour el-Fetah, kaïd d'Aby el-Kassem el-Chyhy, qui, étant passé dans le Maghreb pour tirer vengeance de la mort d'Obeïd Allah el-

Fehery, père d'Aby el-Kassem, vint mettre le siége devant Fès. Ahmed se défendit aussi longtemps qu'il put; mais, n'ayant pu lasser les assiégeants, il se décida à faire sa soumission, et sortit de la ville avec de riches présents qu'il vint déposer aux pieds de Mysour. Celui-ci accepta les présents, puis aussitôt il le fit prendre, le chargea de chaînes et l'envoya à la Mehdïa. A la vue de cette trahison, les gens de Fès fermèrent de nouveau les portes de leur ville et continuèrent à soutenir le siége, sous le commandement de Hassen ben el-Kassem el-Louaty, qu'ils élurent gouverneur. Pendant six mois encore tous les efforts de Mysour furent vains. Voyant qu'il ne faisait pas le moindre progrès, il se décida, à son tour, à parlementer avec les assiégés, et leur accorda la paix moyennant six mille dinars et quelques provisions. De plus, il se fit donner par écrit acte de leur soumission à l'émir des Musulmans, Aby el-Kassem el-Chyhy, leur enjoignit de frapper la monnaie au nom de ce prince, et de faire dire le khotbah pour lui dans toutes les chaires. Ces points étant réglés, Mysour leva le siége et se porta contre Moussa ben Aby el-Afya, l'atteignit, et lui livra un sanglant combat dans lequel les descendants d'Edriss se battirent avec un courage acharné. Moussa fut vaincu et s'enfuit au Sahara, poursuivi par les vainqueurs.

A cette époque, les Edrissites, quoique placés sous le commandement de Aby el-Kassem, possédaient déjà plus de biens que n'en avait Ben Aby el-Afya lui-même; aussi Moussa, n'osant plus se hasarder, continua à errer dans le Sahara et dans le pays qu'il avait pu conserver sous sa domination, c'est-à-dire depuis Aghersyf jusqu'à Tekrour, et mourut enfin, en 341, dans les environs de la Moulouïa. Selon El-Bernoussy, Moussa ben Aby el-Afya serait mort en 328, et aurait eu pour successeur son fils Ibrahim, mort en 335, auquel aurait succédé Abd Allah, son fils, mort en 360, auquel enfin aurait succédé Mohammed, son fils, avec lequel s'éteignit, en 363, la dynastie des Beni el-Afya de Mekenèsa. Quelques historiens rapportent encore que ce dernier prince, Mohammed, eut pour successeur son fils El-Kassem ben Mohammed, l'ennemi des Lemtouna, contre lesquels il aurait fait une guerre acharnée, et qui aurait enfin succombé sous les coups de Youssef ben Tachefyn, qui se serait emparé de tous ses états et aurait ainsi anéanti la race des Beni el-Afya. Suivant ce récit, la dynastie des Beni el-Afya aurait régné cent quarante ans, de 305 à 445, c'est-à-dire depuis le commencement du règne d'Abd er-Rahman el-Nasser Ledyn Illah, jusqu'à la domination des Lemtouna.

Le kaïd Mysour, après avoir accordé la paix au peuple de Fès, en laissa le commandement à Hassen ben el-Kassem, qui gouverna cette ville pendant dix-huit ans, de 323 à 341, époque à laquelle il céda volontairement la place à Ahmed ben Aby-Beker, revenu de Mehdïa. Aben el-Ban, dans son histoire intitulée *Djellan el-Dhân*, rapporte que, lorsque Moussa, chassé par le kaïd Mysour, eut pris la fuite, le gouvernement du Maghreb passa aux enfants de Mohammed ben el-Kassem ben Edriss el-Hosseïn, Kennoun et Ibrahim, frères utérins; l'aîné, Kennoun, prit le premier le gouvernement.

HISTOIRE DU RÈGNE DE L'ÉMIR KENNOUN.

Le vrai nom de l'émir Kennoun était Kassem ben Mohammed ben el-Kassem ben Edriss ben Edriss l'Hosseïnien.

Il régna sur tout le Maghreb, à l'exception de la ville de Fès, et tint sa cour à Hadjer el-Nser, où il mourut en 337, laissant pour successeur son fils Abou el-Aïch Ahmed ben Kennoun.

HISTOIRE DU RÈGNE DE L'ÉMIR ABOU EL-AÏCH AHMED, BEN EL-KASSEM KENNOUN.

Ce prince était très-savant, versé dans l'étude des lois et des sciences abstraites. Il savait l'histoire des souverains et l'histoire des peuples; il connaissait les origines des tribus du Maghreb et des Berbères; prudent, constant, éloquent, vertueux, généreux, on le distingua des autres descendants d'Edriss en joignant à son nom l'épithète El-Fadhl (le vertueux).

Partisan des Mérouan, il avait choisi son entourage parmi les descendants de ce prince, et, lorsqu'il succéda à son père, il secoua le joug des Obéides pour se placer sous la souveraineté d'Abd Allah el-Nasser Ledyn Illah, khalife d'Espagne, au nom duquel il fit faire le khotbah dans tous ses états. El-Nasser lui ayant répondu qu'il n'acceptait sa soumission que si les villes de Tanger et de Ceuta lui étaient livrées, Abou el Aïch repoussa cette condition, et El-Nasser envoya un corps d'armée contre lui qui le battit et le força à consentir à la cession demandée des places de Tanger et de Ceuta. Ce prince, ses frères et ses cousins Edrissites fixèrent alors leur résidence à Basra et à Asîla, et demeurèrent vassaux de l'émir de Cordoue, tandis que les généraux d'El-Nasser, à la tête de nombreux soldats de l'Andalousie, continuaient à faire la conquête de l'Adoua, en faisant périr ceux qui résistaient, en accueillant avec bienveillance ceux qui se soumettaient, se servant des uns pour combattre les autres, et soutenant ceux qui envoyaient à l'émir El-Nasser des contributions d'hommes et d'argent; c'est ainsi que l'émir de l'Andalousie parvint à s'emparer de la plus grande partie du Maghreb, et maintint sous sa domination un grand nombre des tribus Zenèta et autres Berbères. Les khotbahs furent prononcés en son nom dans toutes les chaires, depuis Tanger jusqu'à Teheret, à l'exception de celles de Sidjilmessa, qui était gouvernée à cette époque par Menâder le Berbère.

Les habitants de Fès, suivant l'exemple des autres, proclamèrent également la souveraineté de l'émir El-Nasser, qui confia alors le gouvernement de toute l'Adoua à Mohammed ben el-Kheyr ben Mohammed el-Yfrany el-Zenèty, qui fut le plus fort et le plus puissant des rois Zenèta, respectant et louant sincèrement les émirs Ommyades, parce que Othman ben Offan s'étant attaché à son aïeul Harb ben Has ben Soullat ben Ourhan el-Yfrany, lui avait fait embrasser l'islamisme, et lui avait donné le gouvernement des Zenèta. Aussi l'amitié et les bons rapports ne cessèrent jamais entre ses successeurs et les Ommyades.

Mohammed ben el-Kheyr devint donc émir de Fès; il resta environ un an dans cette capitale, et il en sortit pour passer en Andalousie faire la guerre sainte contre les Chrétiens, laissant le gouvernement de la ville à son cousin, Ahmed ben Aby-Beker ben Ahmed ben Othman ben Saïd el-Zenèta, qui bâtit le minaret de la mosquée El-Kairaouyn, en l'an 344. En 347, l'émir El-Nasser donna le gouvernement de Tanger et dépendances à Yaly ben Mohammed el-Yfrany, qui vint alors s'établir dans ce pays avec sa tribu des Yfran.

Lorsque Abou el-Aïch vit que El-Nasser avait conquis l'Adoua, il lui écrivit à Cordoue pour lui demander l'autorisation de venir faire la guerre sainte; l'émir El-Nasser accéda à sa prière, et ordonna qu'on lui bâtît des forts à toutes ses étapes, depuis Algérisas jusqu'à la frontière, et qu'on lui fournît, à chaque halte, la nourriture, la boisson et les lits nécessaires, plus mille dinars. Cet ordre fut exécuté sur toute la route comprenant trente étapes, depuis Algérisas jusqu'à la frontière.

En partant pour l'Andalousie, Abou el-Aïch avait nommé à sa place son frère, El-Hassen ben Kennoun; il mourut en combattant les Chrétiens, en l'an 343 (954 J. C.). Que Dieu lui fasse miséricorde!

HISTOIRE DU RÈGNE DE L'ÉMIR HASSEN BEN KENNOUN.

Hassen ben Kennoun ben Mohammed ben el-Kassem ben Edriss el-Hosseïn fut proclamé émir après le départ de son frère, qui mourut à la guerre sainte. Ben Kennoun est le dernier des rois Edrissites au Maghreb, et il resta sous la suzeraineté des Mérouan jusqu'à l'époque où Mâdh el-Chyhy, maître de l'Ifrîkya, ayant appris que Nasser avait conquis l'Adoua et soumis à la dynastie des Ommyades les populations berbères et zenèta qui l'habitaient, donna ses pleins pouvoirs à Mehdy ben Ismaël et envoya son kaïd Ismaël Djouhar el-Roumy (le chrétien[1]) à la tête de vingt mille cavaliers, avec ordre de parcourir le Maghreb et de le subjuguer. Djouhar partit de Kairouan en

[1] Djouhar le Chrétien, nom d'un esclave Grec de nation, lequel, ayant été affranchi par El-Mansour, khalife des Fathimites en Afrique, s'avança dans les charges militaires jusqu'à celle de général d'armée. Ce fut lui qui conquit l'Égypte pour Mouaz Ledyn Illah, et qui fit bâtir la ville du Caire, en 358, sous l'horoscope de la planète de Mars, surnommée *El-Kaher* par les astronomes arabes. (D'Herbelot.)

347 et marcha sur le Maghreb; à la nouvelle de son approche, Yaly ben Mohammed el-Yfrany, émir des Beni Yfran et lieutenant du khalife El-Nasser Ledyn Illah dans l'Adoua, rassembla les Beni Yfran et les Zenèta et s'avança à la tête d'une nombreuse armée jusqu'aux environs de la ville de Teheret, qui furent le théâtre d'une guerre sanglante entre les deux partis. Enfin le kaïd Djouhar étant parvenu à corrompre, moyennant de fortes sommes d'argent, les chefs de la tribu de Ketama, ceux-ci se révoltèrent contre Yaly ben Mohammed, le massacrèrent et envoyèrent sa tête et ses vêtements à Djouhar, qui les récompensa par de riches présents, et envoya ces sanglants trophées à son maître, Mâdh Mouaz ben Ismaël, lequel les fit promener dans les rues de Kairouan. Après la mort de leur prince, les Beni Yfran furent chassés et dispersés, et Yaly fut le dernier émir de cette tribu, quoique quelques-uns des Beni Yfran se fussent ralliés pour nommer Yddou fils d'Yaly ben Mohammed pour succéder à son père.

Après ce premier succès, Djouhar se porta sur Sidjilmessa où régnait en ce temps-là Abou Mohammed ben el-Fath el-Kharydjy, plus connu sous le nom de Ouachoul ben Mejmoun ben Medrar el-Safyry, qui prétendait être khalife et se faisait appeler émir des Croyants. Il s'était fait surnommer *el-Chaker Billah* (le reconnaissant envers Dieu), et faisait battre monnaie sous ce nom, et cette monnaie, d'ailleurs fort bien frappée, s'appelait *chakerya*. Malgré cela, Mohammed ben el-Fath était homme de bien, et gouvernait selon la justice et le Sonna, en suivant la doctrine El-Maleky. Djouhar mit le siége devant Sidjilmessa, et après l'avoir de plus en plus resserrée, il y entra les armes à la main, s'empara de Chaker, dispersa ses soldats, fit périr ses compagnons et ses favoris de Safyria, et l'emmena à Fès captif et enchaîné ; cela était en l'an 349 (960 J. C.). Djouhar fit le siége de Fès, et après l'avoir bloquée de tous côtés pendant treize jours, il y entra à l'assaut, massacra beaucoup de monde et fit prisonnier l'émir Ahmed ben Aby Beker el-Zenety, qui avait reçu le gouvernement de cette capitale de l'émir El-Nasser, lorsque celui-ci avait été proclamé par le peuple de Fès. Djouhar fit périr les principaux habitants, s'empara des trésors, détruisit les murailles et fit d'immenses ravages; son entrée à Fès eut lieu dans la matinée du jeudi 20 de ramadhan de l'année 349; aussitôt après, Djouhar parcourut le Maghreb, dispersant les chefs et les partisans des Mérouan (Ommyades), s'emparant des villes, et chassant devant lui les Zenèta et autres Kabyles qui fuyaient à son approche. C'est ainsi qu'il tint le gouvernement du Maghreb durant trente mois; il retourna alors auprès de son maître Mâdh ben Ismaël el-Obéïdy, pour lui rendre compte de ses exploits au Maghreb où il avait renversé la puissance des Mérouan en faveur des Obéides, au nom desquels les khotbah se prononçaient dans toutes les chaires. Djouhar arriva à la

Mehdïa[1], traînant à sa suite Mohammed Abou Beker el-Yfrany, l'émir de Fès et vingt-cinq de ses cheïkhs, et Mohammed ben el-Fath, émir de Sidjilmessa, tous emprisonnés dans des cages de bois, hissés sur le dos des chameaux, et coiffés de calottes de vieille bure surmontées de cornes. Ces prisonniers furent d'abord ainsi promenés et exposés sur tous les marchés de Kairouan, et à leur arrivée à Mehdïa ils furent jetés dans des cachots, où ils moururent.

L'émir El-Hassen ben Kennoun reconnut la suzeraineté des Fathimites durant tout le séjour de Djouhar au Maghreb; mais au départ de celui-ci, à la fin de l'année 349, il se plaça sous celle des Ommyades, non point certes par affection, mais par la crainte qu'ils lui inspiraient, et il leur resta soumis jusqu'à l'arrivée de Belkyn ben Zyry ben Mounâd, le Senhadja, qui passa de l'Ifrîkya au Maghreb pour venger la mort de son père. Belkyn battit les Zenèta et domina tout le Maghreb, où il renversa les Ommyades, dont il fit périr les représentants, et il replaça tout ce pays sous la suzeraineté de Mâdh ben Ismaël, comme Djouhar l'avait fait avant lui. A l'arrivée de Belkyn, l'émir Hassen ben Kennoun, qui résidait à Basra, avait été le premier à attaquer les Ommyades, et à secouer leur joug; aussi El-Hakem el-

[1] Mehdïa, sur la côte de Tunis, à deux journées de Kairouan, bâtie en 303 par Obeïd Allah, premier khalife des Fathimites, surnommé El-Mehdy (le directeur dans la bonne voie) par ceux-ci, et El-Chyhaï (l'hérétique, l'imposteur), par les Sunnites. (D'Herbelot.)

Moustansyr, furieux en apprenant cette défection, expédia aussitôt contre lui son kaïd Mohammed ben el-Kassem, à la tête d'une nombreuse armée. Ce général partit d'Algérisas et débarqua à Ceuta avec un corps d'armée considérable, dans le mois de raby el-aouel, an 362 (972 J. C.); il se mit immédiatement en marche pour aller attaquer Ben Kennoun et ses Kabyles berbères. Les deux armées se rencontrèrent dans les plaines de Tanger connues sous le nom de Fahs beny Mesrah. Le combat fut sanglant; Mohammed ben el-Kassem fut tué avec un grand nombre des siens, et le restant prit la fuite et se réfugia à Ceuta. Ceux-ci se renfermèrent dans la ville et écrivirent au khalife pour lui demander du secours. El-Moustansyr leur envoya Ghâleb son premier kaïd, son compagnon de guerre, le plus distingué de tous ses généraux par son courage, son énergie, son intelligence, son habileté et son intrépidité, auquel il donna de fortes sommes et une armée nombreuse, avec ordre d'aller attaquer les Alydes chez eux et de les exterminer. En le congédiant il lui dit : « O Ghâleb! « va prudemment, et ne reviens ici que vainqueur « ou tué; ne ménage point l'argent, répands-le lar- « gement pour attirer les hommes à toi! » Ghâleb sortit de Cordoue à la fin du mois de chouel de l'année 362.

A la nouvelle de son approche, Ben Kennoun fut saisi d'épouvante, et il sortit de la ville de Basra emportant avec lui son harem, ses trésors et ses biens, et il se réfugia à Hadjer el-Nser, près Ceuta, où il renferma le tout. Ghâleb arriva par mer d'Algérisas au château Mesmouda, où il trouva Ben Kennoun à la tête d'une armée. Après quelques combats, Ghâleb, faisant usage de son argent, envoya de fortes sommes aux chefs berbères qui soutenaient l'émir, en leur faisant dire qu'ils avaient l'aman et pouvaient venir à lui. En effet, ceux-ci abandonnèrent El-Hassen, qui resta bientôt seul avec les gens de sa suite, et n'eut d'autre ressource que de rentrer à Hadjer el-Nser, où il se fortifia. Ghâleb le suivit de près et assiégea la place en l'entourant de tous côtés, de façon à intercepter toutes communications. Telle était la situation, lorsque, sur l'ordre de Hakem el-Moustansyr, tous les Arabes et les principaux guerriers de l'Andalousie vinrent rejoindre Ghâleb, qui, en recevant ces renforts, au commencement du mois de moharrem, an 363, redoubla les rigueurs du siége, au point que El-Hassen Kennoun se vit bientôt réduit à demander merci; il sollicita l'aman pour sa personne, pour sa famille, pour ses biens et pour les gens de sa suite, avec condition de se rendre et d'aller résider à Cordoue. Sur l'acceptation de Ghâleb, El-Hassen ben Kennoun, ouvrant la place aux assiégeants, se rendit avec sa famille, ses biens et les gens de sa suite. Ghâleb, prenant le commandement de la forteresse d'Hadjer el-Nser, y fit transporter tous les Alydes qui se trouvaient sur les terres ou dans les villes de l'Adoua, sans en excepter un seul. Cela fait, il se rendit à Fès, et, après avoir dirigé le gouvernement pendant quelque temps, il confia le commandement de l'Adoua el-Kairaouyn à Mohammed ben Aby ben Kchouch, et celui de l'Adoua el-Andalous à Abd el-Kerym ben Thalabah ; ces deux gouverneurs restèrent fidèles aux Ommyades jusqu'à la conquête de Zyry ben Athya el-Zenèty el-Maghraouy. Ghâleb revint donc en Andalousie, emmenant avec lui El-Hassen ben Kennoun et tous les princes Edrissites, après avoir subjugué le Maghreb entier et y avoir établi ses gouverneurs ; après avoir anéanti le culte des Obéides et l'avoir remplacé partout par celui des Ommyades.

Ghâleb sortit de Fès à la fin de ramadhan de l'année 363, et se rendit à Ceuta, où il s'embarqua pour Algérisas. De là, il écrivit à El-Hakem el-Moustansyr pour lui annoncer son arrivée et celle des Alydes qu'il conduisait. A la réception de cette lettre, El-Hakem ordonna à la population de la ville de se porter à la rencontre du vainqueur, et lui-même, étant monté à cheval, se rendit au-devant de Ghâleb avec une brillante escorte composée de tous les personnages les plus distingués de sa cour. Le jour de cette entrée solennelle fut une grande fête à Cordoue ; c'était le 1er de moharrem, de l'an 364. (974 J. C.). El-Hassen ben Kennoun s'inclina devant le khalife, qui l'accueillit avec bienveillance et lui accorda son pardon. El-Moustansyr lui fit donner tout ce qui lui était nécessaire et une forte pension pour lui et les gens de sa suite, qu'il admit même au nombre de ses employés. Ils étaient en tout sept cents hommes, mais ils en valaient bien sept mille des autres. Ils demeurèrent tous à Cordoue, ainsi que Ben Kennoun, jusqu'en 365, époque où ils en furent chassés, et voici pourquoi : Ben Kennoun possédait un morceau d'ambre fort gros et d'un parfum exquis, qu'il avait trouvé un jour en se promenant sur la plage, durant son règne, et qu'il plaçait habituellement sous son oreiller quand il dormait. Un jour El-Hakem eut envie de ce morceau d'ambre, et le lui demanda en lui offrant en échange tout ce qu'il voudrait; mais Kennoun le lui refusa obstinément, et El-Hakem, perdant enfin patience, fit piller sa demeure et lui enleva non-seulement le morceau d'ambre, mais tout ce qu'il avait. Ce morceau d'ambre resta dans le trésor des rois de Cordoue jusqu'à la conquête de Aly ben Hamoud el-Hosseyny, qui, après avoir vaincu les émirs de l'Andalousie, pénétra dans le palais des Ommyades, où il retrouva ce morceau d'ambre qui venait de son cousin Ben Kennoun et qui, après être ainsi passé de mains en mains, retourna aux Alydes, ses premiers propriétaires.

El-Hakem, non content de la disgrâce de Kennoun et de tous les biens qu'il lui avait enlevés, lui ordonna de sortir de Cordoue avec tous les Alydes et de s'en aller dans le Levant. Ils partirent donc, et s'embarquèrent à Alméria pour Tunis, en l'an 365, et El-Hakem n'eut plus à penser à leur entretien. De Tunis, Ben Kennoun et les siens passèrent en Égypte et s'établirent près de Nysar ben Mad, qui les accueillit parfaitement et leur promit généreusement de les venger en les aidant à reprendre leur puissance. Ils restèrent au Caire jusqu'au commencement de l'an 373, sous le règne de Hachem el-Mouïd. A cette époque, El-Nysar les invita à retourner dans le Maghreb, et il écrivit à son lieutenant de l'Ifrîkya, Belkhyn ben Zyry ben Mounady, de leur fournir les troupes nécessaires. El-Hassen ben Kennoun arriva chez Belkhyn, qui lui donna une armée de trois mille cavaliers, à la tête desquels il rentra au Maghreb, où il reçut la soumission des tribus berbères accourant au-devant de lui. A cette nouvelle, El-Mansour ben Aby Amer, lieutenant de Hachem el-Mouïd, expédia son cousin, le visir Abou el-Hakem Omar ben Abd Allah ben Aby Amer, avec une forte armée, et en lui donnant ordre d'aller prendre le gouvernement du Maghreb et d'en chasser Hassen ben Kennoun. Abou el-Hakem se mit aussitôt en marche, passa la mer et débarqua à Ceuta, d'où il s'élança à la poursuite de Hassen, qu'il battit et harcela assez longtemps sans résultats, jusqu'à l'arrivée d'El-Mansour ben Aby Amer ben Abd Allah el-Malek, envoyé de l'Andalousie avec une forte armée pour renforcer celle du visir. C'est alors que Ben Kennoun, se sentant perdu et ne trouvant aucun moyen de s'échapper, demanda l'aman avec condition d'aller à

Cordoue, comme la première fois. Le visir Aby-Beker accéda à sa demande, et lui fournit tout son nécessaire, en prévenant son cousin El-Mansour de la prochaine arrivée à Cordoue de son ennemi vaincu; mais El-Mansour ne ratifia point du tout l'aman donné par son cousin, et il lui ordonna de faire périr Ben Kennoun en route, ce qui fut exécuté. Le visir fit décapiter Kennoun, dont le corps fut enterré et la tête envoyée à El-Mansour, qui la reçut à Cordoue le premier jour de djoumad el-aouel, an 375 (985 J. C.).

Le règne de Hassen ben Kennoun avait duré seize ans la première fois, de l'an 347 à l'an 364, et un an et neuf mois la seconde fois. C'est ainsi que le vent des Alydes s'éteignit au Maghreb et qu'ils furent dispersés; il en resta un petit nombre à Cordoue, faisant partie du divan du sultan pour les affaires du Maghreb, jusqu'au règne d'Aly ben Hamoud, qui releva leur position.

A la mort de Kennoun il y eut un coup de vent terrible qui emporta son manteau, qu'on ne revit jamais. Selon Ibn el-Fyadh, Hassen ben Kennoun était méchant, cruel et sans merci. Lorsqu'il s'emparait d'un ennemi, d'un voleur ou d'un bandit, il le faisait précipiter du haut des remparts de Hadjer el-Nser dans des précipices dont l'œil ne voyait pas le fond, et où les condamnés n'arrivaient qu'en morceaux.

La dynastie des Edrissites hosseïniens s'éteignit

ainsi dans le Maghreb par la mort de Ben Kennoun, qui fut le dernier de leurs rois. Leur règne, depuis le jour de la proclamation d'Edriss dans la ville d'Oualily, jeudi 7 de raby el-aouel, an 172 (788 J. C.) jusqu'à la mort de Kennoun, dans le mois de djoumad el-aouel, an 375 (985 J. C.) avait duré deux cent deux ans et cinq mois. Leur domination s'étendit depuis le Sous el-Aksa jusqu'à la ville d'Oran, et ils eurent pour capitale Fès, et plus tard El-Basra. Ils furent alternativement en lutte avec deux grandes dynasties, celle des Obéides en Égypte et en Afrique, et celle des Ommyades en Andalousie, qui leur enlevèrent le khalifat, le pouvoir et les richesses. Lors de leur plus grande prospérité, ils s'étendirent jusqu'à Tlemcen; mais l'adversité les réduisit aux villes d'El-Basra, Asîla et Alhucema, et c'est ainsi qu'ils finirent et que finit leur règne.

Dieu seul est éternel!
Dieu sans lequel il n'y a pas de Dieu!
Celui qui ne finit jamais et qui est
seul adorable!

CHRONOLOGIE DES ÉVÉNEMENTS REMARQUABLES QUI ONT EU LIEU DANS LE MAGHREB SOUS LES EDRISSITES.

De l'an 208 à l'an 240 (823 à 861 J. C.) consécutivement, il y eut grande abondance dans le Maghreb; à Fès, le prix moyen du blé fut, durant cette période, de trois drahems la charge.

232 (846 J. C.). Grande sécheresse dans l'Andalousie; les animaux, les arbres, les figuiers et les vignes périrent. — Les sauterelles dévastèrent les campagnes. — Mort de l'imam Abd er-Rahman ben el-Hakem.

237 (851 J. C.). Un muezzin des environs de Tlemcen, se disant prophète et changeant, à son gré, le vrai sens du Koran, parvint à rassembler parmi les mauvais sujets un grand nombre de prosélytes. Entre autres préceptes, la nouvelle loi défendait de se couper les cheveux et les ongles, de s'épiler et de porter des ornements, disant qu'il ne fallait rien changer aux créatures de Dieu. L'émir de Tlemcen donna l'ordre d'arrêter ce faux prophète, qui prit aussitôt la fuite et parvint à gagner le port de Honein (entre Oran et Nemours), où il s'embarqua. Étant passé en Andalousie, il continua à prêcher sa doctrine, et réussit encore à former un nombreux parti de toutes sortes de gens. Enfin le roi de l'Andalousie le fit prendre, et après l'avoir vainement engagé à abjurer ses erreurs, le condamna à être crucifié; le muezzin supporta le supplice et mourut en répétant : *Tuerez-vous un homme parce qu'il dit : Dieu est mon Seigneur* [1] !

253 à 265 (867 à 878 J. C.). Grande disette et longue sécheresse qui désolent les pays de l'Andalousie et de l'Adoua.

---

[1] Koran, ch. XL, le Croyant, v. 29.

254 (868 J. C.). Éclipse totale de lune pendant une grande partie de la nuit.

260 (873 J. C.). Disette générale dans tout le Maghreb, en Andalousie, en Afrique, en Égypte et dans l'Hedjaz. Les habitants de la Mecque eux-mêmes durent aller chercher leur subsistance en Syrie, et leur ville resta presque entièrement déserte. La kâaba fut fermée pendant quelque temps. Dans le Maghreb et l'Andalousie il y eut de plus une forte peste, qui fit, ainsi que la famine, un très-grand nombre de victimes.

266 (879 J. C.). Dans la nuit du neuvième jour avant la fin du mois de safar (21 safar), une magnifique rougeur (aurore boréale) apparut sur le ciel et dura toute la nuit. Jamais on n'avait vu un pareil phénomène.

267 (880 J. C.). Dans la nuit du jeudi 29 chouel il y eut un terrible tremblement de terre, comme on n'en avait jamais ressenti de mémoire d'homme. Les palais furent détruits jusque dans leurs fondements. Les habitants des villes s'enfuirent dans les campagnes, et la plupart des maisons furent renversées. Les oiseaux eux-mêmes, abandonnant leurs nids et leurs petits, se tinrent dans les airs jusqu'à la fin du désastre. Les secousses les plus violentes se firent sentir en même temps dans l'Adoua, depuis Tlemcen jusqu'à Tanger, dans toute l'Andalousie, dans les montagnes aussi bien que dans les plaines de tous les pays compris entre la mer El-Chamy (mer de Syrie,

Méditerranée) et le Maghreb el-Aksa (extrême occident); néanmoins personne ne périt, tant est grande la bonté de Dieu pour ses créatures.

273 (886 J. C.). Mort de l'imam Mohammed ben Abd er-Rahman ben Abd el-Hakim [1]; il est remplacé par son fils El-Moundhîr.

276 (889 J. C.). Les troubles et la discorde désolent l'Andalousie, le Maghreb et l'Afrique.

287 (900 J. C.). Il y eut, cette année-là, une horrible famine dans l'Andalousie et le Maghreb, où l'on vit les hommes se manger entre eux. A ce fléau succédèrent bientôt la peste et les maladies, qui firent d'innombrables victimes. Les cadavres étaient jetés pêle-mêle dans une même fosse, sans qu'il fût possible de les laver ou seulement de réciter sur eux les prières des morts.

299 (911 J. C.). Éclipse totale de soleil, le mercredi 29 chouel; le soleil s'obscurcit après la prière de l'*Asser*, et un grand nombre de personnes, entendant l'*Adhen* (chant du muezzin), accoururent dans les mosquées pour faire la prière du *Maghreb* (prière du soir). Bientôt le disque du soleil fut entièrement couvert et les étoiles brillèrent. Puis le soleil reparut et resta encore une demi-tiers d'heure (dix minutes) avant de se coucher, et le peuple, reconnaissant son erreur, recommença l'Adhen et la prière du soir.

---

[1] Cinquième khalife ommyade d'Espagne.

296 (908 J. C.). El-Chyhy subjugue l'Ifrîkya et en chasse les Beni Ghâleb dont il renverse le gouvernement.

297 (909 J. C.). Le même El-Chyhy proclame l'Ifrîkya indépendante des Abassides, s'intitule émir des Croyants et fait, comme tel, prier pour lui dans les khotbahs; il se donne le surnom de Mehdy. C'est lui qui, le premier, fit battre monnaie.

303 (915 J. C.). Grands troubles en Andalousie, dans l'Adoua et en Ifrîkya, auxquels succède une famine semblable à celle de l'an 260. Jamais peuple ne souffrit d'une faim pareille. Un moud de blé se vendait trois dinars! La mortalité fut si grande qu'on ne put même plus ensevelir les cadavres.

305 (917 J. C.). Senet el-Nahr (l'année du feu) fut ainsi nommée parce que l'incendie détruisit presqu'en même temps, dans le mois de chouel, les bazars de la ville de Teheret, capitale des Zenèta, les bazars de Fès, les jardins de Mekenès et les bazars de Cordoue.

307 (919 J. C.). Grande abondance dans le Maghreb, en Andalousie et en Ifrîkya; malheureusement la peste fit encore de grands ravages, et dans l'Adoua un épouvantable coup de vent déracina les arbres et renversa plusieurs édifices de Fès. Le peuple, terrifié, accourut dans les mosquées pour implorer la miséricorde de Dieu, et ne se livra qu'aux bonnes œuvres.

313 (925 J. C.). Moussa ben Aby el-Afya s'em-

parc de Fès et soumet tout le Maghreb à sa domination.

323 (934 J. C.). Le kaïd Mysour prend Fès d'assaut et fait périr trois mille habitants; il s'empare également, les armes à la main, de Ouarzigha et Ghousedja, villes du pays de Mekenèsa, qui étaient défendues par plus de sept mille soldats qu'il extermina.

327 (938 J. C.). Année de nuage. Le soleil est obscurci pendant cinq jours consécutifs, et les brouillards sont si épais qu'on ne voit que la place que l'on occupe. Le peuple, effrayé, fait des aumônes et des bonnes œuvres, et Dieu disperse les nuages.

328 (944 J. C.). Mort de Moussa ben Aby el-Afya, maître de tout le pays de Mekenèsa.

333 (944 J. C.). Abou Zyd Moukhalled ben Kydâd el-Yfrany s'empare de la ville de Kairouan et de toute l'Ifrîkya.

349 (960 J. C.). Djouhar, kaïd d'El-Chyhy, prend d'assaut la ville de Fès, dont il massacre un grand nombre d'habitants, et emmène les cheïkhs prisonniers en Ifrîkya. Il s'empare également de Sidjilmessa et renverse la dynastie des Beny Medrâr; dans cette même année, Abd er-Rahman el-Nasser se rend maître de Ceuta et de Tanger, qu'il fait réparer et en partie reconstruire; quelques-uns rapportent cet événement en l'an 319.

325 (936 J. C.). Un homme nommé Hamym, se disant prophète, surgit dans les montagnes de Ghoumâra, et parvint à convertir à sa religion un grand

nombre des habitants de ce pays. Hamym prescrivait à ses prosélytes de faire deux prières par jour, la première au lever du soleil, l'autre au coucher; de faire trois *rikha* (prosternations) dans chacune; de pleurer en priant, et de mettre les mains entre la face et la terre, en se prosternant. Il fit aussi un Koran (une lecture), que l'on devait réciter après l'invocation suivante : « Délivre-moi du péché, ô toi qui permets « aux yeux de voir l'univers ! Délivre-moi du péché, « ô toi qui tiras Jonas du ventre du poisson et Moïse « de la mer ! » Et à chaque *rikha*, il fallait dire : « Je « crois en Hamym et en son compagnon Aby Ykhe- « laf, et je crois en Taïya, tante de Hamym ! » Or la femme Taïya était une magicienne. Hamym ordonnait le jeûne les mardi, jeudi et vendredi de chaque semaine; dix jours dans le mois de ramadhan et deux jours dans le mois de chouel. Celui qui, sans nécessité, n'observait pas le jeûne du jeudi, était obligé de faire une aumône de trois taureaux, et une amende de deux taureaux était imposée à celui qui mangeait le mardi. Hamym prescrivait l'aumône et fixait la dîme au dixième de tout ce que l'on possédait. Il supprimait le pèlerinage, les ablutions et la purification après l'acte conjugal. Il permettait de manger la femelle du porc; « car, disait-il, Mohammed a défendu « le porc, mais non pas la femelle du porc. » Il défendait le poisson mort sans être égorgé, ainsi que les œufs et la tête de toutes espèces d'animaux. Tout cela donna aux Chrétiens de l'Andalousie sujet de se moquer et de blâmer le gouvernement, qui, ouvrant enfin les yeux, fit prendre et crucifier le faux prophète au Ksar Mesmouda. La tête de Hamym fut envoyée à Cordoue, et tous ses sectateurs revinrent à l'islam.

339 (950 J. C.). L'hiver fut des plus rigoureux. Il tomba des grêlons pesant jusqu'à une livre chacun. Les oiseaux, les animaux sauvages et domestiques, et bon nombre de personnes moururent de froid. Les arbres fruitiers et les autres plantes furent gelés, et il s'ensuivit une grande disette.

342 (953 J. C.). L'hiver est également fatal. Le froid tue les animaux et les arbres fruitiers. Les pluies dépassent les besoins du pays. Tout le Maghreb est sillonné par d'impétueux torrents; grandes tempêtes successives, les éclairs et la foudre font place à un vent violent qui renverse les constructions les plus fortes.

344 (955 J. C.). La peste fait de grands ravages en Andalousie et dans le Maghreb. — El-Nasser Ledyn Illah se rend maître de la ville de Tlemcen, faisant partie de l'Adoua.

350 (961 J. C.). Mort d'Abd er-Rahman el-Nasser Ledyn Illah.

355 (965 J. C.). Violent coup de vent qui déracine les arbres, renverse les maisons et emporte les hommes. — Dans la treizième nuit du mois de radjeb, une comète apparaît sur la mer, sa chevelure resplendissante s'élève comme une colonne magnifique, qui éclaire la nuit de sa lumière et la rend semblable

à la nuit d'El-Kadr[1]; sa clarté est comme celle du jour. — Dans le même mois, éclipse de soleil et éclipse de lune, la première le 28, l'autre le 14.

358 (970 J. C.). Conquête de l'Égypte, par El-Chyhy.

361 (971 J. C.). Fléau des sauterelles dans le Maghreb.

362 (972 J. C.). Entrée des Zenèta el-Maghraoua dans le Maghreb. Mort du cheïkh, le juste et vertueux fekhy Abou Mymoun Drar ben Ismaël.

363 (973 J. C.). Mort de Mâdh ben Ismaël el-Chyhy, roi d'Égypte et d'Ifrîkya.

366 (976 J. C.). Mort d'El-Hakym el-Moustansyr, roi de l'Andalousie. Il est remplacé par son fils Hachem el-Mouïd, âgé de dix ans.

368 (978 J. C.). Conquête de la ville de Louata par Yaly ben Zyd el-Yfrany.

369 (979 J. C.). Belkhyn ben Zyry entre dans le Maghreb, marche sur Fès, s'en empare, fait mourir les deux gouverneurs Mohammed ben Aby Aly ben Kchouch, qui commandait l'Adoua el-Kairaouyn, et Abd el-Kerym ben Thalabah, commandant l'Adoua el-Andalous. Il passa ensuite en Afrique par Ceuta.

368 (978 J. C.). Zyd ben Athya soumet les Kabyles Zenèta à sa domination.

[1] Lilla el-Kadr, la nuit de la puissance, est celle où le Koran descendit du ciel. Les Musulmans ont des doutes sur l'anniversaire de cette nuit. Au Maroc, on la célèbre la vingt-septième nuit de ramadhan. C'est cette nuit-là que sont réglés les décrets de Dieu et les événements de l'année suivante.

375 (985 J. C.). Askélâdja passe de l'Andalousie en Afrique, prend Fès d'assaut et y établit la souveraineté des Ommyades, à l'exception de l'Adoua el-Kairaouyn, qui demeure au pouvoir de Mohammed ben Amer el-Mekenèsy, kaïd des Obéïdes, jusqu'en 379. A cette époque, Aby Byach Ythouth ben Belkyn el-Maghraoua, s'étant emparé les armes à la main de l'Adoua el-Kairaouyn, fit périr le gouverneur Mohammed ben Amer, et y établit également la souveraineté des Ommyades.

377 (987 J. C.). Fléau de sauterelles dans tout le Maghreb.

378 (988 J. C.). Pluies torrentielles, débordement des rivières et des fleuves.

379 (989 J. C.). Le vent d'est souffle avec violence pendant six mois consécutifs, et, aussitôt après, la peste et les maladies sévissent sur le Maghreb.

380 (990 J. C.). Grande abondance dans le Maghreb, au point qu'on ne trouvait à qui vendre les récoltes, et que dans beaucoup d'endroits on ne se donna même pas la peine de moissonner.

HISTOIRE DU RÈGNE DES ZENÈTA EL-MAGHRAOUYN ET EL-YFRANYN DANS LE MAGHREB.

Après les Edrissites et les Beny Aby el-Afya el-Mekenèsy, le Maghreb passa sous la domination des Zenèta. Le premier d'entre eux qui le gouverna fut Zyry ben Athya ben Abd Allah ben Mohammed el-

Zenèta el-Maghraoua el-Khazeri, roi des Zenèta en 368. Placé sous la suzeraineté de Hachem el-Mouïd et de son hadjeb El-Mansour ben Aby Amer, Zyry conquit tout le Maghreb, et vint, en 376, fixer sa demeure et sa cour à Fès, où il s'était fait précéder par ses kaïds Askélâdja et Aby Byach. Il s'occupa, d'abord, à tranquilliser le Maghreb, et il devint bientôt fort et puissant partout.

Sur ces entrefaites, en 377, Abou el-Behary ben Zyry ben Menâd, le Senhadja, se souleva contre son neveu Mansour ben Belkhyn, émir d'Afrique et prince de la dynastie des Obéïdes, et se plaça sous la suzeraineté des Mérouan. Il s'empara des villes de Tlemcen, Tunis, Oran, Chelef, Chelchel, Médéa, des monts Ouanchéris et d'une grande partie du Zab, en faisant, en même temps, prier dans les khotbahs pour El-Mouïd et son hadjeb El-Mansour ben Aby Amer. Celui-ci, en récompense de cette soumission, confirma El-Behary dans le commandement des villes qu'il avait conquises, et lui envoya, entre autres présents, un vêtement d'honneur et quarante mille dinars; mais, environ deux mois après avoir reçu ces dons, El-Behary se replaça sous les Obéïdes.

El-Mansour, outré de cette mauvaise foi, écrivit aussitôt à Zyry ben Athya pour lui donner l'ordre de s'emparer des possessions d'Abou el-Behary, et de le faire mourir. En effet, le roi zenèta sortit de Fès à la tête d'une armée innombrable, composée, en majeure partie, de tribus zenèta, et marcha sur El-

Behary; mais, à son approche, celui-ci prit la fuite, et alla se réfugier auprès de son neveu Mansour ben Belkhyn. Zyry ben Athya s'empara de tout le pays abandonné par El-Behary, et devint ainsi souverain maître du Maghreb, depuis le Zab jusqu'au Sous el-Aksa. Son premier soin fut de rendre compte de ses succès à El-Mansour ben Aby Amer, et il accompagna son message de riches présents, composés, entre autres choses, de deux cents magnifiques chevaux de race, cinquante chameaux *Mehary*[1], mille boucliers recouverts de peau de *lamt*[2], de nombreuses charges d'arcs en bois de *zan*[3], de chats musqués, de girafes, de lamts et autres animaux du Sahara, de mille charges de dattes et d'une quantité d'étoffes en laine fine. El-Mansour reçut ces dons avec plaisir, et, en reconnaissance, il lui renouvela l'acte qui lui conférait la souveraineté du Maghreb. On était alors en 381 (991 J. C.). Zyry ben Athya rentra à Fès, et établit sa tribu sous les murs de l'occident de la ville, où elle dressa ses tentes. Un an après, en 382, ayant reçu une lettre d'El-Mansour qui l'invitait à venir le voir à Cordoue, l'émir Zyry confia le gouvernement du Maghreb à son fils El-Mouaz, en lui enjoignant d'aller demeurer à Tlemcen, et laissa le commandement de Fès à deux de ses kaïds, Abd er-Rahman ben Abd el-Kerym ben Thalabah pour l'A-

---

[1] *Mehary*. (V. *Le Grand Désert*, par M. le général Daumas.)
[2] *Lamt*, espèce de bubale. (V. Marmol, t. I, p. 52.)
[3] *Zan*, espèce de chêne bien connue en Afrique.

doua el-Andalous, et Aly ben Mohammed ben Aby Aly ben Kchouch, pour l'Adoua el-Kairaouyn, auxquels il adjoignit pour remplir les fonctions de kady le fekhy Abou Mohammed Kassem ben Amer el-Ouzdy. Après avoir pris ces dispositions, il se mit en voyage, portant avec lui, entre autres présents magnifiques, un oiseau savant qui parlait l'arabe et le berbère, un animal produisant le musc, des bœufs sauvages semblables à des chevaux, deux lions dans leurs cages de fer, et des dattes d'une beauté extraordinaire et dont quelques-unes étaient aussi grosses qu'un melon. Il était suivi de six cents serviteurs ou esclaves, dont trois cents à cheval et trois cents à pied. El-Mansour lui fit une magnifique réception, et lui donna pour demeure le palais du hadjeb Djafar. Il le combla d'attentions, de générosités, et il lui accorda le titre de visir, en le revêtant d'une robe d'honneur. Enfin, après lui avoir remis l'acte qui lui conférait le gouvernement du Maghreb et de riches présents, il le congédia.

Zyry ben Athya s'embarqua et passa à Tanger. A peine fut-il descendu à terre, il s'écria en portant les mains à sa tête : « Maintenant tu m'appartiens, ô ma « tête! » puis, dédaignant les présents que lui avait faits El-Mansour, il ne voulut pas du titre de visir, et il apostropha ainsi le premier qui le lui donna. « Mal« heur à toi! je suis émir, fils d'émir, par Allah, et non « point visir. Certes, les grandeurs d'Aby Amer sont « bien dignes d'admiration! mieux vaut entendre le

« lion que de le voir! et s'il y avait un seul homme de
« cœur en Andalousie, les choses ne seraient pas ainsi. »

Cependant l'émir Yddou ben Yaly el-Yfrany, profitant de l'absence de Zyry, s'était emparé de la ville de Fès et était entré les armes à la main dans l'Adoua el-Andalous, au mois dou'l kaada an 382 (992 J. C.). L'émir Yddou ben Yaly, qui commandait à toute la tribu d'Yfran, était l'égal de l'émir Zyry par la naissance, les bonnes qualités et la fortune. Yfran et Maghr, dont descendaient les Beni Yfran et les Beni Maghraoua, étaient frères, tous deux fils de la même mère et de Ysslyn ben Sâary ben Zakya ben Ouarchihh ben Djâna ben Znat. Yddou ben Yaly avait succédé dans le commandement des Beni Yfran à son père Yaly ben Mohammed, qui avait été tué, en 347, par Djouhar, lieutenant d'El-Chyhy; il gouvernait un vaste pays dans le Maghreb; il avait plusieurs fois livré de grands combats à Zyry ben Athya el-Maghraouy, auquel il disputait le pouvoir et le gouvernement de Fès qu'il avait enlevé et perdu tour à tour, et jusqu'alors rien n'avait pu mettre fin à cette rivalité acharnée. A son retour de l'Andalousie, Zyry, ayant donc appris que Yddou, profitant de son absence, s'était rendu de nouveau maître de Fès, et avait fait périr un grand nombre des Beni Maghraoua, se mit en route et arriva à marche forcée dans les environs de Fès où l'attendaient les troupes de Yddou. Le combat fut sanglant et la victoire, longtemps disputée, resta enfin aux Beni Maghraoua. Zyry entra à

Fès les armes à la main, et fit périr Yddou, dont il envoya la tête à El-Mansour ben Aby Amer, à Cordoue, après l'avoir exposée pendant quelques jours en ville. On était alors en 383. Zyry, plus fort et plus puissant que jamais, soumit tout le Maghreb, inspira le respect aux autres souverains, et continua à entretenir les meilleures relations avec El-Mansour. Profitant de sa tranquillité, il bâtit la ville d'Oudjda, et dès qu'il eut achevé les murs d'enceinte et la kasbah, et que les portes furent à leur place, il s'y transporta avec sa famille, ses trésors et ses gens, y établit sa cour et en fit la capitale de ses états. Ce fut dans le mois de radjeb de l'an 384 (994 J. C.), que Zyry ben Athya traça l'enceinte de la ville d'Oudjda.

Cependant la bonne intelligence entre lui et l'émir El-Mansour ne tarda pas à être troublée. On rapporta à l'hadjeb de Cordoue que Zyry refusait d'exécuter ses volontés et tenait de méchants propos sur son compte. D'abord El-Mansour, n'écoutant point ces accusations, conserva à Zyry le titre et la puissance de visir; mais, en 386 (996 J. C.), il cessa de lui envoyer les dons et son traitement de chaque année et il le destitua. Zyry, de son côté, ne dissimula plus ses intentions de se soulever et de se maintenir par la force, et il les signifia en faisant supprimer dans le khotbah le nom d'El-Mansour et en y laissant seulement celui de Hachem el-Mouïd. El-Mansour envoya immédiatement contre lui une forte armée commandée par un de ses serviteurs, nommé

Ouadhyh el-Fatah. Celui-ci traversa la mer et débarqua à Tanger, où quelques tribus de Ghoumâra, Senhadja et autres reçurent de l'argent et des vêtements d'honneur, et se joignirent à lui pour aller combattre Zyry ben Athya et les Zenèta. De plus, El-Mansour fit passer à Tanger tous les Berbères qui se trouvaient en Andalousie, pour compléter l'armée d'Ouadhyh qui, à leur arrivée, se mit aussitôt en marche.

A la nouvelle de l'approche de l'ennemi, Zyry ben Athya sortit de Fès à la tête de ses troupes zenèta, et vint à la rencontre d'Ouadhyh el-Fatah jusque sur les bords de l'Oued-Zâdat. Ce fut une guerre acharnée qui dura trois mois; enfin Ouadhyh, ayant perdu la plus grande partie de ses soldats et se voyant vaincu, battit en retraite et rentra à Tanger, d'où il écrivit aussitôt à El-Mansour pour lui faire part de ses revers, et pour lui demander des secours d'hommes, d'animaux et d'argent. A la réception de cette lettre, El-Mansour sortit lui-même de Cordoue et vint à Djezira el-Khadhra[1], où il fit embarquer pour Ceuta son propre fils Abd el-Malek el-Moudhefar.

Zyry, fort effrayé en apprenant ces nouvelles, entreprit les plus grands préparatifs de défense; il fit un appel à tous les Kabyles Zenèta, qui arrivèrent bientôt en foule des pays du Zab, de Tlemcen, de Melilia, de Sidjilmessa, et qu'il prépara au combat.

[1] L'île Verte, aujourd'hui Algésiras.

Abd el-Malek rejoignit Ouadhyh el-Fatah et sortit avec lui de Tanger à la tête d'une armée innombrable; ils atteignirent l'ennemi sur les bords de l'Oued-Mîna, non loin de cette ville. On se battit depuis le lever du soleil jusqu'au soir, et jamais combat n'avait été si sanglant. Voici ce qui décida la victoire : un soldat nègre, nommé Sellam, dont Zyry avait jadis tué le frère, crut l'occasion favorable pour appliquer à l'émir la peine du talion; s'étant approché de lui, il lui porta trois coups de couteau au cou; mais, ayant manqué la gorge, il ne le tua point, et, prenant aussitôt la fuite, il passa dans le camp d'El-Malek auquel il apprit le coup qu'il venait de faire. Ce général, saisissant le moment, rassembla immédiatement ses soldats et fondit sur les Zenèta démoralisés par l'assassinat de leur chef. Sa victoire fut complète, et le camp de Zyry fut livré au massacre et au pillage.

Zyry, malgré ses graves blessures, prit la fuite, abandonnant à l'ennemi un butin énorme d'argent, munitions, armes, chameaux et bêtes de somme, et parvint à gagner un endroit appelé *Madhyk el-Djebeh* dans les environs de Mekenès, où il fit halte. Il s'occupa aussitôt à rassembler le reste de ses soldats avec la ferme intention de revenir à leur tête venger sa défaite; mais El-Moudhefar, prévenu de ces préparatifs, envoya immédiatement contre lui un détachement de cinq mille cavaliers sous le commandement d'Ouadhyh el-Fatah, lequel, ayant combiné sa marche de manière à arriver de nuit à Madhyk el-Djebeh, tomba sur le camp des Zenèta qui se livraient au repos en toute confiance. On était alors vers le milieu du ramadhan, an 387 (997 J. C.). Ouadhyh fit un grand massacre et s'empara de deux mille cheurfa (nobles) Maghraoua qui furent accueillis avec bienveillance par El-Moudhefar et rangés aussitôt dans la cavalerie. Zyry, ayant eu encore le bonheur de s'échapper, prit la route de Fès avec un petit nombre de ses compagnons et de ses parents; mais, à son arrivée, il trouva les portes closes, et il dut implorer ses sujets de lui rendre au moins ses femmes et ses enfants. Les gens de Fès les lui accordèrent et lui firent passer en même temps quelques bêtes de somme et des provisions. Alors, se sentant toujours poursuivi par El-Moudhefar, il s'enfuit vers le Sahara et atteignit le pays des Senhadja, où il s'arrêta. El-Moudhefar entra à Fès le dernier samedi du mois de chouel 387, et y fut accueilli avec joie par les habitants qu'il rassura, de son côté, par des paroles pleines de bonté. Il écrivit aussitôt à son père pour lui faire part de ses victoires, et sa lettre fut lue dans la chaire de la mosquée El-Zahrâ à Cordoue et dans toutes les chaires des provinces de l'orient et de l'occident de l'Andalousie. A cette occasion, et pour témoigner sa reconnaissance au Très-Haut, El-Mansour rendit la liberté à quinze cents Mameluks et à trois cents femmes esclaves; il fit distribuer de fortes sommes d'argent aux gens de bien et aux pauvres, et, en répondant à son fils, il l'invita à se conduire avec indulgence et justice dans le Maghreb; sa lettre fut lue dans la mosquée El-Kairaouyn le vendredi, dernier jour du mois dou'l kaâda, 387. Ouadhyh el-Fatah revint en Andalousie, et El-Moudhefar demeura à Fès, où il gouverna jusqu'au mois de safar 389 (998 J. C.) avec une justice sans précédents. A cette époque, il fut rappelé par son père El-Mansour, qui confia le commandement de Fès et de toutes ses possessions dans l'Adoua à Ayssa ben Saïd, lequel revint à son tour en Andalousie et fut remplacé par Ouadhyh el-Fatah.

A son arrivée dans le pays des Senhadja, Zyry ben Athya trouva les habitants en rébellion contre leur roi Edriss ben Mansour ben Belkhyn qui avait succédé à son père Mansour; mettant cette circonstance à profit, il fit appel aux Zenèta, aux Maghraoua et autres qui accoururent en nombre, et, à leur tête, il attaqua les habitants du pays de Senhadja, qu'il dispersa; il s'empara de la ville de Teheret et d'une grande partie du Zab, et joignant à ses conquêtes les terres de Tlemcen, Chelef et Msyla, il se forma un nouvel état qu'il gouverna sous la suzeraineté d'El-Mouïd jusqu'en 391 (1,000 J. C.). Il mourut alors des suites des blessures que lui avait faites le nègre pendant qu'il assiégeait la capitale des Senhadja; son fils el-Mouâz lui succéda, et fit la paix avec El-Moudhefar ben Mansour qui lui restitua le gouvernement des anciennes possessions de son père sur tout le Maghreb. Le règne de Zyry ben Athya avait duré environ vingt ans.

HISTOIRE DU RÈGNE D'EL-MOUÂZ BEN ZYRY BEN ATHYA EL-MAGHRAOUY, ÉMIR DE FÈS ET DU MAGHREB.

Mouâz était fils de Ben Zyry ben Athya el-Zenèty el-Maghraouy et de Tekâtour, fille de Menâd ben Tebâdelt el-Maghraouy. Proclamé souverain à la mort de son père par les tribus zenèta, il eut bientôt atteint la suprême puissance; il fit la paix avec El-Mansour ben Aby Amer, reconnut sa souveraineté, et ordonna que son nom fût proclamé dans le khotbah de tous ses états. A la mort d'El-Mansour, an 393, El-Moudhefar, en reconnaissance de cette soumission, rappela Ouadhyh el-Fatah de Fès, et en donna le commandement à Mouâz, ainsi que celui de toutes ses possessions dans le Maghreb, à la condition que ce prince lui enverrait chaque année à Cordoue une certaine quantité de chevaux, de boucliers, et une forte somme d'argent. Mouâz dut, de plus, se soumettre à laisser en otage à Cordoue son fils Manser, lequel, malgré son ardent désir de revoir son pays, demeura en Andalousie jusqu'à la chute des Beny Amer, dont le règne eut aussi sa fin; car il n'y a d'éternel que Dieu, et lui seul est vraiment adorable!

L'émir El-Mouâz mourut dans le mois de djoumad el-aouel, an 422 (1,030 J. C.), après un règne de trente-trois ans, durant lequel le Maghreb jouit de tous les bienfaits de la paix et de la sécurité. Hamâma ben el-Mouâz ben Athya el-Zenèty el-Maghraouy, son cousin germain, lui succéda dans le mois suivant de djoumad el-tâny. Quelques historiens rapportent que El-Mouâz fut remplacé par son fils et non par son cousin; mais cela est inexact, et leur erreur provient de ce qu'ils ont confondu les noms des pères avec ceux des fils. El-Mouâz ben Athya n'eut, d'ailleurs, qu'un seul fils nommé El-Manser et non point Hamâma, qui fut bien le cousin et le successeur de cet émir.

HISTOIRE DU RÈGNE DE L'ÉMIR HAMÂMA BEN EL-MOUÂZ BEN ATHYA EL-ZENÈTY EL-MAGHRAOUY.

L'émir Hamâma ben el-Mouâz succéda à son cousin El-Mouâz ben Zyry, et gouverna sagement les Zenèta soumis à sa domination. Il fut chassé de Fès par Temym ben Zimour ben Aly ben Mohammed ben Taleh el-Yfrany, émir de Salé, qui vint l'attaquer à la tête des Beny Yfran. L'émir Hamâma, étant sorti à sa rencontre avec son armée composée des Beny Maghraoua, fut battu après avoir soutenu un sanglant combat, et se vit forcé de prendre la fuite, laissant la plus grande partie de ses soldats sur le champ de bataille. Il se réfugia à Oudjda, qui dépendait alors de Tlemcen.

HISTOIRE DU RÈGNE DE L'ÉMIR TEMYM EL-YFRANY.

Abou el-Kamel Temym ben Zimour ben Aby, de la tribu d'Yfran, était émir de tous les Beny Yfran, lorsqu'il s'empara de Fès après la défaite et la fuite de Hamâma, dans le mois de djoumad el-tâny, an 424

(1032 J. C.). Ce prince persécuta les Juifs; il en fit périr plus de six mille, et enleva aux autres leurs richesses et leurs femmes. Fanatique et ignorant, il avait déclaré la guerre sainte aux Berghouata contre lesquels il faisait habituellement deux expéditions par an, pour les massacrer et les piller. Cela dura jusqu'à sa mort, en 448 (1056 J. C.). Quatorze ans plus tard, en 462, lorsque son fils Mohammed fut tué dans la guerre des Lemtouna, on porta son corps pour l'ensevelir à côté de son père, et quelle ne fut pas la surprise des assistants en entendant célébrer les louanges de Dieu dans la tombe de Temym! On l'ouvrit aussitôt, et l'on trouva le cadavre intact, comme si l'on venait de l'enterrer à peine. Dans la nuit du même jour, Temym apparut en songe à un de ses parents. « Que signifient, lui demanda celui-ci, ces « hymnes à Dieu et cette profession de foi que nous « avons entendues dans ta tombe? — Ce sont, lui ré-« pondit Temym, les cantiques des anges auxquels « Dieu a ordonné de chanter ses louanges auprès de « mon cercueil pour me mériter la grâce d'être con-« servé jusqu'au jour de la résurrection. — Qui es-tu « donc, reprit le dormant, ou bien qu'as-tu fait pour « mériter une pareille récompense du Très-Haut, et « être comblé de tant de générosité? — J'ai fait chaque « année avec acharnement la guerre sainte aux Ber-« ghouata. »

L'émir Temym demeura sept ans à Fès; pendant cette période, Hamâma ben el-Mouâz, après être resté un an à Oudjda, et s'être vu successivement abandonné par ses soldats et ses compagnons, s'en vint à Tunis. Là, il fit un appel aux Kabyles maghraoua qui arrivèrent en nombre suffisant pour former une armée. Hamâma se mit à leur tête, et marcha sur Fès dont il chassa Temym ben Zimour el-Yfrany, qui prit la fuite et alla se réfugier à Chella. Cet événement eut lieu en 431; quelques-uns le font remonter à l'an 429. Pour la seconde fois Hamâma maîtrisa Fès et une grande partie du Maghreb, qu'il continua à gouverner jusqu'à sa mort, an 440 (1048 J. C.). Son règne avait duré dix-huit ans, pendant lesquels il était resté sept ans, ou cinq ans, selon quelques historiens, dépossédé par Temym el-Yfrany; son fils Dounas lui succéda.

HISTOIRE DU RÈGNE DE L'ÉMIR DOUNAS BEN HAMÂMA BEN ATHYA EL-MAGHRAOUY.

L'émir Dounas succéda à son père Hamâma, dont il conserva toutes les possessions. Son règne fut un règne de paix et de prospérité. Les faubourgs de Fès s'agrandirent et se peuplèrent; de nombreux commerçants vinrent de toutes parts se fixer dans la capitale. Dounas fit ceindre les faubourgs de murs, et construisit des mosquées, des bains et des fondouks; il releva ainsi la métropole du Maghreb. Depuis son avénement jusqu'à sa mort, en chouel 452 (1060 J. C.), il ne cessa de bâtir. Il régna à peu près douze ans, et partagea ses états entre ses deux fils; il légua le gouvernement de l'Adoua el-Andalous à son fils El-Fetouh, et celui de l'Adoua el-Kairaouyn à son fils Adjycha.

HISTOIRE DU RÈGNE DES DEUX FRÈRES EL-FETOUH ET ADJYCHA.

A la mort de l'émir Dounas, leur père, El-Fetouh et Adjycha prirent possession de leurs gouvernements respectifs; mais Adjycha, plus turbulent que son frère, ne tarda pas à l'attaquer, et une guerre sans relâche commença, dès lors, entre les deux frères.

El-Fetouh construisit une forteresse à l'endroit nommé **El-Keddân**, et Adjycha en éleva une semblable sur la hauteur nommée Sather, dans l'Adoua el-Kairaouyn. La haine et les discussions des deux frères portèrent bientôt leurs fruits : la cherté d'abord, et puis la famine et le meurtre. Tout le Maghreb fut bouleversé, et les Lemtouna apparurent sur quelques points. A Fès, on se battait sans relâche, nuit et jour, et le massacre ne cessa qu'à la mort d'Adjycha. Ce fut Fetouh ben Dounas qui construisit la porte située au sud des murs d'enceinte, et que l'on nomme aujourd'hui Bab el-Fetouh; Adjycha avait fait également élever une porte du côté nord sur le sommet de la hauteur Sather, en lui donnant son nom; mais à sa mort son frère ordonna que ce nom fût changé, et on supprima le *gʻaïn*, ce qui fit le nom de El-Djycha que cette porte a encore aujourd'hui.

La guerre des deux frères durait depuis trois ans consécutifs, lorsque El-Fetouh, ayant employé la ruse, pénétra dans l'Adoua el-Kairaouyn, surprit son frère et le tua. Ensuite il gouverna tranquillement la ville de Fès, jusqu'à l'époque où les Lemtouna vinrent l'assiéger. Alors, préférant son salut à la défense de ses états, il abandonna, en 457 (1064 J. C.) le gouvernement, qui passa dans les mains d'El-Manser ben el-Mouâz, son cousin. Le règne d'El-Fetouh avait duré cinq ans et sept mois, période de discussions, de guerre, de famine et de malheurs.

HISTOIRE DU RÈGNE DE L'ÉMIR MANSER BEN EL-MOUÀZ BEN ZYRY BEN ATHYA EL-MAGHRAOUY.

Ce fut dans le mois de ramadhan le grand, en 457, que l'émir Manser prit les rênes du gouvernement, lâchement abandonnées par Fetouh ben Dounas. Manser était résolu, audacieux, brave et vaillant; il résista aux Lemtouna et leur livra de grands combats jusqu'en 460 (1067 J. C.). A cette époque, il disparut dans un engagement, et personne ne sut ce qu'il avait plu à Dieu de faire de lui; cinq jours après sa disparition, les Lemtouna entrèrent à Fès sans coup férir, ayant à leur tête l'émir Youssef ben Tachefyn el-Lemtouny; et cette première entrée s'opéra en paix et avec l'aman. L'émir demeura quelques jours en ville, et partit bientôt pour le Djebel Ghoumâra, en laissant le commandement de Fès à un de ses lieutenants, avec une garnison de quatre cents cavaliers lemtouna; mais sitôt après son départ Temym ben Manser arriva à la tête d'une armée formidable de Zenèta, et se fit livrer la ville en promettant l'aman aux Lemtouna qui s'y trouvaient; cependant, à peine fut-il entré, qu'il commença à les faire mourir dans le feu ou sur la croix, et il était encore occupé à ces sanglantes exécutions quand l'émir Youssef, arrivant en toute hâte, assiégea Fès à son tour et la prit d'assaut après quelques combats acharnés. Ce fut là la seconde et grande entrée des Lemtouna; cette fois ils firent périr tous les Maghraoua et les Beny Yfran, qui furent impitoyablement massacrés dans les mosquées et dans les rues au nombre de plus de vingt mille.

Ce massacre des Zenèta Maghraouy et Yfrany eut lieu dans le courant de l'an 462, et leur domination dura donc environ cent ans, de 362 à 462. Le commencement de leur règne fut prospère et leur puissance fut grande; ils entourèrent de murs les faubourgs de Fès, ils embellirent les portes, agrandirent les mosquées El-Kairaouyn et El-Andalous, et, à leur exemple, les habitants bâtirent un grand nombre de maisons. Cette prospérité dura environ jusqu'à l'apparition des Almoravides dans le Maghreb; déjà même, à cette époque, la puissance des Maghraoua commençait à s'ébranler, et leurs possessions s'étaient amoindries, car la corruption les gagnait; les princes dépouillaient leurs sujets, faisaient couler leur sang et violaient toutes les lois sacrées ; aussi le pays cessa de payer les impôts, et resta plongé dans la terreur. Les vivres devinrent fort rares, la cherté succéda à l'abondance, la crainte à l'aman, l'injustice à la justice. La fin de leur règne fut entièrement obscurcie par le nuage de l'iniquité, des guerres civiles, et d'une famine sans exemple dans l'histoire des temps. Fès et ses dépendances furent réduites aux dernières extrémités de la faim sous le règne d'El-Fetouh ben Dounas et sous celui de son cousin El-Manser. La farine, seul aliment qui restât à l'homme, se vendait à un drahem l'once, non-seulement en ville, mais aussi dans tous les pays circonvoisins. Toutes les autres denrées avaient disparu. Les chefs Maghraoua et Beny Yfran envahissaient les maisons des particuliers et pillaient leurs biens, sans que nul osât se plaindre, car au moindre mot ils les faisaient massacrer par leurs gens ; ils envoyaient leurs esclaves sur le mont El-Ardh, qui domine la ville, pour découvrir les maisons d'où il sortait de la fumée, et, sur les indications qui leur étaient données, ils les envahissaient et prenaient de force les aliments que l'on y faisait cuire.

Tels furent les motifs pour lesquels le Très-Haut enleva le pouvoir aux Zenèta et leur retira ses bienfaits, *car Dieu ne change point ce qu'il a accordé aux hommes tant qu'ils ne le changent pas eux-mêmes* [1] ! Dieu fit fondre sur eux les Almoravides, qui leur ra-

---

[1] *Koran*, chap XIII, le Tonnerre, vers 12.

virent leurs états, dispersèrent leurs légions, les massacrèrent et les chassèrent du Maghreb.

Sous la terreur des dernières années de leur règne, la faim arriva à une telle extrémité, que les habitants creusèrent de petites caves dans leurs maisons, pour faire leur pain sans être entendus, ou pour cacher ce qu'ils pouvaient avoir à manger, et construisirent des espèces de galetas sans escalier, dans lesquels, à l'heure des repas, le maître de la maison montait avec sa famille au moyen d'une échelle qui se retirait ensuite, afin de ne laisser accès à aucun étranger durant le repas.

CHRONOLOGIE DES ÉVÉNEMENTS REMARQUABLES QUI ONT EU LIEU SOUS LES ZENÈTA BENI MAGHRAOUA ET BENI YFRAN, DE L'AN 380 À L'AN 462.

En 381 (991 J. C.), le Maghreb, l'Andalousie et l'Ifrîkya furent désolés par la sécheresse; cependant un immense torrent, comme il ne s'en était point vu encore, vint tout à coup se jeter dans l'Oued Sidjilmessa, au grand étonnement des habitants, qui n'avaient pas eu une goutte de pluie pendant toute l'année. Ces pays furent ravagés, à la même époque, par une grande famine, qui dura trois ans, de 379 à 381. — Dans la vingt-troisième nuit du mois de radjeb de la même année, il apparut dans le ciel une étoile qui avait à l'œil nu la forme d'un superbe minaret; elle s'éleva du côté de l'orient et fit sa course vers le nord-ouest en jetant de magnifiques étincelles. Le peuple, frappé d'épouvante, adressa des prières au Dieu très-haut pour qu'il détournât les maux dont cette étoile pouvait être le présage. — A la fin du même mois, il y eut une éclipse de soleil, suivant le livre de Ben el-Fyadh intitulé *El-Nyhyr* (les lumières) ou *El-Kabes* (le morceau de feu). Selon Ben Mendour, cette éclipse aurait eu lieu en 380. — Enfin, dans les derniers jours de l'année 381, Dieu arrosa la terre et répandit sa miséricorde sur le monde; les pluies firent partout reverdir la campagne, les prix des denrées diminuèrent, les moissons et les récoltes furent abondantes, les populations retrouvèrent le bien-être, les animaux et les troupeaux purent se désaltérer. Malheureusement des légions de sauterelles énormes arrivèrent bientôt et dévastèrent toute l'Espagne. Le plus grand nombre s'abattit sur Cordoue et désola les environs. El-Mansour fit distribuer des secours d'argent à la population, et ordonna aux habitants de se mettre en campagne pour détruire ces insectes, ce que l'on fit de bonne volonté, et une partie du marché fut affectée à la vente des sauterelles, pour que chacun pût venir y débiter le produit de sa chasse. Cela dura trois ans, de 381 à 383 [1].

En cette même année, 381, Yddou ben Yaly secoua la suzeraineté d'El-Mansour ben Aby Amer. A

---

[1] Les choses se pratiquent encore exactement ainsi au Maroc. Nous avons vu, en 1847-48, les habitants de Mogador et de Safy sortir en masse, sur l'ordre des kaïds, contre les sauterelles, et chaque année, durant l'été, il se débite sur les marchés des monceaux de ces insectes cuits à l'eau et au sel, mets fort goûté par les indigènes.

Fès, Thalâbah prit le gouvernement de l'Adoua el-Andalous, et Ben Kechouch celui de l'Adoua el-Kairaouyn. Le fekhy Amer ben Kassem fut fait kady des deux Adouas.

En 382 (992 J. C.), Yddou ben Yaly prit d'assaut l'Adoua el-Andalous. — Grande inondation de Cordoue; l'eau détruisit les bazars et monta jusqu'au Zahar. — Vent violent sur le Maghreb qui renversa plusieurs édifices. — Éclipse totale de soleil. — El-Mansour ben Aby Amer supprima des écrits le cachet d'El-Mouïd, le remplaça par le sien et prit en même temps le nom d'El-Mouïd. — Naissance du fekhy El-Dhahery Abou Mohammed Aly ben Ahmed ben Saïd ben Hazem ben Ghâleb, client de Yezid ben Aby Souffian, qui écrivit plusieurs ouvrages sur les sciences, et mourut en 450 environ.

En 385 (995 J. C.), on vit les animaux emportés par un vent violent s'en aller entre ciel et terre. Que Dieu nous préserve de sa colère!

En 391 (1001 J. C.), mort de l'émir Zyry ben Athya; son fils El-Mouâz lui succède.

En 392 (1001-2 J. C.), l'émir El-Mansour ben Aby Amer, roi de l'Andalousie, meurt à l'âge de soixante-cinq ans dans le mois de ramadhan; il est enterré à Médina Salem[1], et son cercueil fut recouvert de la poussière qu'il avait recueillie dans les combats[2].

---

[1] Medina Cœli.

[2] El-Mansour mourut le 27 ramadhan 392 (dimanche 9 août 1002), après sa défaite de Calat el-Nser (Hauteur de Vautour, au-

En 399 (1008-9 J. C.), Abd el-Malek, fils d'El-Mansour ben Aby Amer, auquel il avait succédé, mourut empoisonné, et fut remplacé par son frère Abd er-Rahman, auquel El-Mouâz ben Zyry envoya de magnifiques présents, entre autres cent cinquante beaux chevaux. Abd er-Rahman ben el-Mansour, en recevant ces cadeaux, envoya chercher Manser, fils de Mouâz, qui était en otage à Cordoue, et, après lui avoir fait des présents ainsi qu'aux ambassadeurs de son père, il le renvoya dans son pays en liberté. El-Mouâz fut si content de revoir son fils, qu'il rassembla tous ses chevaux et les expédia à l'émir de l'Andalousie, à Cordoue; il y en avait neuf cents, et jamais le Maghreb n'avait fait un aussi beau présent à l'Epagne.

En 396 (1005 J. C.), apparition d'une immense comète extrêmement scintillante. Cette comète est une des douze *Niäzek*[1] connues dans l'antiquité, et que les anciens savants ont longtemps observées; ces astronomes prétendaient que ces comètes n'apparaissaient que comme un signe de malheur ou de quelque chose d'extraordinaire dont Dieu allait frapper le monde; mais Dieu connaît mieux ses secrets que qui que ce soit.

jourd'hui Calatanasor). «C'était la première bataille que perdait «Almanzor; aussi il ne voulut point y survivre; il refusa de soigner «les blessures qu'il avait reçues dans le combat, et expira de déses-«poir, pleurant ses triomphes inutiles et son nom déshonoré.» (L. A. Sedillot.)

[1] Niazek : نيازك, pluriel de نيزك (Hasta brevis), «Stellæ caden-«tes.» (Freytag.)

En 400 (1009 J. C.), l'émir Mouâz ben Zyry ben Athya s'empara de la ville de Sidjilmessa.

En 401 (1010 J. C.), mort du fekhy le kady Abou Mohammed Abd Allah ben Mohammed. (Que Dieu lui fasse miséricorde!)

En 407 (1016 J. C.), apparition d'une étoile scintillante dont le disque était énorme et très-brillant.

Fin du gouvernement des Ommyades en Andalousie et commencement de la dynastie des Almohades; le règne des Ommyades avait duré deux cent soixante-huit ans et quarante-trois jours.

En 411 (1020 J. C.), famine dans tout le Maghreb, depuis Tysert (ou Teheret) jusqu'à Sidjilmessa; la mortalité fut grande. — En cette même année, la désunion et la révolte éclatèrent entre les diverses villes de l'Andalousie, qui commencèrent à cette époque à être gouvernées par des rois différents.

En 415 (1024 J. C.), grand tremblement de terre en Andalousie qui bouleversa les montagnes.

En 416 (1025 J. C.), mort de l'émir El-Mouâz ben Zyry ben Athya à Fès.

En 417 (1026 J. C.), mort de l'imam El-Fekhy ben Adjouz à Fès.

En 430 (1038 J. C.), mort du fekhy Abou Amran de Fès à Kairouan.

En 431 (1039 J. C.), mort du kady Ismaël ben Abbad à Séville.

En 448 (1056 J. C.), entrée de l'imam Abou Beker ben Amer au Maghreb.

En 450 (1058 J. C.), Abou Mohammed Abd-Allah ben Yassyn el-Djezouly, le Mehdy des Lemtouna, fut tué par les idolâtres Berghouata et mourut martyr.

En 452 (1060 J. C.), El-Mehdy ben Toula s'empara des villes de Mekenèsa.

HISTOIRE DES MORABETHYN (ALMORAVIDES) DE LA TRIBU DES LEMTOUNA DANS LE MAGHREB ET L'ANDALOUSIE. HISTOIRE DE LEURS ROIS ET DE LEURS RÈGNES DEPUIS LEUR ORIGINE JUSQU'À LEUR DESTRUCTION.

Mohammed ben el-Hassen ben Ahmed ben Yacoub el-Hemdany, auteur du livre intitulé *El-Ikelâl fi el-Doulet el-Hamyria* (Couronne de la Dynastie Hamyarite), raconte que les Lemtouna tirent leur origine des Senhadja, lesquels descendent des Ouled Abd el-Chems ben Ouathal ben Hamyar. « Le roi « Ifrîkych, fils d'Ouathal ben Hamyar, dit cet écri-« vain, gouvernait les Hamyr quand il se mit en cam-« pagne pour effectuer quelques razzias dans les en-« virons du Maghreb sur les terres d'Afrique. Après « s'être beaucoup avancé dans le pays, il bâtit une « ville à laquelle il donna son nom d'Ifrîkya, et y éta-« blit les principaux des Senhadja pour instruire les « Berbères, percevoir leurs impôts et les gouverner. »

Un autre historien, Abou Obeïd, rapporte, d'après Ben el-Kalby, qu'Ifrîkych passa dans le Maghreb à la tête des Berbères de Syrie et d'Égypte, qu'il bâtit la ville d'Ifrîkya, et qu'il établit ces Berbères dans le Maghreb, avec lesquels il laissa les deux grandes tribus de Senhadja et de Ketâma qui, aujourd'hui encore, vivent au milieu des Berbères.

El-Zebyr ben Bekan a écrit, de son côté, que le père des Senhadja fut Senhadj ben Hamyar ben Sebâ; et on trouve dans la poésie historique d'Abou Farès ben Abd el-Aziz el-Melzouzi intitulée *Nedham el-Slouk fi Akhbar el-Embya ou el-Khoulafa ou el-Moulouk* (Chapelet de l'histoire des prophètes, des khalifes et des rois), que les Morabethyn descendent d'Hamyar et nullement de Moudhar, et qu'Hamyar était fils de Sebâ et père de Senhadj. Suivant une autre version, les Senhadja descendent des Houara, lesquels descendent de Hamyar, et sont ainsi nommés parce que leur père étant passé dans le Maghreb et étant arrivé dans le pays de Kairouan en Ifrîkya, s'écria: *Gâd tahouarna fi el-bled*, c'est-à-dire: « Nous avons envahi un pays sans y penser; » et le nom de Houara resta à la tribu. Dieu sait la vérité!

Les Senhadja se divisent en soixante et dix tribus, dont les principales sont: Lemtouna, Djedâla, Messoufa, Lamta, Mesrâta, Telkâta, Mdousa, Benou Aoureth, Beny Mchely, Beny Dekhir, Beny Zyad, Beny Moussa, Beny Lemâs, Beny Fechtal. Chacune de ces grandes tribus comprend plusieurs branches ou divisions qui se subdivisent à l'infini. Toutes ces peuplades appartiennent au Sahara et occupent dans le sud un espace de pays de sept mois de marche de long sur quatre mois de marche de large, qui s'étend depuis Noul Lamtha (O. Noun) jusqu'au sud d'Ifrîkya et de Kairouan, en Afrique, c'est-à-dire toute la contrée comprise entre les Berbères et le Soudan. Ces peuplades ne cultivent point la terre et n'ont ni moissons ni fruits. Leurs richesses consistent en bétail et chameaux (dromadaires). Ils se nourrissent de viande et de lait, et la plupart d'entre eux meurent sans avoir mangé un seul morceau de pain dans leur vie. Quelquefois, cependant, les marchands qui traversent leur pays leur laissent du pain et de la farine. Ils sont Sonnites, et ils font la guerre sainte aux nègres du Soudan.

Le premier qui régna au Désert fut Tloutan ben Tyklân le Senhadja le Lemtouna; il gouvernait tout le Sahara, et était suzerain de plus de vingt rois du Soudan, qui lui payaient tous un tribut. Ses états s'étendaient sur un espace de trois mois de marche en long et en large, et ils étaient peuplés partout. Il pouvait mettre sur pied cent mille cavaliers; il vivait du temps de l'imam Abd er-Rahman, souverain de l'Andalousie, et il mourut en 222 (836 J. C.), âgé d'environ quatre-vingts ans. Son neveu El-Athyr ben Bethyn ben Tloutan lui succéda, et gouverna les Senhadja jusqu'à sa mort, en 237, après soixante-cinq ans d'existence. Il fut remplacé par son fils Temym ben el-Athyr, qui conserva son commandement jusqu'en 306, et fut renversé par les cheïkhs des Senhadja, qui se révoltèrent et le mirent à mort. A la suite de cela, les cheïkhs ne voulurent plus se soumettre à personne, et restèrent dans l'anarchie pendant cent vingt ans. Alors ils choisirent entre eux un émir, Abou Mohammed ben Tyfat, connu sous le nom de Tarsyna el-Lemtouny, et ils le reconnurent pour souverain. Ce prince était religieux, vertueux et bienfaisant; il fit le pèlerinage à la Mecque et la guerre sainte; il gouverna les Senhadja pendant trois ans, et fut tué dans une razzia sur les tribus du Soudan, à l'endroit nommé *Bkdra*. Ces tribus habitaient les environs de la ville de Teklessyn; elles étaient arabes et pratiquaient la religion juive. Teklessyn est habitée par la tribu senhadja des Beny Ouarith, qui sont gens de biens et suivent le Sonna qui leur fut apporté par Okba ben Talah el-Fehery, à l'époque de sa venue dans le Maghreb; ils font la guerre sainte aux habitants du Soudan qui ne professent pas l'Islam.

HISTOIRE DU RÈGNE DE L'ÉMIR YHYA BEN IBRAHIM EL-DJEDÀLY.

A la mort de l'émir Mohammed Tarsyna el-Lemtouny, le gouvernement des Senhadja passa entre les mains de l'émir Yhya ben Ibrahim el-Djedâly. Les Djedâla et les Lemtouna sont frères, descendants du même père; ils habitent l'extrémité du pays de l'Islam, et font la guerre aux infidèles du Soudan; à l'ouest ils ont pour limite la mer de la Circonférence[1].

L'émir Yhya ben Ibrahim resta à la tête des Senhadja et de leurs guerres contre les ennemis de Dieu jusqu'en 427 (1035 J. C.). A cette époque, il se fit

[1] Océan Atlantique.

remplacer par son fils Ibrahim ben Yhya, et partit pour l'Orient dans le dessein de faire le pèlerinage de la Mecque et de visiter le tombeau du Prophète. (Que le salut soit sur lui!) Il arriva, en effet, à la Mecque, remplit toutes les cérémonies du pèlerinage, et se mit en route pour retourner dans son pays. S'étant arrêté en chemin, dans la ville de Kairouan, il y rencontra le saint Abou Amram Moussa ben Hadj el-Fessy. Cet illustre docteur, natif de Fès, était venu à Kairouan pour suivre les cours d'Abou el-Hassan el-Kaboussy, et s'était ensuite rendu à Bagdad pour assister à la classe du kady Abou Beker ben el-Thaïeb, auprès duquel il avait acquis beaucoup de science. Revenu à Kairouan, il n'en sortit plus, et mourut le 13 de ramadhan, an 430. (Que Dieu lui fasse miséricorde!) Yhya ben Ibrahim el-Djedâly, étant arrivé à Kairouan, se présenta donc chez le fekhy Abou Amram el-Fessy pour entendre ses leçons; le fekhy, l'ayant remarqué et s'intéressant à son sort, le prit bientôt en affection et le questionna sur son nom, sa famille et sa patrie. Yhya, lui ayant répondu, lui fit connaître l'étendue et la population de son pays. Le fekhy lui demanda encore à quelle secte appartenait son peuple. « C'est un peuple vaincu par l'ignorance, « lui dit Yhya, et qui n'a pas de Livre. » Effectivement le fekhy, lui ayant fait alors passer un petit examen sur les principes de la religion, s'aperçut bientôt qu'il était complétement ignorant et qu'il ne savait pas un mot du Koran et du Sonna; mais, en même temps,

il comprit qu'il était animé du plus grand désir de s'instruire, qu'il avait de bons sentiments, la foi et la confiance. « Qu'est-ce qui vous empêche donc de vous
« instruire? lui dit-il en terminant. Ô mon seigneur,
« lui répondit Yhya, tous les habitants de mon pays
« sont ignorants, et ils n'ont personne pour leur lire
« le Koran; mais ils ne désirent que le bien et font
« leur possible pour y arriver. Ils voudraient bien
« trouver quelques savants pour leur faire la lecture
« du Livre et leur apprendre les sciences, pour les ins-
« truire dans leur religion et les diriger dans la voie
« du Koran et du Sonna, en leur expliquant les lois
« de l'islamisme et les préceptes du Prophète. (Que
« Dieu lui accorde le salut!) Si vous voulez gagner
« les récompenses du Très-Haut en enseignant aux
« hommes la pratique du bien, envoyez donc avec moi,
« dans notre pays, un de vos élèves, pour lire le Ko-
« ran et enseigner la religion à mes compatriotes,
« cela leur sera très-utile; ils écouteront et obéiront,
« et vous aurez mérité ainsi la grande récompense du
« Dieu très-haut, car vous aurez été le principe de
« leur direction dans la droite voie. » Le fekhy Abou Amram fit la proposition à chacun de ses élèves qu'il croyait aptes à cette mission; mais nul ne voulut accepter, par crainte des fatigues et des dangers du Sahara. Ayant perdu tout espoir autour de lui, il dit à Yhya : « Il existe à Néfys, dans le pays de Messamda,
« un fekhy habile, pieux et austère, qui m'a rencontré
« ici et a beaucoup appris avec moi. Je lui connais

« toutes les qualités nécessaires; il se nomme Ou-
« Aggag ben Zellou el-Lamthy, et il est originaire du
« Sous el-Aksa. En ce moment il adore Dieu, enseigne
« les sciences et prêche le bien dans un ermitage de
« l'endroit; il a de nombreux élèves; je lui écrirai
« une lettre pour lui demander de vous adjoindre l'un
« d'eux. Allez chez lui, vous y trouverez ce que vous
« cherchez. » En effet, le fekhy Amram écrivit à Ou-
Aggag une lettre ainsi conçue : « A vous le salut et la
« miséricorde de Dieu! ensuite, si le porteur de cette
« lettre, Yhya ben Ibrahim el-Djedâly vous arrive,
« envoyez avec lui, dans son pays, un de vos élèves,
« à vous connu pour être religieux, bon, instruit et ha-
« bile; il enseignera le Koran et les lois de l'islamisme
« à ces gentils, et vous gagnerez tous deux la récom-
« pense de Dieu; *car le Très-Haut ne manque jamais de
« récompenser ceux qui font le bien* [1]; salut. » Yhya ben
Ibrahim el-Djedâly partit avec cette lettre, et arriva
chez le fekhy Ou-Aggag, dans la ville de Néfys; il le
salua et la lui remit; on était alors au mois de radjeb,
an 430. Ou-Aggag ayant lu la lettre, rassembla ses
élèves pour leur en donner connaissance, et leur
demander de mettre à exécution l'ordre du cheïkh
Abou Amram. Un d'entre eux, originaire de Djezoula,
et connu sous le nom d'Abd Allah ben Yassyn el-Djezouly, accepta la mission; c'était un disciple habile
et instruit, pieux et austère, possédant bien les lois
et les sciences. Il partit avec Yhya ben Ibrahim et ils

[1] *Koran*, ch. xii, Joseph, v. 56.

arrivèrent ensemble au pays de Djedâla, où ils furent accueillis avec joie par les Kabyles et les Lemtouna.

HISTOIRE DE LA VENUE DU FEKHY ABD ALLAH BEN YASSYN LE DJEZOULY DANS LE PAYS DES SENHADJA, ET DE SON ÉLÉVATION CHEZ LEURS TRIBUS DES LEMTOUNA ET DES MORABETHYN.

Abd Allah ben Yassyn ben Mekouk ben Syr ben Aly ben Yassyn el-Djezouly arriva avec Yhya ben Ibrahim au pays des Senhadja et s'y établit. Quand il eut vu les vices qui infestaient cette contrée, où l'homme épousait cinq, six, dix femmes et même davantage s'il le voulait, il adressa les plus vifs reproches aux habitants et leur défendit cette coutume, en leur disant : « Cela n'est point conforme au « Sonna; le Sonna de l'Islam ne permet à l'*homme* « *d'épouser que quatre femmes libres et de prendre des es-* « *claves à son bon plaisir.* » Il entreprit alors de leur enseigner la religion et les lois de l'Islamisme et le Sonna; il leur ordonna de faire le bien et leur défendit le mal; mais ceux-ci, voyant la sévérité qu'il apportait pour changer leurs habitudes et supprimer leurs vices, s'éloignèrent bientôt de lui, et se prirent à le détester comme un personnage fort ennuyeux; enfin Abd Allah ben Yassyn, lassé d'avoir affaire à des hommes qui ne priaient pas, qui ne prononçaient pas même le nom de Dieu, et connaissaient à peine le témoignage[1], qui, subjugués par l'ignorance,

[1] La profession de foi : « Il n'y a de Dieu que Dieu et Mohammed « est l'envoyé de Dieu. »

s'éloignaient de lui pour suivre leurs passions, voulut les abandonner et partir pour le Soudan, où le mahométisme avait déjà commencé à briller; mais Yhya ben Ibrahim s'y opposa en lui disant : « Je ne te laisserai point aller, parce que je t'ai amené pour profiter de tes leçons et de ta science, pour apprendre ma religion, et je n'ai que faire avec mon peuple sous ce rapport-là; permets-moi donc, en vue des récompenses de l'autre monde, de te faire une proposition. — Qu'est-ce donc? dit le fekhy. — Ici, sur notre côte, reprit Yhya, est une île sur laquelle on peut arriver à pied lorsque la mer est basse, et où nous nous rendons sur des barques quand la marée est pleine. Sur cette île la nourriture est *allel* (pure); il y a des arbres sauvages, et diverses espèces d'oiseaux, de quadrupèdes et de poissons; allons-y, et nous y vivrons de choses permises et nous y adorerons Dieu jusqu'à la mort. — Partons, dit Abd Allah ben Yassyn, cela vaudra mieux; entrons sur cette île au nom du Très-Haut. » Ils s'y rendirent, en effet, accompagnés de sept personnes de Djedâla, avec lesquelles ils construisirent un ermitage et se mirent à adorer Dieu. Au bout de trois mois, lorsqu'on eut appris ce qu'ils faisaient pour arriver au paradis et éviter l'enfer, on vint en foule vers eux. Les nouveaux adeptes arrivaient pleins de repentir, et Abd Allah ben Yassyn commença aussitôt à leur enseigner le Koran, et à les diriger vers le bien, en leur faisant espérer les ré-

compenses de Dieu ou en les menaçant des souffrances de sa punition. Au bout de quelques jours, environ mille élèves d'entre les nobles des Senhadja étaient rassemblés autour de lui. Il les nomma *Morabethyn* (liés) parce qu'ils ne quittaient plus son *ribath* [1] (ermitage). Il leur enseigna le Koran, le Sonna, les ablutions, la prière, l'aumône et les devoirs que Dieu impose. Quand il les vit pénétrés de ces principes et en nombre suffisant, il commença à prêcher pour les exhorter à faire le bien, à désirer le paradis et à redouter le feu éternel et la colère de Dieu; et c'est ainsi qu'en les éloignant du mal et en leur parlant des récompenses de Dieu à la fin du monde, il arriva à proclamer la guerre sainte contre ceux des Senhadja qui refusaient de les suivre dans la vraie loi. « Morabethyn, s'écria-t-il un jour, vous
« êtes nombreux, vous êtes les grands de vos tribus
« et les chefs de vos compagnons! Le Très-Haut vous
« a corrigés et dirigés dans la droite voie; vous devez
« le remercier de sa bonté en exhortant les hommes
« à faire le bien et à éviter le mal, et en combattant
« avec ardeur pour la foi de l'Islam. » Ils répondirent : « O cheïkh béni, commandez-nous, vous nous
« trouverez obéissants à vos ordres et soumis, lors
« même que vous nous ordonneriez de tuer nos pères.
« — Eh bien! leur dit Yassyn, partez donc avec la bé-
« nédiction de Dieu. Allez dans vos tribus, enseignez

---

[1] رِبَاط lieu de retraite et de prière; de là مَرْبَط marabout.

« leur la loi de Dieu, et menacez-les de son châtiment.
« Si elles se repentent, si elles rentrent dans la droite
« voie et se rendent à la vérité en changeant de con-
« duite, laissez-les suivre leur chemin; mais si elles
« refusent, si elles persistent dans leur erreur et con-
« tinuent à s'adonner à leurs excès, invoquez le secours
« divin contre elles, et nous leur ferons la guerre jus-
« qu'à ce que Dieu décide entre nous. Il est le meil-
« leur des juges. » A ces mots, chacun partit pour sa
tribu et se mit à prêcher chez les siens pour les prévenir et leur ordonner de changer de conduite; mais
personne ne voulut les écouter et ils revinrent. Abd
Allah ben Yassyn sortit alors lui-même et se rendit
chez les cheïkhs et les principaux Kabyles; il leur fit
lecture de la loi de Dieu et leur ordonna de se repentir et de redouter le châtiment de Dieu. Après
être resté sept jours à les exhorter inutilement, et
fatigué de voir qu'ils ne l'écoutaient pas et persis-
taient de plus en plus dans la voie du mal, il dit à
ses amis : « Nous avons fait notre possible et nous
« les avons exhortés en vain; le moment est venu de
« leur faire la guerre. Combattons-les avec la béné-
« diction du Dieu très-haut. » Abd Allah ben Yassyn
se dirigea d'abord chez les Djedâla à la tête de deux
mille Morabethyn et les dispersa devant lui; il en
tua un grand nombre et fit embrasser l'Islamisme aux
autres, qui devinrent bons et remplirent les devoirs
imposés par Dieu. Cela eut lieu dans le mois de safar 434 (1042 J. C.). Ensuite il se rendit chez les

Lemtouna et les combattit jusqu'à ce que, vaincus, ils eussent fait leur soumission et se fussent repentis; les Lemtouna le proclamèrent pour chef, et il y consentit à condition qu'ils suivraient le Koran et le Sonna. Passant alors chez les Massoufa, il les battit et les soumit à son commandement comme les Djedâla et les Lemtouna. Les Senhadja, en voyant cela, s'empressèrent de manifester leur repentir et de faire acte d'obéissance au fekhy, qu'ils proclamèrent également chef. Tous ceux qui arrivaient chez lui repentants recevaient préalablement cent coups de nerf en signe de purification, et il leur enseignait le Koran et les lois musulmanes, en leur prescrivant la prière, l'aumône et la dîme. Bientôt il créa un *bit-el-mal*, pour y réunir les produits de la dîme et de l'aumône destinés à l'achat d'armes pour combattre les ennemis. Abd Allah ben Yassyn conquit ainsi tout le Sahara et en devint le maître. Après chaque combat, il distribuait les dépouilles des vaincus aux Morabethyn, et, ayant rassemblé une grande valeur des produits de l'aumône, de la dîme et du cinquième du butin, il l'envoya aux tolbas et aux kadys des pays de Messamda. Bientôt la renommée des Morabethyn se répandit dans le désert, dans le sud, à Messamda, dans tout le Maghreb et jusque dans le Soudan. On racontait partout qu'il y avait chez les Djedâla un homme modeste et austère qui ramenait les humains à Dieu et les conduisait dans le droit chemin, en rendant la justice selon les lois du Koran.

Yhya ben Ibrahim el-Djedâly mourut et Abd Allah ben Yassyn voulut le remplacer par un autre. Les Lemtouna étaient les plus obéissants à Dieu, les plus religieux et les plus vertueux d'entre les Senhadja; aussi Ben Yassyn les préférait et les distinguait en les plaçant à la tête des autres tribus; et cela était ainsi parce que Dieu avait décrété qu'ils apparaîtraient et qu'ils règneraient sur le Maghreb et sur l'Andalousie. Abd Allah ben Yassyn, ayant donc rassemblé les grands des Senhadja, leur donna pour émir Yhya ben Omar, le Lemtouny, qu'il revêtit du commandement général. Mais, en fait, c'était lui-même qui était l'émir, puisque c'était lui qui dictait les ordres, qui dirigeait, qui donnait et qui recevait; en d'autres termes, l'émir Yhya n'était autre chose que le chef de la guerre, le général des troupes, et le fekhy Ben Yassyn était le chef de la religion, de la loi, et le percepteur de l'aumône et de la dîme.

HISTOIRE DU RÈGNE DE L'ÉMIR YHYA BEN OMAR BEN TELAKAKYN, LE SENHADJA, LE LEMTOUNY.

Yhya ben Omar, le Lemtouny, le Morabeth, qu'Abd Allah ben Yassyn éleva au pouvoir, était religieux, vertueux, austère et modeste, saint et ne faisant nul cas des choses de ce monde. Abd Allah lui ordonna de faire la guerre sainte, et Yhya était l'homme le plus soumis à ses conseils et à ses défenses. Voici un bel exemple de cette obéissance : un jour

Ben Yassin lui dit : « Yhya, tu mérites d'être puni. — « Pourquoi donc, seigneur ? — Je ne te le dirai que « lorsque tu auras subi ta punition. » Et là-dessus le fekhy mit l'émir à nu et lui donna vingt coups de nerf, après quoi il ajouta : « Je ne t'ai frappé ainsi « que parce que tu te bats et tu exposes ta vie dans « chaque engagement avec l'ennemi ; c'est là ta faute ; « un émir ne doit point se battre, mais se conserver, « au contraire, pour encourager les combattants et « leur donner du cœur. La vie d'un chef d'armée est « la vie de tous ses soldats, et sa mort est leur perte. »

L'émir Yhya ben Omar s'empara de tout le Sahara et du plus grand nombre des villes du Soudan. En 447, les fekhys et les saints de Sidjilmessa et de Drâa se réunirent et écrivirent au fekhy Abd Allah ben Yassyn, à l'émir Yhya et aux cheïkhs des Morabethyn pour les prier de venir chez eux purifier leur pays des vices qu'il renfermait, tels que la violence et l'injustice qui caractérisaient leur émir Messaoud ben Ouenoudyn el-Maghraouy, les savants et les religieux, et, en général, tous les Musulmans, qui étaient plongés dans l'avilissement et l'iniquité. Lorsque cette lettre parvint à Ben Yassyn, il rassembla les chefs des Morabethyn, leur en donna connaissance et demanda leur conseil. Ils répondirent : « Ô fekhy ! c'est « là ce qu'il nous faut, à nous comme à vous-même ; « conduisez-nous donc avec la bénédiction de Dieu « très-haut. » Alors il leur ordonna de faire leurs préparatifs pour la guerre sainte, et bientôt après, le 20 safar 447, il se mit en campagne à la tête d'une nombreuse armée et il s'avança jusqu'au Drâa, dont il chassa le gouverneur nommé par l'émir de Sidjilmessa, auquel il enleva mille cinq cents chameaux dispersés dans les pâturages. L'émir Messaoud, en apprenant cela, rassembla ses troupes et marcha contre Yassyn. Les deux armées se rencontrèrent et se livrèrent un sanglant combat. Dieu donna la victoire aux Morabethyn; Messaoud ben Ouenoudyn et la plus grande partie de ses soldats restèrent sur le champ de bataille, et le reste prit la fuite. Abd Allah ben Yassyn s'empara des richesses, des animaux et des dépouilles de l'ennemi; il en ajouta le cinquième au cinquième des chameaux pris dans le Drâa, et le distribua aux fekhys et aux saints de Sidjilmessa. Il fit don aux Morabethyn des quatre cinquièmes restant, et il partit aussitôt pour Sidjilmessa, où il entra et tua tous les Maghraoua qui s'y trouvaient. Il demeura dans cette ville jusqu'à ce que la tranquillité s'y fût rétablie. Il réglementa l'administration, et réprima les abus; il fit briser les instruments de musique et brûler les établissements où l'on vendait du vin; il supprima tous les droits et les impôts qui n'étaient point commandés par le Koran et le Sonna; enfin il installa un gouverneur Lemtouna et s'en retourna au Sahara.

L'émir Abou Zakerya Yhya ben Omar fut tué en combattant dans le Soudan, au mois de moharrem 448 (mars 1056 J. C.).

HISTOIRE DU RÈGNE DE L'ÉMIR ABOU BEKER BEN OMAR, LE LEMTOUNA, L'ALMORAVIDE.

A la mort de Yhya ben Omar el-Lemtouny, Abd Allah ben Yassyn nomma à sa place son frère Abou Beker ben Omar, le Lemtouna, et le chargea des affaires de la guerre. Celui-ci, ayant exhorté les Morabethyn à attaquer les pays de Masmouda et du Sous, se mit en campagne, à leur tête, au mois de raby el-tâny 448. Il plaça l'avant-garde sous les ordres de son cousin Youssef ben Tachefyn, le Lemtouna, et s'avança jusqu'au Sous; il envahit le pays de Djezoula et s'empara des villes de Massa [1], de Tarudant et de tout le Sous. Il y avait à Tarudant une population de Rouafidh [2] appelée *Bedjelia*, du nom du chef de leur secte, Aly ben Abd Allah el-Bedjely, qui était arrivé au Sous lorsque Obeïd Allah el-Chyhy gouvernait l'Ifrîkya, et y avait répandu sa fausse doctrine, transmise des uns aux autres après sa mort. Ces sectaires ne voyaient la vérité qu'en eux; Abou Beker et Abd Allah ben Yassyn les combattirent jusqu'à ce qu'ils leur eurent arraché leur ville d'assaut; ils en tuèrent un grand nombre, et ceux qui restèrent se rendirent à la loi du Sonna. Les biens des tués furent distribués aux Morabethyn; et c'est ainsi que Dieu les secondait et élevait leur puissance! Ils s'em-

---

[1] Massa ou Messa, ville située à l'embouchure de l'Oued Sous, peuplée de Berbères, de Maures et d'environ trois mille Juifs.

[2] الرَوافِض partie des Chyhytes.

parèrent aussi des forteresses et autres lieux de refuge du pays de Sous, dont ils soumirent toutes les tribus. Abd Allah ben Yassyn délégua ses gouverneurs dans les environs, avec mission de rendre la justice, de prêcher le Sonna, de percevoir l'aumône et la dîme, et d'abolir tous les impôts qui n'étaient point conformes à la loi. Puis il se transporta chez les Masmouda et s'empara du Djebel Deren; il conquit également par la force des armes les pays de Rouda et de Chefchaoua, de Nefys et de tout le Djedmyoua. Les Kabyles de Haha et de Radjeradja vinrent vers lui et firent acte de soumission; ensuite il se rendit à Aghmât, ville alors gouvernée par Lekout ben Youssef ben Aly el-Maghraouy, il en fit le siége et l'attaqua vigoureusement. Lekout, s'apercevant bientôt de son impuissance contre un pareil ennemi, lui livra la ville et prit la fuite, pendant la nuit, avec tous les siens, du côté de Tedla, où il se mit sous la protection des Beni Yfran, qui en étaient les maîtres. Les Morabethyn entrèrent à Aghmât en 449 (1057 J. C.). Abd Allah ben Yassyn y resta environ deux mois pour donner du repos à sa troupe, et il se remit en campagne pour envahir le Tedla; il s'en empara, en effet, et extermina tous les Beni Yfran, ainsi que Lekout el-Maghraouy qu'il avait fait prisonnier. Ensuite il conquit encore le Temsna, et là il apprit qu'il y avait sur les terres situées au bord de la mer un grand nombre de tribus de Berghouata, qui étaient infidèles et vouées au culte des idoles.

HISTOIRE DES INCURSIONS D'ABD ALLAH BEN YASSYN CONTRE LES IDOLÂTRES *BERGHOUATA*; LEUR FAUSSE LOI, LEUR RELIGION IGNOBLE ET INSENSÉE.

Quand Abd Allah ben Yassyn arriva au pays de Temsna, il apprit que, sur les bords de la mer, vivaient des tribus Berghouata en nombre considérable, et que ces tribus étaient idolâtres, infidèles, perverties, et suivaient une détestable religion ; on lui raconta que les Berghouata ne descendaient ni d'un seul père, ni d'une seule mère, mais que c'était un mélange de plusieurs tribus berbères, réunies dans le temps sous les ordres de Salah ben Thryf, qui prétendait être prophète et vint fixer sa résidence à Temsna, sous le règne de Hischam ben Abd el-Malek ben Mérouan ; il était originaire (que Dieu le maudisse!) de Bernatha, forteresse de la province de Chedouna (Sidonia), en Andalousie, et ses premiers disciples furent appelés *Bernathy*, dont les Arabes firent *Berghouaty*, d'où leur nom de *Berghouata*. Salah ben Thryf, le prétendu prophète, était un scélérat de race juive, descendant des Ouled Chemaoun ben Yacoub (à lui le salut!); et avait surgi, en effet, à Bernatha, en Andalousie. De là il était allé en Orient, et s'était instruit chez Obeïd el-Moutazly el-Kadary, auprès duquel il s'occupa de magie et acquit beaucoup d'art; alors il revint au Maghreb et s'établit à Temsna où il trouva une population de Berbères ignorants, aux yeux desquels il fit briller l'Islamisme en leur prêchant la continence et la piété. Puis il commença à s'emparer de leur esprit et de leur affection par sa magie, son éloquence et les tours de toute espèce dont il les émerveillait, au point que ces Berbères ne tardèrent pas à croire à ses vertus et à sa sainteté, qu'ils en firent leur chef et suivirent ses conseils dans toutes leurs affaires, se soumettant à ses ordres et à ses défenses. Ce fut alors qu'il se prétendit prophète, et prit le nom de *Saleh el-Moumenyn* (le vertueux parmi les Croyants), leur disant : « Je suis bien le *Saleh el-Moumenyn*[1] dont Dieu a « parlé dans son livre chéri, qu'il a fait descendre à « notre seigneur Mohammed (que Dieu le couvre de « sa miséricorde et du salut !) » et en même temps il établit une religion qu'ils adoptèrent. C'était en l'an 125. Cette hérésie, instituée par Salah ben Thryf, consistait à le reconnaître pour prophète, à jeûner pendant le mois de radjeb, et à manger pendant le ramadhan, à faire dix prières, dont cinq pendant la nuit et cinq pendant le jour. Chaque musulman était tenu de faire un sacrifice le 21 de moharrem; il leur prescrivait dans les ablutions de se laver le nombril et les hanches, de prier en remuant la tête seulement sans se prosterner le front contre terre, excepté dans la dernière *rikha*, pendant la-

---

[1] *Koran*, chap. LXXVI : la Défense, vers. 4. « Mais si vous vous « joignez contre le Prophète, sachez que Dieu est son protecteur, que « Gabriel, que Saleh el-Moumenyn (le vertueux parmi les Croyants) et « les anges lui prêteront aussi assistance. »

quelle ils devaient se prosterner cinq fois; de dire en commençant à manger ou à boire *besm Yakess*, (au nom de Yakess), prétendant que cela voulait dire *besm Allah* (au nom de Dieu); de payer la dîme de tous les fruits; il leur permettait d'épouser autant de femmes qu'ils voulaient, à l'exception de leurs cousines, avec lesquelles il leur défendait de se marier; ils pouvaient répudier et reprendre leurs femmes mille fois par jour si bon leur semblait, les femmes n'étant jamais défendues; il leur ordonnait de tuer le voleur partout où ils le trouveraient, prétendant que le sabre seul pouvait le purifier de sa faute; il leur permit de payer le prix du sang avec des bœufs, il leur défendit la tête de toute espèce d'animaux et les volailles comme des choses sales et répugnantes. Quant aux coqs, attendu qu'ils indiquaient les heures de prière, il était défendu de les tuer et d'en manger sous peine de rendre la liberté à un esclave; il leur prescrivait encore de lécher la salive de leur gouverneur en guise de bénédiction; et, en effet, lorsqu'il crachait dans la paume de leurs mains, ils léchaient religieusement ces crachats, ou ils les emportaient soigneusement à leurs malades pour assurer la guérison. Il leur fit un Koran pour lire leurs prières dans leurs mosquées, prétendant que ce Koran lui avait été inspiré et envoyé par Dieu très-haut. Celui qui mettait en doute un seul de ces préceptes était infidèle. Le Koran de Ben Thryf avait quatre-vingts chapitres, qui se nommaient pour la plupart des noms des prophètes; il contenait les chapitres suivants : Adam, Noé, Job, Moïse, Aaron, Asbath, les douze tribus, Pharaon, les fils d'Israël, le coq, la perdrix, la sauterelle, le chameau, Harout et Marout [1], Eblis, la résurrection, les merveilles du monde. Il prétendait que ce livre renfermait la science suprême; il prescrivait encore de ne point se laver après le coït, à moins que ce ne fût un coït criminel. Mais nous avons déjà parlé plus complétement de ces Berghouata et de leurs rois dans notre grand ouvrage intitulé : *Zohrat el-Boustan fi Akhbar el-Zeman ou Deker el-Moudjoud bi ma ouaka fi el-Oudjoud*, « Fleurs des jardins sur « l'histoire des temps anciens, et récits des faits qui se « produisent dans ce monde. »

L'auteur de ce livre (que Dieu lui pardonne!) continue son récit : Lorsque Abd Allah ben Yassyn fut informé de l'état d'ignorance et des erreurs des Berghouata, il vit qu'il fallait commencer par leur déclarer la guerre, et il se mit en campagne avec son armée de Morabethyn pour les attaquer. Les Berghouata avaient alors pour émir Abou Hafs Omar ben Abd Allah ben Aby el-Ansâry ben Aby Obeïd ben Moukhled ben Elyas ben Salah ben Thryf el-Berghouaty, le faux prophète. Il y eut entre les deux partis une guerre terrible et sanglante. Beaucoup de monde périt de part et d'autre; et c'est dans un

---

[1] «Ce sont les démons qui enseignent aux hommes la magie et la «science qui étaient descendues d'en haut sur les deux anges de Babel, «Harout et Marout.» (*Koran*, chap. II, vers. 96.)

de ces combats que finit Abd Allah ben Yassyn el-Djezouly, le chef et le directeur des Morabethyn. Couvert de blessures sur le champ de bataille, il fut transporté dans son camp; respirant à peine, il fit rassembler immédiatement les cheïkhs et les chefs Almoravides et leur dit : « Morabethyn! vous êtes dans « le pays de vos ennemis, et je vais mourir aujourd'hui « sans doute; prenez garde d'être lâches ou faibles et de « vous laisser décourager! Que la vérité vous lie l'un « à l'autre; soyez frères en l'amour de Dieu très-haut, « et gardez-vous de la discorde et de l'envie dans le « choix de vos chefs, *car Dieu donne la puissance à qui* « *bon lui semble* [1], et charge celui qui lui plaît d'entre « ses esclaves d'être son lieutenant sur la terre! Je « vais me séparer de vous; choisissez donc celui qui « vous gouvernera, qui veillera sur vos intérêts, con-« duira vos armées, combattra vos ennemis, parta-« gera le butin entre vous et percevra vos aumônes et « vos dîmes. » Les Morabethyn décidèrent à l'unanimité de nommer Abou Beker ben Omar le Lemtouna, que ben Yassyn leur avait précédemment donné pour chef avec l'assentiment des cheïkhs Senhadja. Abd Allah ben Yassyn mourut le soir même, jour du dimanche 24 djoumad el-aouel 451 (1059 J. C.). On l'ensevelit dans un endroit nommé *Kerifla*, et on bâtit une mosquée sur sa tombe. Abd Allah ben Yassyn était très-austère, et pendant tout le temps qu'il resta

---

[1] *Koran*, chap. 11 : la Vache, vers. 248.

au Maghreb, il ne mangea point de viande et ne but point de lait, car les troupeaux n'étaient pas purs (*allel*) à cause de la profonde ignorance du peuple. Ben Yassyn ne vivait que de gibier; mais cela ne l'empêchait point de voir un grand nombre de femmes; chaque mois il en épousait plusieurs et s'en séparait successivement; il n'entendait pas parler d'une jolie fille sans la demander aussitôt en mariage. Il est vrai qu'il ne donnait jamais plus de quatre ducats de dot. Voici un signe de sa bénédiction. Les Morabethyn qui le suivirent dans ses expéditions au Soudan se trouvèrent un jour sans eau et sur le point de mourir de soif. Abd Allah ben Yassyn, ayant fait ses ablutions avec du sab', récita deux *rikha* et implora le Très-Haut. Les Morabethyn, se confiant à sa prière, reprirent courage, et quand il l'eut terminée il leur dit : « Creusez l'endroit sur lequel j'ai prié. » ils creusèrent, et à un empan de profondeur ils trouvèrent une eau douce et fraîche dont ils se désaltérèrent ainsi que leurs animaux, et remplirent leurs outres. Cette bénédiction dont il était revêtu lui permit aussi, entre autres choses, de jeûner depuis le premier jour de sa venue dans le Maghreb jusqu'à sa mort. (Que Dieu lui fasse miséricorde!) Et la principale de ses bonnes œuvres fut d'introduire chez tout un peuple le Sonna et la réunion (dans les mosquées), qu'il affermit en décrétant que celui qui manquerait à la prière dans les mosquées recevrait vingt coups de nerf, et que celui qui en manquerait une partie en recevrait cinq coups.

CONTINUATION DU RÈGNE DE L'ÉMIR ABOU BEKER, LE SENHADJA, LE LEMTOUNA.

L'émir Abou Beker ben Omar ben Thlekakyn ben Ouayaktyn, le Lemtouna, le Mhamoudy, eut pour mère Safya, femme libre de Djedâla. Nommé par Abd Allah ben Yassyn et confirmé par les chefs des Morabethyn, Senhadja et autres Kabyles, son autorité se trouvait être parfaitement établie; son premier acte fut de faire ensevelir Abd Allah ben Yassyn; aussitôt après, il réunit son armée et, mettant sa confiance en Dieu pour ses combats et pour toutes ses affaires, il se porta contre les Berghouata avec la ferme résolution de les exterminer. Les Berghouata, battus, prirent la fuite devant lui; mais les Morabethyn, s'élançant à leur poursuite, firent prisonniers tous ceux qu'ils ne massacrèrent pas, et leur déroute fut complète. Quelques-uns à peine parvinrent à s'échapper dans les bois; les autres embrassèrent l'Islamisme, et, depuis lors jusqu'à ce jour, il n'est plus resté de trace de leur fausse religion.

L'émir Abou Beker réunit les biens et les dépouilles des vaincus à Aghmât[1], et y demeura jusqu'au mois de safar 452. Alors il se remit en campagne avec

---

[1] Aghmât, grande ville jadis fortifiée et florissante, n'ayant pas plus aujourd'hui de cinq mille cinq cents habitants, dont mille Juifs environ, située à une journée sud du Maroc, au pied de l'Atlas, sur le chemin du Tafilelt.

son armée et accompagné d'une foule innombrable de Senhadja, de Djezouly et de Masmoudy, et il conquit le pays de Fezaz, ses montagnes, les terres des Zenèta et les villes du Mekenèsa. De là il se porta contre la place forte de Louata, en fit le siége, et y entra par la force des armes. Il y fit un massacre considérable de Beny Yfran, et détruisit la ville, qui ne s'est plus relevée jusqu'à ce jour. Ces événements eurent lieu à la fin du mois de raby el-tâny 452. Après ses exploits de Louata, Abou Beker retourna à Aghmât, où il s'était précédemment marié avec une femme nommée Zyneb bent Ishac el-Houary, négociant originaire de Kairouan. Cette femme était résolue, intelligente, douée d'un sens droit et d'opinions justes, prudente et versée dans les affaires, à tel point qu'on la surnommait *la Magicienne*. L'émir était auprès d'elle à Aghmât depuis trois mois, quand un envoyé du pays du Sud vint lui annoncer que le Sahara était en révolution. Abou Beker était un saint homme, d'une abstinence entière, et qui ne supportait pas que l'on attaquât des Musulmans et que l'on fît couler leur sang inutilement; il résolut, en conséquence, d'aller lui-même au Sahara pour rétablir l'ordre et faire la guerre aux infidèles du Soudan. Au moment de partir, il se sépara de sa femme en lui disant : « Ô Zyneb! « tu es un être accompli de bonté et de beauté ex-« trêmes; mais je dois te quitter et m'en aller au Sa-« hara pour faire la guerre sainte et gagner le salut

« du martyr et les grandes récompenses de Dieu. Tu
« es une faible femme, et il te serait impossible de
« me suivre et de vivre dans ces déserts; c'est pour-
« quoi je te répudie. Quand le terme fixé sera passé,
« marie-toi avec mon cousin Youssef ben Tachefyn,
« car il est mon lieutenant dans le Maghreb. »

S'étant ainsi séparé de Zyneb, l'émir sortit d'Agh-mât et traversa le pays de Tedla jusqu'à Sidjilmessa, où il entra et resta quelques jours pour organiser le gouvernement. Au moment de quitter cette ville, il fit venir son cousin Youssef ben Tachefyn et le nomma émir du Maghreb; il l'investit de pouvoirs absolus et lui ordonna d'aller faire la guerre à ce qui restait des Maghraoua, des Beny Yfran et des Kabyles, Zenèta et Berbères. Les cheïkhs des Morabethyn reconnurent la souveraineté de Youssef parce qu'ils savaient qu'il était religieux, vertueux, courageux, résolu, entreprenant, austère, et qu'il avait l'esprit juste. Il rentra donc au Maghreb avec la moitié de l'armée des Morabethyn, et l'émir Abou Beker ben Omar partit avec l'autre moitié pour le Sahara; cela eut lieu dans le mois dou'l kâada, an 453 (1061 J. C.). Youssef ben Tachefyn épousa Zyneb, excellente conseillère d'état, qui lui valut, par sa politique habile, la conquête de la plus grande partie du Maghreb; elle mourut en 464 (1071 J. C.).

L'émir Abou Beker arriva au Sahara, apaisa les révoltés et purifia le pays; ensuite il rassembla une grande armée et se mit en campagne pour courir sur les pays du Soudan, où il combattit jusqu'à l'entière soumission de toute cette contrée, qui n'a pas moins de trois mois de marche. De son côté, Youssef ben Tachefyn conquit la plupart des villes du Maghreb, et y affermit de plus en plus sa puissance. L'émir Abou Beker, ayant appris l'extension que prenait le royaume de son cousin, et toutes les conquêtes que Dieu lui avait accordées, quitta le Sahara et se mit en marche pour venir le remercier et le remplacer; mais Youssef, devinant ses projets, demanda conseil à sa femme Zyneb, qui lui répondit: « Youssef, votre cousin, est un saint homme qui ne « veut pas répandre le sang; dès que vous le ren- « contrerez, manquez aux égards qu'il était habitué « à rencontrer chez vous, ne lui montrez ni politesse « ni modestie, et recevez-le comme votre égal. En « même temps, offrez-lui quelques riches cadeaux, « des étoffes, des vêtements, de la nourriture et des « objets utiles et curieux; offrez-lui en beaucoup, car, « dans le Sahara, tout ce qui vient d'ici est rare et « précieux. » En effet, à l'approche de l'émir Abou Beker ben Omar vers les états d'Youssef, celui-ci sortit au-devant de lui et, l'ayant rencontré en chemin, il le salua de cheval, brusquement et sans descendre de sa monture. L'émir, jetant les yeux sur ses troupes, fut frappé de leur grand nombre : « Youssef, lui dit-il, que faites-vous donc de cette « armée? — Je m'en sers contre quiconque est mal « intentionné contre moi, » lui répondit-il.

Dès lors Abou Beker conçut des doutes sur ce salut fait à cheval et sur cette réponse; mais apercevant aussitôt mille chameaux chargés venir vers lui : « Qu'est-ce que cette caravane? » dit-il. Et son cousin lui répondit : « Ô prince, je suis venu vers « vous avec tout ce que j'ai de richesses, d'étoffes, de « vêtements et de provisions de bouche pour que vous « n'en manquiez pas dans le Sahara. » A ces mots, l'émir comprit tout à fait, et lui dit : « Ô Youssef, « descendez de cheval pour entendre mes recom- « mandations. » Ils descendirent tous deux; on leur mit des tapis à terre et ils s'y étendirent. L'émir reprit : « Ô Youssef, je vous ai donné le pouvoir, et « Dieu m'en tiendra compte; craignez Dieu et pensez « à lui dans votre conduite envers les Musulmans; « que vos bonnes œuvres me donnent la liberté en « l'autre monde et vous l'assurent à vous-même. « Veillez avec soin sur les intérêts de vos sujets, car « vous aurez à en répondre devant Dieu. Que le Très-« Haut vous rende meilleur; qu'il vous accorde son « aide et vous dirige dans la bonne voie et dans la « justice envers votre peuple, car c'est lui qui me « remplace ici pour vous et vos sujets. » Alors il retourna au Sahara et y passa sa vie à faire la guerre aux infidèles jusqu'à ce qu'enfin, blessé dans un combat par une flèche empoisonnée, il mourut martyr (que Dieu lui fasse miséricorde!), dans le mois de châaban le sacré, an 480 (1087 J. C.), après avoir étendu sa domination sur le Sahara jusqu'au Djebel

Deheb (montagne d'or), dans le Soudan. Et c'est ainsi que le pouvoir échut entièrement à Youssef ben Tachefyn.

HISTOIRE DU RÈGNE DE L'ÉMIR YOUSSEF BEN TACHEFYN, LE LEMTOUNA, SA VIE ET SES GUERRES.

L'émir des Musulmans Youssef ben Tachefyn ben Ibrahim ben Tarkout ben Ouartakthyn ben Mansour ben Mesâla ben Oumya ben Outasela ben Talmyt el-Hamiry, le Senhadja, le Lemtouna, descendait d'Abd Chems ben Ouatil ben Hamyar; sa mère était Lemtouna, cousine de son père et se nommait Fathma bent Syr fils de Yhya ben Ouaggâg ben Ouartakthyn susnommé. Voici le portrait de Youssef: teint brun, taille moyenne, maigre, peu de barbe, voix douce, yeux noirs, nez aquilin, mèche de Mohammed retombant sur le bout de l'oreille, sourcils joints l'un à l'autre, cheveux crépus. Il était courageux, résolu, imposant, actif, veillant sans cesse aux affaires de l'état, et aux intérêts de ses villes et de ses sujets, entretenant avec soin ses forteresses, et toujours occupé de la guerre sainte, aussi Dieu le soutenait et lui donnait la victoire; généreux, bienfaisant, il dédaignait les plaisirs du monde; austère, juste et saint, il fut modeste jusque dans ses vêtements; quelque grande que fût la puissance que Dieu lui donna, il ne se vêtit jamais qu'avec de la laine à l'exclusion de toute autre étoffe; il se nourrissait d'orge, de viande et de lait de chameau, et s'en tint strictement à cette nourriture jusqu'à sa mort. (Que Dieu lui fasse miséricorde!) Le seigneur lui donna un vaste royaume en ce monde, et permit que le khotbah fût lu en son nom en Andalousie, et au Maghreb sur mille neuf cents chaires. Son empire s'étendit depuis la ville d'Afragha[1], première ville des Francs, la plus reculée à l'est de l'Andalousie, jusqu'à l'extrémité des provinces de Schantarin et d'Aschbouna[2], sur l'océan, à l'occident de l'Andalousie, sur une étendue de trente-trois jours de marche en longueur, et environ autant en largeur. Dans le Maghreb il possédait, depuis l'Adoua de Djezaïr, Beny Mezghanna[3] jusqu'à Tanger d'une part, et jusqu'à l'extrémité du Sous el-Aksa et des montagnes d'or, dans le Soudan. Dans aucune de ses possessions, sa vie durant, on ne paya d'autres impôts, droits ou tributs, dans les villes ni dans les campagnes, que ceux ordonnés par Dieu et prescrits dans le Koran et le Sonna, c'est-à-dire l'aumône, la dîme, la *djezya* (tribut) des sujets infidèles et le cinquième du butin fait en guerre sainte; il réunit ainsi plus d'argent que jamais souverain n'en avait amassé avant lui. On dit qu'à sa mort il se trouvait dans le bit el-mâl 13,000 mesures (*roubah*) de monnaies d'argent et 5,040 *roubah* de monnaies d'or. Il confia

---

[1] افراغ, aujourd'hui Fraga, à 50 milles de Lérida.
[2] Santarem et Lisbonne.
[3] Les îles des fils de Mezghanna, aujourd'hui Alger.

la justice aux kadys et abrogea toutes les lois qui n'étaient pas musulmanes. Chaque année il faisait le tour de ses provinces pour inspecter les affaires de ses sujets; il aimait les fekhys, les savants et les saints, il s'en entourait, et leur demandait leurs conseils qu'il estimait beaucoup. Pendant toute sa vie, il les combla d'honneurs et leur alloua des traitements sur les fonds du bit el-mâl. Un excellent caractère, une grande modestie, et des mœurs très-douces complétaient toutes ses vertus, et comme l'a dit le fekhy, le secrétaire Abou Mohammed ben Hamed, dans une poésie dédiée à ce prince et à ses enfants : « c'était un roi possédant la plus haute « noblesse des Senhadja descendants d'Hamyr, et « quand on possède, comme eux, toutes les vertus, « on devient humble, modeste, et l'on se couvre le « visage [1]. »

Youssef ben Tachefyn naquit dans le Sahara, l'an 400 (1006 J. C.), et mourut l'an 500 (1106 J. C.), à l'âge de cent ans. Son règne, au Maghreb, date du jour où l'émir Abou Beker le nomma son lieutenant, et finit à sa mort, c'est-à-dire qu'il dura quarante-sept ans, de l'an 453 à 500. Son surnom était Abou Yacoub, et plus habituellement on le nommait l'*Émir*. Lorsqu'il conquit l'Andalousie, et après la bataille

---

[1] Allusion à l'usage du *Litham*, voile, espèce de bandeau dont les Lemtouna, fraction des Senhadja el-Moulethemyn (les voilés), se couvraient le visage, comme le font encore de nos jours, sur la lisière du Sahara, les *Touareg*, qui descendent également des Senhadja.

de Zalâca, où Dieu abaissa les rois des Chrétiens, tous les émirs de l'Andalousie et les princes présents à cette guerre le reconnurent pour souverain. Ces rois étaient au nombre de treize, et ils le proclamèrent *Amir el-Moumenyn*. Youssef ben Tachefyn est le premier des souverains du Maghreb qui prit ce titre de *Prince des Croyants* par lequel, depuis lors, il commença ses lettres, dont les premières furent lues en chaire dans les villes de l'Adoua et de l'Andalousie pour annoncer la nouvelle de la victoire de Zalâca et tout ce que Dieu lui avait accordé de butin et de conquêtes. A partir de cette époque, il fit battre une nouvelle monnaie, sur laquelle étaient gravés ces mots, *Il n'y a de Dieu que Dieu, et Mohammed est l'envoyé de Dieu*, et au-dessous : *Youssef ben Tachefyn, émir des Musulmans*, et en exergue : *Celui qui veut une religion autre que l'Islam, Dieu ne le recevra pas, et au dernier jour, il sera parmi les perdants*[1]. Sur le revers de la pièce était gravé, *L'émir Abd Allah el-Abessy, prince des Croyants*, et en exergue, la date et le lieu de la fabrication.

L'émir Youssef ben Tachefyn eut cinq fils : Aly, qui lui succéda, Temym, Abou Beker, El-Mouâz et Ibrahim, et deux filles, Kouta et Ourkya. Lorsque Abou Beker ben Omar lui donna le commandement du Maghreb et le revêtit de pouvoirs absolus, en 453, il quitta la ville de Sidjilmessa, et arriva à

---

[1] *Koran*, chap. III : la famille d'Imran, v. 79.

l'Oued Moulouïa ; là il examina son armée et y compta quarante mille Morabethyn, dont il confia une partie à quatre généraux, dont voici les noms : Mohammed ben Temym el-Djedély, Amran ben Soliman el-Messoufy, Medreck el-Talkany et Syr ben Aby Beker le Lemtouna ; il donna à chacun d'eux le commandement de cinq mille hommes de leurs tribus, et il les fit marcher en avant pour aller combattre ce qui restait dans le Maghreb de Maghraoua, Beny Yfran et autres tribus berbères en état de révolte. Suivant leurs traces, il envahit lui-même, l'une après l'autre, toutes les villes et les tribus du Maghreb. Les uns fuyaient à son approche, les autres se soumettaient ou étaient vaincus après quelques combats, et c'est ainsi qu'il ne revint à Aghmât qu'après avoir tout subjugué. C'est alors qu'il épousa Zyneb, répudiée par son cousin Abou Beker ben Omar, et qui fut le soutien de sa prospérité. L'an 454 vit les affaires de Youssef ben Tachefyn se fortifier au Maghreb et sa renommée grandir. Il acheta, à un propriétaire de Masmouda, le terrain de la ville de Maroc, et s'y établit sous une tente, auprès de laquelle il fit bâtir une mosquée pour la prière, et une petite kasbah pour y déposer ses richesses et ses armes ; mais il ne l'entoura point de murs. Quand on commença la construction de la mosquée, il se couvrit de mauvais vêtements et travailla lui-même au mortier et à la bâtisse avec les maçons, et cela par humilité et modestie. (Que Dieu lui accorde le pardon et utilise le but de ses travaux!) L'endroit où Youssef travailla ainsi se nomme aujourd'hui *Sour el-Kheyr* à Maroc, et est situé au nord de la mosquée des Ketoubyn (marchands de livrées). L'emplacement de Maroc étant sans eau, on y creusa des puits et l'on s'en procura à peu de profondeur; les habitants s'établirent ainsi sans murs d'enceinte; on en construisit en huit mois sous le règne d'Aly, fils de Youssef, l'an 526. Plus tard, l'émir des Musulmans Abou Youssef Yacoub el-Mansour ben Youssef ben Abd el-Moumen ben Aly el-Koumy, l'Almohade, régnant au Maghreb, embellit Maroc de constructions nouvelles et de citernes.

Cette ville fut sans interruption la capitale des Morabethyn, et après eux des Mouaheddyn (Almohades) jusqu'à la fin de leur règne, où le siége du gouvernement fut transféré à Fès.

Dans ladite année 554, Youssef organisa ses armées, augmenta le nombre de ses généraux, et conquit un grand nombre de villes; il institua l'usage du tambour et des enseignes dans ses troupes; envoya des gouverneurs munis de nominations écrites dans les chefs-lieux, et créa des légions de Aghzâz et d'arbalétriers pour en imposer aux Kabyles du Maghreb. Avec ces corps nouveaux, son armée comptait cette année-là cent mille cavaliers des tribus Senhadja, Djezoula, Masmouda et Zenèta. S'étant mis à leur tête, il se dirigea du côté de Fès, et il rencontra sur son chemin des corps nombreux et formidables de Kabyles

Zouagha, Lemaya, Loueta, Sedyna, Sedrâta, Meghyla, Behloula, Médiouna et autres qui demandaient l'attaque. Il y eut entre lui et ces tribus une terrible guerre, qui eut leur défaite pour issue; les vaincus se réfugièrent dans la ville de Médiouna; mais Youssef, arrivant sur leurs traces, s'en empara d'assaut, détruisit ses murs et y massacra plus de quatre mille hommes; puis il s'avança vers Fès, et s'établit auprès de cette ville, après en avoir soumis tous les environs. C'était à la fin de l'an 454. Youssef demeura campé en cet endroit pendant quelques jours, et étant parvenu à s'emparer du gouverneur de la ville, Bekâr ben Brahim, il le fit mourir. Marchant alors sur Soforou, il y entra immédiatement par la force du sabre et y massacra les Ouled Messaoud el-Maghraoua, qui étaient les maîtres de cette ville et la gouvernaient. Revenant aussitôt à Fès, il en fit le siége et s'en empara pour la première fois; c'était en 455. Youssef resta quelques jours dans cette capitale où il établit un gouverneur Lemtouna, et il partit pour le pays de Ghoumâra; mais à peine se fut-il éloigné de Fès et avancé chez les Ghoumâra, les Beni Manser ben Hamed, arrivant d'un autre côté, s'emparèrent à leur tour de cette ville et tuèrent le gouverneur Lemtouna.

En cette même année, El-Mehdy ben Youssef el-Keznany, chef de la province de Mekenèsa, reconnut la souveraineté de Youssef ben Tachefyn, et fit sa soumission aux Morabethyn; Youssef le laissa gouverneur de sa province et lui ordonna de se mettre en campagne à la tête de ses troupes pour combattre les tribus du Maghreb. El-Mehdy fit ses préparatifs et partit avec son armée de la ville de Ghousedja pour rallier Youssef ben Tachefyn; mais, à cette nouvelle, Temym ben Manser el-Maghraoua, qui gouvernait Fès, craignant que les Morabethyn ne devinssent trop forts contre lui, sortit en toute hâte de la ville pour lui couper le chemin, à la tête d'une armée de Maghraoua et de Zenèta. Il l'atteignit, en effet, en route et l'attaqua. Le combat fut terrible; El-Mehdy ben Youssef fut tué, son armée fut dispersée, et Temym ben Manser envoya sa tête au gouverneur de Septa (Ceuta) nommé Soukra el-Berghouaty. — Les habitants de Mekenèsa envoyèrent aussitôt un message à Youssef ben Tachefyn pour lui apprendre la perte de leur émir, et lui offrir leur pays. Youssef accepta et envoya de temps en temps des détachements de Morabethyn pour harceler Temym ben Manser et faire des razias sur ses terres. Celui-ci, voyant sa position devenir de plus en plus difficile par la prolongation d'une guerre qui occasionnait la famine en ne permettant plus aux denrées du dehors d'entrer à Fès, rassembla toute son armée de Maghraoua et de Beny Yfran, et fit, à leur tête, une sortie contre les Morabethyn. Il fut vaincu et tué dans le combat, ainsi que la majeure partie de ceux qui l'entouraient. El-Kassem ben Mohammed ben Abd er-Rahman ben Brahim ben Moussa ben Aby el-Afya le Zenèta, s'érigea aussitôt à la place de Temym ben Manser comme gouverneur de Fès, et réunit à son tour les tribus Zenèta pour marcher contre les Morabethyn. Il les rencontra à l'Oued Syffy, et les défit après de grands combats où la majeure partie de leur cavalerie fut détruite. Cette nouvelle parvint à Youssef pendant qu'il assiégeait la forteresse de Madhy dans le Fezaz, et il abandonna aussitôt les opérations, laissant un corps de Morabethyn suffisant pour continuer le siége. (Ce siége dura neuf ans, et les Morabethyn finirent par entrer dans la place sans coup férir, en 465.) Ce fut en 456 que Youssef partit de la forteresse de Madhy; il se rendit chez les Beny Merassa, dont l'émir était alors Yaly ben Youssef, les envahit, en massacra une grande partie, et s'empara de leur pays. De là il alla dans le pays de Fendoula, qu'il conquit entièrement. En 458 (1065 J. C.), il s'empara des terres de Ouargha, et, en 460, il subjugua tout le pays de Ghoumâra, ainsi que les montagnes du Rif jusqu'à Tanger.

En 462, Youssef ben Tachefyn marcha sur Fès avec toute son armée. Après un siége rigoureux, il entra par la force des armes dans cette capitale, et y massacra tout ce qu'elle renfermait de Maghraoua, de Beny Yfran, de Mekenèsa et de Kabyles Zenèta. Il en fit un tel carnage que les rues et les places étaient couvertes de cadavres. Plus de trois mille hommes furent mis à mort dans les mosquées El-Kairaouyn et El-Andalous. Les survivants prirent la fuite dans les environs de Tlemcen. Telle fut la seconde prise de Fès par Youssef ben Tachefyn. Il y entra le jeudi, deuxième jour de djoumad el-tâny, an 462.

Une fois maître de la ville, son premier soin fut de la fortifier et de la réparer. Il fit abattre les murs qui séparaient les deux Adoua El-Andalous et El-Kairaouyn, de façon à n'en faire qu'une seule et même ville. Il ordonna de bâtir des mosquées dans les faubourgs et dans tous les passages, et lorsqu'il trouvait une rue sans mosquée, il adressait des reproches à ses habitants et leur enjoignait d'en construire une immédiatement. Il fit également bâtir des bains, des fondouks, des moulins, et réparer et embellir les bazars. Youssef ben Tachefyn passa ainsi un an environ à Fès; au mois de safar 463 (1070 J. C.), il se mit en campagne pour les pays de la Moulouïa, et il conquit les forteresses d'Ouatat. En 464, il réunit autour de lui les émirs du Maghreb et les cheïkhs des Zenèta, des Masmouda, des Ghoumâra et de toutes les tribus berbères. Ces cheïkhs, en arrivant, reconnaissaient sa souveraineté, et il leur donnait à chacun des vêtements et de l'argent. Il sortit ensuite à leur tête pour parcourir les provinces du Maghreb et inspecter les affaires de ses sujets et la conduite des gouverneurs et de leurs préfets; il améliora ainsi beaucoup de choses. En 465, il s'empara par la force des armes de la ville de Demna, située sur les confins de Tanger, et il conquit le Djebel Ghaloudan. En 467 (1074 J. C.), il se rendit maître des monts

Ghyata, Beny Mekoud et Beny Rehyna, dont il fit périr un grand nombre d'habitants; ensuite il divisa ses états du Maghreb en plusieurs commandements; il nomma Syr ben Abi Beker gouverneur de Mekenèsa et des pays de Meglâla et Fezaz; Omar ben Soliman gouverneur de Fès et ses dépendances; Daoud ben Aycha gouverneur de Sidjilmessa et du Draa; et son fils Temym gouverneur d'Aghmât, de Maroc, des pays du Sous el-Aksa, de Masmouda, de Tedla et de Temsna.

A cette époque (467), El-Moutamed ben Abbed, émir de Séville, adressa un message à Youssef ben Tachefyn pour l'inviter à venir faire la guerre sainte en Andalousie, et pour lui demander du secours. Youssef lui répondit : « Je ne puis le faire tant que « je ne posséderai pas Tanger et Ceuta. » Ben Abbed lui conseilla alors de marcher avec ses troupes sur ces villes, tandis que lui-même y enverrait des bâtiments pour les bloquer, jusqu'à ce qu'il les eût prises, et Youssef commença dès lors ses préparatifs pour cette expédition.

En 470 (1077 J. C.), il envoya son général Salah ben Amran avec douze mille cavaliers Morabethyn et vingt mille cavaliers Zenèta et autres, avec ordre de marcher sur Tanger. Quand cette armée arriva dans les environs de la ville, le gouverneur Soukra el-Berghouaty, vieillard de quatre-vingt-six ans, sortit à sa rencontre à la tête de ses troupes; et, à la vue de l'ennemi, il s'écria: « Par Dieu! le peuple de Ceuta

« n'entendra pas le tambour des Morabethyn tant que
« je serai en vie! » Les deux armées se rencontrèrent
sur les bords de l'Oued Mîna, à quelque distance de
Tanger. Le combat s'engagea; Soukra fut tué et ses
troupes furent détruites. Les Morabethyn entrèrent à
Tanger; mais il leur restait encore à prendre Ceuta,
qui était gouvernée par Dhya el-Doula Yhya, fils de
Soukra. Néanmoins le kaïd Salah ben Amran écrivit
à Youssef ben Tachefyn pour lui annoncer sa victoire.

En 472 (1079 J. C.), Youssef envoya son kaïd
Mezdely pour occuper la ville de Tlemcen. Ce général s'y rendit à la tête de vingt mille Morabethyn,
s'en empara, et, aussitôt entré, il fit mourir le fils
de l'émir de cette ville, Maly ben Yala el-Maghraoua.
Il revint ensuite auprès de Youssef qu'il trouva à
Maroc. L'année suivante 473 (1080 J. C.), Youssef
ben Tachefyn renouvela la monnaie dans toutes ses
possessions, et la fit frapper en son nom. A cette
même époque, il s'empara des villes d'Agersyf, de
Melila et de tout le Rif; il prit également et détruisit
la ville de Takrour, qui ne s'est plus relevée depuis.
En 474 (1081 J. C.), il se porta sur Oudjda, dont
il s'empara, ainsi que des environs et des terres des
Beny Iznaten. Poursuivant son expédition, il prit
Tlemcen, Tenès, Oran, et se rendit maître des montagnes Ouancherys et de tout le Chélif jusqu'à Alger.
Alors il retourna à Maroc, où il fit son entrée dans
le mois de raby el-tâny 475 (1082 J. C.). Il reçut
là une nouvelle lettre d'El-Moutamed ben Abbed

qui l'informait de la misérable situation de l'Andalousie, envahie, en grande partie, par les ennemis, qui occupaient les villes et les forteresses, et il terminait en le priant de venir lui prêter secours et assistance. Youssef lui répondit : « Si Dieu me donne « Ceuta, je viendrai chez vous et je combattrai les « ennemis de tout mon cœur et de toutes mes forces. »

En cette année-là, Alphonse (que Dieu le maudisse!) se mit en marche à la tête d'une armée innombrable de Chrétiens, Francs, Bechquen, Djlellka[1], etc. et parcourut l'Andalousie, s'arrêtant dans chaque pays et devant chaque ville pour saccager, détruire, tuer et faire des prisonniers; se transportant ainsi de point en point, il s'approcha de Séville qu'il assiégea pendant trois jours, et il détruisit un grand nombre de villages dans l'est de l'Andalousie; il saccagea Chedounah (Sidonia) et les environs, et arriva enfin jusqu'à Djezyra Târyf (Tarifa), où, faisant entrer les pieds de son cheval dans la mer, il s'écria : « Voici « enfin l'extrémité de l'Andalousie, que je viens de « soumettre aussi. » Alors il revint vers la ville de Sarkousta (Saragosse), dont il entreprit le siége en jurant qu'il ne s'en irait point avant de s'en être emparé, et que la mort seule pourrait l'en empêcher. C'était la ville qu'il avait à cœur de prendre la première de toutes celles de l'Andalousie. L'émir qui la commandait, El-Moustayn ben Houd, lui offrit de

---

[1] Biscaïens et Galliciens.

fortes sommes d'argent qu'il refusa en lui répondant : « L'argent et la ville, tout est à moi ! » En même temps il détacha différents corps d'armée pour assiéger et bloquer simultanément tous les chefs-lieux de l'Andalousie. Enfin, en 477 (1084 J. C.), il s'empara de la ville de Thlythla (Tolède). En voyant cela, les émirs et les grands de l'Andalousie convinrent d'un commun accord d'appeler à leur aide Youssef ben Tachefyn, et ils lui adressèrent un message pour l'appeler chez eux, afin de combattre et chasser l'ennemi qui assiégeait leurs villes. Plusieurs lettres écrites dans le même sens, c'est-à-dire demandant secours pour les Musulmans contre les Infidèles, étant parvenues à Youssef, celui-ci envoya son fils El-Mouâz à la tête d'une forte armée pour s'emparer de Septa (Ceuta). El-Mouâz fit le siége de cette place et y entra victorieux dans le mois de raby el-tâny, an 477. Youssef reçut la nouvelle à Fès, et entreprit aussitôt de grands préparatifs de guerre. Il rassembla les Kabyles du Maghreb pour célébrer la victoire de Ceuta, et il se mit immédiatement en route pour se rendre dans la ville conquise et passer de là en Andalousie. C'est alors que Moutamed ben Abbed voyant, d'un côté, qu'Alphonse s'était emparé de Tolède, de ses environs, et qu'il avait redoublé les rigueurs de son siége contre Saragosse, et apprenant, d'un autre côté, que Youssef avait conquis Ceuta, se mit en mer et passa dans l'Adoua pour redoubler ses instances auprès d'Youssef ben Tachefyn. Il le ren-

contra sur la route de Tanger, à l'endroit nommé Belyouta, à trois jours de marche de Ceuta, et il lui donna des nouvelles de l'Andalousie ; il lui exposa la terreur et la faiblesse des habitants, ses craintes et le mal qu'Alphonse et ses armées faisaient aux Musulmans, qui ne rencontraient partout que la mort ou la captivité. Enfin, il le prévint du projet de ce prince de s'emparer de Saragosse. Youssef lui répondit : « Retournez dans votre pays et préparez-
« vous ; j'arriverai bientôt avec l'aide de Dieu. » L'émir Ben-Abbed rentra donc en Andalousie, et Youssef arriva à Ceuta, où il mit en ordre le gouvernement et les affaires. Il fit préparer ses navires et rassembla ses soldats. De toutes parts il lui arrivait du monde. Les Kabyles venaient en troupes du Sahara, du Sud, du Zab et du Maghreb. Il commença alors à embarquer son armée, et il est impossible de dire le nombre d'hommes qui passèrent ainsi en Andalousie. Quand toute cette armée fut débarquée sur l'autre bord, à El-Hadra (Algéziras), Youssef s'embarqua lui-même avec un nombre considérable de kaïds des Morabethyn, de guerriers et de saints. Dès qu'il fut monté à bord du navire, il leva les mains en priant le Très-Haut et disant : « O Dieu, si vous savez que cette
« traversée doit être utile aux Musulmans, facilitez-
« moi le passage de la mer, et, dans le cas contraire,
« faites que ce voyage soit difficile et pénible au point
« de me forcer à retourner ici. » Dieu lui facilita le passage, qui fut très-prompt. Il eut lieu le jeudi, à

midi, 15 de raby el-aouel, an 479 (30 juin 1086 J. C.). L'émir débarqua à Algéziras (El-Hadra) et y fit sa prière du Douour. Il y trouva Moutamed ben Abbed et tous les émirs et les grands de l'Andalousie qui l'attendaient.

A la nouvelle du passage en Andalousie de l'émir des Musulmans Youssef ben Tachefyn, Alphonse se retira de Saragosse et se porta à sa rencontre pour l'attaquer.

HISTOIRE DU PASSAGE EN ANDALOUSIE DE L'ÉMIR DES MUSULMANS YOUSSEF BEN TACHEFYN POUR FAIRE LA GUERE SAINTE, ET RÉCIT DE LA BATAILLE DE ZALACA.

L'auteur de ce livre (que Dieu lui fasse miséricorde!) a écrit : Aussitôt que Youssef ben Tachefyn, arrivant sur les traces de son armée, fut débarqué, la nouvelle en parvint à Alphonse, et ébranla son courage et sa résolution. Il se retira de Saragosse et adressa immédiatement des messages à Ben Radmyr[1] et à Berhânes[2] (que Dieu les maudisse!). En ce moment, Ben Radmyr assiégeait la ville de Tartoûcha (Tortose), et Berhânes assiégeait Valence; ils accoururent joindre leurs forces à celles d'Alphonse, qui demanda également des secours dans les pays de Kachtela (Castille), de Djalikia (Galice) et de Biouna (Bayonne), d'où il lui arriva bientôt des armées innombrables de Chrétiens. Dès qu'Al-

[1] Ben Radmyr, fils de Ramire; don Sanche, roi d'Aragon.
[2] Berhânes, don Sanche, roi de Navarre.

phonse eut réuni ces troupes infidèles et qu'il les eut mises en ordre, il marcha en avant à la rencontre d'Youssef ben Tachefyn et des armées musulmanes. Youssef, de son côté, quitta en toute hâte El-Hadra pour s'avancer contre les Infidèles ; il expédia à l'avant-garde son général Abou Soliman Daoud ben Aycha, avec dix mille cavaliers Morabethyn, et il les fit suivre de près par El-Moutamed ben Abbed, accompagné des émirs de l'Andalousie à la tête de leurs troupes. Au nombre de ces émirs figuraient Ben Smâdah, maître d'El-Merya (Almeria) ; Ben Habous, maître de Grenade ; Ben Mousselma, maître des dernières frontières (aragonaises) ; Ben Dânoum, Ben el-Afthas et Ben Ghazoun. Youssef leur ordonna d'accompagner El-Moutamed ben Abbed, afin que toutes les troupes de l'Andalousie ne fissent qu'une seule et même armée, et que les Morabethyn formassent la leur à eux seuls. Ceci réglé, les marches s'effectuèrent dans un tel ordre, qu'aussitôt que l'armée d'El-Moutamed quittait un campement, Youssef y arrivait avec ses colonnes. Ils s'avancèrent tous ainsi jusqu'à Tartoûcha (Tortose), où ils restèrent pendant trois jours, et c'est là que Youssef ben Tachefyn adressa une lettre à Alphonse, pour lui offrir trois partis à prendre : payer tribut, embrasser l'Islamisme, ou faire la guerre. A la réception de cette lettre, Alphonse se mit dans une grande colère, et, plein d'orgueil, il répondit à l'envoyé de Youssef : « Dis à l'émir, ton maître, de

« ne pas se déranger, et que je viendrai le trouver
« moi-même. » Youssef s'avança donc et Alphonse
aussi jusque dans les environs de la ville de Bathaliouch (Badajoz), où Youssef fixa son camp, à l'endroit nommé Zalaca; El-Moutamed et les autres émirs,
arrivés les premiers, avaient campé au delà d'une
colline qui les séparait d'Youssef, pour en imposer
davantage à l'Infidèle. Les armées ennemies n'étaient
séparées que par le fleuve de Badajoz, dont les uns
et les autres buvaient l'eau. Cette situation dura
trois jours, durant lesquels les émissaires allaient et
venaient entre les deux camps, jusqu'à ce que l'on
fut tombé d'accord pour fixer la bataille au lundi
14 du mois de radjeb, an 479 (1086). Sitôt après
cette convention, El-Moutamed envoya un courrier à
Youssef pour l'engager à se tenir sur ses gardes et
prêt au combat, parce que les ennemis étaient rusés
et traîtres. Le jeudi soir, 10 de radjeb susdit, Ben
Abbed prépara ses colonnes et rangea son armée. Il
plaça des cavaliers sur un mont élevé pour épier
l'ennemi et ses mouvements, et lui-même ne sus-
pendit sa surveillance qu'à l'aurore du vendredi.
Mais, tandis qu'il achevait la prière du matin, pour
laquelle il était un peu en retard, les cavaliers qu'il
avait postés en vedette arrivèrent en toute hâte, et
lui apprirent que l'ennemi s'était mis en mouvement
et se portait contre les Musulmans avec une armée
nombreuse comme des nuées de sauterelles. A l'instant, Ben Abbed transmit la nouvelle à Youssef, qui

se trouvait déjà prêt au combat, et avait également mis en ordre de bataille ses légions, durant cette nuit où personne ne dormit. Youssef fit aussitôt avancer son kaïd, El-Moudhafar Daoud ben Aycha, à la tête d'une forte troupe de Morabethyn et de volontaires. Ce Daoud ben Aycha était sans égal pour la résolution, le courage et la persévérance. De son côté, l'infidèle ennemi de Dieu, Alphonse, partagea son armée en deux corps, et s'avança à la tête de l'un d'eux, contre l'émir des Musulmans Youssef. Ayant rencontré l'avant-garde sous les ordres du kaïd Ben Aycha, le combat s'engagea, il fut sanglant, et les Morabethyn eurent à déployer la plus grande résignation, car le maudit les écrasa par le nombre de ses soldats, et ils furent presque tous détruits, non toutefois sans avoir porté tant de coups, que les fils des lames de leurs sabres étaient devenus comme des scies, et que leurs lances avaient volé en éclats. La seconde partie de l'armée des maudits se porta sous les ordres de Berhânes et de Ben Radmyr, contre le camp de Ben Abbed qu'elle écrasa. Tous les chefs andalous s'enfuirent vers Bathaliouch, et il n'y eut que Ben Abbed qui, ferme avec ses soldats, soutint la bataille avec acharnement, en prenant patience, cette grande patience, que les hommes généreux ont à déployer contre la guerre des méchants. Youssef ben Tachefyn, en apprenant la défaite des chefs de l'Andalousie et la résistance héroïque opposée par El-Moutamed et par Daoud ben Aycha, envoya sur-le-champ à leur secours son kaïd Syr ben Abou Beker à la tête des Arabes Zenèta, Mesmouda, Ghoumâra et de tous les Berbères qui étaient au camp. Ensuite, il s'élança lui-même avec les troupes Lemtouna, les Morabethyn et les Senhadja contre le camp d'Alphonse, et il ne s'arrêta que lorsqu'il y eut pénétré. En ce moment-là Alphonse était absent et occupé à combattre Daoud ben Aycha. Youssef incendia le camp et massacra les fantassins et les cavaliers qu'Alphonse avait laissés pour garde, et dont quelques-uns à peine purent prendre la fuite et arriver jusqu'à lui, poursuivis par l'émir des Musulmans, qui marchait victorieux, enseignes déployées, tambour battant, et précédé par ses troupes de Morabethyn qui abattaient les Infidèles avec leurs sabres et s'abreuvaient de leur sang. Alphonse, surpris à cette vue, s'écria : « Qu'est-ce donc cela? » On lui répondit que son camp était brûlé et pillé, que ses gardes avaient été massacrés, et ses femmes faites prisonnières. Il fit aussitôt volte-face pour attaquer l'émir des Musulmans qui, de son côté, se précipita sur lui. La bataille s'engagea, et elle fut telle, que jamais on n'en avait vu de pareille L'émir des Musulmans, monté sur une jument, parcourait les rangs des Croyants pour les exciter et leur donner le courage et la patience nécessaires à la guerre sainte; il disait : « Ô Musulmans! soyez forts et pa« tients dans cette guerre sainte contre les infidèles « ennemis de Dieu; celui qui d'entre vous mourra

« ira au paradis comme un martyr, et celui qui ne
« mourra pas gagnera de grandes récompenses et un
« riche butin. » Et certes, les Musulmans combattirent
ce jour-là comme combattent ceux qui aspirent au
martyre et qui ne craignent point la mort!.

Cependant, El-Moutamed ben Abbed, qui résistait
encore avec ses compagnons, commençait à désespérer de la vie. Ignorant ce qui venait de se passer,
il fut surpris de voir les Chrétiens reculer et s'enfuir, et il se figura que c'était lui qui venait enfin
de les vaincre. « En avant donc contre les ennemis
de Dieu! » s'écria-t-il, et aussitôt tous ses compagnons reprirent courage. Bientôt aussi, le kaïd Syr
ben Abou Beker, arrivant sur les lieux avec les Kabyles du Maghreb, Zenèta, Mesmouda et Ghoumâra,
fondit sur les Chrétiens, dont la défaite fut complète.
En apprenant la victoire de l'émir des Croyants, les
corps de troupes musulmanes qui avaient pris la
fuite revinrent à Bathaliouch (Badajoz), et la nouvelle, courant de camp en camp, ranima tous les
cœurs contre Alphonse, qui soutint le combat jusqu'au coucher du soleil. Quand il vit, le maudit,
que la nuit arrivait, que son armée était presque
totalement détruite, et qu'il ne pouvait rien espérer
contre la résistance et la résolution des Morabethyn,
il prit la fuite en déroute, avec cinq cents cavaliers
environ, qui se cachaient dans les chemins détournés,
tandis que les Morabethyn les poursuivaient en les
tuant à coups de sabre, et les détruisant un à un,

comme les pigeons détruisent quelques grains parsemés dans un vaste champ, jusqu'à ce que les ténèbres viennent les séparer de leur pâture. Les Musulmans passèrent toute cette nuit-là à cheval, tuant ou faisant prisonniers leurs ennemis, ramassant du butin, et rendant grâce au Très-Haut de la victoire qu'il leur avait donnée. Ils firent la prière du matin sur le champ de bataille. Cette défaite des ennemis de Dieu fut la plus grande de toutes les victoires, car elle coûta la vie aux rois, aux guerriers et aux protecteurs des infidèles; un seul s'échappa, et ce fut Alphonse le maudit, qui prit la fuite, couvert de blessures et escorté de cinq cents cavaliers blessés comme lui, et dont quatre cents environ restèrent en route. En rentrant à Tolède, Alphonse n'avait plus avec lui que cent cavaliers, composés de ses domestiques et des gens de sa suite.

Cette bataille bénie eut lieu le vendredi 12 de radjeb de l'année 479. Environ trois mille Musulmans furent tués en combattant, et ce sont là autant d'hommes pour lesquels Dieu a mis le comble aux bienfaits qu'il leur avait déjà dispensés, en leur accordant la mort des martyrs! L'émir des Musulmans ordonna que l'on coupât les têtes des Chrétiens tués, ce que l'on fit; et, lorsqu'on les eut amassées devant lui, il y en avait un tel nombre, qu'on eût dit une montagne. L'émir envoya dix mille têtes à Séville, et autant à Saragosse, à Murcie, à Cordoue et à Valence; de plus, il en expédia quarante mille au Maghreb, où elles furent réparties dans les différentes villes, pour y être exposées aux regards des hommes, invités par cette vue à rendre grâce à Dieu pour cette grande victoire et pour ses bienfaits. On dit que le nombre des Chrétiens qui furent tués à Zalaca s'élevait à quatre-vingt mille cavaliers et deux cent mille fantassins; il ne s'échappa qu'Alphonse avec cent cavaliers. C'est ainsi que Dieu abaissa les sociétaires[1] en Andalousie, et ils ne relevèrent plus leur tête durant soixante ans. C'est aussi à partir de ce jour, où le Très-Haut fit briller l'Islam et donna une preuve d'affection à son peuple, que Youssef ben Tachefyn prit le titre d'émir el-Moumenyn (prince des Croyants). L'émir écrivit sa nouvelle victoire aux villes du Maghreb, et à Temym ben el-Mouâz, maître de la Mehdïa. L'on fit de grandes réjouissances partout, en Andalousie, dans le Maghreb, en Afrique, et l'union de l'Islamisme se cimenta. Les hommes firent des aumônes et donnèrent la liberté à des esclaves, en actions de grâce envers Dieu très-haut, bienfaisant et généreux.

Voici quelques passages des lettres écrites par l'émir Youssef ben Tachefyn aux villes de l'Adoua : « Louanges à Dieu très-haut, qui garantit la victoire « à ceux qui suivent la religion qu'il a choisie! qu'il « couvre de sa miséricorde et du salut notre Sei- « gneur Mohammed, le plus vertueux de ses Pro-

---

[1] Sociétaires, ceux qui associent d'autres dieux à Dieu. C'est cette association que les musulmans croient voir dans la Sainte-Trinité.

« phètes, la plus noble et la plus honorable de ses
« créatures. L'ennemi, roi des Chrétiens (que Dieu
« le maudisse!), que nous avions mis en demeure en
« rapprochant notre camp du sien de choisir une des
« trois choses, l'Islamisme, le tribut ou la guerre,
« a choisi la guerre, et a fixé avec nous le jour de
« l'attaque au lundi 15 de radjeb, en nous disant :
« Vendredi est jour de fête pour les Musulmans, sa-
« medi pour les Juifs, dont le nombre est grand
« parmi nos soldats, et dimanche pour nous, les
« Chrétiens. Nous nous mîmes ainsi d'accord; mais le
« maudit ne tint pas ses engagements, et fit le con-
« traire de ce qu'il nous avait dit. Heureusement que
« sachant combien ce peuple est traître et manque
« à sa parole, nous fîmes de notre côté les préparatifs
« du combat, et nous mîmes les espions sur pied
« pour épier les mouvements. En effet, nous re-
« çûmes l'avis, au point du jour du vendredi 12 de
« radjeb, que le maudit s'avançait avec son armée
« contre les Musulmans qu'il croyait surprendre.
« Mais les guerriers et les cavaliers des Croyants, au
« contraire, s'avancèrent courageusement vers l'en-
« nemi, et commencèrent l'attaque les premiers; ils
« fondirent sur les Chrétiens avant que les Chré-
« tiens fondissent sur eux, tombant sur eux comme le
« vautour tombe sur sa proie, comme le lion tombe
« sur sa victime. Nos drapeaux, heureux et victorieux,
« se déployaient partout, dans la mêlée, contre Al-
« phonse le maudit; et quand le Chrétien eut senti

« la victoire de nos troupes et de nos enseignes, quand
« il se vit assailli par l'éclair de nos sabres, enve-
« loppé par les nuées de nos lances et foulé aux pieds
« de nos chevaux, il se groupa autour de son roi Al-
« phonse, et se battit en désespéré dans une dernière
« attaque que les Morabethyn accueillirent avec cou-
« rage et loyauté. Le vent de la guerre soufflait avec
« violence; il tombait une pluie continuelle de coups
« de sabres et de lances; le sang coulait à torrents;
« et la victoire bien-aimée descendit du ciel sur les
« amis de Dieu. Alphonse prit la fuite, blessé au ge-
« nou, accompagné seulement de cinq cents cava-
« liers, derniers débris d'une armée de quatre-vingt
« mille cavaliers et deux cent mille fantassins, que
« Dieu avait fait tomber sous le coup de la mort su-
« bite. Il se sauva (que Dieu le maudisse!) sur une
« montagne des environs, du sommet de laquelle il
« contempla avec douleur son camp livré partout à
« l'incendie et au pillage. Homme sans résignation,
« il ne pouvait supporter cette vue; impuissant, dé-
« sormais, à réparer ses désastres, il se mit à proférer
« des imprécations et des blasphèmes, et il se sauva
« à travers les ténèbres de la nuit. »

L'émir des Musulmans, au contraire, couvert par la grâce de Dieu, était debout au milieu de ses cavaliers victorieux, sous l'ombre de ses drapeaux flottants et glorieux dans la guerre sainte, et entouré de ses nombreux soldats. Il remercia le Très-Haut de l'avoir ainsi favorisé selon ses désirs; il permit le pillage du camp ennemi, et sa destruction après que ses guerriers en eurent enlevé les trésors, et cela sous les yeux même d'Alponse, qui regardait comme un homme ivre, et en se mordant les doigts de douleur et de colère.

Les chefs de l'Andalousie qui avaient pris la fuite revinrent l'un après l'autre à Bathaliouch (Badajoz), où se réunirent aussi tous les fuyards qui craignaient la honte. Un seul avait résisté, et c'est Abou el-Kassem el-Moutamed ben Abbed, le plus habile des grands et des kaïds de l'Andalousie. Il arriva vers l'émir, faible, harassé, avec un bras cassé, et il le félicita de cette grande victoire et de ces hauts faits. Alphonse se sauva à la faveur des ténèbres, n'ayant ni repos ni sommeil, et perdant quatre cents cavaliers tués en route sur cinq cents qui s'étaient échappés avec lui; il ne lui restait plus que cent hommes lorsqu'il entra à Tolède. Grandes louanges soient rendues à Dieu pour cela!

Cette grâce immense et ce don magnifique du Très-Haut furent accordés le vendredi 12 de radjeb de l'an 479, correspondant au 23 octobre, et, en preuve de cela, Aben Lebâna a dit: « C'est le vendredi qu'a eu « lieu cette bataille, j'étais présent; qui pourra la dé- « crire! » Et Aben Djemhour a dit aussi : « Ne savez- « vous pas que le jour où les Chrétiens vinrent en « masse était un vendredi, et que le vendredi est le « jour des Arabes? » Les grands de l'Andalousie qui assistèrent à la bataille de Zalaca n'ont laissé aucune trace assez louable pour pouvoir être décrite, à l'exception de Ben Abbed, qui résista avec une fraction de son armée et reçut six blessures en se battant avec bravoure. C'est lui qui dit à un de ses enfants : « O « Abou Hachem! les coups de lance m'ont brisé, mais « Dieu m'a donné la force de supporter mes blessures. « Au milieu de la poussière du combat, j'ai pensé à « vous, et ce souvenir m'a préservé de prendre la « fuite. »

L'émir des Musulmans Youssef reçut, ce jour-là, la nouvelle de la mort de son fils, Abou Beker, qu'il avait laissé malade à Ceuta; il en éprouva un vif chagrin et revint en toute hâte à l'Adoua, où il ne serait pas retourné de sitôt sans cet événement; il entra dans sa capitale du Maroc et il y séjourna jusqu'en 480, au mois de raby el-tâny, où il se mit en marche pour faire une tournée dans le Maghreb, dans le but d'examiner les affaires de ses sujets, de s'occuper des intérêts musulmans, et de contrôler la conduite des kaïds et des kadys.

En 481 (1088 J. C.), l'émir passa en Andalousie pour la seconde fois pour y faire la guerre sainte; voici pourquoi :

Alphonse (que Dieu le maudisse!), après s'être un peu refait de sa déroute, de ses blessures et de la perte de son armée, établit ses retranchements à Lebyt[1], château-fort voisin de la province de Ben Abbed, où il laissa de nombreux cavaliers et arba-

---

[1] Lebyt ou Loubyt, aujourd'hui Aledo.

létriers, auxquels il donna l'ordre d'assaillir le pays de Ben Abbed de préférence à tout autre, parce que c'était lui qui avait appelé l'émir Youssef en Andalousie. En effet, hommes et chevaux envahirent les terres de Lebyt, et chaque jour les Chrétiens couraient tuant ou faisant prisonniers tous ceux qu'ils rencontraient, ainsi que c'était leur profession. Cet état de choses effrayait et chagrinait considérablement Ben Abbed qui, n'en prévoyant pas la fin, se décida à passer la mer et vint à l'Adoua pour s'entendre avec l'émir des Musulmans; il rencontra Youssef à la Mamoura, près de l'Oued Sebou, et lui exposa ses plaintes au sujet du fort Lebyt et le tort que cela faisait aux Musulmans; enfin il lui demanda du secours et l'émir promit de le lui porter lui-même. Ben Abbed s'en revint alors en Andalousie, et Youssef le suivit de près. L'émir des Musulmans s'embarqua à Kessar el-Medjâz, et il débarqua à Algéziras où Ben Abbed vint le recevoir avec mille bêtes de somme chargées de munitions et de provisions de bouche. A Algéziras, Youssef écrivit aux émirs de l'Andalousie pour les convier à la guerre sainte. « Notre rendez-vous, « leur disait-il, sera au fort Lebyt, où nous nous ren-« contrerons tous. » Après cela, il se mit en marche; il sortit d'Algéziras au mois de raby el-aouel, an 481, et se dirigea vers Lebyt; mais aucun des émirs à qui il avait écrit ne vint le rejoindre, à l'exception d'Abd el-Azyz, maître de Murcie, et de Ben Abbed, maître de Séville. Ces deux émirs se joignirent à lui sous les murs de Lebyt, et ensemble ils commencèrent à battre et à bloquer cette place, pendant que Youssef envoyait chaque jour des détachements faire des incursions sur les terres des Chrétiens. Le siége du château-fort Lebyt dura quatre mois, pendant lesquels on se battait à chaque instant, la nuit comme le jour. Enfin la saison d'hiver arriva, et, de plus, l'émir Abd el-Azyz se prit de querelle avec Ben Abbed. Celui-ci ayant porté plainte à l'émir des Musulmans, Youssef appela son kaïd ben Aby Beker et lui ordonna de s'emparer de la personne d'Abd el-Azyz et de l'arrêter. Aby Beker exécuta cet ordre et vint remettre à Ben Abbed l'émir de Murcie enchaîné; mais l'armée dudit émir Abd el-Azyz, se voyant sans chef, se révolta, et, se dispersant dans les campagnes avec ses kaïds, intercepta les convois de provisions, et la disette ne tarda pas à s'étendre sur le camp des Musulmans. Alphonse, apprenant ces circonstances, se mit aussitôt en marche vers Lebyt avec une armée innombrable; mais Youssef, n'attendant point son approche, prit les devants par Lourca et arriva à Almeria, où il s'embarqua pour l'Adoua, le cœur plein de courroux contre les émirs andalous, qui n'étaient point venus le rejoindre au fort Lebyt, comme il le leur avait écrit. Après le départ de Youssef et son retour à l'Adoua, Alphonse ayant continué sa marche arriva à Lebyt; il en tira les Chrétiens qui avaient échappé à la mort, et il les conduisit à Tolède. Lorsque la forteresse fut évacuée, Ben Abbed y entra. La garnison de Lebyt se composait de douze mille Chrétiens, sans compter les femmes et les enfants, quand Youssef vint l'assiéger; et ils moururent tous de faim ou de leurs blessures, à l'exception d'une centaine qu'Alphonse vint délivrer, comme il a été dit.

Youssef resta dans l'Adoua jusqu'en 483 (1090 J. C.), et pour la troisième fois, il passa en Andalousie pour faire la guerre sainte; il arriva jusqu'à Tolède, où il assiégea Alphonse; il endommagea les murailles, il abattit les arbres et saccagea les environs; aucun des émirs de l'Andalousie ne lui vint en aide, et cela le remplit d'indignation. Aussi, après avoir battu Tolède, il s'en vint à Grenade, qui était alors gouvernée par Abd Allah ben Balkyn ben Bâdys ben Habous. Cet émir avait fait la paix avec Alphonse et l'avait aidé contre Youssef en lui fournissant de l'argent; de plus, il s'était renfermé et fortifié chez lui, ce qui fit dire à un poëte: « Il bâtit « sur lui-même sans honte, comme le ver à soie, « mais il ne sait pas ce qu'il adviendra de cette bâtisse « si la puissance de Dieu ne lui est point propice. » Lorsque Youssef arriva à Grenade, Ben Balkyn lui ferma ses portes à la figure, et il fit alors le siége de cette ville; ce siége dura deux mois, au bout desquels Balkyn, ayant obtenu l'aman, livra la place. Une fois maître de Grenade et de ses environs, Youssef envoya à Maroc Balkyn, ex-émir de Grenade, et son frère Temym, ex-émir de Malaga, avec leurs harems et leurs enfants, et il leur fit une pension jusqu'à leur mort. Ben Abbed, à la nouvelle des conquêtes de Youssef, fut saisi de crainte et se tint à l'écart; bientôt les rapports et les accusations aigrirent contre lui l'humeur de l'émir des Musulmans, qui retourna mécontent à l'Adoua, dans le mois de ramadhan le grand, an 483. Youssef, arrivé à Maroc, envoya son kaïd Syr ben Aby Beker el-Lemtouna en Andalousie, dont il lui conférait le gouvernement absolu, sans lui donner, cependant, aucun ordre relativement à Ben Abbed. Aby Beker se rendit d'abord dans les environs de Séville, pensant que Ben Abbed, instruit de son passage, viendrait à sa rencontre en route pour lui offrir l'hospitalité. Au lieu de cela, Ben Abbed, à la nouvelle de son approche, se renferma dans la place, et ne lui fit offrir ni hospitalité ni quoi que ce fût. Syr ben Aby Beker se décida alors à lui envoyer un message pour l'engager à se soumettre et à lui livrer le pays; mais El-Moutamed ayant formellement rejeté ces propositions, Syr lui déclara la guerre et l'assiégea. En même temps, il détacha à Gyan[1] son kaïd Bathy, qui assiégea cette place et s'en empara pour les Morabethyn. Syr annonça cette victoire à Youssef et donna ordre au kaïd Bathy de continuer et d'aller attaquer Cordoue. Cette ville était alors gouvernée par le fils de Moutamed el-Mamoun ben Abbed. El-Bathy arriva sur lui avec sa troupe de Morabethyn et s'empara de

---

[1] جيان Gyan ou Djyan, Jaen.

la place, où il entra victorieux, le mercredi 3 de safar, an 484 (1091 J. C.). Il conquit ensuite successivement les places de Byasa, Oubeda, Bilât, El-Madour, Seghyra et Skoura[1], le tout dans ledit mois de safar, à la fin duquel il ne restait plus à Ben Abbed que Kermouna[2] et Séville. Le kaïd El-Bathy ben Ismaël se retrancha à Cordoue, et il envoya un kaïd Lemtouna à la tête de mille cavaliers pour restaurer et fortifier Kalat-Rabah[3], kasbah des Musulmans. De son côté, Syr ben Aby Beker marcha sur Kermouna et s'en empara, le samedi matin 17 de raby el-aouel de ladite année 484. Ben Abbed, se voyant de plus en plus compromis et menacé, envoya demander du secours à Alphonse (que Dieu le maudisse!) en lui promettant, s'il l'aidait à chasser les Lemtouna, de lui donner Tarifa et ses dépendances. Alphonse lui envoya aussitôt son général El-Kermech[4] à la tête d'une armée de vingt mille cavaliers et quarante mille fantassins. A la nouvelle de l'approche des Chrétiens, Syr fit un choix de dix mille cavaliers parmi ses meilleurs guerriers, et les envoya à la rencontre de l'ennemi sous le commandement de Brahim ben Ishac el-Lemtouna. Les deux armées engagèrent la bataille près de la

---

[1] Aujourd'hui Baeza, Ubeda, Albacète, El-Modovar, El-Sukheira et Seguro.
[2] Carmona.
[3] Calatrava.
[4] El-Kermech, Gomez.

forteresse d'El-Madour; elle fut sanglante; un grand nombre de Morabethyn furent tués, mais Dieu leur donna la victoire, et ils finirent par disperser le petit nombre de Chrétiens qu'ils n'avaient pas massacrés. Cependant Syr ben Aby Beker poursuivit le siége de Séville avec ses autres kaïds Lemtouna, et il finit par enlever la place à Ben Abbed, après lui avoir donné l'aman pour lui, sa famille et ses serviteurs. Syr les expédia tous à l'émir des Musulmans, qui les fit conduire à Aghmât, où ils moururent. L'entrée de Syr ben Aby Beker à Séville, prise au nom des Morabethyn, eut lieu le dimanche 22 de radjeb 484. Dans le mois de chaâban de la même année, les Morabethyn s'emparèrent de la ville de Nebra. Au mois de chouel, le kaïd Youssef ben Daoud ben Aycha conquit la ville et la province de Murcie, et fit part de sa victoire à l'émir des Musulmans. Cet Youssef, sans reproche aux yeux de Dieu, fut vénéré par tout le monde. Dans cette même année, le kaïd Mohammed ben Aycha se porta contre Alméria avec un corps de Morabethyn, et, à son approche, le gouverneur de cette ville, Mouâz el-Doula ben Samadhy, prit la fuite par mer, en Ifrîkya, avec sa famille et ses trésors. Mohammed ben Aycha annonça cette nouvelle conquête à l'émir des Musulmans, et c'est ainsi que Youssef conquit cinq royaumes en Andalousie dans l'espace d'un an et demi. Les cinq rois vaincus sont : Ben Abbed, Ben Habous, Abou el-Ahouas, ben Abd el-Azyz et

Abd Allah ben Aby Beker, émir de Gyan, d'Ablat et Assidja [1].

En 485 (1092 J. C.), Youssef ben Tachefyn donna ordre à son kaïd Ben Aycha de se porter à Daniéta [2]. Ben Aycha s'y rendit aussitôt et s'en empara, ainsi que de Châtyba [3]. Ces deux villes appartenaient à Ben Menkâd, qui s'enfuit en les abandonnant. Ben Aycha, continuant ses conquêtes, s'empara alors de Chekoura, puis de Valence, qui lui fut livrée par la fuite du gouverneur de cette ville, El-Kadyr Aben Dylchoun, qui commandait un grand nombre de Chrétiens. Ben Aycha écrivit alors à l'émir des Musulmans pour lui faire part de ses victoires.

En 486, les Morabethyn conquirent la ville de Fraga à l'orient de l'Andalousie, et c'est ainsi que l'émir Youssef ben Tachefyn, ne cessant d'envoyer ses généraux et ses armées pour faire la guerre sainte aux Chrétiens, renversa tous leurs chefs, et conquit l'Andalousie entière. En 496 (1102 J. C.), il conféra le gouvernement de ses conquêtes à son fils Aly, qui établit le siége de sa royauté à Cordoue, où il fut proclamé par tous les chefs Lemtouna, par les cheikhs et les docteurs, dans le mois dou'l hidjâ. Aly était resté jusqu'alors à Ceuta, où il avait été élevé. Vers la fin de l'année 498 (1104 J. C.), l'émir

[1] Niebla et Ecija.
[2] Denia.
[3] Aujourd'hui Xativa.

des Musulmans tomba malade, et sa maladie, qui le prit à Maroc, alla toujours en empirant jusqu'à sa mort, qui eut lieu le 1er de moharrem de l'an 500 (que Dieu lui fasse miséricorde!). Il vécut environ cent ans, et son règne dura, depuis son entrée à Fès l'an 462, jusqu'au jour de sa mort, c'est-à-dire trente-huit ans, ou même plus de quarante ans si l'on compte à partir du jour où l'émir Abou Beker ben Omar l'avait nommé son lieutenant au Maghreb.

HISTOIRE DU RÈGNE DE L'ÉMIR ALY BEN TACHEFYN AU MAGHREB ET EN ANDALOUSIE.

Aly ben Youssef ben Tachefyn ben Ibrahim ben Tarkout ben Ouartakathyn ben Mansour ben Messala ben Oumya ben Ouasela ben Talmyt le Senhadja, le Lemtouna, surnommé Abou el-Hassan, était fils d'une captive chrétienne nommée *Kamrâ* (lune), et surnommée *Fadh el-Hassen* (perfection de beauté). Il naquit à Ceuta, en l'an 477; son teint était blanc, ses joues colorées, sa taille haute, son visage ovale, ses dents écartées, son nez aquilin, sans favoris, yeux noirs, cheveux frisés. Il eut pour fils Tachefyn qui lui succéda, Abou Beker et Syr; il eut pour secrétaire Abou Mohammed Achefath. Conformément à la volonté de son père, il prit les rênes du gouvernement le jour même de la mort de Tachefyn à Maroc, et il reçut le titre d'émir des Musulmans, le 3 de moharrem, an 500, à l'âge de vingt-trois ans.

Il tint sous sa domination tout le Maghreb, depuis la ville de Bedjaïa[1] jusqu'au Sous el-Aksa inclusivement, depuis Sidjilmessa jusqu'au Djebel el-Dheb (montagnes d'or) dans le Soudan; de plus, toute l'Andalousie orientale et occidentale, et les îles du Levant, Myourka (Majorque), Mynourka (Minorque), Yabysa (Iviça). Le khotbah fut prononcé en son nom dans deux mille trois cents chaires environ. Son empire s'étendit même sur des pays que son père n'avait jamais gouvernés; mais si toutes les affaires prospérèrent en ses mains, il le dut beaucoup aussi à la bonne organisation et au bon état des finances qui lui avaient été léguées. Dès le début, il gouverna selon la justice et il fortifia ses villes; il ouvrit les portes des prisons, il répandit de l'argent et il établit de bonnes institutions dans les provinces; en un mot, il suivit les traces de son père, et comme lui il prospéra. Il retira le commandement de Cordoue des mains de l'émir Abou Abd Allah ben el-Hadj pour le donner au kaïd Abou Abd Allah Mohammed ben Aby Zelfa; il conquit Tolède et remporta une grande victoire sur les Chrétiens à la porte d'El-Kantara[2]. On raconte qu'au moment de mourir Youssef le recouvrit de son manteau, et que c'est ainsi présenté par son frère Aby Thaher Temym, qui le conduisait par la main, qu'il fut proclamé souverain par les Morabethyn, auxquels Temym aurait dit : « Allons !

---

[1] Bougie (Algérie).
[2] Nom d'une des portes de Cordoue.

« levez-vous et saluez l'émir des Musulmans! » Tous ceux qui étaient présents, Lemtouna et Senhadja, cheïkhs et docteurs des Kabyles s'inclinèrent devant leur nouveau maître, et aussitôt que la proclamation fut accomplie à Maroc, Aly expédia des courriers dans tout le Maghreb et en Andalousie pour annoncer la mort de son père et son avénement. Bientôt les félicitations et les députations lui arrivèrent de tous les côtés; il n'y eut que la ville de Fès qui s'abstint. Cette ville était gouvernée par le neveu d'Aly, Yhya ben Aby Beker, nommé émir par son grand-père; aussi, en apprenant la mort d'Youssef son oncle, et l'avénement de son cousin, il fut tellement contrarié qu'il refusa de reconnaître le nouveau souverain, en se faisant appuyer par quelques fractions des Lemtouna, dont les kaïds suivirent son exemple. A cette nouvelle, l'émir des Musulmans Aby ben Youssef partit de Maroc et marcha sur Fès, mais à peine était-il arrivé dans les environs de cette ville, que son neveu, saisi de crainte, et certain que toute résistance lui serait impossible, prit la fuite et lui abandonna la place. La fuite de Yhya et l'entrée à Fès de l'émir des Musulmans Aly eurent lieu le mercredi, huitième jour de raby el-tâny, an 500. On raconte que Aly, en s'approchant de Fès, s'arrêta dans la ville de Meghyla[1], située aux environs de cette

---

[1] Il existe encore des Meghyly, soit des descendants de Meghyla, à Salé, mais la ville est inconnue et les vestiges de son emplacement sont à chercher.

capitale, et adressa une lettre à son neveu pour lui reprocher sa conduite et l'engager à faire comme tout le monde, en se soumettant; il joignit à cette lettre une invitation formelle aux cheïkhs de la ville de reconnaître sa souveraineté. A la lecture de ce message, Yhya fit un appel général à la résistance des habitants, qui refusèrent de le défendre, et c'est alors que, se sentant abandonné, il quitta la ville et s'enfuit vers Mezdely, gouverneur de Tlemcen. Celui-ci, qui venait lui-même porter son adhésion à l'émir des Musulmans, rencontra Yhya en route sur les bords de la Moulouïa, et après l'avoir salué et s'être mis au courant de ce qui venait de se passer, il lui dit : « Viens avec moi, retourne vers « l'émir et je te réconcilierai avec lui. » A leur arrivée à Fès, Mezdely fit cacher Yhya dans le quartier de Oued Chedrouh, et se présenta à l'émir qu'il salua et proclama. Aly l'ayant accueilli avec joie, il se hasarda de lui parler d'Yhya et lui avoua qu'il l'avait ramené sous sa sauvegarde. « Qu'il soit par-« donné, lui répondit l'émir, l'aman lui est accordé. » Yhya se présenta alors, et Aly, ayant reçu sa soumission, lui offrit de choisir l'une des deux résidences de l'île Majorque ou du Sahara. Yhya préféra se rendre au Sahara, d'où il passa dans l'Hedjaz pour faire son pèlerinage de la Mecque. A son retour, il revint chez son cousin pour le supplier de le garder à sa cour à Maroc, et cela lui fut accordé. Il y resta longtemps; mais l'émir ayant fini par s'apercevoir qu'il cherchait à le trahir et à le renverser, le fit arrêter et l'exila à Algérisas, où il finit ses jours.

En 501 (1107 J. C.), l'émir Aly retira le gouvernement du Maghreb à son frère Temym ben Youssef, et le confia au kaïd Abou Abd Allah ben el-Hadj, qui commanda Fès et tout le pays durant six mois, au bout desquels il fut, à son tour, remercié et envoyé à Valence, dans l'orient de l'Andalousie, d'où il passa ensuite à Saragosse.

En 502 (1108 J. C.), eut lieu l'affaire d'Akelych[1] avec les Chrétiens. Temym ben Youssef était alors général en chef de l'armée musulmane, et gouvernait Grenade. C'est de cette ville qu'il partit pour aller courir sur les terres des Chrétiens. Étant arrivé sous les murs de la forteresse d'Akelych, habitée par une forte garnison de Chrétiens, il en fit le siége et y pénétra. Les Chrétiens, s'étant retranchés dans la kasbah, expédièrent un courrier à Alphonse, qui se mit aussitôt en mouvement. Au moment de son départ, sa femme l'arrêta en le suppliant d'envoyer son fils à sa place à la rencontre de Temym. « Observez, « lui dit-elle, qu'il est plus convenable d'opposer à Te-« mym, fils de l'émir des Musulmans, votre fils Chan-« dja[2], fils de l'émir des Chrétiens ! » Alphonse, se rendant à cet avis, envoya donc Chandja à la tête d'une grande armée de guerriers qui s'avança promptement jusque sous les murs d'Akelych. A la nouvelle de

[1] Château d'Uclès.
[2] Chandja, l'infant don Sancho, fils d'Alphonse et de Zaïda.

l'approche des Chrétiens, Temym manifesta le désir d'éviter le combat, en évacuant la place; mais Abd Allah ben Mohammed ben Fâtyma et Mohammed ben Aïcha, ainsi que quelques autres kaïds Lemtouna, le dissuadèrent, et lui rendirent l'espoir et le courage, en lui affirmant que l'ennemi n'avait pas plus de trois mille cavaliers et qu'il était loin encore. Temym crut à leurs paroles; et, le soir même, les Chrétiens fondaient sur lui par nombreux milliers; il voulut fuir, ne se sentant point capable de combattre, mais il était trop tard, et il ne pouvait déjà plus avancer, ni reculer, lorsque les kaïds Lemtouna se précipitèrent sur l'ennemi, auquel ils livrèrent un combat désespéré et tel qu'on n'en avait jamais vu de pareil. Dieu très-haut renversa l'ennemi et donna la victoire aux Musulmans. Le fils d'Alphonse fut tué ainsi que vingt-trois mille Chrétiens environ. Les Musulmans entrèrent à Akelych par la force de leurs sabres, et un grand nombre de Croyants périrent à l'assaut (que Dieu leur fasse miséricorde!). En apprenant ce désastre, Alphonse ressentit un tel chagrin qu'il tomba malade et mourut vingt jours après. Temym envoya un courrier à son père Aly pour lui annoncer cette victoire. Dans la même année, Mohammed ben el-Hadj sortit de Valence et se rendit à Saragosse, dont il s'empara, et expulsa Ben Houd. Il fit part de sa conquête à l'émir des Musulmans, et il ne sortit plus de Saragosse que pour aller en expédition du côté de Barcelone, où il fut tué en l'an 508

(1114 J. C.). Durant tout son règne à Valence et à Saragosse, il n'avait cessé d'inquiéter les Chrétiens et de leur prendre leurs terres. (Que Dieu lui fasse miséricorde!) Dans sa dernière expédition, il parcourait les campagnes avec ses kaïds Lemtouna, et il enlevait des troupeaux entiers qu'il envoyait chez lui par les grandes routes, tandis qu'il prenait les sentiers les plus courts pour rentrer dans les domaines des Musulmans. Un jour, ayant ainsi renvoyé la plus grande partie de son monde avec le bétail butiné, il s'aventura sur un chemin excessivement ardu et étroit, au point de ne donner passage qu'à une personne après l'autre. Arrivé à la moitié de sa course, l'émir Ben el-Hadj se trouva pris au milieu de difficultés énormes, et enveloppé par les Chrétiens qui l'attaquèrent vigoureusement. Ne pouvant reculer, il combattit jusqu'à son dernier soupir. (Que Dieu lui fasse miséricorde!) Tous ses compagnons périrent également, à l'exception du seul kaïd Ben Mohammed ben Aycha, qui, à force de ruse et de détours, parvint à gagner les terres des Musulmans. A la nouvelle de ce désastre, l'émir des Musulmans fut consterné; il remplaça Ben el-Hadj par le gouverneur de Murcie, Abou Beker ben Brahim ben Tafelout, qui reçut ainsi simultanément le commandement de Valence, Tortose, Fraga et Saragosse.

Abou Beker sortit de Murcie avec son armée et se rendit à Valence, où il rassembla toutes les troupes de la province et celles de Saragosse. S'étant mis à leur tête, il se porta dans les environs de Barcelone, qu'il dévasta pendant vingt jours, abattant les arbres, incendiant les champs et renversant les villages. C'est alors qu'arriva Ben Radmyr avec une nombreuse armée, composée de soldats de Bsyt[1], de Barcelone et du pays d'Arbouna[2]. La bataille fut sanglante, la plus grande partie des Chrétiens périrent ainsi que sept cents Musulmans environ.

En 503 (1109 J. C.), l'émir Aly ben Youssef passa en Andalousie pour faire la guerre sainte; il s'embarqua à Ceuta, le jeudi 15 de moharrem, emmenant avec lui plus de cent mille cavaliers, et se rendit directement à Cordoue, où il séjourna un mois avant de rentrer en campagne; il commença par s'emparer de la ville de Thalabout[3], qu'il emporta à l'assaut, ainsi que vingt-sept châteaux forts des environs de Tolède; il conquit également Madjrêt et Oued el-Hidjâra[4], et, étant arrivé à Tolède, il l'assiégea et dévasta les campagnes; durant un mois il ne fit que détruire, puis il revint à Cordoue.

En 504 (1110 J. C.) et dans le mois dou'l-kaâda, l'émir Syr ben Aby Beker conquit les villes de Santarem, Badajoz, Oporto, Evora, Lisbonne, et toute la partie occidentale de l'Andalousie; il annonça ses victoires à l'émir des Musulmans. Ce général mourut et fut enterré à Séville dans le courant de l'année

---

[1] Albacète.
[2] Narbonne.
[3] Talaveira.
[4] Madrid et Guadalaxara.

507 (1113). Il eut pour successeur Mohammed ben Fatyma, qui gouverna Séville jusqu'à sa mort, en 510.

En 507, l'émir Mouzdaly assiégea Tolède et s'en empara; il prit d'assaut la forteresse d'Ardjyna[1], dont il massacra la garnison, et emmena en captivité les femmes et les enfants. A cette nouvelle, le roi des Chrétiens, Berhânes, marcha contre lui; mais Mouzdaly, n'ayant point jugé à propos de l'attendre, se mit en chemin pendant la nuit et arriva à Cordoue avec un immense butin. Après avoir ravitaillé Rahêna et les environs et y avoir mis des garnisons, l'émir Mouzdaly, ayant appris que Zend Gharsys, maître de l'Oued el-Hidjâra, assiégeait Médina Sâlem, se porta vers lui en toute hâte; mais Zend Gharsys, à son approche, abandonna le siége et prit la fuite avec une si grande précipitation qu'il abandonna tout, tentes, armes et bagages, dont Mouzdaly s'empara. Cet émir mourut (que Dieu lui fasse miséricorde!) en l'an 510 sur les terres des Chrétiens, auxquels il faisait la guerre. L'émir des Musulmans, ayant appris sa mort, le remplaça, à Cordoue, par son fils Mohammed ben Mouzdaly, qui ne gouverna que trois mois, ayant comme son père trouvé la mort en combattant pour Dieu.

En 509 (1115 J. C.), l'émir Aly ben Youssef conquit les îles orientales de l'Andalousie[2].

En 511 (1117 J. C.), Abd Allah ben Mouzdaly,

---

[1] Arjona, ville située entre Cordoue et Jaen.
[2] Iles Baléares.

gouverneur de Valence et de Saragosse, se rendit à Grenade, dont le fils de Radmyr (que Dieu le maudisse!) ravageait les environs. Abd Allah lui livra combats sur combats, jusqu'à ce qu'il l'eût chassé du pays, et rentra à Saragosse, où il mourut un an après. Saragosse étant alors restée sans maître, Ben Radmyr accourut pour l'assiéger, tandis que, de son côté, Alphonse arrivait pour bloquer Lérida avec une armée considérable de Chrétiens. A cette nouvelle, l'émir des Musulmans écrivit aux émirs de l'Andalousie pour leur donner ordre de se rassembler auprès de son frère Temym, roi de toute l'Andalousie orientale, afin d'aller avec lui porter secours à Saragosse et à Lérida. Abd Allah ben Mouzdaly et Abou Yhya ben Tachefyn, roi de Cordoue, arrivèrent à la tête de leurs soldats, et Temym, sortant de Valence, se joignit à eux avec les Lemtouna, et se mit en marche pour Lérida. Après une sanglante bataille, Alphonse, vaincu, prit la fuite en abandonnant Lérida, qu'il n'avait pu prendre, malgré tous ses efforts et une perte de plus de dix mille hommes. Temym revint vainqueur à Valence; mais Ben Radmyr, ayant appris la défaite d'Alphonse, demanda du secours aux Francs pour prendre Saragosse, et les Francs arrivèrent à lui comme une pluie de guêpes et de sauterelles; ils commencèrent par cerner la ville, et ils construisirent de petites tours en bois qu'ils placèrent sur des roues, de façon à les rapprocher de plus en plus de la place; ces tours portaient vingt machines de guerre, qui devaient tôt ou tard leur assurer la prise de la place. Le blocus dura ainsi jusqu'à ce que la population, réduite à la famine et ayant péri en grande partie d'inanition, demanda et obtint de Ben Radmyr une trêve, pour lui laisser le temps de se procurer du secours; mais nul secours n'étant venu, les habitants lui livrèrent la ville à la fin du délai convenu, et ils s'en allèrent à Murcie et à Valence; c'était en l'an 512. Les Chrétiens entrèrent donc à Saragosse et la gouvernèrent. Une armée de douze mille cavaliers, que l'émir des Musulmans avait expédiée de l'Adoua, arriva trop tard : le décret de Dieu s'était accompli.

En 513 (1119 J. C.), Ben Radmyr s'empara d'une partie de l'est de l'Andalousie; il emporta la forteresse d'Ayoub[1], qui était la plus forte de tout l'Orient, et il se dirigea ensuite vers le nord. En apprenant ces mouvements, l'émir des Musulmans Aly ben Youssef passa en Andalousie pour faire la guerre sainte, et inspecter les places et les forts; ce fut son deuxième voyage en Espagne; il s'y rendit avec un très-grand nombre de Morabethyn et de volontaires arabes, Zenèta, Mesmouda et Berbères. Arrivé à Cordoue, il campa sous ses murs avec son armée, et il reçut la visite de tous les grands de l'Andalousie, auxquels il demanda des renseignements précis et détaillés sur la situation du pays; il destitua Ben Rochd de

---

[1] Calatayud.

ses fonctions de kady à Cordoue, parce qu'il ne s'était pas présenté, donnant pour excuse qu'il était occupé à l'étude des livres de la science, et il le remplaça par Abou el-Kassem ben Houmyd. L'émir des Musulmans se dirigea d'abord sur la ville de Samberya[1], dont il s'empara, et il partit de là pour ravager toute la partie de l'ouest; il dévasta les campagnes, renversa les villages et les édifices, tuant les Chrétiens, les faisant prisonniers ou les forçant de se renfermer dans leurs forteresses.

En 515 (1121 J. C.), l'émir revint à l'Adoua, laissant à son frère Temym le gouvernement de toute l'Andalousie, que celui-ci conserva jusqu'à sa mort, en 520. Son successeur, l'émir Tachefyn ben Aly, passa à cette époque en Andalousie avec cinq mille cavaliers, et, s'étant mis à la tête de toutes les troupes andalouses, il porta la guerre sainte dans la province de Tolède, dont il prit les forteresses à l'assaut et dévasta les environs. Puis il battit les Chrétiens qui s'étaient réfugiés à Fahs Sebbat, et en fit un grand massacre; il conquit trente forteresses dans la partie du couchant, et il fit part de ses victoires à son père. En 528, il fit une expédition contre Cantara Mahmoud, qu'il prit d'assaut; en 530 (1135 J. C.), il dispersa les troupes chrétiennes à Fahs Attya et il en fit périr une grande partie. En 531 (1136 J. C.), il emporta d'assaut la ville de Kerky[2], dont il massa-

[1] Santiberia.
[2] Caracâil.

era toute la garnison. Enfin, en 532 (1137 J. C.), il quitta l'Andalousie et retourna en Afrique après avoir subjugué Chkounia[1], d'où il ramena six mille prisonniers dans l'Adoua. Il vint à Maroc, où il fut reçu en grande pompe, et se présenta à son père l'émir des Musulmans qui l'accueillit avec bonheur et joie. En 533, l'émir Aly ben Youssef proclama lui-même la souveraineté de son fils Tachefyn, qui lui succéda à sa mort, en l'an 537 (1142 J. C.).

HISTOIRE DU RÈGNE DE L'ÉMIR DES MUSULMANS TACHEFYN BEN ALY BEN YOUSSEF BEN TACHEFYN EL-LEMTOUNY.

L'émir des Musulmans, Tachefyn ben Aly ben Youssef ben Tachefyn el-Senhadja el-Lemtouny, surnommé *Abou-Amar*, et, selon d'autres, *Abou el-Moudz*, était fils d'une captive chrétienne, nommée *Dhoou el-Sebah* (lumière du matin, aurore). Conformément au vœu manifesté par son père vivant, il lui succéda, et sa proclamation eut lieu le 8 de radjeb an 537; époque de grands troubles et de l'apparition des Mouahedoun (Almohades) dont l'éclat, la force et la puissance s'étendirent sur tout le pays de l'Adoua. Lorsque Abd el-Moumen ben Aly sortit de Tynmal[2] pour conquérir le Maghreb, Tachefyn quitta Maroc, dont il laissa le commandement à son fils Ibrahim, et

---

[1] Ségovie.
[2] Tinoumal, Tinmâl, ville dans le Djebel-Deren (Atlas), à vingt lieues sud de Maroc.

se mit à sa poursuite; d'étapes en d'étapes, de combats en combats, il arriva jusqu'à Tlemcen, où il se retrancha, et où Abd el-Moumen l'enveloppa. Les Almohades étant campés dans un défilé entre la ville et la montagne, Tachefyn fit une sortie et alla camper avec son armée senhadja dans la plaine près de l'Oued Safsaf. Bientôt ses soldats, impatients, voulurent commencer l'attaque, mais Tachefyn leur dit de bien se garder d'engager le combat sur la montagne, et qu'il fallait attendre que l'ennemi descendît lui-même dans la plaine. Refusant de suivre ces conseils, ils se précipitèrent sur la montagne et ils furent culbutés par les Almohades, qui les mirent complétement en déroute. Tachefyn prit la fuite et arriva à Oran. Il avait laissé le commandement de Tlemcen à son khalife Mohammed, connu sous le nom d'El-Chyour. Abd el-Moumen, de son côté, ayant chargé son khalife Yhya ben Youmar de continuer le siége de Tlemcen, se dirigea vers Oran à la poursuite de Tachefyn; celui-ci, se sentant cerné, fit une sortie de nuit contre les Almohades, mais il se trouva en présence d'un si grand nombre d'ennemis, cavaliers et fantassins, qu'il prit la fuite. Il se dirigea sur une haute montagne dont le sommet penchait sur la mer, et dans sa course, croyant aller toujours vers son camp du côté d'Oran, il se précipita du haut de ce sommet, et il expira. Cet événement eut lieu durant une nuit sombre et pluvieuse, la vingt-septième du mois de ramadhan, an 539. Son cadavre fut retrouvé le lendemain sur le rivage par les Almohades, qui coupèrent la tête et l'expédièrent à Tynmal, où on la pendit à un arbre. Telle fut la fin des Morabethyn. L'émir Tachefyn n'eut pas une heure de repos et fit constamment la guerre depuis le jour de son avènement au pouvoir jusqu'à sa mort. (Que Dieu lui fasse miséricorde!) Il régna deux ans et un mois et demi. Et c'est Dieu qui avait voulu que les choses arrivassent ainsi, car il n'y rien en dehors de sa volonté, et lui seul est adorable!

DATES ET ÉVÉNEMENTS REMARQUABLES DE LA PÉRIODE DES LEMTOUNA, DE L'AN 462 À L'AN 540.

Les Lemtouna étaient un peuple des campagnes, religieux et honnête; ils surent conquérir un immense empire en Andalousie et au Maghreb, dont ils régularisèrent le gouvernement, et ils firent la guerre sainte. Ben Djenoun rapporte que les Lemtouna étaient religieux, charitables, justes, et que leur culte était pur; qu'ils gouvernèrent l'Andalousie depuis le pays des Francs jusqu'à l'Océan, et le Maghreb depuis la ville de Bedjaïa jusqu'au Djebel el-Dheb du Soudan. Leur règne fut tranquille et ne fut troublé par aucune révolte, ni dans les villes, ni dans les campagnes; on fit les khotbah en leur nom dans plus de deux mille chaires. Leurs jours furent heureux, prospères et tranquilles, et durant leur période l'abondance et le bon marché furent tels, que pour un demi-ducat on avait quatre charges de blé, et que les autres grains ne se vendaient ni ne s'achetaient. Il n'y avait ni tribut, ni impôt, ni contribution pour le gouvernement, si ce n'est l'aumône et la dîme. La prospérité s'augmenta toujours, le pays se peupla, et chacun put s'occuper librement de ses propres affaires. Leur règne fut exempt de mensonge, de fraude et de révolte, et ils furent chéris par tout le monde jusqu'au moment où El-Mehedy, l'Almohade, se leva contre eux en 515.

Les dates remarquables de leur époque furent les suivantes :

462 (1069 J. C.), conquête de Fès et prise du gouvernement du Maghreb.

463 (1070 J. C.), conquête des forteresses Ouatat du pays de la Moulouïa.

464 (1071 J. C.), mort d'El-Moutamed ben Abbed ben el-Khady Mohammed ben Ismaël Abbed, roi de Séville, auquel succéda son fils Mohammed ben Moutamed ben Abbed.

465 (1072 J. C.), Youssef ben Tachefyn conquit Sedareta et Sofrou.

467 (1074 J. C.), au mois dou'l-hidja, apparition d'une comète au Maghreb. — Youssef ben Tachefyn prit d'assaut la ville de Tahadart, près de la Moulouïa, et tua son émir Kassem ben Aby el-Afya, dont il détruisit l'armée jusqu'au dernier homme; il s'empara aussi du gouvernement de Tanger; mort de l'émir de cette ville, Sarkout el-Berghouaty.

471 (1078 J. C.), éclipse totale de soleil, le

lundi à l'heure du Zouel (vers dix heures du matin), vingt-huitième jour du mois; jamais on n'avait vu une éclipse pareille. — Alphonse conquit la ville de Couria, dont il chassa les Musulmans.

472 (1079 J. C.), conquête d'Oudjda et des montagnes environnantes par Youssef. — Au mois de raby el-tâny, un épouvantable tremblement de terre, comme jamais on n'en avait ressenti au Maghreb, renversa les tours, les minarets et les édifices, et une infinité de personnes périrent sous les ruines; les secousses se répétèrent nuit et jour depuis le premier de raby el-aouel jusqu'au dernier jour de djoumad el-tâny. — Au mois de dou'l-kaâda le peuple de Tolède se souleva contre son émir, El-Kadyr ben Danoun, dont il massacra les ministres et la plus grande partie des gardes. El-Kadyr ne dut son salut qu'à la fuite, et il emmena avec lui ses femmes jusqu'au fort Kanaka, où il se réfugia.

474 (1081 J. C.), prise de la ville de Tlemcen par Youssef. — Mort du fekhy El-Haffyd (zélé) Abou Thaleb Mekky, inspecteur des marchés et chef des prêteurs de Cordoue. — Naissance du kady Abou Abd Allah Mohammed el-Asbagh, connu sous le nom de Ben Menâsef, auteur du poëme de *l'Arjouaza*. — En djoumad el-aouel, mort du Mokaddem Abou Djafar ben Houd, émir de Saragosse; son fils Youssef el-Moutamed lui succéda.

497 (1103 J. C.), mort du fekhy El-Haffyd Abou Abd Allah Mohammed el-Thaleb, auteur de plusieurs

ouvrages. L'auteur du livre intitulé *El-Techaouif* raconte que Abou Djabel mourut en 503, et qu'il fut enterré dans le monastère situé au sortir de la porte Yaslyten de Fès. Abou Djabel fut un grand sage qui vit au Caire Abou el-Fadhl Abd Allah ben Hassan el-Djouhâry. Il était boucher de profession; son teint était noir, mais ses traits étaient réguliers et pleins de sincérité; cœur pur, vertueux et craignant Dieu. On raconte que le Kadhyr[1] (à lui salut!) lui apparut quarante ans après qu'il se fut entièrement voué à Dieu, pour lui annoncer que le Très-Haut avait désigné sa place parmi les *Abdâl*, qui sont les colonnes de la Foi. Abou Djabel est célèbre par ses longs voyages.

514 (1120 J. C.), El-Mehdy paraît au Maghreb et rencontre Abd el-Moumen ben Aly, qu'il s'adjoint sur la route du Levant.

519 (1125 J. C.), affaiblissement des Lemtouna, dont la dispersion commence; défaits par El-Mehdy et les Almohades venus du Djebel Deren, ils perdirent leur puissance en Andalousie, et bientôt ils ne purent se soutenir nulle part; les Almohades, s'agrandissant de plus en plus, leur enlèvent toutes leurs possessions.

521 (1127 J. C.), et le 19 raby el-aouel, mort du kady le fekhy Abou el-Oualyd el-Badjy, à Séville, où il n'exerçait déjà plus ses fonctions.

---

[1] El-Khadhyr, Khedr ou Khidr, désigné dans le Koran (chap. XVIII), par *l'Inconnu*, est un personnage mystérieux que les Musulmans regardent comme un prophète ayant acquis l'immortalité en buvant de l'eau de la fontaine de la Vie qu'il avait découverte.

539 (1144 J. C.), le kady Ben Hamyd chasse les Almoravides de Cordoue avec l'aide du peuple.

HISTOIRE DU RÈGNE DES ALMOHADES, ET DE LEUR ÉLÉVATION COMMENCÉE PAR MOHAMMED BEN TOUMERT, APPELÉ LE MEHDY.

L'auteur du livre (que Dieu lui soit propice!) a dit que El-Mehdy, qui fonda le règne de la dynastie d'Abd el-Moumen au Maghreb el-Aksa, était, d'après les historiens des deux empires, Mohammed ben Abd Allah ben Abd er-Rhaman ben Houd ben Khâlyd ben Temân ben Adnân ben Sofyan ben Sfouan ben Djebyr ben Yhya, ben Athâ ben Ryâh ben Yassar ben el-Abbès ben Mohammed ben el-Hassan ben Aly ben Aby Thaleb. (Que Dieu l'agrée!) Quelques historiens et Ben Methrouh el-Kaïssy, entre autres, disent qu'il s'était lui-même arrogé cette généalogie chérifienne; qu'il était de la tribu d'Hargha, fraction des Masmouda, et connu sous le nom de Mohammed ben Toumert el-Harghy; d'autres disent qu'il était de la tribu des Djenfysa; Dieu seul sait la vérité de tout cela.

Dans les premiers temps de sa vie El-Mehdy était un homme pauvre, étudiant la science et la doctrine, et doué d'une grande intelligence.

Il s'en alla dans le Levant pour continuer ses études. Là, il se mit à fréquenter les principaux docteurs, qui l'instruisirent dans les hautes sciences, et, entre autres, celles des traditions du Prophète de Dieu (que le Seigneur le comble de ses bénédictions!), et celles des notaires et des légistes. Parmi la réunion des savants où Mehdy acquit toutes ses connaissances se trouvait le cheikh, l'imam incomparable, le célèbre Abou Hamyd el-Ghazâly (que Dieu lui fasse miséricorde et l'agrée!), auquel il s'attacha pendant trois ans. El-Ghazâly, en voyant El-Mehdy pour la première fois, devina son avenir, et, lorsqu'il fut sorti, il dit à ses disciples : « Il n'y a pas de doute « que ce Berbère ne devienne souverain du Maghreb « el-Aksa et qu'il n'y fonde un vaste et puissant em- « pire. Il porte en lui tous les signes décrits dans les « traditions. » El-Mehdy, ayant eu connaissance de cette prédiction, et quelques-uns de ses compagnons lui ayant dit que le docteur l'avait même trouvée dans son livre, se consacra entièrement aux leçons d'El-Ghazâly, qu'il suivit jusqu'à ce qu'il n'eût plus rien à apprendre. Et c'est alors qu'il partit pour suivre la destinée que le Très-Haut avait dictée.

L'auteur du livre continue son récit. Mohammed el-Mehdy, confiant dans le secours de Dieu, quitta le Levant pour porter en Occident la loi du Seigneur et le Sonna du Prophète (à lui le salut!). Il se mit en route le premier de raby el-aouel, an 510, et il parcourut les diverses villes de l'Afrique et du Maghreb, prêchant partout la vertu, l'abstinence et le mépris des choses de ce monde. Il arriva ainsi jusqu'aux Tchours de Tadjoura, aux environs de Tlemcen, où il s'arrêta. C'est là qu'il rencontra Abd el-Moumen ben Aly, qui suivit ses leçons et adopta ses doctrines. Quand El-Mehdy pensa que son disciple était suffisamment instruit, il lui fit part de son dessein de s'emparer de l'Empire, et celui-ci l'ayant approuvé, lui jura fidélité et s'engagea à lui être soumis en tout. Ils partirent ensemble pour le Maghreb el-Aksa.

El-Mehdy était sans égal pour l'éloquence et les connaissances des traditions et des sciences; son instruction était profonde, et dans ses sermons au peuple il affirmait qu'il était l'imam El-Mehdy l'annoncé, et devant reparaître à la fin du monde. Il disait que sa mission était de remplacer sur la terre le règne de l'iniquité par celui de la justice, qu'il découvrirait une à une les turpitudes des Morabethyn; qu'il les détruirait comme des infidèles, et ne laisserait trace de leur gouvernement. C'est ainsi qu'il allait de souk en souk, prêchant la vertu et anathématisant le vice; brisant les instruments de musique et jetant le vin partout où il le rencontrait. Enfin, arrivé à Fès, il descendit dans la mosquée de Tryana, où il demeura jusqu'en 514, occupé à l'étude de la science. Alors il se rendit à Maroc, sachant bien que ce ne serait que dans cette capitale qu'il pourrait se faire connaître. L'émir Aly ben Youssef ben Tachefyn régnait à Maroc lorsque Mehdy y arriva obscurément et alla s'établir dans une mosquée accompagné d'Abd el-Moumen, qui avait entrevu un brillant avenir en restant avec lui. Bientôt il se mit à parcourir les marchés et les places de la ville en prêchant la vertu et condamnant le vice, détruisant les instruments de musique et les boissons défendues, et tout cela sans ordre ni permission de l'émir des Musulmans, de ses kadys ou de ses ministres. Aly ben Youssef, apprenant ce qui se passait, ordonna que l'on lui amenât El-Mehdy, et, en le voyant si misérablement vêtu, il lui fit des reproches et lui dit : « Qu'est-ce que l'on m'a donc appris sur ton « compte? » El-Mehdy lui répondit : « Ce que tu as « appris, ô émir, c'est que je suis un pauvre fakyr qui « pense à l'autre monde et point du tout à celui-ci, où je « n'ai que faire, si ce n'est de prêcher de faire le bien « et de fuir le mal; et cela n'est-ce pas toi qui devrais le « faire? Toi qui, bien au contraire, es la cause du mal, « lorsque ton devoir est de pratiquer les préceptes du « Sonna et que tu as le pouvoir de les faire pratiquer « aux autres! Le crime et l'hérésie apparaissent partout « dans tes états, et cela est bien contraire aux ordres « de Dieu qui veut que l'on suive le Sonna. Fais ton de-« voir, car, si tu le négliges, c'est toi-même qui auras à « rendre compte à Dieu de toutes les fautes commises « dans ton empire, et Dieu en a puni beaucoup pour « de pareils méfaits, ceux dont il a dit : *Ils ne se repen-« taient point du mal qu'ils commettaient*[1]. » L'émir Aly, en entendant cela, fut saisi de crainte et se mit à réfléchir, le front penché vers la terre; il reconnut la justesse de tout ce qui venait de lui être dit, et lorsqu'il releva les yeux vers ses ministres, il leur ordonna de convoquer tous les docteurs et les tholbas

---

[1] *Koran*, ch. v : La table, vers. 82.

de la ville, ainsi que les cheïkhs des Lemtouna et des Morabethyn. Ceux-ci, ayant bientôt rempli la salle du conseil, essuyèrent les plus vifs reproches et comprirent que l'émir des Musulmans avait reçu les ordres et les inspirations d'El-Mehdy. Aly leur dit enfin : « Je vous ai convoqués pour que vous vous « livriez à l'examen de cet homme, et si vous lui re- « connaissez la science, nous nous soumettrons à lui; « si, au contraire, vous le convainquez d'imposture, « nous le punirons comme il le mérite. » Aussitôt les conversations et les commentaires s'engagèrent et se multiplièrent de plus en plus. El-Mehdy savait d'avance qu'on nierait sa science et ses vertus. L'émir, s'apercevant bientôt que rien ne se faisait au milieu de tant de bruit, dit à l'assemblée : « Cessez donc « vos injures et vos calomnies, et choisissez quelques- « uns de vos savants pour discuter avec lui, en se « guidant sur le Livre de Dieu, et l'on verra ce qui « en est. » Ils cherchèrent alors dans le conseil les plus instruits des docteurs versés dans les Hadits et la science; mais il ne s'en trouva aucun capable de discuter avec El-Mehdy, qui dit au premier qui se présenta : « O fekhy, c'est toi qui es chargé de por- « ter la parole au nom de tous les autres, eh bien! « dis-moi si les voies de la science sont limitées ou « non? » Le fekhy lui répondit : « Oui, elles sont li- « mitées au Livre, au Sonna et à ses commentaires. » Mehdy lui répliqua : « Je t'ai demandé si les règles « de la science sont limitées ou non; réponds à cela

« seulement, car il est de règle de répondre à la « question qui est posée. » Le fekhy ne comprit pas ce qu'il voulait dire par là et se tut. « Dis-moi alors, « reprit El-Mehdy, quelles sont les sources du bien « ou du mal? » Et, comme à la première question, le fekhy ne sut que se taire. « Allons, dit El-Mehdy, « si ni toi ni tes compagnons ne pouvez me répondre, « je vais donc vous instruire. » Et comme ils continuèrent tous à garder le silence, il commença son explication : « Les sources du bien et du mal, dit-il, « sont au nombre de quatre : la science, qui est la « source du droit chemin; l'ignorance, le doute et « l'opinion, qui sont les sources du mal. » Alors il entreprit de leur énumérer les règles de la science en termes techniques qu'ils n'entendaient pas; si bien qu'ils ne purent pas répondre un mot à son sermon, auquel ils n'avaient rien compris. Aussi, voyant que cet homme possédait un si haut savoir, ils se sentirent humiliés, et, dévorés par l'envie et par la honte de se voir ainsi surpassés, ils se tournèrent vers l'émir et lui dirent : « Ô prince des Croyants! cet homme « est un hérétique furibond, fourbe et menteur, et « si vous le tolérez davantage, il corrompra toute la « population. » L'émir chassa donc de la ville El-Mehdy, qui se rendit au cimetière et fixa sa demeure au milieu des tombeaux. Quelques tholbas vinrent pour s'instruire auprès de lui; puis d'autres, et bientôt il se vit entouré d'une foule nombreuse, avide de ses leçons et ses bénédictions. Alors il avoua sa qualité et son but de détruire les Almoravides. Il se mit à prêcher à ses disciples que les Almoravides devaient être traités comme des infidèles corporels, et que, quiconque savait que Dieu était unique dans son règne, était obligé de leur faire la guerre avant même de la faire aux Chrétiens et aux Idolâtres. Plus de quinze cents hommes se rangèrent à ses prescriptions. L'émir des Musulmans, en apprenant ces détails, et s'étant assuré que El-Mehdy attaquait ouvertement le gouvernement des Almoravides qu'il traitait d'infidèles dans ses propres états, et que son parti s'augmentait toujours, lui envoya un messager pour le chercher et lui dit : « Ô homme ! crains Dieu pour « toi-même, rappelle-toi que je t'ai défendu de ras- « sembler du monde et que je t'ai chassé de la ville ! « Je t'ai obéi, lui répondit El-Mehdy, puisque je suis « sorti de la ville pour aller vivre au cimetière, où « j'ai dressé ma tente au milieu des tombeaux. J'ai « travaillé ainsi pour mériter les récompenses de la « vie future, mais toi-même garde-toi des paroles « des pervers. » Cette réponse exaspéra l'émir des Musulmans, qui fut sur le point de le faire arrêter; mais Dieu le protégea, car Dieu ne commande que ce qui est écrit par son ordre. Invité à se retirer, El-Mehdy prit le chemin de sa tente; mais à peine fut-il parti, l'émir des Musulmans éprouva un si grand regret de l'avoir laissé échapper, qu'il s'écria, en s'adressant à ceux qui l'entouraient : « Quel est celui « d'entre vous qui me rapportera sa tête ? » Un des adeptes de Mehdy, ayant entendu ces paroles, courut en toute hâte pour prévenir son maître, qu'il rejoignit sur le seuil de sa tente et qu'il aborda en chantant ce verset : *Ô Moïse ! les grands délibèrent pour te faire mourir, quitte la ville, je te le conseille en ami*[1]. Il répéta cela trois fois de suite, et il se tut. Mehdy comprit et partit à marche forcée, au point qu'il arriva le jour même à Tynmâl. Cela eut lieu dans le courant du mois de chouel de l'an 514. El-Mehdy s'arrêta en cette ville, où il fut bientôt rejoint par ses dix compagnons ou disciples, dont voici les noms: Abd el-Moumen ben Aly, Abou Mohammed el-Bechyr, Abou Hafs, Abou Hafs ben Yhya ben Byty, Abou Hafs Omar ben Aly ben Aznadjy, Soliman ben Khalouf, Ibrahim ben Ismaël el-Hezredjy, Abou Mohammed Abd el-Ouahed el-Khadhry, Abou Amrân Moussa ben Thoumâr et Abou Yhya ben Bouhyt. Ces dix personnages furent les premiers qui adoptèrent les doctrines de Mehdy, qu'ils proclamèrent le vendredi 15 ramadhan, an 515, à la suite de la prière du Douour. Le lendemain, El-Mehdy se rendit à la mosquée de Tynmâl avec ses dix compagnons armés de leurs sabres, et, étant monté en chaire, il fit un sermon à l'assistance, à laquelle il déclara qu'il était l'imam El-Mehdy l'annoncé, ayant pour mission de ramener la justice sur la terre, qu'il couvrirait de ses actions éclatantes, et il termina en invitant le peuple

---

[1] *Koran*, chap. XXVIII : L'histoire, vers. 19.

à lui prêter serment de fidélité. En effet, tous les habitants de Tynmâl proclamèrent le nouvel imam, auquel se soumirent également les tribus circonvoisines et les Kabyles des montagnes. Alors Mehdy envoya ses compagnons prêcher dans le pays, et il expédia dans toutes les directions des hommes dont il connaissait les principes, avec mission de répandre partout la renommée du vertueux imam, dont le but n'était point d'acquérir les biens de ce monde. C'est ainsi que les populations vinrent de tous côtés pour le proclamer et le couvrir de bénédictions, et que sa puissance s'accrut considérablement. Il prenait note de toutes les tribus dont il recevait la soumission, et les nommait El-Mouâhedoun (Almohades, unitaires). Il leur donnait le *Thouâhîd* (doctrine de l'unité) écrit en langue berbère, et divisé en versets, en sections et en chapitres pour en faciliter l'étude, et il leur disait : « Quiconque ne suivra pas ces maxi-« mes ne sera point Almohade, mais bien un infidèle « avec lequel on ne fera pas sa prière, et on ne man-« gera pas la chair des animaux tués par ses mains. » Ce Touâhîd se répandit chez tous les Mesmouda, qui le chérirent bientôt à l'égal du Koran bien-aimé, tant ils étaient ignorants dans leur religion et dans les choses du monde. El-Mehdy sut si bien se les attacher par sa douceur et par son éloquence, qu'ils finirent par ne rien reconnaître en dehors de lui. Ils invoquaient son nom en toute occasion et même en commençant leurs repas; dans toutes les chaires on priait au nom de Mehdy *l'imam impeccable*. Un nombre considérable d'hommes ayant embrassé sa nouvelle doctrine, El-Mehdy divisa le commandement entre ses dix disciples, et forma un conseil de cinquante compagnons choisis, pour l'aider à soutenir son imamat et veiller aux affaires des Musulmans. L'affluence des tribus vers lui continuant toujours, le khotbah se fit en son nom, et bientôt il put compter plus de vingt mille Almohades des tribus Mesmouda et autres. Alors il commença à prêcher la guerre sainte contre les Almoravides avec tant de vigueur et de persuasion, que les Almohades jurèrent de lui obéir en combattant jusqu'à la mort. Il choisit entre les plus valeureux dix mille hommes, dont il confia le commandement à Abou Mohammed el-Bechyr, auquel il remit un pavillon blanc, et il expédia cette armée contre la ville d'Aghmât.

En apprenant ces mouvements, l'émir des Musulmans Aly ben Youssef envoya à la poursuite des Almohades un corps de ses troupes d'élite, sous le commandement de Ahouel, général Lemtouna. Cette armée fut battue et Ahouel Akeltmoum fut tué; les Almohades poursuivirent les Lemtouna, sabres en mains, jusque sous les murs de Maroc, où leurs débris se réfugièrent. Ils assiégèrent cette place pendant quelques jours, au bout desquels ils furent forcés de se retirer dans les montagnes devant le nombre toujours croissant des Lemtouna. Ces faits eurent lieu le 3 de châaban le sacré, an 516 (1122 J. C.), et la renommée d'El-Mehdy s'étendit de plus en plus dans le Maghreb et en Andalousie. Il divisa le butin fait sur les Lemtouna entre ses soldats Almohades, en leur récitant ces paroles du Koran : *Dieu vous avait promis de vous rendre maîtres d'un riche butin, et il s'est hâté de vous le donner* [1].

HISTOIRE DES CAMPAGNES D'EL-MEHDY CONTRE LES LEMTOUNA.

L'auteur du livre (que Dieu lui soit propice!) a dit : A la suite de la défaite de l'armée de l'émir Aly ben Youssef, la puissance d'El-Mehdy grandit encore. Après avoir monté la plus grande partie de ses soldats sur des chevaux enlevés aux Almoravides et les avoir exhortés à la guerre contre les impies, il se mit en campagne avec toutes ses troupes almohades et il se dirigea vers Maroc. Arrivé au mont Ydjelyz, non loin de cette ville, il y établit son camp, et pendant trois ans, de 516 à 519, il ne cessa de battre les environs et de harceler journellement les Lemtouna. Ne voulant pas prolonger davantage son séjour en cet endroit, il se rendit à l'Oued Nefys, dont il suivit les bords en se faisant reconnaître par toutes les populations des plaines et des montagnes et, entre autres, par les tribus de Djermyoua. Il soumit également la tribu de Radjeradja, à laquelle il apprit à connaître Dieu très-haut et les lois musulmanes. Il se rendit

---

[1] *Koran*, chap. XLVIII : La victoire, vers. 20.

ensuite chez les Mesmouda, et il battit tous ceux qui ne voulurent pas de bon gré reconnaître ses ordres et sa domination. Il conquit une grande étendue de pays et la majeure partie des tribus Mesmouda. Il revint alors à Tynmâl, où il resta deux mois pour laisser reposer son armée. Quand il se remit en campagne, il se trouvait être à la tête de trente mille hommes, et il se porta sur Aghmât et les tribus de Hazradja dont les habitants, s'étant réunis à un grand nombre de Hachem, de Lemtouna et autres, marchèrent contre lui. Les deux armées se rencontrèrent et la bataille fut sanglante; la victoire resta aux troupes almohades, qui culbutèrent l'ennemi et en firent un grand carnage. El-Mehdy distribua le butin à ses soldats et se mit à parcourir les tribus du Deren, faisant périr ceux qui refusaient de se soumettre et accueillant avec bonté ceux qui venaient au-devant de lui. C'est ainsi qu'il conquit tous les châteaux et les forteresses du Deren, et qu'il soumit les tribus de Hentâta, de Djenfysa, Hargha et autres. Après cela il revint à Tynmâl pour s'y reposer quelque temps, et, ayant rassemblé les Almohades, il leur donna ordre de se préparer pour aller attaquer la ville de Maroc et faire la guerre sainte à tous les Almoravides qui s'y trouvaient. Il donna le commandement en chef de l'expédition à Abd el-Moumen ben Aly, qui se mit aussitôt en marche. Arrivé à Aghmât, Abd el-Moumen se trouva en présence de l'émir Abou Beker ben Aby Youssef, qui était à la tête d'une nombreuse armée de Lemtouna, Senhadja, Hachem et autres. Les deux armées se livrèrent des combats sanglants pendant huit jours de suite, au bout desquels le Dieu très-haut donna la victoire aux Almohades. L'émir Abou Beker partit en déroute, et Abd el-Moumen se mit à sa poursuite, massacrant tous les Almoravides qu'il atteignait. Leurs derniers débris se réfugièrent à Maroc, dont ils fermèrent les portes à la face des Almohades, qui, après trois jours de siége, s'en revinrent à Tynmâl. Ces événements eurent lieu dans le mois de radjeb, an 524. El-Mehdy sortit de la ville pour recevoir ses soldats victorieux, et, après les avoir salués et leur avoir manifesté sa satisfaction, il leur énuméra toutes les conquêtes qu'il leur restait à faire, et les prévint que sa mort était proche et qu'il ne passerait pas l'année. A cette nouvelle les Almohades fondirent en larmes, et, en effet, l'imam fut aussitôt pris du mal qui devait l'emporter. Abd el-Moumen ben Aly remplit les fonctions d'imam durant la maladie d'El-Mehdy, qui empira toujours jusqu'à sa mort, le jeudi 25 ramadhan de l'année 524.

RÉCIT DE LA MORT D'EL-MEHDY. QUE DIEU LUI FASSE MISÉRICORDE ET L'AGRÉE !

Quelques historiens racontent que El-Mehdy fit un rêve avant sa mort. Dans ce rêve il vit un homme debout sur le seuil de sa chambre et qui lui dit en

vers : « Il me semble avoir vu déjà périr le maître de
« cette demeure, et ses derniers vestiges être perdus
« dans l'oubli. El-Mehdy répondit : C'est ainsi, en
« effet, que s'en vont toutes les choses humaines; les
« plus nouvelles sont bientôt anéanties, et tout ce que
« nous croyons être la vérité a sa fin. L'homme re-
« prit : Fais du bien sur cette terre parce que tu vas
« la quitter; et comment répondras-tu aux questions
« qui te seront faites? El-Mehdy répondit : Je pro-
« testerai que Dieu est en vérité, et cette parole les
« vaut toutes. L'homme lui dit alors : prépare-toi
« à la mort, car tu mourras bientôt, et ce que tu dois
« rencontrer s'approche. Mehdy répondit : Dis-moi,
« je t'en prie, quand cela aura lieu, afin que je hâte
« mes préparatifs. Et l'homme se mit à chanter : Trois
« jours encore après vingt nuits, et tu verras la fin
« de ta vie et de ta puissance. » En effet, El-Mehdy
mourut vingt-trois nuits après ce rêve. (Que Dieu
lui fasse miséricorde!)

On raconte que El-Mehdy, voyant son mal empirer
et comprenant que la mort était proche, fit appeler
Abd el-Moumen pour lui dicter ses volontés. Il lui
recommanda d'être attentif envers ses frères, et il lui
remit le livre Djefr qu'il avait reçu de l'imam Abou
Hamyd el-Ghazâly (que Dieu l'agrée!). Il lui ordonna de tenir sa mort secrète aussi longtemps qu'il
faudrait pour cimenter l'union des Almohades; il lui
désigna les vêtements dont il désirait être recouvert,
et il lui ordonna de le laver, de l'ensevelir, de faire

les prières et de l'enterrer lui-même et sans témoins dans la mosquée de Tynmâl. Abd el-Moumen reçut toutes ces prescriptions en fondant en larmes à l'idée de cette séparation, et Mehdy mourut dans la matinée du jeudi 25 ramadhan le grand, an 524. Tout ceci est pris dans El-Bernoussy. Ben el-Hacheb, dans ses commentaires, place cette mort au mercredi 13 ramadhan 524, comme quelques autres auteurs qui ont écrit que l'élévation d'El-Mehdy et sa proclamation eurent lieu le premier samedi de moharrem, an 515, et qu'il mourut le 13 ramadhan, an 524. D'après ceux-ci, le règne d'El-Mehdy aurait duré huit ans, huit mois et treize jours; mais les récits les plus exacts paraissent être ceux de Ebnou Sahab el-Salat, auteur du livre intitulé *El-Menn bel Imâma* (don de l'imamat) et de Abou Aly ben Rachyk de Murcie, auteur du *Myzân el-Elm* (poids de la science). Ces historiens rapportent que Mehdy fut proclamé le samedi 1ᵉʳ ramadhan 516, et qu'il mourut le mercredi 13 ramadhan 524. D'autres ont enfin prétendu qu'ils avaient lu eux-mêmes des autographes de l'émir des Musulmans Abou Yacoub Youssef ben Abd el-Moumen écrits en présence et même sous la dictée de Abd el-Moumen, et qui attestaient que le règne d'El-Mehdy avait duré trois mille cinq cent quatre-vingt-cinq jours, soit huit ans, huit mois et treize jours, à partir du samedi, jour de la proclamation, jusqu'au mercredi, jour de sa mort.

PORTRAIT, VIE ET PRINCIPAUX FAITS D'EL-MEDHY.

Mohammed, connu sous le nom d'El-Mehdy, fondateur du règne des Almohades, était d'une belle taille; il avait le teint cuivré, le visage petit, les dents écartées, le nez fin, les yeux enfoncés, peu de favoris, le dessus de la main droite orné d'un tatouage. Il était prudent, très-rusé, très-instruit, savant docteur; il possédait le Hadits du Prophète (que Dieu le comble de bénédictions!). Zélé, connaissant les origines et les sciences théologiques, éloquent et capable de diriger les grandes affaires, énergique et sanguinaire, ne revenant jamais sur ses décisions, se connaissant mieux soi-même que personne ne le connaissait, très-actif et très-soigneux dans les affaires de son gouvernement, il rencontra des peuples ignorants et il se servit de cette ignorance au profit de sa cause; les Mesmouda furent les premiers à le proclamer, et il leur donna ce *Touhíd* en langue berbère, dont les lumières brillent aujourd'hui encore dans ces lieux-là. Il leur apprit qu'il était l'imam Mehdy, annoncé comme devant paraître dans le cinquième siècle. Il leur dénonça les Almoravides comme infidèles, et il ordonna de leur faire la guerre sainte et de leur enlever femmes, enfants et propriétés; il leur dit : « Quelques-uns s'appel-
« lent eux-mêmes émirs des Musulmans, mais leur
« vrai nom est Moulethemyn (les voilés), et ils sont
« bien ce peuple décrit par le Prophète de Dieu (à

« lui bénédiction et salut!) comme devant être exclu
« du paradis; hommes qui paraîtront à la fin du monde
« avec des queues comme les vaches, et dont les femmes
« seront ivres, nues, indécentes, et auront des bosses
« de chameau pour têtes. » C'est ainsi que El-Mehdy
en imposait à ces peuplades crédules et ignorantes
dont il frappait l'esprit par de tels récits.

Voici un exemple de sa fourberie, qui était aussi
grande que sa cruauté : un jour, il enterra vivants
quelques-uns de ses soldats en leur laissant une
petite ouverture pour prendre haleine, et il leur
dit : « Quand on vous interrogera, vous répondrez
« que vous avez trouvé chez Dieu ce qui vous avait
« été promis; que vous avez vu le châtiment préparé
« pour ceux qui refusent de combattre les Lemtouna;
« et qu'il faut faire tout ce que dit l'imam El-Medhy,
« parce que c'est la vérité. Quand vous aurez ré-
« pondu cela, ajouta-t-il, je viendrai vous délivrer,
« et je vous ferai à chacun une position élevée. » Or,
voici ce qui le préoccupait : les Almohades, ayant été
battus dans une rencontre avec les Almoravides, venaient d'éprouver des pertes énormes qui pouvaient
faire le plus grand tort à leur cause, et c'est pour
parer au découragement de ses soldats que Mehdy
eut l'idée de revenir la nuit sur le champ de bataille
et d'enterrer quelques-uns de ses hommes, comme
il a été dit, au milieu des morts. Le lendemain, de
retour au camp, il harangua les chefs Almohades.
« Vous êtes braves et bons guerriers, leur dit-il, et

« votre cause est celle de Dieu et de la justice; pré-
« parez-vous donc à combattre vos ennemis, et faites
« attention à vous; agissez de concert; mais, si vous
« doutez de mes paroles, allez sur le champ de ba-
« taille et informez-vous auprès de vos frères qui
« sont morts, et ils vous diront eux-mêmes le prix
« que vous retirerez de vos combats. » Les chefs Almohades se rendirent aussitôt sur le champ de bataille,
et ils s'écrièrent : « Ô nos compagnons morts! dites-
« nous ce que vous avez trouvé chez Dieu chéri. »
Ils répondirent : « Ce que nous avons trouvé chez
« Dieu très-haut, ce sont toutes sortes de biens, plus
« que ne peuvent en voir les yeux et en entendre
« les oreilles. » A cette réponse, ils revinrent en toute
hâte au milieu de leurs tribus et racontèrent partout ce qu'ils venaient d'entendre. Tout le monde fut
émerveillé, et El-Mehdy s'en alla aussitôt mettre le
feu aux ouvertures qu'il avait laissées pour respirer à
ceux qu'il avait enterrés et qu'il fit ainsi tous périr
misérablement, de crainte qu'en sortant de leurs tombeaux ils ne divulguassent l'artifice.

Autre exemple de sa ruse et de son imagination :
ne réussissant pas à apprendre le premier chapitre
du Koran à une fraction des Mesmouda, qui ne pouvaient pas prononcer l'arabe, il compta les mots et appela chacun par un de ces mots; ensuite, les faisant
asseoir en rang, il demandait au premier : « Com-
« ment te nommes-tu? *El-Hamdou Lillah* (louange à
« Dieu!). Et toi? *Rabb* (maître). Et toi? *El-Alemyn*

« (de l'univers), » et ainsi de suite jusqu'à la fin du premier chapitre *El-Fatiha*. Alors il leur disait : « Dieu « ne vous agréera que lorsque vous réunirez tous ces « noms en une seule phrase, et que vous la répé- « terez dans chaque partie de la prière. » Et c'est ainsi qu'il leur apprit le premier chapitre du Koran. Tel est le récit de l'auteur du livre intitulé *El-Mougharryb fi akhbár moulouk el-Maghreb*. (L'étranger, Histoire des rois du Maghreb.)

HISTOIRE DU RÈGNE DU KHALIFE, L'ÉMIR DES CROYANTS, ABOU MOHAMMED ABD EL-MOUMEN BEN ALY EL-KOUMY, EL-ZENETY.

Abd el-Moumen ben Aly ben Yala ben Mérouan ben Nasser ben Aly ben Amer ben el-Amouaty ben Moussa ben Aoûn Allah ben Yhya ben Ouzdjeïa ben Stáfoun ben Nafour ben Metála ben Houd ben Madghys ben Berber ben Bez ben Kyss ben Ghylân ben Moudhyr ben Nezâra ben Mahd ben Adnân. Telle est la généalogie d'Abd el-Moumen d'après les divers historiens de sa vie et de son règne, qui prétendent l'avoir tirée d'un manuscrit de son petit-fils, Abou Mohammed Abd el-Ouahed. Dieu seul sait la vérité.

Abd el-Moumen était Zenèta d'origine, et son père était potier. Tout jeune, il s'adonna à l'étude et à la lecture du Koran dans les mosquées; il fut amené au Maghreb par El-Mehdy, qui le garda près de lui, et c'est ainsi que les décrets du Dieu très-haut s'accomplirent. Ce qui est certain dans son histoire, c'est qu'il était Zenèta, de la tribu Koumya, et qu'il naquit à Tadjoura, endroit situé à trois milles du Port-Hœnyn [1]. El-Mehdy l'avait désigné comme son successeur, et, à sa mort, gardée secrète selon ses ordres, Adb el-Moumen fut reconnu imam par les dix compagnons, qui tinrent aussi compte de la familiarité qui avait toujours existé entre eux, et de ces paroles que Mehdy répétait souvent en chantant : « O mon « élève ! tu réunis en toi toutes les qualités, et tous, « tant que nous sommes, nous apprécions tes vertus, « ta gaieté, ta générosité, ton noble cœur et ta belle « figure ! » Et, en effet, chacun connaissait ses vertus, sa conduite, sa religion, son énergie, sa parfaite instruction et son bon sens.

On raconte aussi qu'à la mort d'El-Mehdy, chacun des dix compagnons voulut lui succéder, et qu'étant tous de tribus différentes, chacun fit appel aux siens pour se faire élire khalife. Aussi il y eut des troubles et des divisions jusqu'à ce que les dix disciples, s'étant réunis en conseil avec les cinquante compagnons de l'imam, reconnurent que, pour ne point perdre leur position et leur crédit, il fallait se hâter de tomber d'accord, et c'est alors qu'ils proclamèrent Abd el-Moumen, qui était étranger, mais dont on connaissait la liaison intime avec El-Mehdy, qui lui avait toujours témoigné une si grande affection.

Ebnou Sahab el-Salat raconte, dans le *El-Menn bel*

---

[1] Aujourd'hui Nemours.

Imâma, qu'El-Mehdy ayant ordonné que sa mort fût tenue secrète, Abd el-Moumen et ses dix compagnons se conformèrent à ce vœu et menèrent heureusement pendant trois ans toutes les affaires, et cela grâce à l'adresse et à l'instruction d'Abd el-Moumen dont voici, d'ailleurs, un trait : à la mort de son maître, il se procura un petit lionceau et un oiseau qu'il éleva comme il l'entendit, mais si bien que le lion s'apprivoisa et devint son gardien, tandis que l'oiseau apprit à dire en bon arabe : « La victoire et la puis-
« sance appartiennent au khalife Abd el-Moumen,
« émir des Musulmans. » Lorsque l'éducation fut complète, il convoqua les cheïkhs Almohades et les Kabyles pour tenir conseil, et il ordonna à ses gens de lui dresser une grande tente en dehors de la ville (Tynmâl); puis, ayant fait garnir l'intérieur de tapis, il plaça l'oiseau sur le support de la tente, et il prescrivit de lui amener le lion quand l'assemblée serait réunie, pour le lâcher au milieu des assistants. En effet, lorsque le conseil fut formé, Abd el-Moumen se leva pour faire la prière; il adressa deux fois de suite des louanges à Dieu et pria pour le Prophète (que le Seigneur le comble de bénédictions!), pour ses compagnons et pour l'imam El-Mehdy, dont il annonça la mort. Les assistants prièrent et pleurèrent abondamment en mémoire de leur imam; mais Abd el-Moumen fit cesser leurs cris et leurs sanglots en leur disant : « El-Mehdy est monté vers Dieu pour
« recevoir sa récompense; faites donc taire votre dou-

« leur, et voyez à qui vous voulez remettre la direc-
« tion de vos affaires; unissez vos voix en faveur de
« celui que vous désignerez pour succéder à l'imam,
« et tâchez de vous mettre d'accord, parce que vos
« divisions seraient la perte de votre puissance et la
« victoire de vos ennemis. » Au même moment, les
cheikhs commencèrent à délibérer; mais le maître
ayant sifflé, le lion parut et l'oiseau dit clairement
en arabe : « La victoire et la puissance appartiennent
« au khalife Abd el-Moumen, émir des Musulmans. »
Le lion, aussitôt lâché, bondit, en frappant le sol avec
sa queue, et, faisant voir ses dents, il mit tous les assistants en fuite à droite et à gauche, à l'exception d'Abd
el-Moumen, qui resta seul impassible à sa place, où
le lion, l'ayant aperçu, vint tout joyeux en remuant
la queue. Les Almohades, enthousiasmés à cette vue,
furent unanimes pour proclamer Abd el-Moumen;
ils disaient : « Devant choses pareilles il ne peut plus
« y avoir de discussions ni d'autre khalife que celui
« qui est l'objet de ces prodiges, celui pour qui un
« oiseau parle et dont le lion vient caresser les mains,
« d'autant plus que c'est lui que l'imam avait déjà
« désigné pour nous lire la prière, qui est la source
« de l'Islam. Agissons donc comme les compagnons
« du Prophète (que Dieu le comble de bénédictions!),
« dont le premier soin fut d'élire Abou Beker (que
« Dieu l'agrée!) à cause de sa vertu et de sa science,
« et aussi parce que c'était lui que le Prophète, étant
« malade, avait désigné pour faire les prières. On le

« proclama, quoique, au nombre de ses compagnons, « le Prophète eût des proches parents. » Certains écrivains ajoutent que lorsque le lion vint à lui, Abd el-Moumen le caressa, lui passa les mains dans la crinière et lui dit de s'en aller. Le lion comprit l'ordre et se retira, et, s'il avait pu parler, il aurait sûrement prononcé les louanges du Seigneur! Les assistants, émerveillés, répandirent la nouvelle dans le monde entier où elle fut écrite sur les feuilles de l'histoire comme un vrai miracle et un signe évident. C'est à ce sujet qu'Abou Aly a dit en vers : « Le lionceau resta « caché et ignoré jusqu'à ce qu'il devint lion lui-« même, et il allait vers son maître comme il aurait « été vers son père. L'oiseau chanta la proclamation « de sa puissance en présence de l'assemblée, et tous « ceux qui furent témoins dirent, Les signes sont appa-« rents, et c'est toi qui succéderas à l'imam ; mais cela « datait déjà de longtemps ! »

La proclamation d'Abd el-Moumen ben Aly eut lieu le jeudi 14 ramadhan, an 524, par les dix compagnons d'El-Mehdy, et deux ans plus tard, le vendredi 20 de raby el-aouel 526, par tous les Kabyles, qui lui prêtèrent serment dans la mosquée de Tynmâl, après la prière.

D'après d'autres récits, Abd el-Moumen fut proclamé, d'abord par les dix compagnons, puis par les cinquante cheïkhs, et enfin par tous les Almohades, sans en excepter un seul, qui jurèrent son bonheur et la perte des Almoravides. En effet, ses jours furent heureux, ses armées dispersèrent les Lemtouna, auxquels il ravit l'empire du Maghreb; il conquit l'Ifrîkya jusqu'à Barka, et l'Andalousie. Partout les khotbah furent faits en son nom.

Dès qu'il eut assuré son gouvernement, il se mit en campagne contre ses ennemis; sa première expédition fut celle de Tedla; il sortit de Tynmâl le jeudi 24 de raby el-aouel, an 526, à la tête de trente mille Almohades, et il arriva à Tedla, qu'il livra au pillage, et dont il fit tous les habitants prisonniers. Puis il enleva successivement les pays de Drâa, de Thyghar, de Fezez et d'Aghmât.

Au mois de safar 534 (1139 J. C.), il entreprit une longue campagne durant laquelle il ne cessa de battre l'ennemi et de conquérir des villes, jusqu'en 541 (1146 J. C.); il commença par subjuguer tout le pays de Taza et les montagnes de Ghyata. Ses combats avec les Lemtouna ne discontinuèrent pas depuis le jour de sa proclamation jusqu'à la mort de l'émir Aly ben Youssef ben Tachefyn, et sous le règne de son fils Tachefyn, son successeur. Après être resté deux ans à Khernatha, en face de l'émir Tachefyn, combattant le jour et se reposant la nuit, Abd el-Moumen porta son camp vers le Djebel Ghoumâra; Tachefyn l'ayant suivi, il s'arrêta sur les bords de l'Oued Thalyt, près de *L'Aïn el-Kadym* (la source antique), où il demeura deux mois, durant lesquels ses soldats, pour remédier aux rigueurs de la saison d'hiver, durent brûler les charpentes et les bois des maisons, et puis leurs tentes mêmes. Abd el-Moumen se mit alors en route pour Tlemcen, mais Tachefyn, ayant marché sans s'arrêter, le devança et se fortifia dans cette ville, de sorte qu'il dut se contenter de camper dans la vallée et de harceler l'ennemi, jusqu'au moment où il se décida à aller à Oran, en laissant une partie de sa troupe pour continuer le siége de Tlemcen. Tachefyn, de son côté, ayant confié la défense de la place à une garnison almoravide, se mit en marche pour Oran, et c'est en route qu'il tomba du sommet d'une montagne dans la mer et qu'il mourut. Abd el-Moumen occupa Oran et Tlemcen dans le mois de ramadhan, an 539. C'est ainsi que les faits sont racontés par l'auteur du *Menn el-Imâma*.

Ben Methrouh el-Keyssy a écrit qu'Abd el-Moumen, ayant été proclamé à Tynmâl, se dirigea avec une armée Almohade vers Maroc en Chouel 526, et qu'il en fit longtemps le siége; de là il se rendit à Tedla, et après s'en être emparé, il vint à Salé, dont les habitants se rendirent, et où il entra le samedi 24 dou'l-hidja, de ladite année 526. En 527 il conquit Tâza, et en 528 il prit le titre d'émir des Musulmans; en 529 il fit construire la ville de Rabat-Tâza (*Tafersyft*), et, depuis l'an 530 jusqu'en 539, il fit à Tachefyn une guerre sanglante qui ne se conclut qu'au siége de Tlemcen; Tachefyn, voyant sa position devenir de plus en plus mauvaise, s'en alla à Oran, où Abd el-Moumen, arrivant sur ses pas, le bloqua, tandis qu'un corps d'armée almohade continuait le siége de Tlemcen. Tachefyn, de plus en plus resserré et menacé, tenta une sortie de nuit avec un petit nombre des siens pour surprendre le camp d'Abd-el-Moumen ; la nuit était très-sombre et son cheval le précipita du sommet d'une hauteur. Le lendemain matin son cadavre fut trouvé sur le bord de la mer, on lui coupa la tête et on la remit à Abd el-Moumen, qui l'expédia à Tynmâl, où elle fut pendue à un arbre de *Safsaf* (peuplier). Abd el-Moumen rentra victorieux à Oran dans le mois de moharrem, an 540. Le mois suivant, safar, il fit son entrée à Tlemcen prise d'assaut par les Almohades; les Almoravides se réfugièrent à Agadir, où ils se soutinrent jusqu'en 544, époque à laquelles les Almohades les en chassèrent également.

El-Bernoussy rapporte qu'Abd el-Moumen conquit Tlemcen en 529, et qu'aussitôt après il envoya une armée de dix mille cavaliers Almohades en Andalousie, où ils débarquèrent sur la plage d'El-Khadera[1]. Leur première conquête en Espagne fut celle de la ville de Chérich[2], où ils entrèrent sans coup férir. Le kaïd de cette place, Abou Kamar des Beni Ghânya, vint au-devant d'eux avec sa garnison de trois cents Almoravides pour proclamer Abd el-Moumen et faire soumission. Aussi les Almohades nommèrent-ils les gens de Chérich *les premiers Croyants*, et ils leur laissèrent à jamais leurs biens et leurs propriétés, pour lesquels

---

[1] Algéziras.
[2] Xérès.

ils n'eurent même plus à donner le quart des produits, comme cela se faisait dans toute l'Andalousie. C'était à Chérich que les souverains Almohades envoyaient chaque année ceux qui voulaient embrasser l'islamisme, et lorsque ceux-ci s'en allaient, il en arrivait d'autres. La conquête de Chérich eut lieu le premier dou'l hidja, an 539.

Ben Ferhoun rapporte que les Almohades passèrent en Andalousie dans le mois dou'l hidja 539, et qu'ils débarquèrent à Tarifa sous le commandement du cheïkh Abou Amran Moussa ben Saïd. Ils furent accueillis par les habitants de Tarifa sans coup férir, et ils se rendirent à Algéziras où la population les appelait, et dont ils chassèrent en entrant, le jour même de l'Aïd el-kebyr, les Almoravides, qui s'enfuirent à Séville.

En 540, Abd el-Moumen prit Fès après un long siége, à la fin duquel il imagina de barrer la rivière qui traverse la ville; ce qu'il fit moyennant bois et bâtisse. Lorsque l'eau ainsi arrêtée fut arrivée au niveau de la barrière et commença à déborder dans la plaine, il fit rompre la digue, et l'eau, se précipitant en un seul torrent, renversa les remparts et emporta plus de deux mille maisons; une multitude de personnes périrent noyées, et la ville fut presque entièrement submergée. Les Almoravides demandèrent alors l'aman, mais, une fois maître de la place, Abd el-Moumen dit qu'il ne pouvait pas y avoir d'aman pour les Morabethyn, et il les fit tuer comme des infidèles; il détruisit la majeure partie des remparts en disant : « Je n'ai pas besoin, moi, d'être défendu « par des murs; mes murs ce sont mon épée et ma « justice. » Fès resta ainsi sans murailles jusqu'à l'époque où El-Mansour, petit-fils d'Abd el-Moumen, les fit reconstruire, et elles ne furent achevées que par le fils de celui-ci, Mohammed el-Nasser, en l'an 600.

En 540 susdit, les Almohades entrèrent à Séville, où on fit les khotbah au nom d'Abd el-Moumen ben Aly, et ils s'emparèrent de Malaga. Abd el-Moumen fit construire les murs de Tadjerart, près Tlemcen, ainsi que la mosquée et les murs d'enceinte de cette ville. Il conquit à la même époque les pays de Doukâla.

En 541, vers le milieu de moharrem, Abd el-Moumen entra à Aghmât sans coup férir. A la fin de raby les Almohades prirent Tanger, et ils en chassèrent les Almoravides; le huit de chouel, samedi, Abd el-Moumen pénétra dans la ville de Maroc après de sanglants combats, et fit périr un nombre considérables d'Almoravides, ainsi que l'émir Ishac ben Aly ben Youssef ben Tachefyn, qu'il fit prisonnier d'abord, et massacra ensuite. Durant ce même mois toutes les tribus Mesmouda firent leur soumission, et le Maghreb entier fut ainsi acquis à Abd el-Moumen.

En 542, un Saletin surnommé *El-Messaty*, dit El-Hâdy, dont le vrai nom était Mohammed ben Houd ben Abd-Allah, tisserand, et dont le père était brocanteur et marchand d'objets de rebut, se révolta contre Abd el-Moumen, après l'avoir reconnu lors de la prise de Maroc, et se rendit dans les tribus de Temsna, où il se fit proclamer par la majeure partie des Mesmouda, de façon qu'il ne resta bientôt plus que la ville de Maroc à Abd el-Moumen dans cette partie du pays. L'émir des Musulmans envoya contre lui le cheïkh Abou Hafs à la tête d'une forte armée Almohade; l'expédition se mit en marche de Maroc le premier dou'l kaada, et Abd el-Moumen l'accompagna jusqu'au Tensyft. Abou-Hafs atteignit El-Messaty au delà de Temsna et lui livra bataille. Le combat fut sanglant; le général Almohade tua de sa propre main le rebelle, dont les soldats se dispersèrent en déroute. Cela eut lieu au mois dou'l hidja. Abou-Hafs, l'Almohade, fut surnommé *Syf Allah* (épée de Dieu), comme Khalèd ben el-Oualyd. (Que Dieu l'agrée!)

En cette même année une députation de personnages de Séville vint à Maroc pour reconnaître la souveraineté d'Abd el-Moumen ben Aly qui, occupé de la guerre d'El-Messaty, ne les reçut qu'un an après leur arrivée, le jour de l'Aïd el-kebyr, au sortir de la prière; ils saluèrent l'émir tous ensemble et ils le suivirent. Abd el-Moumen accueillit leurs hommages et demanda au kady Abou Beker ben el-Arby, qui faisait partie la députation, s'il ne s'était point trouvé avec El-Mehdy lorsqu'il étudiait chez El-Ghazály. Le kady lui répondit : « Non, je ne me suis point trouvé « avec lui, mais j'ai entendu Ghazâly qui en parlait.— « Et que disait donc Ghazâly? — Il disait que ce Ber-« bère ne pouvait manquer de s'illustrer. » Abd el-Moumen congédia alors ses visiteurs et leur donna des titres d'exemption d'impôts. Ils partirent en djoumad el-tâny, an 543 (1148 J. C.).

Au commencement de cette même année, Abd el-Moumen ben Aly se rendit à Sidjilmessa, où il entra sans coup férir et en donnant l'aman à la population. Puis il revint à Maroc où il resta quelque temps, et il se remit en route pour Berghouata dont il défit les défenseurs dans un sanglant combat; un très-petit nombre de fuyards échappèrent au carnage. A cette même époque, les habitants de Ceuta se révoltèrent à l'instigation de leur kady El-Ayad ben Moussa, contre les Almohades qu'ils avaient reconnus et reçus dans leur ville; ils les massacrèrent tous, et leurs chefs furent brûlés vifs. Après ce coup de main, le kady El-Ayad s'embarqua et se rendit auprès de Ben Ghânya pour le proclamer et lui demander un gouverneur; Ben Ghânya envoya Saharaouy commander Ceuta, et les choses restèrent ainsi pour le moment. Les Berghouata, apprenant qu'Abd el-Moumen marchait contre eux, adressèrent un message à Saharaouy pour l'appeler à leur secours contre Abd el-Moumen; Saharaouy, s'étant donc mis à la tête de tous les Berghouata, fit éprouver un fort échec à Abd el-Moumen; mais celui-ci, reprenant bientôt l'offensive, culbuta l'ennemi et le mit en déroute, massacrant ou faisant prisonniers tous ceux qui se laissaient atteindre. El-Saharaouy prit la fuite et demanda l'aman à l'imam, qui le lui accorda et dont il ne contesta plus la souveraineté. En apprenant ces nouvelles, les habitants de Ceuta, au désespoir, frappèrent dans leurs mains. Ils écrivirent leur soumission et remirent l'acte aux cheïkhs et aux principaux de la ville, en les chargeant de le porter à Abd el-Moumen. L'imam leur accorda le pardon, à la condition que tous ces chefs et le kady El-Ayad iraient résider à Maroc, et que les murs de Ceuta seraient démolis, ce qui fut fait immédiatement.

Le mercredi 3 de djoumad el-aouel de cette année, Abd el-Moumen enleva à l'assaut la ville de Mekenès, assiégée depuis sept ans ; il massacra la plus grande partie de la garnison, et il prit le cinquième de tous les biens des habitants. Cette ville n'a plus été depuis lors jusqu'à ce jour qu'une place de commerce.

Durant cette même année, les Almohades conquirent Cordoue, qui leur fut livrée par son gouverneur Yhya ben Aly ben Aycha, qui se rendit à Grenade pour engager le gouverneur à chasser les Lemtouna, et à livrer la place aux Almohades comme il avait fait lui-même de Cordoue et de Carmona. — Yhya mourut à Grenade le vendredi 14 de châaban, an 543, et il fut enterré à la kasbah, à côté du tombeau de Bâdys ben Djebous ; c'est enfin en 543 qu'Abd el-Moumen s'empara de la ville de Djyan[1], où le khotbah fut fait en son nom.

En 544, les Almohades s'emparèrent de la ville de Miliana, et il surgit un homme de Temsna, appelé Aby Terkyd, qui fut proclamé par les Berghouata et un grand nombre de Berbères avec lesquels il fit la guerre aux Almohades, jusqu'au jour où il fut tué. Sa tête fut envoyée à Maroc, et un nombre considérable de Berbères périrent avec lui.

En 545 (1150 J. C.), l'émir des Musulmans vint à Salé, et fit faire les travaux nécessaires pour y conduire les eaux de la source de Ghaboula par Rabat el-Fath. Il donna ordre aux gouverneurs de l'Andalousie de lui envoyer des députations. En conséquence, cinq cents cavaliers, kadys, docteurs, prédicateurs, cheïkhs et kaïds arrivèrent à Salé, où ils furent reçus à la distance d'environ deux milles de la ville par le ministre Abou Hafs et le secrétaire, le fekhy Abou Djafar ben Athya, accompagnés des cheïkhs Almohades. Les visiteurs reçurent une hospitalité aussi généreuse qu'agréable, et trois jours après ils furent présentés à l'émir Abd el-Moumen ben Aly, qu'ils acclamèrent; c'était le 1er de moharrem, an 546. Ils furent introduits par le fekhy Abou Djafar, qui présenta d'abord les envoyés de Cordoue, au nom desquels le kady Abou el-Kassem ben el-Hadj prit la parole; il donna à l'émir des détails précis sur

---

[1] Djyan, Jaën.

la situation de Cordoue, et termina en disant : « O « émir des Musulmans! Alphonse (que Dieu le confonde!) a ruiné notre pays. » Après lui vint Abou Beker ben el-Djedy, qui prononça un long discours; puis chacun exposa successivement ses plaintes et ses vœux; Abd el-Moumen les écouta tous attentivement, satisfit à toutes leurs demandes, et les congédia en leur ordonnant de retourner chez eux.

En 546 (1151 J. C.), Abd el-Moumen laissa le commandement de Maroc à Abou Hafs ben Yhya, et entreprit une campagne dans l'est, pour s'emparer de Bedjeya[1]. Il se rendit d'abord à Salé, où il séjourna deux mois; de là il passa à Ceuta, pour faire croire qu'il allait en Andalousie, et, arrivé dans cette ville, il fit venir des députations de Séville et de Cordoue, et les principaux docteurs et généraux d'Espagne, auxquels il donna ses instructions, et qu'il congédia avec quelques présents. Ayant alors réuni toutes ses troupes, il se mit en marche pour El-Kassar Abd el-Kerym[2], et, à son arrivée, il passa en revue tous ses soldats, leur distribua de l'argent, et leur donna l'ordre de renouveler leurs provisions. Il se remit en route à travers les champs, et, laissant la ville de Fès à sa droite, il passa la Moulouïa et atteignit Tlemcen où il s'arrêta une journée. De Tlemcen il arriva à Djézaïr[3], où il entra sans coup férir, et en donnant

[1] Bougie.
[2] Al-Kassar.
[3] Alger.

l'aman aux habitants. Le gouverneur de cette ville prit la fuite et se rendit à Bedjeya, où il annonça la prochaine arrivée d'Abd el-Moumen au kaïd Ben Hamed, qui ne s'y attendait nullement. L'émir des Musulmans arriva bientôt devant cette place, dont la porte lui fut ouverte par Abou Abd Allah ben Mîmoun, connu sous le nom de Ben Hamdoun. Le gouverneur Ben Hamed prit la fuite par mer et se rendit à Bône, d'où il passa à Constantine. Ces événements eurent lieu dans le mois de dou'l kâada, an 547.

En ladite année 546, le cheïkh Abou el-Hafs passa en Andalousie, où Abd el-Moumen l'avait envoyé à la tête d'une armée considérable et accompagné de son fils Abou Saïd, pour faire la guerre aux Chrétiens, et leur enlever Alméria dont ils s'étaient emparés. Arrivés sous les murs de cette place, les Almohades entreprirent le siége avec vigueur, et l'émir Abou Saïd entoura son camp d'une muraille. Les Chrétiens d'Alméria demandèrent du secours à Alphonse, qui leur envoya El-Isselthyn et Ben Merdnîch avec de nombreuses troupes; mais toutes leurs tentatives et tous leurs efforts ayant été inutiles, ils prirent le parti de se retirer, et ils ne revinrent plus. Abou Saïd s'empara alors, sans coup férir, d'Alméria, dont les habitants demandèrent et obtinrent l'aman par l'intermédiaire du ministre le secrétaire Abou Djafar ben Athya.

En 547 (1152 J. C.), pendant qu'Abd el-Moumen prenait possession de Bedjeya, les Almohades enlevaient Constantine à Ben Hamdoun en donnant l'aman aux habitants qui proclamèrent Abd el-Moumen. Ben Hamdoun seul fut envoyé à Maroc, où l'émir lui fit donner des biens et une jolie résidence. Abd el-Moumen resta deux mois à Bougie pour asseoir son gouvernement en ville et dans les environs, qu'il plaça sous le commandement des Almohades, et il revint à Maroc.

En 548 (1153 J. C.), l'émir fit arrêter Ysliten, parent d'El-Mehdy, qu'on lui amena enchaîné de Ceuta, et qu'il fit tuer et crucifier à la porte de Maroc. Après cette exécution, il se rendit à Tynmâl pour visiter le tombeau d'El-Medhy. Il distribua de fortes sommes aux habitants, et fit agrandir et embellir la mosquée et la ville. Il vint alors à Salé, où il finit l'année.

En 549 (1154 J. C.), il désigna son fils Mohammed pour lui succéder après sa mort, disposition dont il fit part par écrit à tous les cheïkhs et les chefs de son empire. Puis il distribua comme il suit les principaux commandements à ses fils : il donna Tlemcen et dépendances au Sid Abou Hafs, en lui adjoignant Abou Mohammed Abd el-Hakk et le fekhy Abou el-Hassem Abd el-Malek ben Ayach, qui fut plus tard le secrétaire des deux khalifes; au Sid Abou Saïd le gouvernement de Ceuta et de Tanger, avec Ben Hassen pour lieutenant; au Sid Abou Yacoub Youssef le gouvernement de Séville et dépendances; et au cheïkh Abou Zyd ben Moudjyb celui de Cordoue et dépendances. C'est après avoir pris ces dispositions que l'émir Abd el-Moumen apprit qu'à la nouvelle de la mort de Yslîten, qu'il avait fait tuer, Abd el-Azyz et Aïssa, frères d'El-Medhy, étaient sortis de Fès pour marcher contre lui à Maroc, par le chemin d'El-Mâden (de la mine). Quittant aussitôt la ville de Salé, il s'en alla, à marche forcée, vers Maroc, en se faisant devancer par son ministre Abou Djafar ben Athya; mais quand il se présenta, Abd el-Azyz et Aïssa, arrivés avant lui, avaient déjà tué le kaïd de la ville, Abou Hafs ben Yfryn. Aussi il ne voulut rien entendre et il les fit mourir sur la croix. Cette année-là se termina par la prise de Lybla[1] par les Almohades, après un long siége, qu'Abd el-Moumen avait confié à son kaïd Abou Zakerya ben Youmar. Ce général, après avoir emporté la place à l'assaut, fit sortir les habitants de la ville, et, les ayant alignés en rangs, il les fit tous massacrer, sans en exempter les docteurs, au nombre desquels se trouvaient le fekhy Ben Bathal, versé dans le Hadits, et le fekhy vertueux et pieux Abou Amer ben el-Djyd, qui fut très-regretté. Le nombre des victimes de Lybla s'éleva à huit mille hommes de la ville et à quatre mille hommes des environs. Leurs femmes, leurs enfants et leurs biens furent vendus; mais tout cela fut fait sans ordres de l'émir, qui adressa les plus vifs reproches au kaïd Abou Zakerya, et lui signifia qu'il ne pouvait admettre ni excuser une pareille conduite. Puis il

[1] Niebla.

envoya de Maroc des gardes pour l'arrêter, et on le lui amena enchaîné, le jour même de l'aïd el kebyr; il le fit jeter en prison, où il resta longtemps; mais rien de ce qu'il avait pris ne fut rendu aux habitants de Lybla.

En 550 (1155 J. C.), l'émir Abd el-Moumen ordonna de restaurer et de bâtir les mosquées dans tout son empire, et prescrivit à tous les gouverneurs et aux tolbas de l'Andalousie et du Maghreb de punir le crime et le faux témoignage, et de ne point s'écarter des principes du Hadits.

En 551 (1156 J. C.), les Almohades s'emparèrent de Grenade où les khotbah furent faits au nom d'Abd el-Moumen ben Aly, auquel les habitants envoyèrent leur acte de soumission. L'émir leur expédia un gouverneur; mais bientôt, violant leurs engagements, ils mirent à mort ce gouverneur à la place duquel s'élevèrent Ben Merdnîch, Ben Houmouchk et Akrâ le chrétien.

En 552 (1157 J. C.), l'émir des Musulmans donna ordre d'attaquer Grenade, et il confia l'expédition à ses fils Youssef et Othman, qui partirent avec un nombre considérable de soldats, assiégèrent la place et y entrèrent à l'assaut. Akrâ le chrétien et toute la garnison furent massacrés; mais Ibrahim ben Houmouchk et Ben Merdnîch prirent la fuite. Ceci est écrit d'après le récit de Ben Metrouh. Ben Sahab el-Salat, de son côté, rapporte que la conquête de Grenade et la mort de Akrâ le chrétien eurent lieu en 557;

mais Dieu seul qui est vrai connaît la vérité. En cette même année, l'émir fit jeter en prison son ministre Abou Djafar ben Athya, et après l'y avoir laissé quelque temps, il le fit mettre à mort au mois de chouel, et le remplaça dans ses fonctions par Abd el-Selam ben Mohammed el-Koumy. Abd el-Moumen avait épousé la mère de cet Abd el-Selam, et en avait eu une fille qui avait été mariée à Abou Hafs avec lequel elle divorça. Après l'exécution de Abou Djafar, l'émir choisit pour secrétaire Abd el-Malek ben Ayach, de Cordoue.

En 553 (1158 J. C.), eut lieu l'expédition de la Mehdïa; Abd el-Moumen enleva cette place aux Chrétiens et soumit toute l'Ifrîkya. La Mehdïa, avant d'appartenir aux Chrétiens, était gouvernée par Hassen ben Aly ben Yhya ben Temym ben el-Mouaz ben Badys, qui en avait hérité de son père et de ses aïeux; elle lui fut prise par les ennemis chrétiens venus de Skylia (Sicile). Ces Chrétiens entrèrent à l'assaut à la Mehdïa après en avoir fait le siége, vers l'an 540, et ledit Hassen ben Aly prit la fuite et atteignit Alger, où il se réfugia. Lorsque Abd el-Moumen arriva à Alger avec son armée almohade, il y trouva Hassen ben Aly, qui vint au-devant de lui pour faire sa soumission. Abd el-Moumen l'accueillit et le ramena à Maroc, où il le garda auprès de lui jusqu'en 553, à l'époque où il fit son expédition dans l'est et conquit la Mehdïa, qu'il attaqua par terre et par mer, et qu'il ne cessa de battre qu'en 555, lorsqu'il l'eut enlevée aux Chrétiens. Telle est la version d'El-Bernoussy.

Ben Djenoun raconte qu'Abd el-Moumen se mit en campagne contre la Mehdïa, et sortit de Maroc dans la première période (décade) du mois de chouel de l'an 553; il laissa le commandement de cette capitale à Abou Hafs ben Yhya, assisté de son fils le Sid Abou el-Hassen; il nomma également Abou Yacoub Youssef ben Soliman gouverneur de Fès et dépendances; Sid Abou Yacoub, son fils, gouverneur de Séville, Cordoue et dépendances et de toutes ses possessions de l'ouest en Andalousie; et enfin son autre fils, Abou Saïd, gouverneur de Grenade et dépendances. Il partit à la tête d'une armée innombrable, composée d'Almohades, de kabyles Zenèta, d'Aghzâz et d'arbalétriers, et il se dirigea vers l'Orient. Dieu l'accompagna dans sa marche; il traversa les terres du Zab et de l'Ifrîkya, conquérant le pays et les villes, donnant l'aman à ceux qui le demandaient et tuant les récalcitrants. Il arriva ainsi jusqu'à Tunis, dont il fit le siége pendant trois jours. Puis, laissant l'armée almohade pour continuer ce siége, il se rendit au Kairouan dont il s'empara; de là il conquit Sousa et Sfax, et il arriva à la Mehdïa, où il tomba sur les Chrétiens par terre et par mer, les battant sans relâche nuit et jour avec ses machines de guerre, et leur présentant chaque matin de nouveaux soldats, jusqu'au moment où il entra dans la place et les massacra en nombre considérable.

En 554 (1159 J. C.), dans le mois de djoumad el-aouel, Tunis fut pris et les khotbah y furent faits au nom de l'émir Abd el-Moumen ben Aly, au moment où il s'emparait lui-même de la Mehdïa, dont le siége avait duré sept mois. C'est pendant cette année-là qu'Abd el-Moumen soumit toute l'Ifrîkya sans exception, depuis Barka jusqu'à Tlemcen; il divisa ses nouvelles conquêtes en provinces, à chacune desquelles il donna un de ses kaïds et un de ses kadys; il régularisa son gouvernement par une bonne organisation, et il fit restaurer les villes et les ports. Ensuite il ordonna d'arpenter ses possessions d'Ifrîkya et du Maghreb. L'on mesura depuis Barka jusqu'au Bled Noul (Noun) dans le Sous el-Aksa, en fersagh (parasanges) et en milles, en long et en large, moins une superficie d'un tiers environ, occupée par les montagnes, les précipices, les fleuves, les marais, les forêts et le désert. Les pays arpentés furent divisés en fractions pour les contributions à payer en blé et en argent, et c'est la première fois que cela fut fait au Maghreb. Selon quelques historiens, Abd el-Moumen serait entré dans la Mehdïa le jour de l'Achoura, an 555.

C'est durant cette année-là que l'émir des Musulmans ordonna de bâtir une ville sur le Djebel el-Fath[1] et de l'entourer de murs, ce qui fut fait. Les premiers fondements furent jetés le 9 de raby el-

---

[1] Gibraltar.

aouel, et les travaux furent terminés dans le courant du mois de dou'l kâada. Dans cette même année, Abd el-Moumen quitta l'Ifrîkya pour rentrer au Maghreb et se rendre à Tanger, d'où il avait l'intention de passer en Andalousie; mais, arrivé à la Karya d'Oran, les Arabes de l'Ifrîkya lui ayant demandé de les laisser retourner à leurs affaires et dans leurs familles, il accéda à leurs désirs, et il ne retint auprès de lui, pour les conduire au Maghreb, que mille hommes de chaque tribu avec leurs femmes et leurs enfants, tous Arabes Hachems. C'est dans ce voyage de retour qu'Abd el-Moumen bâtit la ville d'El-Betheha[1], et en voici la cause : Les Almohades, voyant que leur séjour dans le Levant se prolongeait indéfiniment, furent pris du désir de revoir leur pays et leurs familles, et formèrent un complot pour assassiner Abd el-Moumen pendant son sommeil. Un cheïkh, ayant eu connaissance de leur conspiration, accourut auprès de l'émir pour le prévenir du danger, et il ajouta : « Per« mets-moi, ô émir, de prendre ta place cette nuit; « s'ils font ce qu'ils ont comploté, j'aurai ainsi sacrifié « ma vie pour le bien des Musulmans et je trouverai « ma récompense chez Dieu, qui me rémunérera éga« lement pour mes bonnes intentions, si j'échappe à « la mort. » En effet, le cheïkh se coucha dans le lit de l'émir et il fut étranglé. Le lendemain matin, Abd el-Moumen, après s'être éveillé et avoir fait sa

---

[1] El-Betheha, ville sur la rive droite de l'Oued Mîna, à 20 kilomètres du Chélif.

prière, se souvint du cheïkh et se rendit dans sa tente, où il ne trouva plus qu'un cadavre. Il le prit et le chargea lui-même sur le dos d'une chamelle, qui se mit en route sans être conduite, allant tantôt à droite tantôt à gauche, jusqu'à un endroit où elle s'arrêta et s'agenouilla d'elle-même. Alors Abd el-Moumen fit descendre le cadavre pour l'enterrer, et la chamelle resta agenouillée tout le temps qu'on creusa la fosse. On bâtit une koubbâ sur la tombe du cheïkh, et on y adjoignit une mosquée; puis enfin, sur l'ordre de l'émir, on y construisit une ville alentour, dans laquelle il laissa dix personnes de chaque tribu du Maghreb. La mémoire de ce cheïkh devint célèbre dans toute cette partie du pays, et aujourd'hui encore on se rend en pèlerinage à son tombeau. En rentrant à Tlemcen, l'émir fit arrêter son ministre Aly Abd el-Selam ben Mohammed el-Koumy, et le mit en prison, puis il s'en débarrassa en lui faisant boire un vase de lait empoisonné, qui le tua dans la nuit. Quittant ensuite Tlemcen pour rentrer au Maghreb, il arriva à Tanger dans le mois de dou'l hidjâ, an 555.

L'année suivante, 556 (1161 J. C.), Abd el-Moumen partit de Tanger et passa en Andalousie. Il débarqua au Djebel el-Fath, où il resta deux mois pour examiner la situation de l'Espagne. Les cheïkhs et les kaïds de l'Andalousie étant venus lui rendre visite, il leur ordonna de porter la guerre dans l'ouest de la péninsule. Le cheïkh Abou Mohammed Abd

Allah ben Aby Hafs partit de Cordoue avec une forte armée almohade, et vint s'emparer de la forteresse de Athernakech, aux environs de Bathaliouch[1], où il massacra tous les Chrétiens qui s'y trouvaient. Alphonse accourut en toute hâte de Thlytela[2] pour porter secours à cette garnison, mais lorsqu'il arriva, la perte des Chrétiens était consommée. Alors il attaqua les Almohades; il fut défait par Dieu très-haut, et six mille de ses soldats périrent. Les Musulmans rapportèrent leur butin et les prisonniers à Cordoue et à Séville. Durant cette même année, les Almohades s'emparèrent de Bathaliouch, Tadja et Bayra[3], et ils enlevèrent la forteresse d'El-Kaysar[4]. Le commandement de ces nouvelles conquêtes fut confié à Mohammed ben Aly ben el-Hadj, et l'émir revint à Maroc.

En 557 (1162 J. C.), l'émir donna ordre de fortifier toutes ses côtes, et de se préparer à faire la guerre aux Chrétiens par terre et par mer; il fit mettre quatre cents navires sur les chantiers; savoir : cent vingt au port de la Mamoura; cent à Tanger, Ceuta, Badis et autres ports du Rif; cent en Ifrîkya, à Oran et au port Hœnin; et quatre-vingts en Andalousie. En même temps il faisait réunir en masse des chevaux, des armures et des équipements, et il ordonna à tous ses

---

[1] Badajoz.
[2] Tolède.
[3] Badja et Evora.
[4] Castro-Marino.

sujets de fabriquer des flèches; on lui en fournissait dix quintaux par jour; il eût été impossible de les compter. C'est pendant qu'il faisait tous ces préparatifs, que lui arriva de la tribu de Koumya une superbe armée de quarante mille cavaliers; voici pourquoi : Lors de la conspiration des Almohades, qui coûta la vie au cheïkh, l'émir Abd el-Moumen n'ayant pu conserver aucun doute sur les dangers qu'il courait, pensa que ces dangers venaient surtout de ce qu'il était étranger, et n'avait autour de lui aucun confident ni garde de sa propre tribu; alors il écrivit secrètement aux cheïkhs des Koumy, en les invitant à venir à lui à cheval, avec tous les hommes de la tribu qui auraient atteint l'âge de puberté. En même temps, il leur envoya de l'argent et des vêtements. Les Koumy se réunirent donc au nombre de quarante mille pour venir à Maroc servir de garde particulière à l'émir. Tout le Maghreb s'émut à l'apparition de cette armée, et, dès son arrivée à Oumm el-Rebya, les Almohades, saisis de crainte, allèrent en hâte prévenir Abd el-Moumen qui, faisant semblant de tout ignorer, donna ordre au cheïkh Abou Hafs de se porter au-devant de ces étrangers avec les principaux cheïkhs Almohades et leurs hommes, pour leur demander ce qu'ils apportaient de nouveau. Les Almohades se mirent aussitôt en marche, et, arrivés à Oumm el-Rebya, ils dirent aux Koumy : «Que le salut soit avec vous! Êtes-vous « amis ou ennemis?» Ceux-ci rendirent le salut et répondirent : « Nous sommes de la tribu de l'émir des « Musulmans Abd el-Moumen ben Aly le Koumy, le « Zenèta, et nous venons pour lui rendre visite. » A cette réponse, Abou Hafs et ses compagnons retournèrent pour informer l'émir, qui donna ordre à tous les Almohades d'aller à leur rencontre. Les Koumy arrivèrent ainsi à Maroc, et leur entrée fut un jour de fête. Abd el-Moumen les mit au deuxième rang, entre les gens de Tynmâl et ceux de sa suite, puis il les rapprocha de sa personne, et il finit par s'en faire tout à fait entourer quand il sortait.

En l'an 558 (1163 J. C.), l'émir des Musulmans sortit de Maroc pour aller faire la guerre sainte en Andalousie, le jeudi 5 de raby el-aouel ; arrivé à Rabat el-Fath, il fit un appel général aux armes au Maghreb, en Ifrîkya et dans le Sous, conviant tous les Kabyles à la guerre sainte. Un peuple entier répondit à cet appel, et plus de trois cent mille cavaliers Almohades, Arabes et Zenèta, vinrent se joindre à ses troupes qui ne comptaient pas moins de quatre-vingt mille cavaliers et cent mille fantassins. A peine si le terrain était suffisant pour le camp, qui s'étendait aux environs de Salé, depuis l'Aïn Ghaboula jusqu'à l'Aïn el-Khamîs, et se déployait jusqu'au cap de la Mamoura. Mais au moment où l'émir achevait d'assembler et d'organiser cette immense armée, il tomba malade et ne se releva plus. Sa maladie fut longue et douloureuse, et, lorsqu'il sentit que la mort approchait, il annula les dispositions qu'il avait prises en faveur de son fils Mohammed, qui ne lui paraissait pas capable de gouverner un si grand empire. Il écrivit cet acte le vendredi 2 de djoumad el-tâny, et expédia des courriers dans toutes les directions pour en faire part à ses sujets; son mal s'accrut alors de plus en plus, et il succomba dans la nuit du vendredi 8 de djoumad el-tâny de ladite année. Selon d'autres, il mourut le mardi dans la nuit, à l'aube, le 12 dudit mois de djoumad el-tâny. Qu'il soit glorifié celui qui seul ne meurt jamais, qui ne sera jamais enseveli, et dont le règne n'a point de fin!

D'après Ben el-Khacheb, Abd-el-Moumen vécut soixante-trois ans; Ben Sahab el-Salat lui en donne soixante-quatre dans le *Menn el-Imâma*. Son corps fut transporté à Tynmâl, où il fut enterré à côté du tombeau de l'imam El-Mehdy. Son règne avait duré trente-trois ans, cinq mois et vingt-trois jours, comme l'ont rapporté plusieurs historiens de son règne. Abd el-Moumen laissa un grand nombre d'enfants, dont voici les principaux : Abou Yakoub, qui lui succéda, et son frère utérin Abou Hafs, Mohammed le déshérité, Abd Allah, prince de Bougie, Othman, prince de Grenade, El-Hassen, El-Housseïn, Soliman, Yhya, Ismaël, Ibrahim, Aly, Yacoub, Abd er-Rahman, Daoued, Ayssa et Ahmed; plus, deux filles, Aychâ et Safya. Au nombre de ses fils il faut citer encore le Sid Abou Amran, qui fut préfet de Maroc, et qui se distingua par ses connaissances en littérature et par une grande noblesse de caractère.

PORTRAIT DE L'ÉMIR DES MUSULMANS ABD EL-MOUMEN BEN ALY; SA CONDUITE ET SES QUALITÉS. QUE DIEU LUI FASSE MISÉRICORDE!

L'émir Abd el-Moumen gouverna sagement et sa conduite fut belle; il n'eut point d'égal chez les Almohades pour les vertus, les sciences, la religion et l'art de monter à cheval. Son teint était blanc et ses joues colorées, ses yeux noirs, sa taille haute, ses sourcils longs et fins, son nez aquilin, sa barbe épaisse; éloquent, savant docteur, versé dans le Hadits du Prophète (que Dieu le comble de bénédictions!); il avait lu beaucoup, et il connaissait tous les écrits des savants sur les choses de la religion et du monde; maître sur la grammaire et l'histoire, ses mœurs étaient irréprochables, son jugement sûr et solide; il était généreux guerrier, entreprenant et imposant, fort et victorieux; avec l'aide de Dieu il n'attaqua jamais un pays sans s'en emparer, ni une armée sans la vaincre. Il affectionnait particulièrement les lettrés et les docteurs, et il était lui-même bon poëte. On raconte qu'étant sorti un matin de bonne heure avec son ministre Abou Djafar ben Athya, pour aller passer la journée dans un de ses jardins de Maroc, il aperçut, en passant dans la rue et à travers le grillage d'une fenêtre, la figure d'une femme belle comme le soleil; ses yeux s'étant rencontrés avec ceux de cette femme, il prononça ces vers : « La vue de cette grille et de ce

« visage m'a percé le cœur, car il n'est pas possible
« de voir une pareille houri sans en être séduit. » Mais
Abou Djafar lui répliqua en vers également : « Éloi-
« gnez donc cette passion de votre cœur, car elle n'est
« point digne de vous, qui êtes l'épée victorieuse des
« Almohades. » En entendant ces mots, l'émir joyeux
remercia son ministre Djafar et passa son chemin.
Puis il lui témoigna de nouveau sa reconnaissance et
lui donna un vêtement d'honneur et des biens considérables. Ce fait est rapporté par Ben Djenoun.

Abd el-Moumen était doué d'un jugement aussi
sain que sa puissance était grande. Il était si modeste
qu'à le voir on aurait pu croire qu'il ne possédait absolument rien. Il n'aimait ni les plaisirs, ni les distrac-
tions, et il ne se reposait jamais. Il soumit le Maghreb
entier ; il subjugua l'Espagne, et il enleva aux Chrétiens la Mehdïa en Afrique, et Alméria, Evora, Baëza
et Badajoz en Andalousie. Il eut successivement pour
secrétaires et ministres Abou Djafar ben Athya et son
frère Athya ben Athya, Abd el-Selam ben Mohammed el-Koumy, Abou el-Hassan ben Ayach, Medj-
moun et Abd Allah, fils d'Habel, et enfin, son propre
fils le sid[1] Abou Hafs et Edriss ben Djemâ son co-
adjuteur. Ses kadys furent Abou Amran Moussa ben
Sahar, de Tynmâl, Abou Youssef Hadjedj ben Yous-

---

[1] سيّد Sid, Cid, plus exactement Séyd (maître, seigneur), titre donné, sous les Almohades, aux princes descendants d'Abd el-Moumen.

sef, et enfin Abou Beker ben Mimoun, docteur de Cordoue, qui fut celui, dit-on, qui fit ces vers à l'adresse d'un jeune homme d'Agmât, connu sous le nom d'Abou el-Kassem ben Tasyt.

« Ô Abou el-Kassem ! j'aspire à toi comme au Pa-
« radis; mais si je t'atteignais, je ne guérirais plus.
« L'élévation préserve du feu de l'enfer, et les larmes
« de la mer éteignent l'incendie; et si j'étais Abra-
« ham ou Moïse, je ne craindrais ni le feu ni l'in-
« cendie ! »

RÈGNE DE L'ÉMIR DES MUSULMANS YOUSSEF BEN ABD EL-MOUMEN BEN ALY. QUE DIEU LUI FASSE MISÉRICORDE !

L'émir des Musulmans Abou Youssef ben Abou Mohammed Abd el-Moumen ben Aly el-Zenèty el-Koumy eut pour mère une femme légitime de son père nommée Aychâ et fille du fekhy le kady Abou Amran de Tynmâl. Il naquit le jeudi 3 de radjeb, an 533. Son visage était blanc et ses joues colorées, taille haute, barbe blonde, très-chevelu, dents écartées, nez recourbé, visage ovale, se servant indifféremment de l'une ou l'autre main, plein de jugement, de bontés et de vertus, il n'aimait point à faire verser le sang, agréable, capable et bon conseiller, il chérissait la guerre sainte.

Lorsqu'il prit les rênes du khalifat, il adopta le gouvernement de son père dont il suivit les traces et la conduite. Il accumula de grandes richesses; il fut le premier des émirs Almohades qui passa la mer pour faire la guerre sainte, et il employa une partie de ses biens à augmenter le nombre et le bien-être de ses troupes. Il affermit sa domination sur une vaste étendue des deux Adouas et il embellit son royaume. Son empire s'étendait depuis Souïka Beni Matkouk, à l'extrémité de l'Ifrîkya, jusqu'aux dernières villes du Bled Noun dans le Sous el-Aksa; et, en Espagne, depuis Tolède dans l'est, jusqu'à Santarem dans l'ouest. Tous les peuples compris dans ces limites lui payaient régulièrement les impôts ordinaires, et les finances s'accrurent prodigieusement sous son règne. Il assura la tranquillité des routes; il restaura les villes et les ports, et il régularisa l'administration de ses sujets dans les villes et dans les campagnes. Tout cela fut le résultat de sa conduite sage et juste, de sa sollicitude pour toutes ses possessions proches ou éloignées; il se faisait informer de partout de façon à ne rien ignorer, et souvent il s'en allait lui-même sur les lieux pour s'assurer de ce qu'on lui rapportait.

L'émir Youssef eut dix-huit enfants, savoir : Yacoub, surnommé *El-Mansour*, qui lui succéda, Ishac et Yhya, Ibrahim et Moussa, Edriss, Abd el-Azyz, Abou Beker, Abd Allah, Ahmed, Yhya el-Seghyr, Mohammed, Omar et Abd er-Rahman, Abou Mohammed Abd el-Ouahed le détrôné, Abd el-Hakk et Ishac, et Talha.

Son hadjeb (premier ministre d'état) fut son frère, le sid Abou Hafs.

Ses ministres furent Abou el-Ola, Edriss ben Djâma et Abou Beker Yacoub.

Ses kadys furent le fekhy Abou Youssef Hedjadj ben Youssef, le fekhy Abou Moussa Ayssa ben Amran, et le fekhy Abou el-Abbès ben Madhâ el-Kortouby (de Cordoue).

Ses secrétaires furent : 1° Abou el-Hassen Abd el-Malek ben Ayach el-Kortouby, originaire d'Evora, auteur, homme d'esprit et de jugement, connaissant le Hadits, les lois et les textes sacrés (que Dieu lui fasse miséricorde!); 2° Abou el-Fadhl ben Zahar de Badjâ et surnommé *Haschara*, savant, vertueux et religieux. Il était le plus distingué rédacteur de son temps, et il fut aussi secrétaire de Mansour et de Nasser, fils et petit-fils de l'émir.

Ses médecins furent le visir, le docteur Abou Beker ben Toufyl de l'Oued Ayâch (Guadix), savant distingué dans l'art de la médecine et chirurgien remarquable, mort en 581 (que Dieu lui fasse miséricorde!); 2° le visir, le docteur Abou Merouan Abd el-Malek ben Kassem de Cordoue, excellent praticien; 3° le docteur le célèbre Abou el-Oualyd ben Rochd[1] que l'émir des Musulmans fit venir à Maroc, en 578, pour faire de la médecine, et qu'il envoya ensuite kady à Cordoue, où il fut connu sous le nom de Ben Rochd le zélé; 4° le visir Abou Beker ben Zohr[2], qui venait de temps en temps à la cour et s'en retournait en

---

[1] Averroës.
[2] Abenzoar.

Andalousie, jusqu'en 578, où il se fixa à Maroc avec toute sa famille. Il demeura dans cette capitale jusqu'à la guerre de Santarem, à laquelle il prit part, et il s'attacha alors à El-Mansour. C'était un savant en médecine, en littérature, excellent conseiller et versé dans le Hadits et les commentaires. A son sujet, Abenou el-Djedân a dit qu'il savait le livre de Sidi el-Boukhary par cœur d'un bout à l'autre; qu'il était généreux et poëte renommé. Il mourut (que Dieu lui fasse méricorde !) à Maroc, le 21 dou'l hidjâ an 595, âgé de quatre-vingt-quatorze ans.

Les fekhys qui formaient la suite de l'émir et qui passaient la soirée avec lui étaient : Abou Abd Allah ben Thafer et Abou Beker ben el-Djiddy. Abou Abd Allah ben Thafer était kady à Séville, lorsque l'émir l'envoya chercher pour le garder auprès de lui, et, plus tard, il lui confia la garde et la direction du trésor.

PROCLAMATION ET VIE DE L'ÉMIR YOUSSEF.
QUE DIEU LUI FASSE MISÉRICORDE !

Youssef fut proclamé émir après la mort de son père, le mercredi 11 djoumad el-tâny, an 558, et il mourut durant l'expédition de Santarem en Andalousie, le samedi 18 de raby el-tâny, an 580. Il vécut quarante-sept ans, et son règne dura vingt et un ans, un mois et quelques jours. D'après les notes d'un de ses fils, il aurait été proclamé le mardi 10 de djoumad el-tâny, le lendemain même de la mort de son père. Cependant, selon les historiens, et Ben el-Khâcheb, entre autres, on tint secrète la mort d'Abd el-Moumen à cause de l'absence de son fils et successeur Youssef, qui se trouvait en Andalousie, et on ne publia l'événement que lorsque celui-ci fut revenu de Séville. Le kady Abou Hadjedj Youssef Omar, historien de son règne, rapporte que Youssef fut d'abord proclamé par quelques personnes, et que ce ne fut que deux ans après la mort de son père, le vendredi 8 de djoumad el-tâny, an 560, qu'il fut reconnu par tout le monde, à l'exception de ses frères, le sid Abou Mohammed, émir de Bougie, et le sid Abou Abd Allah, émir de Cordoue, qui refusèrent de lui faire soumission. Youssef parut ne pas faire attention à eux et se contenta d'abord du titre d'émir; il ne prit celui d'émir des Musulmans que lorsque ses ordres furent reconnus partout. Ben Metrouh raconte de son côté que, lorsque Abd el-Moumen mourut, son fils Youssef était à Séville, et que sa mort fut tenue secrète jusqu'à l'arrivée dudit Youssef à Salé, où il vint en toute hâte, et que c'est là qu'il fut proclamé par tout le monde, à l'exception d'un petit nombre de personnes dont il ne tint pas compte. La première chose qu'il fit en prenant le gouvernement fut de licencier la grande armée qui était prête pour aller faire la guerre sainte, et de renvoyer chacun dans sa tribu et dans ses foyers. Il donna des ordres pour que toutes les portes des prisons fussent ouvertes, il fit d'abondantes aumônes et il prit le titre d'émir; puis il alla à Maroc, où il convoqua ses sujets à venir faire leur soumission ; ils arrivèrent de toutes parts de l'Ifrîkya, du Maghreb et de l'Andalousie, excepté de Cordoue et de Bougie, qui étaient gouvernées par ses frères. Bientôt la nouvelle de son avénement fut connue du monde entier. Il envoya ses kaïds dans les deux Adouas, et distribua de l'argent aux Almohades et à toutes ses troupes.

En 559 (1163 J. C.), ses frères, le sid Abou Mohammed, émir de Bougie, et le sid Abou Abd Allah, émir de Cordoue, vinrent à lui soumis et repentants pour le reconnaître, accompagnés des cheïkhs et des docteurs de leur pays. L'émir des Musulmans Youssef les accueillit avec bonté et leur fit des présents.

En cette même année, Ben Derâ el-Ghoumary, natif de Senhadja Miftâh, s'insurgea et fit battre monnaie sur laquelle il fit graver ces mots[1] : *De Derâ l'étranger, que Dieu lui accorde promptement la victoire!* Il fut proclamé, en effet, par un grand nombre de tribus de Ghoumara, de Sendhaja et de Ouaraba, et il bouleversa toute cette partie du pays; il entra dans la ville de Tarda, dont il massacra la plupart des habitants et fit les autres prisonniers. L'émir des Musulmans envoya contre lui une armée Almohade, qui le mit en déroute et rapporta sa tête à Maroc.

En 560 (1164 J. C.) eut lieu l'affaire de Djelâb, en Andalousie, entre le sid Abou Saïd ben Abd el-Moumen et Ben Merdnych, à la tête d'une armée

---

[1] من درع الغريب نصره الله قريب

chrétienne de treize mille hommes. Ben Merdnych fut défait; tous ses soldats périrent, et le sid Abou Saïd fit part de sa victoire à son frère Youssef.

En 561 (1165 J. C.), l'émir des Musulmans donna ordre à son frère, le sid Abou Zakeria, gouverneur de Bougie, d'inspecter toute l'Ifrîkya, en lui recommandant d'agir avec justice et rigueur. En cette même année eut lieu la révolte de Youssef ben Mounkafad, qui surgit dans le Djebel Tyzyran, du pays de Ghoumara.

En 562, l'émir entreprit une expédition à Ghoumara; il défit Youssef ben Mounkafad et ses partisans et il envoya la tête du rebelle à Maroc; il fut alors proclamé par tout le pays de Ghoumara.

En 563, la soumission étant générale dans tous les pays, Youssef prit le titre d'émir des Musulmans dans le mois de djoumad el-tâny.

En 564, des députations arrivèrent vers lui, de toutes parts, des pays d'Ifrîkya, du Maghreb et de l'Andalousie. Kadys, prédicateurs, docteurs, poëtes, cheïkhs et kaïds se présentèrent à l'émir pour le saluer et l'entretenir des affaires de leurs pays; ils furent reçus à Maroc, où chacun apporta quelques présents, suivant ses moyens, à l'émir, qui satisfit toutes leurs demandes et leur donna des lettres de recommandation pour leurs gouverneurs respectifs. Ils s'en retournèrent très-contents.

En 565, l'émir des Musulmans envoya son frère, le sid Abou Hafs, en Andalousie, pour faire la guerre sainte. Celui-ci s'embarqua à Kessar el-Djouez et débarqua à Tarifa avec une armée de vingt mille Almohades et autres, à la tête de laquelle il marcha sur Tolède.

En 566 (1170 J. C.), l'émir donna ordre de construire un pont sur le Tensyft, et les travaux commencèrent le dimanche 3 de safar; ensuite il passa en Andalousie pour en visiter les frontières et mettre ordre aux affaires; il arriva à Séville, où il demeura toute l'année, et où il reçut les députations des kaïds, des cheikhs et des kadys andalous, qui vinrent le complimenter et lui donner les détails de la situation. Quand l'année fut finie, il se mit en route et se dirigea vers Tolède, dont il saccagea les environs; il s'empara d'un grand nombre de châteaux dépendant de cette ville, fit périr une multitude de Chrétiens, enleva un butin considérable, et il rentra victorieux à Séville.

En 567, l'émir des Musulmans, Youssef, commença à bâtir la mosquée El-Moharrem (la sacrée) à Séville, dans laquelle le premier khotbah fut prononcé par le fekyh Abou el-Kassem Abd er-Rahman ben Khafyr el-Benyny, en dou'l hidjâ, soit onze mois après, tant les travaux furent rapidement terminés. Dans cette même année, il fit construire un pont de bateaux sur le fleuve de Séville, les deux kasbah, intérieure et extérieure, de cette ville, les fossés qui entourent les remparts, la muraille de la porte de Djoubar, les quais en pierre des deux côtés du fleuve et enfin l'aqueduc qui amenait en ville l'eau de la colline de Djaber. Il dépensa pour tous ces travaux des sommes immenses, et il revint à Maroc dans le mois de châaban le sacré de l'année 571, après être resté quatre ans dix mois et quelques jours en Andalousie.

En 567, Mohammed ben Saïd ben Merdnych, maître de l'orient de l'Espagne, étant mort, l'émir Youssef profita du moment pour se mettre en campagne; il conquit entièrement toute cette partie du pays, et il retourna à Séville.

En 568 (1172 J. C.), l'émir des Musulmans Youssef envoya son fils, le sid Abou Beker, courir sur les terres des Chrétiens. Ce prince s'avança jusque sous les murs de Tolède en battant et détruisant tout, et il fit des prisonniers et un riche butin. Le général chrétien Sancho, connu sous le nom de *Bou Berdha* (l'homme à la selle, parce qu'il était monté sur une selle en soie brodée d'or et ornée de pierreries et de perles), fit une sortie et se présenta à l'armée d'Abou Beker, qui lui livra bataille. Sancho Bou Berdha fut tué et son armée fut taillée en pièces. Pas un de ces Chrétiens n'échappa à la mort, et ils étaient au nombre de trente-six mille.

En 569, l'émir Youssef fit l'expédition de Karkouna[1] dans l'est de l'Andalousie; il ravagea toute cette partie du pays, tuant les Chrétiens ou les faisant prisonniers, incendiant les villages, dévastant

---

[1] Tarragone.

les campagnes et abattant les arbres, et il revint à Séville.

En 570, l'émir des Musulmans épousa la fille de Mohammed ben Saïd ben Merdnych, et les noces furent d'une splendeur qu'on ne saurait décrire.

En 571 (1175 J. C.), l'émir passa dans l'Adoua et rentra à Maroc au mois de châaban; il y resta jusqu'à la fin de l'année 574. Alors, ayant appris que Ben Zyry s'était révolté à Kafsa, ville de l'Ifrîkya, il se mit en campagne, et il arriva en 575 dans l'Ifrîkya, où il se porta aussitôt sous les murs de Kafsa[1]; il assiégea et battit cette place sans relâche, jusqu'au moment où il l'enleva à Ben Zyry, qu'il fit mettre à mort; cela eut lieu en 576, et l'émir retourna à Maroc, où il entra en 577 et où, quelque temps après, il reçut Abou Serhân Messaoud ben Sultan el-Ryahy, qui se mit à son service avec un fort détachement des principaux Ryâh.

En 578, l'émir des Musulmans sortit de Maroc pour faire construire le château d'Iskander, qui fut bâti sur l'endroit où les mines paraissent. L'année suivante (579), l'émir Youssef se mit en campagne pour faire la seconde guerre sainte; il sortit de Maroc le samedi 25 de chouel par la porte de Doukela pour se diriger d'abord vers l'Ifrîkya. A son arrivée à Salé, il reçut la visite de Abd Allah ben Mohammed ben Abou Ishac, de l'Ifrîkya, qui lui assura que tout le pays était soumis et tranquille. Alors il se

---

[1] Kafsa ou Gafsa, dans le Djerid tunisien.

mit en marche pour l'Andalousie; il sortit de Salé dans la matinée du jeudi, dernier jour du mois de dou'l kâada, et il campa sous les murs de cette ville jusqu'au lendemain vendredi; il arriva à Mekenès le mercredi 6 de dou'l hidjâ, et il y passa l'Aïd el-Kebyr, campé aux environs de la place; de là il se rendit à Fès, où il finit le mois et commença l'année 580. Il partit de Fès le 4 de moharrem et il se rendit à Ceuta, où il resta jusqu'à la fin du mois à diriger l'embarquement de ses troupes; il fit d'abord passer les Arabes, puis successivement les Zenèta, les Mesmouda, les Maghraoua, les Senhadja, les Ouaraba, les Almohades, les Aghzâz et les arbalétriers. Quand ils furent tous passés, il s'embarqua lui-même avec sa garde, et il traversa la mer le jeudi 5 de safar; il débarqua dans le port de Djebel el-Fath (Gibraltar), et il passa à Algéziras; de là il marcha vers Séville par la route du Djebel el-Souf (montagne de la Laine), suivant Kalat Ghaoulan, Arkouch, Cherich et Nebrycha[1]. Le vendredi 23 de safar, il campa sur les bords de l'Oued Bedherkal, où son fils, le sid Abou Ishac, se dirigea aussitôt avec les docteurs et les cheikhs de Séville pour le complimenter; mais il leur envoya dire de s'arrêter en chemin et de l'attendre. En effet, à peine eut-il fait la prière du Douour, il monta à cheval et vint vers eux. Après avoir reçu leurs compliments, il fit monter tout le monde à cheval et il se dirigea vers l'ouest de l'An-

[1] Aujourd'hui Arcos de la Frontera, Xerès et Lebrixa (Andalousie).

dalousie pour attaquer la ville de Santarem, où il arriva le 7 de raby el-aouel, an 580. Il établit son camp sous les murs de la place et il en commença le siége, livrant combats sur combats et employant toutes ses forces et tous ses moyens inutilement jusqu'à la nuit du 22 dudit mois, où il se décida à lever le camp de la partie nord, où il était, pour l'établir à l'ouest de la place; ce mouvement ne fut point compris par les Musulmans et les fit murmurer. Lorsqu'il fut nuit close, et après la dernière prière du soir, l'émir fit venir son fils, sid Abou Ishac, gouverneur de Séville, et lui ordonna de se mettre en marche le lendemain matin de bonne heure pour faire diversion et aller attaquer la ville d'Achbouna[1]; il lui recommanda de ne prendre avec lui que l'armée andalouse et de faire en sorte d'arriver le jour même; mais les troupes, ne saisissant pas le sens des nouveaux ordres, pensèrent qu'il s'agissait de profiter de la nuit pour se retirer à Séville, et l'esprit de Satan, pénétrant dans les rangs des Musulmans, ils crurent que l'émir des Musulmans voulait profiter de la nuit pour prendre la fuite. Les soldats commencèrent à s'entretenir de ce sujet, et une grande partie d'entre eux décampa à la faveur des ténèbres. Au point du jour, le sid Abou Ishac leva le camp et se mit en route avec ses soldats; mais les autres troupes suivirent son exemple, et l'émir des Musulmans fut ainsi abandonné sans s'en douter. A son réveil, il fit sa

[1] Lisbonne.

prière, et quand il fit jour il s'aperçut que, de toute son armée, il ne restait plus qu'un très-petit nombre de tentes qui entouraient la sienne et qui étaient celles des gens de sa suite et des kaïds andalous qui lui servaient d'éclaireurs. Au lever du soleil, les Chrétiens assiégés, étant montés sur les murs de leur ville, virent avec joie que l'armée des Musulmans s'était éloignée et qu'il ne restait plus au camp que les tentes de l'émir et celles de son entourage. Après s'être bien assurés de la situation, ils ouvrirent leurs portes et firent une sortie générale. Tous, tant qu'ils étaient de combattants, fondirent sur la petite troupe de l'émir; ils attaquèrent d'abord les tentes des nègres, et, après les avoir culbutés, ils pénétrèrent dans celle de l'émir des Musulmans, qui se défendit courageusement; il tua six ennemis de sa propre main, et alors seulement il fut blessé; il abattit encore trois de ceux qui l'avaient blessé, et il combattit tant qu'il put tenir sur ses jambes. En le voyant tomber, ses soldats, ses nègres, ses Almohades et les kaïds andalous jetèrent de grands cris, et une partie de ceux qui avaient fui revinrent sur leurs pas pour combattre autour de la tente de leur émir. Il y eut pendant une heure un horrible massacre, et les ennemis de Dieu furent enfin défaits; le Seigneur redoubla les forces des Musulmans, et leurs épées furent victorieuses. Ils poursuivirent les Chrétiens jusqu'aux portes de la ville, où ils furent forcés de s'enfermer, après avoir perdu environ dix mille hommes. La perte des Musulmans fut aussi considérable. L'émir des Musulmans remonta à cheval, mais sa destinée devait bientôt s'accomplir. Mortellement blessé, il se mit en chemin avec la petite troupe qui lui restait, tandis que ceux qui avaient abandonné le camp le matin erraient partout sans savoir où aller jusqu'à ce qu'enfin le tambour de l'émir les ralliât sur la route de Séville. Les blessures de l'émir allèrent toujours en empirant, et, selon Ben Metrouh, il mourut en chemin le 12 de raby el-tany de l'an 580, près d'Algéziras, où il se rendait pour passer dans l'Adoua. Son corps fut transporté à Tynmâl, où il fut enterré à côté du tombeau de son père. Selon d'autres récits, l'émir Youssef ne mourut qu'à Maroc, d'où son corps fut transporté à Tynmâl. Depuis le jour où il reçut ses blessures, il avait abandonné la direction de toutes les affaires à son fils, le khalife El-Mansour, qui ne le quitta pas jusqu'à sa mort. Son règne avait duré vingt-deux ans un mois et six jours, et son fils, tenant d'abord sa mort secrète, ne la divulgua qu'à son arrivée à Salé. Dieu seul est durable! Dieu unique, qui dirigeait avant lui toutes choses, qui les dirigea après et les dirigera toujours!

HISTOIRE DU RÈGNE DE L'ÉMIR DES MUSULMANS YACOUB BEN YOUSSEF BEN ABD EL-MOUMEN. QUE DIEU LUI FASSE MISÉRICORDE!

L'émir des Musulmans, serviteur de Dieu, Yacoub ben Youssef ben Abd el-Moumen, surnommé *El-Mansour bi Fadhl Allah* (le victorieux par la grâce de

Dieu), était fils d'une négresse qui avait été donnée à son père, et il naquit dans la maison de son grand-père, Abd el-Moumen, à Maroc, l'an 555. Il fut aussi surnommé *Abou Youssef*, et il portait sur son anneau : *Ala Alláhi Toukelt* (à Dieu je me suis confié). Voici son portrait :

Teint brun, taille moyenne, yeux noirs, épaules larges, nez aquilin, cou long, dents écartées, visage ovale, barbe rare, cils et sourcils épais et longs, se joignant ensemble; il était charitable, énergique, instruit sur le Hadits, sur les sciences et la littérature, sur les choses de la religion et du monde, il aimait les ulémas, il les secourait, et ne faisait rien sans leur demander conseil; il faisait beaucoup d'aumônes, et chérissait la guerre sainte; il assistait aux funérailles des fekhys et des saints, et visitait souvent leurs tombeaux pour s'acquérir leurs bénédictions. Il eut quatorze enfants mâles, dont trois devinrent khalifes après lui; ce sont : Abou Abd Allah el-Nasser, Abou Mohammed Abd Allah el-Adel et Abou el-Olâ Edriss el-Mamoun. Les ministres, secrétaires et médecins de son père furent les siens; ses kadys furent Abou el-Abbas ben Medhâ, de Cordoue, et Abou Amran Moussa, fils du kady Ayssa ben Amran. Son règne commença le jour de sa proclamation, le dimanche 19 raby el-tâny, an 580 (1184 J. C.); mais, ayant tenu secrète la mort de son père, il ne fut réellement reconnu par tout le monde que le samedi 2 de djoumad el-aouel de ladite année. Il mourut à

Maroc (que Dieu lui fasse miséricorde!) le jeudi 22 de raby el-aouel 595, et, suivant d'autres, le vendredi, dans la nuit, vers le matin. Son corps fut transporté à Tynmâl, où il fut enterré. Il ne vécut que quarante ans, et son règne dura cinq mille deux cent quatre-vingt-douze jours, soit quatorze ans onze mois et quatre jours.

Lors de son avénement, après avoir été proclamé et reconnu par le peuple, il commença par tirer 100,000 dinars en or du bit el-mâl, pour les distribuer dans les différentes villes du Maghreb. Il ordonna que toutes les portes des prisons fussent ouvertes, et que partout les injustices des gouverneurs commises sous le règne de son père fussent réparées; il combla de bienfaits les fekhys, les religieux et les saints, et il augmenta leurs pensions sur les fonds du trésor. Il prescrivit à tous ses kaïds et aux chefs de se renfermer dans les lois de la justice des kadys. Il régularisa les affaires du pays et de ses sujets; il restaura les villes et les ports, et y mit des garnisons de cavaliers et de fantassins; il distribua de fortes sommes aux Almohades et à toutes les troupes. Sensé, intelligent et religieux, c'est lui qui le premier des souverains Almohades écrivit de sa main, en tête de ses lettres : *Louanges à Dieu l'unique!* On se conforma partout à cet usage[1], en commençant tous les écrits par ces belles paroles de ralliement qui embellirent et ennoblirent son règne. Son époque fut

---

[1] Cet usage est scrupuleusement observé de nos jours encore.

remarquable par la tranquillité, la sûreté, l'abondance et la prospérité qui régnèrent partout. Durant tout son règne, Dieu chéri couvrit de son aman le Levant, l'Occident et l'Andalousie. C'était au point que les femmes, partant seules, voilées, du Bled-Noun, arrivaient jusqu'à Barka sans être arrêtées ou même interpellées en route par qui que ce fût.

C'est lui qui fit la célèbre expédition d'El-Alark [1]. Il fortifia ses frontières et embellit les villes; il bâtit des mosquées et des écoles au Maghreb, en Afrique et en Andalousie. Il institua des hôpitaux pour les malades et pour les fous, et il établit des rentes pour les fekhys et les tholbas suivant leurs rangs et leurs mérites; il pourvut à l'entretien des hospices pour les lépreux et les aveugles dans tout son empire; il fit construire des minarets, des ponts et des aqueducs partout où cela était nécessaire, depuis le Sous el-Aksa jusqu'à Souïka Beni Matkouk. Ce fut un règne de bonheur pour le peuple de l'Islam, qui, sous les drapeaux d'El-Mansour, fut toujours victorieux et supérieur à ses ennemis.

En 582 (1186 J. C.), El-Mansour fit périr ses frères, Abou Yhya et Omar, et son oncle, Abou el-Rebya. A cette même époque, il fit une expédition contre la ville de Kafsa, de l'Ifrîkya, qui s'était révoltée. Il sortit de Maroc le 3 de chouel, et, arrivé devant la place rebelle, il en fit le siége et s'en empara, l'an 583. Après avoir soumis Kafsa, il entra

---

[1] Alarcos.

en campagne contre les Arabes de l'Ifrîkya, qu'il dépouilla complétement et dont il dévasta les terres. Ces Arabes ayant fait leur soumission, il les interna dans le Maghreb, et il rentra lui-même à Maroc dans le courant de radjeb de l'an 584. En 585 (1189 J. C.), il commença l'aqueduc de Maroc, et il se mit en campagne pour aller soumettre la partie occidentale de l'Andalousie. Ce fut sa première guerre sainte. Il s'embarqua à Kessar el-Djouez pour Algéziras, le jeudi 3 de raby el-aouel 585, et, aussitôt débarqué, il marcha sur Santarem, d'où il se replia sur la ville d'Achbouna (Lisbonne). Il dévasta tous les environs, abattant les arbres, détruisant les troupeaux, tuant, pillant, renversant les villages, incendiant les moissons. Puis il rentra à l'Adoua, emmenant avec lui trois mille femmes et enfants prisonniers. Il arriva à Fès à la fin du mois de radjeb de cette même année, et il y resta quelque temps. Alors, ayant appris que le Mayorky[1] avait paru en Afrique, il sortit en toute hâte de Fès le 8 de châaban, et il se dirigea vers Tunis, où il arriva le 1ᵉʳ dou'l kaada; mais, à la nouvelle seule de son approche, le Mayorky s'était enfui dans le Sahara, et il trouva tout le pays tranquille.

En 586 (1190 J. C.), les Chrétiens, ayant appris l'éloignement et les occupations d'El-Mansour en Afrique, s'emparèrent des villes de Chelbâ, de Bedjâ et Beyrâ[2], dans l'occident de l'Andalousie. A peine El-

---

[1] Le Mayorquin Yhya ben Ishac ben Ghânia.
[2] Silves, Bedja et Vera.

Mansour eut-il connaissance de ces événements qu'il écrivit aux kaïds de l'Andalousie pour leur adresser de grands reproches et leur ordonner de courir sur les terres de l'Ouest en attendant sa venue, qui suivrait de près l'arrivée de ses ordres. En effet, les kaïds de l'Andalousie, s'étant tous réunis chez Mohammed ben Youssef, gouverneur de Cordoue, se mirent en campagne à la tête d'une nombreuse armée d'Almohades, d'Arabes et d'Andalous, et ils se rendirent sous les murs de Chelbâ, qu'ils assiégèrent et battirent jusqu'à la prise. Mohammed ben Youssef conquit également le château d'Aby Danès et les villes de Bedjâ et Beyrâ, et il revint à Cordoue ramenant quinze mille têtes de bétail et trois mille prisonniers chrétiens, qui entrèrent en ville enchaînés par bandes de cinquante, et cela au mois de chouel 587 (1191 J. C.). Dans ce même mois, El-Mansour, revenant d'Ifrîkya, rentrait à Tlemcen, où il resta jusqu'à la fin de l'année.

Le 1er de moharem de 588 (1192 J. C.), appelé *l'an de la Litière*, El-Mansour sortit de Tlemcen malade et vint à Fès porté sur une litière. Entré dans cette ville, il ne s'y rétablit qu'au bout de sept mois, et il se rendit à Maroc, où il demeura jusqu'en 591, époque de son départ pour la guerre sainte et la célèbre campagne d'Alarcos.

RÉCIT DE L'EXPÉDITION D'EL-ALARK (ALARCOS) ET DE LA DÉFAITE DES CHRÉTIENS.

C'est la seconde expédition d'El-Mansour en Andalousie. L'auteur du livre (que Dieu lui soit propice!) a dit : Pendant qu'El-Mansour était en Ifrikya et malade dans l'Adoua, les ennemis, profitant de son éloignement, avaient relevé leurs armées et pris beaucoup de pays. Ranimant leur haine contre les Musulmans, ils ravagèrent leurs terres et se mirent en campagne, pillant et renversant tout sans que nul fût capable de les arrêter ou de leur résister. L'armée des Chrétiens arriva ainsi jusque dans les environs d'Algéziras, et le maudit (Alphonse) écrivit une lettre à l'émir des Musulmans El-Mansour pour le défier au combat, tant étaient grands son orgueil et la confiance qu'il avait en lui-même. Cette lettre était ainsi conçue : « Au nom de Dieu clément et miséricordieux; « de la part du roi chrétien à l'émir El-Hanefy. » Ensuite : « Si tu es dans l'intention de te battre avec « nous et qu'il te soit difficile d'arriver jusqu'à nous « avec ton armée, envoie-nous des navires et des ra-« deaux, et nous viendrons nous-même avec nos « troupes te livrer bataille sur ton propre terrain. Si « tu remportes la victoire, je te ferai des cadeaux (le « présent sera venu de lui-même dans tes mains), et « tu seras le roi de la religion; et si la fortune est « pour moi, je serai le roi des deux religions. Salut. »

Lorsque El-Mansour reçut ce message, il en fut humilié, et l'amour-propre de l'Islam se révolta en lui. Il rassembla les Almohades, les Arabes, les Kabyles Zenèta, Mesmouda et toutes les troupes pour leur lire cette lettre, et, après les avoir harangués et excités à la guerre sainte, il leur donna ordre de faire leurs préparatifs de départ. Ayant ensuite appelé son fils Mohammed, son lieutenant, il lui remit la lettre du maudit en le chargeant d'y répondre. Mohammed prit la lettre, la lut et écrivit au dos : « Dieu très-haut a dit : « Retourne vers ceux qui t'envoient, nous irons les « attaquer avec une armée à laquelle ils ne sauraient « résister. Nous les chasserons de leur pays, avilis « et humiliés [1]. » Puis il montra ces lignes à son père qui fut enchanté d'une pareille preuve de sa haute intelligence, et qui expédia aussitôt le courrier. En même temps il ordonna de faire sortir les étendards et la tente rouge, et de prendre toutes les dispositions nécessaires afin que les troupes et les Almohades pussent immédiatement se mettre en campagne pour aller faire la guerre sainte. Il écrivit en Ifrîkya et dans toutes les provinces du Maghreb et du Sud pour faire appel aux Croyants, et de toutes parts de nombreux guerriers vinrent à lui. Il sortit de Maroc le jeudi 18 de djoumad el-aouel, an 591, et partit à marche forcée, sans halte et doublant les étapes, ne s'arrêtant pour personne. L'armée, composée de troupes de tous pays, marchait sur ses traces

[1] *Koran*, chap. xxvii : la Fourmi, vers. 37.

pleine d'ardeur contre les Infidèles. Aussitôt arrivé à Kessar el-Djouez, il commença l'embarquement des troupes, et, sans interruption aucune, il les fit passer successivement dans l'ordre suivant : les Arabes, les Zenêta, les Mesmouda, les Ghoumara, les volontaires de toutes les parties du Maghreb, les Aghzâz, les arbalétriers, les Almohades et les nègres. C'est ainsi que toute l'armée passa la mer et débarqua sur le rivage d'Algéziras. L'émir suivit immédiatement, entouré d'un magnifique état-major de cheïkhs Almohades, de guerriers, de docteurs et de saints du Maghreb. Dieu très-haut l'accompagna ; il mit pied à terre en très-peu de temps à Algéziras, où il arriva peu après la prière du vendredi 20 de radjeb de ladite année. Il ne séjourna que vingt-quatre heures à Algéziras, et il se mit aussitôt en marche pour ne pas laisser refroidir un instant l'ardeur de ses troupes, immense armée bien organisée et sérieusement résolue, et aussi pour ne pas donner le temps à l'ennemi de se retirer dans son pays avant qu'il eût reçu la nouvelle de l'arrivée précipitée de l'émir des Musulmans et de l'ardeur de sa course pour venir le combattre sur le terrain qui lui convenait. Alphonse le maudit resta donc avec son armée auprès de la ville d'Alarcos, et El-Mansour arriva vers lui assisté par la force et la puissance de Dieu très-haut, sans s'être arrêté nulle part ni avoir attendu personne, avançant à marche forcée et sans faire cas de ceux qui restaient derrière ; il ne s'arrêta que lorsqu'il ne lui restait plus que deux étapes pour arriver à la ville d'Alarcos. C'est là qu'il campa le jeudi 3 du mois de châaban. Dès le lendemain, il rassembla les Musulmans pour prendre conseil sur l'attaque à faire aux ennemis de Dieu, les Infidèles, et il se conforma ainsi aux ordres du Tout-Puissant et au Sonna de son Prophète, à l'exemple de Mohammed et de ses compagnons, qui suivirent les prescriptions du Très-Haut exprimées par ce verset : *Ceux qui décident leurs affaires communes en se consultant et font des largesses des biens que nous leur avons dispensés* [1] ; et par cet autre : *Consulte-les dans les affaires, et lorsque tu entreprends quelque chose, mets ta confiance en Dieu, car Dieu aime ceux qui ont mis leur confiance en lui* [2].

L'émir prit donc successivement les avis des principaux Almohades, des cheïkhs arabes, des cheïkhs Zenèta et autres Kabyles, des Aghzâz et des volontaires. Chacun donna ses bons conseils et fit connaître son opinion. Alors il manda les kaïds andalous, et, quand ils se furent présentés, il les fit asseoir près de lui, et après leur avoir dit les mêmes paroles qu'il avait dites aux autres, il ajouta : « O Andalous! ceux dont j'ai « pris les conseils avant vous sont d'excellents guer- « riers, mais ils ne connaissent pas la guerre des Chré- « tiens comme vous qui êtes habitués à vous mesurer « avec eux; vous connaissez leurs coutumes, leur tac- « tique et leurs ruses. » Ils lui répondirent : « Ô émir

---

[1] *Koran*, chap. XLII : la Délibération, vers. 36.
[2] *Koran*, chap. III : la Famille d'Imam, vers. 153.

« des Musulmans! nos opinions et nos connaissances
« se trouvent toutes réunies en un seul d'entre nous,
« que nous avons choisi à cause de son savoir, de sa
« religion, de son intelligence, de ses vertus et de sa
« connaissance de la guerre et de la tactique militaire.
« Sincère et dévoué pour les Musulmans, il sera notre
« interprète, et ce qu'il dira exprimera exactement
« nos pensées sur ce que vous désirez connaître. Que
« Dieu vous soit propice! Cet homme est le kaïd Aby
« Abd Allah ben Sanâdyd. » En effet, Ben Sanâdyd,
s'étant rapproché de l'émir, qui l'accueillit avec distinction, écouta attentivement ses questions au sujet de la guerre des Chrétiens et des dispositions qu'il fallait prendre contre de pareils ennemis, et il lui répondit :
« O émir des Croyants! les Chrétiens (que Dieu très-
« haut les confonde!) sont des hommes pleins de ruses
« dans la guerre, et il nous convient d'abord de les
« attaquer partout où ils se présenteront, en ayant
« toujours nos regards portés sur leurs fronts. Que
« par ton ordre élevé, un cheïkh Almohade, connu
« pour son courage, sa religion et sa fidélité, s'avance
« avec toutes les troupes composées des corps andalous,
« Arabes, Zenèta, Mesmouda et autres Kabyles du Ma-
« ghreb; donne-lui une enseigne victorieuse qui se dé-
« ploie sur leurs têtes bénies contre les soldats ennemis
« (que Dieu les accable!). Garde auprès de toi l'armée
« Almohade (que le Très-Haut la fortifie!), les nègres
« et les Hachem, et tiens-toi dans les environs du
« champ de bataille, masqué et de façon à être prêt à

« porter secours aux Musulmans si besoin en était. Tu
« demeureras là, si nous remportons la victoire avec
« ton khalife et par la grâce et la bénédiction du Très-
« Haut. Dans le cas contraire, tu te précipiteras avec
« tes Almohades sur l'ennemi que tu mettras alors
« facilement en déroute. Tel est mon avis; que Dieu
« l'agrée et toi aussi! — Très-bien, lui répondit El-
« Mansour, ton conseil est excellent. Que le Très-Haut
« t'en récompense! » Là-dessus chacun s'en retourna
dans sa tente. L'émir des Musulmans passa toute la
nuit (vendredi 4 châaban) en prière, invoquant avec
ferveur Dieu très-haut (qu'il soit glorifié!), et lui demandant d'accorder la victoire aux Musulmans contre
leurs ennemis, les Infidèles. Enfin, à l'heure du sahaur [1], le sommeil vainquit ses yeux et il dormit quelques instants dans la mosquée. Il fit un beau rêve,
et, se réveillant tout joyeux, il envoya chercher les
cheïkhs Almohades et les docteurs, qui accoururent à
lui. Il leur dit : « Je vous ai envoyé quérir à cette heure
« pour vous raconter le motif de ma joie, et ce que j'ai
« vu en songe par la puissance de Dieu durant cette
« heure bénie. Pendant que j'étais prosterné, le sommeil ayant été plus fort que mes yeux, j'ai vu en rêve
« une porte qui s'ouvrait dans le ciel pour donner
« passage à un cavalier monté sur un cheval blanc
« qui descendit à moi. Ce cavalier était d'une beauté
« éblouissante, et il tenait dans sa main un étendard

---

[1] تَسَحَّر tempus paulo ante auroram. Kam. سَحَر prima lux aurorae. Kam.

« vert qui, en se déployant, aurait couvert le globe
« par sa grandeur. Après le salut, je lui demandai qui
« êtes vous donc (que Dieu vous bénisse!)? Il me ré-
« pondit : Je suis un ange du septième ciel, envoyé
« pour t'annoncer la victoire de la part du Maître de
« l'univers; la victoire pour toi et pour tous ceux qui
« t'accompagnent, et qui sont prêts à sacrifier leurs
« vies pour mériter les récompenses du Très-Haut.
« Alors il se mit à chanter ces vers, que j'ai retenus
« comme s'ils étaient gravés dans mon cœur : « Bonne
« nouvelle, la victoire de Dieu vient vers toi afin que
« l'on sache que Dieu prête son appui à celui qui
« défend sa cause. Réjouis-toi, car la victoire et le se-
« cours divin te sont acquis et sont proches, et qu'il
« n'y a pas de doute à concevoir sur la victoire que
« Dieu donne. Tu abattras les armées chrétiennes par
« l'épée et le massacre, et tu délivreras le pays de ce
« culte dont il n'apparaîtra plus de vestiges. » Et c'est
« ainsi que je compte sûrement sur la victoire et la
« conquête, s'il plaît à Dieu chéri et bien aimé. »

Le samedi 5 de châaban, l'émir des Musulmans,
se tenant dans sa tente rouge, signe de combat
contre les ennemis, manda son premier ministre, le
vénérable Abou Yhya ben Hafs. (Les Beni Hafs étaient
une tribu pleine de science et de religion qui s'était
jointe aux Almohades dans le Levant, et n'avait bientôt formé qu'un seul et même corps avec eux.) Abou
Yhya se présenta, et l'émir lui donna le commandement général des troupes andalouses, des Arabes, Ze-

nèta, des Hentâta, des volontaires et des tribus du Maghreb; il lui remit sa propre enseigne, l'heureuse, et nomma les chefs de corps qu'il plaçait sous ses ordres, savoir : Ben Sanâdyd, commandant des troupes andalouses; Djermoun ben Byâh, commandant de tous les Arabes; Lémerid el-Maghraouy, commandant des Maghraoua; Limayou ben Aby Beker ben Hamâma ben Mohammed, commandant des Kabyles de Mediouna; Djebyr ben Youssef, commandant des kabyles d'Abd el-Ouahed; Abd el-Azyz el-Toudjyny, commandant des Kabyles Toudjyny, Askoury et Mesmouda; Mohammed ben Mounkâfid, commandant des Ghoumara; le Hadj Aby Arz Yhelef el-Ouaraby, commandant des volontaires. L'émir des Musulmans garda auprès de lui toute l'armée almohade et les nègres, et donna ordre de se mettre en route. Le cheikh Abou Yhya s'avança le premier avec le corps des guerriers andalous, commandés par le kaïd Sanâdyd. La marche fut combinée de façon que l'émir arrivât le soir sur le même lieu de campement que Abou Yhya avait quitté le matin, et cela jusqu'au moment où son armée musulmane arriva en présence des sociétaires (que Dieu les extermine!). Ils étaient campés sur une hauteur très-élevée et couverte de rochers escarpés et ardus, en face de la ville d'Alarcos. L'armée musulmane s'arrêta dans la plaine le mercredi matin, 9 de châaban le sacré, et Abou Yhya donna aussitôt ordre de faire les préparatifs de combat et munit chaque commandant d'une enseigne pour rallier sa troupe. Il donna le drapeau vert aux volontaires. Il fit placer les troupes andalouses à sa droite, les Zenèta, les Mesmouda et tous les Arabes à sa gauche; au front, les volontaires, les Aghzâz et les arbalétriers, et lui-même il occupa le centre avec les Kabyles Hentâta. C'est dans cet admirable ordre de bataille que les premiers mouvements s'opérèrent; chaque troupe, ayant formé les rangs, était prête à combattre autour de son drapeau. Le commandant des Arabes, l'émir Djermoun ben Byâh, parcourait les rangs des Musulmans pour exciter leur courage au nom de la guerre sainte et en leur récitant ces versets du Miséricordieux :

O Croyants! soyez patients, luttez de patience les uns avec les autres; soyez fermes et craignez Dieu. Vous serez heureux[1].

O Croyants! si vous assistez Dieu dans sa guerre contre les méchants, il vous assistera aussi et il affermira vos pas[2].

Ils étaient dans cette position en face de l'armée ennemie, qui se trouvait sur les hauteurs à proximité de la ville, lorsqu'un corps considérable de sept à huit mille cavaliers infidèles (que Dieu les confonde!), tous cuirassés de fer et armés de pied en cap, se précipita sur les rangs musulmans. Le cheïkh Abou Yhya ben Hafs s'écria alors : « Ô compagnons « musulmans, serrez vos rangs, et que nul ne quitte « sa place; tournez vos pensées vers le Très-Haut et « espérez en lui! Priez Dieu chéri avec ferveur dans

---

[1] *Koran,* chap. III : la Famille d'Imram, vers. 200.
[2] *Koran,* chap. XLVII : Mohammed, vers. 8.

« vos cœurs, car la circonstance ne saurait être plus
« belle pour vous : d'une part, le martyre et le para-
« dis ; de l'autre, une bonne œuvre et le butin ! » Alors
le commandant s'élança à son tour et parcourut les
rangs en criant : « Adorateurs de Dieu, vous êtes le
« peuple du Seigneur ; soutenez courageusement le
« combat contre ses ennemis, car l'armée du Très-
« Haut sera toujours protégée et victorieuse ! » Les
Chrétiens, dans leur charge, arrivèrent jusque dans
les rangs musulmans, au point que les chevaux se
heurtaient le poitrail contre les boucliers des Croyants,
mais sans pouvoir les ébranler. A peine si quelques-
uns reculèrent. Les Chrétiens firent deux fois tous ensemble une charge à fond ; et, à la troisième, le kaïd
Ben Sanâdyd et le chef des Arabes s'écrièrent au milieu des rangs : « Ô compagnons musulmans, ne bou-
« gez pas, soyez inébranlables pour Dieu, qui appré-
« ciera grandement votre fermeté ! » Les ennemis firent
une trouée et pénétrèrent jusqu'au centre, où se trouvait Abou Yhya, pensant y rencontrer l'émir des Musulmans. La mêlée fut sanglante. Abou Yhya (que Dieu
lui fasse miséricorde !) fit preuve de patience, de cette
grande patience qui ne le quitta qu'au moment où il
témoigna (mourut). Un grand nombre de Musulmans Hentâta, volontaires et autres, témoignèrent
comme lui, comme tous ceux pour qui Dieu avait décrété le martyre et l'éternelle béatitude en cette circonstance. Les Musulmans déployèrent une si grande
valeur, que le jour fut obscurci comme la nuit par

des ténèbres de poussière. Les troupes arabes, les volontaires et les arbalétriers s'avancèrent alors et ils entourèrent les Chrétiens; tandis que, de son côté, Ben Sanâdyd, à la tête des Zenèta, des Mesmouda, des Ghoumara et de tous les Berbères, s'élançait sur la hauteur où se tenait Alphonse (que Dieu le maudisse et le confonde!) avec son armée chrétienne et son camp, dépassant en nombre trois cent mille hommes, cavaliers et fantassins. Les Musulmans, en gravissant la colline, commencèrent l'attaque, et la journée fut chaude. D'un autre côté, les dix mille Chrétiens qui avaient fait les premières charges commençaient à être massacrés; c'étaient des hommes d'élite choisis un à un par l'orgueilleux maudit qui, dans sa coupable pensée, faisait reposer sur eux la victoire, comme s'ils n'avaient point eu d'égaux. Leurs évêques les avaient bénis et purifiés en les aspergeant de l'eau du baptême, et ils avaient fait serment sur la Croix de ne point revenir avant d'avoir exterminé tous les Musulmans [1]. Mais ceux-ci se résignèrent en Dieu, qui tint sa promesse et les rendit victorieux. Lorsque la bataille s'échauffa et que ces Infidèles comprirent qu'ils n'avaient que la mort et la destruction à attendre, ils prirent la fuite en se dirigeant vers la hauteur où se tenait Alphonse; mais ils trouvèrent le passage déjà barré par les soldats de l'Islam,

---

[1] L'auteur entend parler ici des chevaliers des ordres religieux de Calatrava, de Saint-Jacques et de Saint-Julien, qui composaient en grande partie la cavalerie d'Alphonse à la bataille d'Alarcos.

et ils retournèrent en déroute dans la plaine, où ils furent mis en pièces par les volontaires, les Arabes, les Hentâta et les arbalétriers, qui n'en laissèrent pas échapper un seul. L'insolence d'Alphonse fut ébranlée par le désastre des hommes sur lesquels il faisait si grand compte. Des cavaliers arabes partirent aussitôt au galop pour venir annoncer à l'émir des Musulmans que déjà Dieu très-haut avait vaincu l'ennemi. A cette nouvelle, les tambours battirent, les drapeaux se déployèrent, les professions de foi retentirent, et chacun se précipita pour combattre l'ennemi de Dieu. L'émir des Musulmans et son armée Almohade accoururent pour atteindre l'Infidèle; la cavalerie partit au galop, et les fantassins forcèrent la marche pour arriver à temps au massacre.

En ce moment, le présomptueux Alphonse, l'ennemi de Dieu, s'avançait contre les Musulmans avec toute son armée. En entendant le tambour à sa droite, ce bruit immense, et sentant la terre trembler sous ses pieds, il crut à un bouleversement général; il leva la tête pour regarder du côté d'où venait le tumulte, et il aperçut les drapeaux almohades qui s'avançaient et l'étendard blanc le victorieux, sur lequel était écrit : *Il n'y a de Dieu que Dieu. Mohammed est le prophète de Dieu; et il n'y a de vainqueur que Dieu!* Suivi par les héros musulmans qui s'excitaient et se précipitaient en criant leur profession de foi, il demanda : « Qu'est-ce donc? — « O le maudit, lui répondit-on, c'est l'émir des Mu-

« sulmans qui arrive pour t'exterminer aujourd'hui,
« avec cette armée et ces généraux qui t'atteindront
« jusque sur ton sommet. » Dieu chéri frappa d'épouvante le cœur des Infidèles, et, mis en déroute, ils firent voir leurs dos; les cavaliers musulmans les abattaient en les frappant par devant et par derrière, et sans s'arrêter ils leur passaient leurs lances et leurs sabres à travers le corps, et ils les en retiraient ensanglantés. Ils les poursuivirent ainsi en les massacrant jusqu'à la ville d'Alarcos, où l'on pensait que le maudit, ennemi de Dieu, s'était réfugié; mais Alphonse, l'infidèle, était entré par une porte et sorti par une autre du côté opposé. Les Musulmans pénétrèrent dans la place, les armes à la main, après avoir incendié les portes, et la mirent au pillage, enlevant tout ce qui s'y trouvait, armes, richesses, bêtes de somme, chevaux, femmes et enfants. Le nombre des Infidèles qui périrent ce jour-là ne peut se compter ni se dépasser, et personne n'a pu le savoir, si ce n'est Dieu très-haut. Il fut fait vingt-quatre mille prisonniers, des plus nobles Chrétiens, et l'émir des Musulmans leur rendit généreusement la liberté, et cela pour se rendre célèbre; mais ce moyen ne plut point aux Almohades et aux autres Musulmans, qui tinrent ce fait pour la plus grande erreur dans laquelle souverain ait pu jamais tomber.

Cette bataille sacrée eut lieu le 9 de châaban, en 591. Entre cette victoire d'Alarcos et celle de Zalaca, il s'était écoulé cent douze ans. La victoire d'Alarcos est célèbre dans les fastes de l'Islam, et c'est la plus grande que les Almohades remportèrent pour l'amour de leur Dieu et de leur religion. El-Mansour écrivit la nouvelle de sa victoire à tous les peuples de l'Islam qui étaient sous sa domination en Andalousie, dans l'Adoua et en Ifrîkya; il préleva le cinquième d'usage sur le butin, et il distribua tout le surplus aux combattants. Puis il commença à courir sur les terres des Chrétiens avec ses troupes, détruisant les villes, les villages et les châteaux, pillant, massacrant et faisant des prisonniers jusqu'à ce qu'il eut atteint le Djebel Selim; seulement alors il revint sur ses pas avec ses soldats chargés de butin, et jusqu'à son arrivée à Séville il ne trouva plus de Chrétiens capables de se mesurer avec lui. A son arrivée dans cette ville, il entreprit les premiers travaux de la grande mosquée et de son magnifique minaret (la Giralda).

Dans les premiers jours de l'an 592 (1195 J. C.), l'émir des Musulmans entreprit sa troisième expédition contre les Infidèles. Il conquit les forteresses de Kalat Rabah, l'Oued el-Hidjarâ, Madjrit[1], Djebel Souleïman, et la plus grande partie des environs de Tolède. Arrivé sous les murs de cette grande ville, occupée par Alphonse, il en fit le siége et la resserra; il lui coupa les eaux, incendia ses jardins et saccagea

---

[1] Aujourd'hui Calatrava, Guadalajara, Madrid.

ses campagnes. Alors il se porta sur la ville de Thelmanka[1], où il entra les armes à la main, et massacra toute la garnison, sans en excepter un seul homme; il fit les femmes prisonnières, s'empara de toutes les richesses, incendia les bazars, et finit par raser la ville entière. Enfin, après avoir enlevé les châteaux d'El-Belât et Terdjâla[2], il rentra à Séville dans les premiers trois jours du mois de safar, an 593, et il reprit les travaux de la grande mosquée et du minaret; il fit construire un *tefafyhh* (pommes superposées) aussi beau que possible, et d'une grandeur surprenante, c'est-à-dire que la moyenne des pommes ne put pas entrer par la porte du muezzin, et que pour l'y faire passer, il ne fallut rien moins que démolir la partie inférieure en marbre de cette porte. Le pivot en fer sur lequel ces pommes étaient montées pesait à lui seul 40 rouba (1,000 livres). L'artiste qui construisit ces pommes et les éleva au haut du minaret fut Abou el-Lyth el-Sekkaly; il employa pour les dorer 100,000 dinars d'or.

Avant de passer en Andalousie pour la campagne d'Alarcos, El-Mansour avait donné les ordres nécessaires pour faire bâtir : 1° la kasbah de Maroc, la mosquée sacrée et son beau minaret attenant à ladite kasbah; 2° la mosquée El-Koutoubyn; 3° la ville de Rabat el-Fath sur les terrains de Salé; 4° la

---

[1] Aujourd'hui Salamanque.
[2] Aujourd'hui Albalete et Truxillo.

mosquée d'Hassan et son minaret (tour d'Hassan [1]). Lorsque la mosquée de Séville fut achevée et qu'il y eut fait la prière, l'émir des Musulmans ordonna de bâtir la forteresse d'El-Ferdj sur le bord du fleuve de Séville, et revint dans l'Adoua. Il arriva à Maroc dans le mois de châaban 594 (1197 J. C.), et il trouva que tous ses ordres avaient été exécutés; toutes les constructions, kasbah, palais, mosquées et minarets étaient achevés, et pour tout cela on ne s'était servi que du cinquième du butin fait sur les Chrétiens. Il manifesta un grand mécontentement contre les intendants et les ouvriers qui avaient dirigé ces travaux, parce qu'on lui rapporta, par jalousie, qu'ils avaient détourné une partie des sommes qu'ils avaient reçues, et que, de plus, ils n'avaient fait que sept portes à la mosquée, même nombre que celles de l'enfer. Mais lorsqu'il visita cette mosquée il ne put s'empêcher d'être satisfait, et ayant alors

---

[1] La tour d'Hassan, à Rabat, la tour de Maroc et la Giralda de Séville, ont toutes trois la même forme, le même escalier et les mêmes proportions. Selon toutes les traditions, elles ont été construites par le même architecte « musulman, né à Séville, nommé *Guever*, » d'après don Antonio Ponz. La tour d'Hassan est encore parfaitement conservée. La rampe seule est un peu dégradée, ainsi que l'angle de l'est sud-est, qui a été emporté par la foudre à la fin du siècle dernier. La tour d'Hassan, entièrement abandonnée aux ravages du temps et des animaux qui y ont leurs nids ou leurs repaires, est située à deux milles environ de la ville de Rabat, sur une hauteur, au bord de la rivière. Elle se voit de fort loin, et sert en mer de point de reconnaissance aux navires qui viennent à Rabat. Elle peut avoir de 65 à 70 mètres de hauteur au-dessus du sol.

demandé aux entrepreneurs combien de portes ils avaient faites, ceux-ci lui répondirent : « sept, et celle « par laquelle est entré l'émir des Musulmans est la « huitième. — Bien, dit-il, si c'est comme cela, il n'y « a pas de mal, car ils ont su me répondre; » et il fut très-content.

Quelque temps après son arrivée à Maroc, l'émir des Musulmans désigna pour son successeur son fils Aby Abd Allah, surnommé El-Nasser Ledyn Illah, qu'il fit reconnaître par tous les Almohades et par tous ses sujets de l'Andalousie, du Maghreb et de l'Ifrîkya, depuis Tripoli jusqu'au Bled Noun du Sous el-Aksa, et depuis la mer jusqu'au Sahara dans le Sud. Dans tout le pays compris dans ces limites, villes, villages, plaines et montagnes, Berbères et Arabes nomades, on reconnut le successeur désigné et on lui paya les impôts, l'aumône et la dîme, et on fit le khotbah en son nom. Après cette proclamation, et avoir assis son fils sur le trône des khalifes, en lui remettant le gouvernement et la direction des affaires, El-Mansour se retira dans son palais, où la maladie s'empara de lui. C'est alors qu'il dit : « De « toutes les actions de ma vie et de mon règne, je « n'en regrette que trois, trois choses qu'il aurait « beaucoup mieux valu que je ne fisse point : la pre- « mière, *c'est d'avoir introduit au Maghreb les Arabes* « *nomades de l'Ifrîkya*, parce que je me suis déjà « aperçu qu'ils sont la source de toutes les séditions; « la deuxième, *c'est d'avoir bâti la ville de Rabat el-*

« *Fath*, pour laquelle j'ai épuisé inutilement le trésor
« public, et la troisième, *c'est d'avoir rendu la liberté
« aux prisonniers d'Alarcos*, car ils ne manqueront
« pas de recommencer la guerre. » El-Mansour mourut après la dernière prière du soir du vendredi 22 raby el-aouel, an 595, dans la kasbah de Maroc. Mais la durée n'appartient qu'à Dieu qui est seul adorable.

El-Mansour fut le plus grand roi des Almohades, le meilleur et le plus magnanime en toutes choses. Son gouvernement fut excellent; il augmenta le trésor; sa puissance fut élevée; ses actions celles d'un souverain célèbre; sa religion fut profonde et il fit beaucoup de bien aux Musulmans. (Que Dieu lui fasse miséricorde par sa grâce, sa générosité et sa bonté, car il est clément et il aime à pardonner!)

RÈGNE DE L'ÉMIR DES MUSULMANS EL-NASSER BEN EL-MANSOUR BEN YOUSSEF BEN ABD EL-MOUMEN BEN ALY.

L'émir des Croyants El-Nasser ben Yacoub ben Youssef ben Abd el-Moumen ben Aly, le Zenèta, le Koumy, l'Almohade, eut pour mère une femme légitime nommée *Ammet Allah* (servante de Dieu), fille du sid Abou Ishac ben Abd el-Moumen ben Aly. Il fut surnommé El-Nasser Ledyn Illah. Son cachet portait pour devise : *A Dieu j'ai confié mon sort, car il est mon espoir et le meilleur oukil*[1] (directeur

على الله توكّلت وهو حسبي ونعم الوكيل [1]

fondé de pouvoirs). Ses écrits commençaient tous par *Louanges à Dieu l'unique!* Blanc, haut de taille, teint pâle, yeux doux et noirs, grande barbe et sourcils épais; il était persévérant en toutes choses, conseiller agréable et très-attentif à ses affaires et à son gouvernement, qu'il dirigeait seul. Il eut pour ministres Ben el-Chahyd et Ben Methna, au-dessus desquels était son hadjeb, le kaïd Abou Saïd ben Djâmy (que Dieu le maudisse!). El-Nasser ne fut point reconnu souverain durant la vie de son père, mais il fut proclamé partout le vendredi matin, quelques heures après que El-Mansour eut rendu le dernier soupir. Sa domination s'étendit sur tous les pays almohades, et l'on prêcha et pria en son nom dans toutes les chaires. Il demeura à Maroc jusqu'à la fin de raby el-tâny, et il en sortit le 1er de djoumad el-aouel pour venir à Fès, où il finit l'année 595; il se rendit alors au Djebel Ghoumara, où il combattit Haloudân el-Ghoumary qui s'était insurgé. A son retour à Fès, il fit reconstruire la kasbah et les murailles que son grand-père, Abd el-Moumen, avait détruites lors de sa conquête, et il resta dans cette capitale jusqu'en 598. A cette époque il reçut la nouvelle de l'Ifrîkya que le Mayorky s'était mis en état de révolte et s'était déjà emparé de plusieurs villes. Il sortit en hâte de Fès pour se rendre en Ifrîkya, et il arriva à Djezaïr Beni Mezghanna [1], d'où il

[1] Alger. Les Beni Mezghanna habitent aujourd'hui l'Aghâlik des Beni Djâd, à quarante-cinq kilomètres sud-est d'Alger.

partit avec sa troupe et sa flotte pour aller attaquer la ville de Mayorka[1], qu'il conquit et enleva aux Almoravides, dans le mois de raby el-aouel, an 600. La population de la ville vint en masse faire sa soumission et saluer l'émir des Musulmans El-Nasser, qui accueillit chacun avec bienveillance et accorda gracieusement tout ce qui lui fut demandé. Il nomma kady de Mayorka, l'imam versé dans le Hadits, Abd Allah ben Houth Allah, et il revint alors dans l'Ifrîkya, dont il parcourut toutes les provinces, examinant les affaires de ses sujets, et chassant devant lui le Mayorky, qui s'enfuit au Sahara. Il reçut la soumission de tous ceux chez lesquels il se présentait, et de toutes les places, sans être obligé de combattre, à l'exception de la Mehdïa, qui était gouvernée par El-Hâdj[2], lieutenant de Yhya el-Mayorky, aussi courageux qu'instruit dans l'art militaire. El-Nasser campa sous les murs de la place, et en fit le siége par terre et par mer, en employant les balistes et autres machines de guerre. Les Almohades et autres troupes ne cessaient de combattre jour et nuit, mais El-Hâdj leur opposait une défense vigoureuse, et il se montra bon et infatigable soldat. Le siége dura longtemps, et les Almohades surnommèrent El-Hâdj l'*Infidèle*. Enfin El-Nasser, redoublant de vigueur, érigea contre la place une machine sans égale pour la grandeur et

---

[1] Majorque.
[2] El-Hadj (le pèlerin) Aly ben Ghâzy ben Mohammed ben Aly ben Ghania.

qui lançait des projectiles du poids de cent vingt-cinq livres, qui détruisaient la ville. Enfin une de ces pierres ayant atteint au milieu les battants de la grande porte, les brisa en deux, quoiqu'ils fussent entièrement en fer. (Ces battants roulaient sur des gonds en cristal vert, et étaient supportés par des lions de cuivre jaune sculptés.) Lorsque El-Hâdj vit cela, il comprit qu'il ne pouvait se soutenir davantage et qu'il fallait se soumettre au bon vouloir de l'émir des Croyants. En conséquence il le proclama en lui faisant remise de la ville. El-Nasser lui accorda l'aman et le pardonna généreusement; il lui fit une bonne position, et, reconnaissant le courage avec lequel il avait défendu la place qui lui avait été confiée par son maître, il ordonna aux Musulmans qui l'avaient surnommé *El-Hâdj el-Kâfer* (le Hâdj infidèle), de ne plus l'appeler désormais que *El-Hâdj el-Kâfy* (le Hâdj serviable). Cette conquête de la Mehdia eut lieu en l'an 601.

En 602 (1205 J. C.), l'émir des Musulmans confia le gouvernement général de l'Ifrîkya au cheïkh Abou Mohammed Abd er-Rhaman ben Aby Beker ben Aby Hafs, et il retourna au Maghreb. A son arrivée à l'Oued Chélif, Yhya el-Mayorky se présenta devant lui avec une armée considérable d'Arabes, de Senhadja et de Zenèta, et il le battit complétement dans une grande bataille, le mercredi, dernier jour de raby el-aouel, an 604 (1207 J. C.). Dans cette même année, El-Nasser ordonna de construire la ville d'Oudjda, et les premiers travaux commencèrent le 1er de radjeb. C'est aussi à cette même époque qu'il fit bâtir les remparts d'El-Mezemma[1] et la forteresse de Badès[2], dans le Rif. Au mois de chouel, l'émir sortit de Fès pour Maroc, après avoir donné les ordres nécessaires pour la construction de l'aqueduc de l'Adoua el-Andalous, qui apporte en ville l'eau de la source située au dehors du Bab el-Hadid. Il avait également fait bâtir la porte du Nord, ornée d'un escalier, sur le terrain situé devant la cour de la mosquée El-Andalous (que la parole de Dieu l'ennoblisse!); il employa pour ces travaux des sommes considérables du bit el-mal. Dans la même année, il fit construire la chapelle de l'Adoua el-Kairaouyn, et il ordonna aux Croyants de ne plus prier désormais dans celle de l'Adoua el-Andalous. Les fidèles se conformèrent à cette injonction pendant trois années consécutives, au bout desquelles ils firent comme auparavant leurs prières dans l'Adoua el-Andalous. El-Nasser entra à Maroc en 605, et l'année suivante, 606 (1209 J. C.), il reçut la nouvelle qu'Alphonse (Dieu le maudisse!) envahissait les terres de l'Islam, renversant villes et villages, massacrant les hommes, enlevant les femmes et pillant les trésors et les biens des habitants. El-Nasser fit aussitôt un appel à ses peuples et distribua de l'argent aux kaïds et aux sol-

---

[1] El-Mezemma, sur l'Oued Nokour, près d'Alhucema.
[2] Badès (Peñon de Velez), port, point de débarquement dans le Rif, le plus proche de Fès.

dats. Il fit prêcher la guerre contre les Infidèles dans toutes les parties du Maghreb, de l'Ifrîkya et du Sud, et un nombre considérable de Musulmans répondirent à son appel; toutes les tribus du Maghreb, cavalerie et infanterie, vinrent à lui avec le plus grand empressement. Quand toute l'armée fut réunie, l'émir se mit à la tête de l'expédition, et sortit de Maroc le 19 de châaban le béni, an 607 (1210 J. C.). Il arriva à Kessar el-Djouez, et commença aussitôt l'embarquement des troupes. Le passage des Kabyles, des soldats, des chevaux et du matériel dura depuis le 1er du mois de chouel jusqu'à la fin du mois de dou'l kâada. Lorsque tout fut passé, l'émir s'embarqua lui-même et arriva le 25 dou'l kâada sur la plage de Tarifa, où il trouva tous les kaïds, les fekhys et les saints de l'Andalousie qui étaient venus le saluer. Il resta trois jours à Tarifa et se mit en marche pour Séville avec une armée innombrable. Ses légions couvraient les plaines et les hauteurs comme des nuées de sauterelles, et à peine y avait-il assez d'espace et d'eau pour elles. El-Nasser fut émerveillé en voyant la grandeur et la force de ses troupes, et il les divisa en cinq corps : première division, les Arabes; deuxième division, les Zenèta, Senhadja, Mesmouda et tous les autres Kabyles du Maghreb; troisième division, les volontaires, au nombre de cent soixante mille, entre cavaliers et fantassins; quatrième division, les Andalous; cinquième division, les Almohades. Il ordonna à chacun de ces grands corps de marcher par des routes ou des côtés différents, et il arriva à Séville le 17 dou'l hidjâ de ladite année 607. A la nouvelle de son débarquement en Andalousie, tous les pays chrétiens furent frappés de stupeur, et la crainte s'empara des cœurs de leurs rois, qui s'empressèrent d'abandonner le voisinage des villes et des villages musulmans pour aller se fortifier chez eux. La plupart de ces émirs lui écrivirent pour lui adresser des compliments et réclamer son indulgence. Un d'eux, le roi de Byouna [1], vint même en personne lui demander la paix et le pardon. Lorsque ce maudit-là apprit que l'émir des Musulmans était entré à Séville, il en fut si consterné pour lui et pour son pays, qu'il lui envoya un courrier pour lui demander l'autorisation de venir auprès de lui. El-Nasser la lui accorda, et en même temps il envoya des ordres sur toute la route que le maudit devait suivre, afin qu'à chaque étape on lui donnât une libérale hospitalité pendant trois jours, et qu'on lui retînt mille cavaliers de son escorte en le congédiant le quatrième jour. Ce roi sortit de son gouvernement à la tête d'une armée pour venir chez l'émir des Musulmans, et dès qu'il arriva sur les terres musulmanes, il fut reçu par les kaïds qui venaient en grande pompe au-devant de lui avec leurs troupes et une partie de la population. A chaque halte, on lui donnait, pendant trois jours, une généreuse et splendide hospitalité, et le quatrième jour, au moment de son départ, on lui re-

[1] Bayonne.

tint mille cavaliers de son armée. L'on fit cela partout jusqu'à son arrivée à Carmouna, où il ne lui restait plus que mille cavaliers pour toute escorte. Après l'avoir fêté comme les autres pendant trois jours, le gouverneur de cette ville lui retint les derniers mille cavaliers, et alors il se récria en disant : « Comment! vous m'enlevez même cette dernière escorte qui m'accompagne chez l'émir des Croyants? — Allez donc, lui répondit-on, pour arriver chez l'émir des Croyants vous n'avez besoin d'autre protection que celle de son épée et de sa parole qui ne vous fera pas défaut. » En effet, il quitta Carmouna (que Dieu le maudisse!) accompagné seulement de ses femmes, de ses serviteurs et des porteurs de ses cadeaux pour El-Nasser. Au nombre de ces présents figuraient les lettres que le Prophète (que Dieu le comble de bénédictions!) avait écrites à Harkal, roi des Chrétiens [1]. Le maudit apportait ces lettres pour obtenir sûrement son pardon et prouver qu'il tenait son royaume de très-grands et très-hauts ancêtres. Ces nobles écrits étaient pour eux effectivement un bien riche héritage; ils étaient soigneusement recouverts d'une étoffe de soie verte et enfermés dans une boîte en or parfumée de musc, et certes, tout cela était peu encore! L'émir des Musulmans ordonna à ses troupes de former la haie depuis la porte de Carmouna jusqu'à celle de Séville, et aussitôt, cavaliers et fantassins formèrent les rangs sur la droite et sur la gauche; ils étaient

[1] Héraclius, roi des Grecs.

tous en grande tenue de vêtements, d'armes et de harnais, et ils se touchaient l'un l'autre sur toute la ligne des rangs de Carmouna à Séville, soit sur un parcours de quarante milles environ de longueur. L'émir de Bayonne avança ainsi sous l'ombre des épées et des lances musulmanes, et à son approche de Séville, El-Nasser fit dresser sa tente rouge hors de la ville sur la route de Carmouna, et il y fit placer trois siéges.

Alors il demanda quel était celui d'entre les kaïds qui connaissait la langue barbare. On lui désigna Abou el-Djyouch, et il le fit appeler : « Abou el-Djyouch, lui
« dit-il, lorsque cet infidèle arrivera, il faudra bien
« que je le reçoive convenablement; mais, s'il vient à
« moi et que je me lève pour aller au-devant de lui,
« *j'agirai contrairement au Sonna, qui défend de se lever*
« *pour un infidèle en Dieu très-haut.* D'un autre côté, si
« je ne me dérange pas et que chacun fasse comme
« moi, ce sera manquer aux égards de politesse qui
« lui sont dus, car il est grand roi d'entre les rois
« chrétiens, il est mon hôte et il est venu me rendre
« visite. Je t'ordonne donc de te poster au milieu de
« la tente, et lorsque l'infidèle se présentera à une
« porte, j'entrerai, moi, par l'autre porte. Tu te lève-
« ras aussitôt et tu me prendras la main pour me faire
« asseoir à ta droite; tu offriras également l'autre main
« à l'infidèle et tu le feras asseoir à ta gauche, et tu
« te placeras toi-même entre nous deux pour nous
« servir d'interprète[1]. » Le kaïd Abou el-Djyouch exé-

[1] Au Maroc, les sultans montent à cheval pour recevoir les am-

cuta littéralement le tout, et lorsque l'émir et le roi de Bayonne furent assis, il dit à celui-ci, « Voici le « prince des Musulmans, » et ils échangèrent leurs salutations. Alors ils parlèrent librement et ils causèrent très-longtemps; puis ils montèrent tous deux à cheval et ils se mirent en marche, le roi de Bayonne se tenant un peu en arrière de l'émir; ils étaient escortés de toute la cavalerie almohade, et ils furent reçus en grande pompe par les troupes et les habitants de Séville, et ce fut un grand jour de fête. El-Nasser entra en ville précédant le roi de Bayonne, qu'il installa dans l'intérieur de Séville grandement et de manière à satisfaire tous ses désirs. Il lui accorda la paix pour tout le temps de son règne et de celui de ses descendants almohades, et il le congédia comblé de bienfaits et après lui avoir accordé toutes ses demandes.

Aussitôt après cette visite, El-Nasser se mit en campagne pour aller attaquer les frontières de la

bassadeurs chrétiens qui leur sont présentés à pied et à distance. Jusqu'en ces dernières années, les ministres, les pachas, les kaïds et tous les autres fonctionnaires marocains ne se levaient jamais devant les agents européens, et lorsque quelqu'un de ceux-ci se formalisait de ce manque d'égards, on s'excusait en prétextant l'ignorance des usages chrétiens. Enfin un chargé d'affaires de France, qui avait appris en pays arabes à ne point croire à ce genre d'ignorance des Musulmans, força le ministre, pacha de Tanger, à venir en personne lui faire des excuses au consulat général pour être resté assis en le recevant, et depuis lors les fonctionnaires marocains emploient, à l'occasion, le stratagème de l'émir El-Nasser; ils entrent dans le lieu de réception en même temps que leurs visiteurs.

Castille. Il partit le 1er de safar, an 608 (1211 J. C.), et il arriva jusque sous les murs de Salvatierra. C'était une magnifique forteresse, située sur le sommet d'une haute montagne qui se perdait dans les nues, et à laquelle on ne pouvait parvenir que par un seul chemin étroit et difficile. Aussitôt arrivé, il commença le siège de cette forteresse, contre laquelle il érigea quarante catapultes sans aucun résultat. Son visir Abou Saïd ben Djâmy, qui était de basse extraction et méprisé par la noblesse almohade, s'était mis, dès son avénement au pouvoir de hadjeb, à persécuter les nobles et les hauts fonctionnaires, si bien qu'il les éloigna tous d'El-Nasser, et qu'il conserva seul toute la direction des affaires avec un certain homme connu sous le nom de Ben Mounsa. L'émir n'entreprenait rien sans leur demander conseil. En passant auprès de cette forteresse pour se rendre en Castille, il fut frappé des difficultés qu'elle présentait; mais ses conseillers lui répondirent : « Ô prince des Musulmans, n'allons « pas outre avant de nous en être emparés, et ce sera « le début de nos victoires, s'il plaît à Dieu très-haut! » L'on raconte qu'El-Nasser demeura si longtemps sous les murs de Salvatierra, que les hirondelles bâtirent leurs nids sous sa tente, firent leurs œufs et leurs petits, qui devinrent grands et s'envolèrent. Il y resta en effet pendant huit mois, et lorsque l'hiver arriva, le froid était si rigoureux que les vivres devinrent de plus en plus rares pour les hommes et pour les animaux. Les soldats, dénués de tout, après avoir consommé tout ce qu'ils avaient, perdirent courage, et leur découragement pervertit l'esprit qui les animait pour la guerre sainte. Ils se fatiguèrent du repos et de la misère. Lorsque l'ennemi de Dieu, Alphonse, se fut bien assuré de cet état de choses, et qu'il apprit que les forces musulmanes, ayant perdu leur première ardeur, commençaient à se disperser, il prit ses dispositions pour les atteindre, et il éleva la croix invoquée dans toutes les contrées des Infidèles. Les rois chrétiens arrivèrent à lui avec leurs troupes pleines d'enthousiasme et avides de massacre et de carnage; il fut également rejoint par les serviteurs (pénitents) de sainte Marie, possédés de leur ferveur païenne. Quand toute l'armée fut réunie, Alphonse se mit en marche et arriva sous les murs de la place forte de Kalat Rabah (Calatrava), qui était commandée par le kaïd juste et distingué le guerrier Abou el-Hadjej ben Kâdys, et défendue par une garnison de soixante et dix cavaliers musulmans. Alphonse en fit le siége et la réduisit aux dernières extrémités. Ben Kâdys souffrit beaucoup; chaque jour il expédiait un courrier à l'émir des Musulmans pour l'informer de sa détresse et lui demander du secours; mais lorsque ses lettres arrivaient au ministre, celui-ci les cachait soigneusement, de crainte que l'émir, en les lisant, n'eût envie d'abandonner le siége de la forteresse; et tout cela n'était qu'une trahison envers l'émir et envers tous les Musulmans! C'est ainsi qu'il lui cachait la situation du pays et de ses sujets, et les événements qu'il était urgent de ne point lui laisser ignorer. Le siége s'étant prolongé, Ben Kâdys épuisa toutes ses ressources, toutes les munitions et les flèches qui se trouvaient dans la place. Enfin, désespérant d'être secouru, et craignant pour les Musulmans, pour les femmes et pour les enfants, qu'Alphonse ne finît par entrer à l'assaut, il lui livra la place à la condition que tous ceux qui s'y trouvaient seraient épargnés et auraient leur liberté. Aussitôt après que les Musulmans eurent évacué Kalat Rabah et que les ennemis y eurent établi leur gouvernement, Ben Kâdys se dirigea vers l'émir des Croyants, accompagné de son beau-frère, qui était aussi courageux que lui, et qu'il avait supplié de ne pas le suivre. « Par Dieu! « retourne-t'en, lui disait-il, je suis un homme mort! « car je ne puis survivre à cette fatale journée; mais « Dieu recevra mon âme pour avoir sauvé la vie à « tous les Musulmans qui étaient dans la place. » Tout fut inutile, son beau-frère s'obstina à le suivre en répondant à ses instances : « Si tu meurs, quel cas « puis-je faire encore de ce monde?» En arrivant au camp d'El-Nasser, ils furent accueillis par les kaïds andalous avec une grande distinction; mais lorsque Ben Djâmy, le ministre, fut instruit de leur venue, il se dirigea vers eux en toute hâte, et les fit arrêter et lier par ses nègres; puis, entrant chez l'émir, il lui dit, « Voici Ben Kâdys qui vient à vous, » et il ajouta, « Un pareil misérable ne doit point entrer chez l'émir « des Musulmans; » et, progressivement, il monta tellement l'esprit d'El-Nasser, que l'émir lui ordonna de le faire périr, et aussitôt Ben Kâdys et son beau-frère furent étranglés. Les kaïds andalous, outrés d'un pareil meurtre, ne purent s'empêcher de manifester leur mécontentement; mais le ministre Ben Djâmy, s'étant rendu à l'extrémité du camp, les envoya chercher, et, dès qu'ils parurent, il s'écria : « Sortez de « l'armée des Almohades; nous n'avons que faire de « vous, car Dieu très-haut a dit : *S'ils étaient allés avec* « *vous, ils n'auraient fait qu'augmenter vos embarras; ils* « *auraient mis le désordre au milieu de vous* [1]. Allez-« vous-en, et, après la conclusion de cette affaire, je « saurai bien vous faire rentrer dans l'ordre. »

Cependant, quand El-Nasser apprit qu'Alphonse venait à lui, après avoir emporté Kalat Rabah, la plus forte des places musulmanes, il en éprouva un tel chagrin, qu'il ne put plus ni boire ni manger, et qu'il tomba malade. Redoublant tous ses efforts contre Salvatierra, il dépensa de grandes sommes, et il finit par y entrer sans coup férir, à la fin du mois de dou'l hidjâ de l'an 608. Lorsque Alphonse apprit qu'El-Nasser s'était emparé de Salvatierra, il se dirigea de ce côté avec tous les rois chrétiens et leurs troupes. À son approche, El-Nasser se porta au-devant de lui avec l'armée musulmane. La rencontre eut lieu à l'endroit nommé Hisn el-Oukab [2]. La tente rouge, signe de combat, était dressée sur le sommet de la mon-

---

[1] *Koran*, c. ix : l'Immunité ou le Repentir, vers. 47.
[2] *Hisn el-Oukab*, le château de l'Aigle, Las navas de Tolosa.

tagne : El-Nasser s'y rendit et s'assit sur son bouclier, en tenant son cheval devant lui. Les nègres, armés de pied en cap, entourèrent la tente, et devant eux se placèrent les tambours, les drapeaux et les légions commandées par le ministre Abou Saïd ben Djâmy. Les Chrétiens, arrivant comme des nuées de sauterelles, s'abattirent d'abord sur les volontaires, qui, malgré leur nombre de cent soixante mille hommes, ne purent résister au choc, et laissèrent entamer leurs rangs, après un combat terrible, où les Musulmans eurent à déployer la grande résignation. Tous les volontaires furent exterminés jusqu'au dernier, sous les yeux mêmes des Almohades, des Arabes et des kaïds Andalous à la tête de leurs troupes, qui ne bougèrent pas. Après en avoir fini avec les volontaires, les Chrétiens se précipitèrent sur les Almohades et les Arabes; et, pendant que le combat s'engageait avec eux, les kaïds Andalous prirent la fuite avec tous leurs soldats, poussés en cela par la vengeance et la haine que leur avaient laissées au cœur le meurtre de Ben Kâdys et les outrages de Ben Djâmy. Les Almohades, ayant vu la destruction des volontaires et la fuite des Andalous, comprirent que le combat allait devenir de plus en plus désastreux pour les derniers restants, et, tandis que le nombre des Chrétiens augmentait toujours, ils partirent en déroute en abandonnant El-Nasser. Les Chrétiens arrivèrent ainsi le sabre au poing jusqu'aux nègres et aux hachems qui entouraient l'émir comme un rempart de pierre qu'ils ne purent d'abord entamer; et c'est alors qu'opposant aux flèches des nègres les croupes cuirassées de leurs chevaux, ils finirent par ouvrir la brèche. El-Nasser, toujours assis sur son bouclier au seuil de sa tente, s'écria, « La vérité est en Dieu, et le mensonge « est en Satan, » et il resta calme jusqu'au moment même où les Chrétiens allaient l'atteindre, après avoir exterminé les dix mille nègres et plus qui l'entouraient. Un Arabe, monté sur une jument, accourut vers lui et lui dit : « Ô émir des Musulmans ! jusqu'à « quand resteras-tu là ? Ne vois-tu pas que les dé- « crets et la volonté de Dieu s'accomplissent, et que « les Musulmans sont tous morts ? » L'émir se leva alors pour monter sur le magnifique cheval qu'il tenait devant lui; mais l'Arabe, ayant sauté à bas de sa jument, lui dit : « Monte là-dessus, car celle-ci ne se « laisse ni dépasser, ni atteindre, et Dieu chéri l'ai- « dera pour te sauver; car désormais il ne reste plus « d'espoir que dans ton propre salut. » El-Nasser échangea donc son cheval contre cette jument, et partit sans escorte; tandis que l'Arabe, à la tête d'une troupe de nègres, se livra à la poursuite des Chrétiens, qui continuèrent à massacrer les Musulmans jusqu'à la nuit. Ils périrent tous jusqu'au dernier; tout au plus s'il en échappa un sur mille ! Les héraults d'Alphonse criaient partout, au nom du maudit, de ne point faire de prisonniers et de tout massacrer, avertissant que quiconque amènerait un prisonnier périrait avec lui. Aussi il ne fut pas pris un seul Musulman vivant dans cette désastreuse bataille, qui eut lieu le lundi 14 de safar, an 609 (16 juillet 1212 J. C.). C'est ainsi que la puissance musulmane fut détruite en Andalousie et ne se releva plus, tandis que celle de leurs ennemis s'affermit. Ceux-ci prirent une grande partie du pays; et leur ambition de s'en emparer entièrement aurait été satisfaite, si Dieu n'avait permis que l'émir des Musulmans, Abou Yousef Yacoub ben Abd el-Hakk (que le Très-Haut lui fasse miséricorde et l'agrée!) ne fût arrivé au pouvoir pour secourir les terres de l'Islam, relever les minarets et saccager les pays infidèles.

En retournant d'Hisn el-Oukab, Alphonse (que Dieu le maudisse!) prit d'assaut la ville d'Évora, dont il fit mettre à mort tous les habitants, grands et petits; puis il conquit chaque place l'une après l'autre; et, au bout de peu de temps, il ne restait plus aux Musulmans, de toute l'Andalousie, qu'un très-petit nombre de points qu'ils ne perdirent pas, parce que Dieu vint en aide au règne des Meryn (que Dieu prolonge leur dynastie!). L'on dit que tous les rois chrétiens qui assistèrent à la bataille d'El-Oukab et qui entrèrent dans Évora moururent tous, sans exception, dans cette même année. El-Nasser, après sa défaite, vint à Séville, où il entra dans la dernière décade du mois de dou'l hidjâ. Il était consterné, et ne cessait de penser avec amertume à cette immense armée qu'il avait rassemblée pour cette expédition, et qui surpassait en cavalerie et en infanterie tout ce que jamais émir avait réuni avant lui..... Il avait cent soixante mille volontaires, infanterie et cavalerie; plus, trois cent mille soldats; plus, trente mille nègres, qui lui servaient de garde et d'escorte; et dix mille aghzâz et arbalétriers, sans compter les Almohades, les Zenèta, les Arabes et autres. Il lui semblait être invincible avec une pareille armée; mais Dieu chéri et adoré lui fit voir que c'est lui seul qui donne la victoire, et que toute force et toute puissance n'est qu'en lui, Très-Haut, qu'il soit glorifié!

A son retour à Maroc, après le désastre d'El-Oukab, El-Nasser désigna pour lui succéder son fils, le Sid Abou Yacoub Youssef, surnommé El-Moustansyr, qui fut proclamé par tous les Almohades, et dont le nom fut célébré dans tous les khotbah, dans la dernière décade du mois de dou'l hidjâ de l'an 609. Puis il se retira dans son palais, où il s'adonna entièrement aux plaisirs, s'enivrant nuit et jour jusqu'à sa mort. Il fut empoisonné par ses ministres, qu'il avait lui-même l'intention de faire périr, mais qui le devancèrent, en lui faisant donner par une de ses femmes une coupe de vin qui le tua subitement, le mercredi 11 de châaban 610, dans son palais, à la kasbah de Maroc. Son règne avait duré cinq mille quatre cent cinquante et un jours, qui font quinze ans, quatre mois et dix-huit jours, depuis le vendredi 22 raby el-aouel 595, jour de sa proclamation, après la mort de son père, jusqu'au samedi 10 de châaban, veille de son assassinat.

HISTOIRE DU RÈGNE DE L'ÉMIR DES MUSULMANS YOUSSEF EL-MOUSTANSYR BILLAH BEN NASSER BEN EL-MANSOUR BEN YOUSSEF.

L'émir des Musulmans, Youssef ben Aby Abd Allah el-Nasser ben Yacoub el-Mansour ben Youssef (le martyr) ben Abd el-Moumen ben Aly le Zenèta, le Koumy, eut pour mère une femme blanche nommée Fathima, fille du sid Abou Aly Youssef ben Abd el-Moumen; qualifié du nom d'El-Moustansyr Billah (celui qui attend tout son secours de Dieu), il fut surnommé Abou Yacoub. Fort jeune, il avait une taille élancée, une jolie figure, le teint frais, le nez fin, la chevelure épaisse. Il conserva les secrétaires de son père, et il eut pour ministres ses propres oncles, qui prirent les rênes du gouvernement avec les cheïkhs Almohades, parce que, lors de sa proclamation, il était pubère à peine, imberbe, ignorant et inexpérimenté. Ce furent donc les cheïkhs Almohades et ses oncles qui lui conservèrent le khalifat, durant lequel il ne fit ni expédition ni guerre, et il n'eut aucune puissance. Ses gouverneurs et ses fonctionnaires, en faisant ce qu'ils voulaient chez eux, laissaient tomber la renommée des Almohades, dont la décadence alla toujours en augmentant, malgré la tranquillité et la paix dont ils jouirent sous son règne.

Lorsqu'il fut plus âgé, il voulut gouverner lui-même, et il écarta ses oncles et les cheïkhs Almohades qui lui avaient conservé le trône, pour les remplacer par des étrangers indignes de sa confiance. Il envoya Abou Mohammed Abd Allah ben el-Mansour prendre le gouvernement de Valence et de Xativa, en Andalousie, et il confia à son cousin, Abou Mohammed Abd Allah ben el-Mansour le commandement de Murcie, Denia et dépendances, en lui adjoignant le cheïkh Abou Zyd ben Yrdjan, un des plus nobles Almohades. Il expédia son cousin l'aîné, Abou el-Olâ, en Ifrîkya, pour en chasser le Mayorky. Cet Abou el-Olâ est celui qui bâtit la tour située à la porte de la Mehdïa et qui la fortifia ; c'est lui aussi qui fit construire la tour d'or, à Séville, pendant qu'il gouvernait cette ville, durant la vie de son père. Il demeura longtemps en Ifrîkya, d'où il ne vint que lorsqu'il fut remplacé par le cheïkh Abou Mohammed Abd Allah ben Hafs.

En 614 (1217 J. C.), les Musulmans furent battus au Kessar d'Aby Dânys, et ce fut là une de leurs plus grandes défaites, approchant du désastre d'El-Oukab. Les ennemis étant arrivés pour faire le siége de Kessar Aby Dânys, les troupes de Séville, de Cordoue, de Jaen et celles des pays occidentaux de l'Andalousie partirent en expédition, sur l'ordre de l'émir El-Moustansyr, pour porter secours à cette place ; mais, avant même de s'être trouvés en présence de leurs adversaires, les Musulmans, se souvenant du désastre d'El-Oukab, se dispersèrent et prirent la fuite. Les ennemis, semblables à des chiens enragés, pleins de force et déjà accoutumés aux victoires, se mirent à leur poursuite, le sabre en main et ils les exterminèrent jusqu'au dernier; ensuite Alphonse revint au Kessar Aby Dânys, l'assiégea, y entra à l'assaut et massacra tous les Musulmans qui s'y trouvaient.

En 620, l'émir des Musulmans, Youssef, mourut à Maroc accidentellement; il fut frappé au cœur par les cornes d'une vache, et il expira subitement; il était grand amateur de taureaux et de chevaux, et il se faisait envoyer des taureaux de l'Andalousie même pour les lâcher dans son grand jardin de Maroc. Un soir, étant sorti pour les voir, il était à cheval au milieu d'eux, lorsqu'une vache furieuse, se faisant jour à travers les autres, vint le frapper mortellement. Cela eut lieu le samedi 12 du mois de dou'l hidjâ, an 620 (6 janvier 1224 J. C.). Il mourut sans enfants et ne laissant qu'une concubine enceinte; il ne sortit jamais de Maroc durant sa vie. Sa puissance fut très-précaire, et sa jeunesse, autant que la courte durée de son règne, ne lui permit pas de se développer. Il régna trois mille six cent vingt-cinq jours, qui représentent dix ans quatre mois et dix jours; il avait été proclamé le mercredi 11 du mois de châaban le béni de l'an 610, jour de son avénement, et son dernier jour fut le samedi 12 du mois de dou'l hidjâ, an 620. C'est ainsi que l'ont attesté les témoins de sa mort et ses proches.

HISTOIRE DU RÈGNE DE L'ÉMIR DES MUSULMANS ABOU MOHAMMED ABD EL-OUAHED EL-MAKHELOU (LE DÉTRÔNÉ). QUE DIEU LUI FASSE MISÉRICORDE !

L'émir des Musulmans Abou Mohammed Abd el-Ouahed, fils de l'émir des Musulmans Youssef ben Abd el-Moumen ben Aly el-Koumy, l'Almohade, fut proclamé par les cheikhs Almohades comme étant le seul descendant de Mansour restant à la kasbah de Maroc, dans la matinée du dimanche 13 de dou'l hidjâ de l'an 620; c'était alors un bon vieillard, paisible et vertueux. Pendant deux mois l'on fit en son nom les khotbah dans tout le pays soumis aux Almohades, à l'exception de Murcie, qui était gouvernée par son neveu El-Sid Abou Mohammed, surnommé El-Adel (le juste). Celui-ci avait alors pour ministre le cheikh Abou Zyd ben Yrdjan, connu sous le nom d'El-Asfar (le jaune), et le plus astucieux des Almohades. El-Mansour ne pouvait le voir, et quand il s'approchait de lui, il le repoussait au nom de Dieu, à cause de sa malignité, et en disant : « Ô Jaune! « tout ce qui passe par tes mains est occasion de trou- « bles! » Lorsque la nouvelle de la proclamation de l'émir Abou Mohammed Abd el-Ouahed arriva à Murcie, Abou Zyd ben Yrdjan dit à Abou Mohammed ben Abd Allah ben Mansour: « Gardez-vous bien « de reconnaître Abd el-Ouahed, parce que le kha- « lifat vous est dû; vous en êtes le plus rapproché, « car vous êtes le fils de Mansour, frère d'El-Nasser et

« oncle d'El-Moustansyr; de plus, vous êtes capable,
« censé, généreux et expérimenté; vous devez de-
« mander aux Almohades de vous proclamer, et certes
« ils ne vous refuseront pas; hâtez-vous pendant qu'il
« en est temps encore, avant que le nouveau gou-
« vernement se consolide. » En entendant tout cela,
Abou Mohammed se rendit en toute hâte dans la salle
du conseil, et il envoya quérir à Murcie et dans les
environs tous les cheïkhs et les docteurs Almohades
qui s'y trouvaient et qui, à sa demande, s'empressèrent de le proclamer. Alors il envoya un message
à son frère Abou el-Olâ, gouverneur de Séville, pour
l'inviter à le reconnaître, ce que celui-ci fit, en en-
traînant avec lui le peuple de Séville et tous les
Almohades qui s'y trouvaient. Abou Mohammed (El-
Adel), pensant alors à ceux qui avaient déjà proclamé
Abd el-Ouahed, écrivit aux cheïhks Almohades qui
étaient à Maroc, pour les inviter à le reconnaître et
à forcer Abd el-Ouahed d'abdiquer, leur promettant
de fortes sommes, de hauts emplois et de belles po-
sitions. Ceux-ci se laissèrent séduire, et, s'étant introduits auprès de l'émir Abd el-Ouahed, ils le me-
nacèrent de le tuer s'il n'abdiquait pas lui-même et
ne reconnaissait la souveraineté d'El-Adel. Le vieil
émir consentit à tout, et ils le quittèrent en laissant
dans le palais des hommes chargés d'entretenir l'é-
pouvante dont ils l'avaient frappé. Cela eut lieu le
samedi 11 du mois de châaban le sacré, an 621. Le
lendemain dimanche, ils revinrent au palais amenant

avec eux le kady, les docteurs et les cheïkhs, devant lesquels Abd el-Ouahed prononça son abdication et proclama El-Adel. Treize jours après, ils retournèrent chez lui et ils le pendirent. Dès qu'il fut mort, ils pillèrent son palais, son trésor et envahirent son harem. Ce fut le premier des descendants d'Abd el-Moumen qui fut détrôné et tué; cela n'était jamais arrivé, et les cheïkhs Almohades devinrent ainsi pour la dynastie d'Abd el-Moumen ce que les Turcs avaient été pour celle des Beni el-Abbès (des khalifes Abbasides); ils furent la cause de leur décadence et de leur propre chute. Par les meurtres de leurs rois et de leurs princes, ils ouvrirent la première porte à la guerre civile et aux séditions de leurs peuples contre eux-mêmes. Abd el-Ouahed le détrôné mourut dans la nuit du mercredi 5 de ramadhan le grand, an 621; son règne avait duré en tout deux cent quarante-cinq jours, soit huit mois et cinq jours; le premier jour fut un dimanche, et le dernier, celui de son abdication, fut un samedi.

HISTOIRE DU RÈGNE DE L'ÉMIR DES MUSULMANS ABOU MOHAMMED EL-ADEL (LE JUSTE). QUE DIEU LUI FASSE MISÉRICORDE!

Abd Allah ben Yacoub el-Mansour ben Youssef ben Abd el-Moumen ben Aly el-Koumy, surnommé El-Adel fi Hakem Allah (le juste dans la justice de Dieu) et Abou Mohammed, était fils d'une captive chrétienne prise à Santarem, nommée Syr el-Hassen (beauté parfaite). Il était blanc, sa taille était haute, son teint jaune, ses yeux châtains, son nez droit, sa barbe rare. Sage et prudent, il était très-attaché à sa religion. Sa première proclamation eut lieu à Murcie, vers le milieu de safar de l'an 621. Il fut reconnu par tous les Almohades, excepté ceux de l'Ifrîkya, et ce ne fut qu'après l'abdication d'Abd el-Ouahed que l'on fit le khotbah en son nom, dans toutes les chaires de l'Andalousie et du Maghreb, à partir de dimanche 22 de châaban le béni, 621. Ceux qui refusèrent de le reconnaître furent le sid Abou Zid, fils du sid Abou Abd Allah ben Youssef ben Abd el-Moumen, roi de Valence, de Xativa et de Denia, et les gouverneurs de l'Ifrîkya et les Hafsides, qui étaient très-puissants, et qui furent cause que son gouvernement ne se consolida point. Le sid Abou Mohammed ben el-Sid Abou Abd Allah ben Youssef, apprenant que son frère le sid Abou Zid refusait de reconnaître la souveraineté d'El-Adel, suivit son exemple à Baëza qu'il gouvernait, et, prêchant pour lui-même, il fut proclamé par la population de cette ville ainsi que par celles de Cordoue, de Jaen, de Quesada et des forteresses de l'intérieur. Il prit le nom de Baëzy, à cause de sa proclamation à Baëza, et c'est ainsi que les troubles et les révoltes envahirent les descendants d'Abd el-Moumen, qui ne virent plus que des malheurs. El-Adel expédia son frère Abou el-Olâ avec une forte armée pour faire le siége de Baëza, où le Baëzy, se sentant de plus en plus resserré, finit par demander une paix

qui lui fut généreusement accordée, et il proclama
El-Adel; mais à peine Abou el-Olâ fut-il parti, qu'il se
révolta de nouveau et demanda des secours à Alphonse en lui offrant de lui livrer en retour les
places de Baëza et de Quesada. Il fut le premier de
tous qui livra ainsi du pays aux Chrétiens : Alphonse
lui envoya une armée de vingt mille cavaliers. Ayant
réuni ce renfort à ses cavaliers et à ses légions, il
sortit de Cordoue et marcha sur Séville. A son approche, le sid Abou el-Olâ vint à sa rencontre avec
une armée; le combat fut sanglant, et le frère d'El-Adel, le sid Abou el-Olâ, fut complétement défait.
Le Baëzy et les Chrétiens qui étaient avec lui pillèrent
le camp et emportèrent tout ce qui s'y trouvait
d'armes, d'animaux et de butin. El-Adel, en voyant
la déroute d'Abou el-Olâ et de son armée, craignit
que le Baëzy victorieux ne lui enlevât le khalifat, et,
après avoir confié la direction des affaires de l'Andalousie à son frère le sid Abou el-Olâ, il passa dans
le Maghreb, et vint à Maroc, où il se renferma dans
le palais des émirs. Abou el-Olâ gouverna l'Andalousie au nom de son frère El-Adel, jusqu'en chouel
de l'an 624 (1227 J. C.), et il se révolta lui-même
pour prendre les rênes du gouvernement sous le
nom d'El-Mamoun. Il fut proclamé par le peuple de
Séville et par tous les Musulmans de l'Andalousie,
et aussitôt après il écrivit aux Almohades du Maghreb pour leur faire part de l'adhésion générale des
Andalous et de tous les Almohades qui se trouvaient

en Espagne, et qui en le proclamant avaient prononcé la déchéance d'El-Adel. En conséquence, il les invitait à se conformer à ces changements, et il leur promettait des présents et des emplois. Les Almohades, hésitant d'abord, tinrent conseil et décidèrent bientôt à l'unanimité de détrôner El-Adel. Ils se rendirent dans son palais et le sommèrent d'abdiquer. Sur son refus, ils plongèrent sa tête dans le bassin d'un jet d'eau en lui disant : « Nous ne te dé-« livrerons que lorsque tu auras abdiqué et proclamé « ton frère El-Mamoun. » Il leur répondit : « Faites ce « que vous voudrez, mais je mourrai émir des Mu-« sulmans. » Alors ils lui passèrent son turban autour du cou et ils l'étranglèrent, laissant sa tête plongée dans le bassin jusqu'à son dernier soupir. Cela eut lieu le 21 de chouel, an 624. Ils expédièrent leur soumission écrite à El-Mamoun; mais bientôt ils changèrent encore d'avis, et, ne reconnaissant plus la souveraineté d'El-Mamoun, ils proclamèrent Yhya ben el-Nasser. Le règne d'El-Adel, depuis le jour de son avènement à Murcie jusqu'au jour de sa mort, avait duré trois ans, sept mois et neuf jours.

HISTOIRE DU RÈGNE DE L'ÉMIR DES MUSULMANS YHYA BEN NASSER, ET DE SES GUERRES AVEC SON ONCLE EL-MAMOUN.

L'émir des Musulmans Yhya ben Aby Abd Allah el-Nasser ben el-Mansour ben Youssef ben Abd el-Moumen ben Aly, nommé Abou Zakerya, et selon d'autres Abou Soliman, était surnommé El-Mouthassem Billah (le protégé par Dieu). Il était fort jeune et avait une belle taille et une jolie figure, le teint rouge, la barbe claire, les sourcils se rattachant ensemble et les cheveux blonds. Les cheïkhs Almohades se réunirent pour le proclamer aussitôt après qu'ils eurent tué El-Adel et reconnu El-Mamoun. Ce revirement fut causé par la frayeur qui s'empara d'eux aussitôt qu'ils eurent envoyé leur acte de soumission à El-Mamoun, à la pensée que cet émir, dont l'énergie et la sévérité leur étaient connues, leur réclamerait le talion pour les meurtres qu'ils avaient commis de ses proches, soit de son oncle Abd el-Ouahed el-Makheloû et puis de son frère El-Adel. Ils se retournèrent donc vers Yhya, dont l'extrême jeunesse ne leur inspirait aucune crainte. Ce prince n'avait que seize ans lorsqu'il fut proclamé à la kasbah de Maroc, dans la mosquée d'El-Mansour, après la prière du soir, le mercredi 28 de chouel, an 624. Les Arabes Khelouth et les Kabyles d'Haskoura refusèrent leur soumission en disant : « Nous avons déjà reconnu El-Mamoun, et « nous ne violerons jamais nos serments. » Yhya envoya contre eux une armée d'Almohades et d'irréguliers; mais elle fut battue, et les Khelouth et les Haskoury, fidèles à El-Mamoun, poursuivirent les Almohades jusqu'à Maroc en les massacrant. Les troupes furent ainsi toujours vaincues durant le règne d'Yhya. Aussitôt après sa proclamation à Maroc, il envoya chercher le cheïkh Abou Zyd ben Yrdjan et son fils Abd Allah, et il les fit mettre à mort. Leurs têtes furent pendues au Bab el-Kohoul et leurs cadavres furent traînés dans la ville. Un mois après l'avénement d'Yhya, tout le pays était en révolution; partout la révolte, la disette et les routes infestées de brigands; partout des troubles, des malheurs et les vices qui en étaient la conséquence. Les cheïkhs Almohades recommencèrent leurs disputes pour les descendants d'Abd el-Moumen, tantôt proclamés, tantôt renversés, nommés khalifes et aussitôt mis à mort. Aussi, l'émir Yhya pressentant bien que les Almohades, dont la plupart s'étaient de nouveau retournés vers El-Mamoun, ne tarderaient pas à le faire périr à son tour, sortit de Maroc et s'enfuit à Tynmâl, dans le mois de djoumad el-tâny, an 626; ce fut le signal de l'anarchie pour les habitants de Maroc, qui finirent par nommer un gouverneur au nom d'El-Mamoun qu'ils proclamèrent, en lui faisant savoir la fuite d'Yhya dans les montagnes, et en l'appelant à eux. Mais quatre mois après, Yhya, arrivant avec de nouvelles forces, entra à Maroc et fit mourir le gouverneur d'El-Mamoun; il ne resta que sept jours dans cette capitale, et il se porta en toute hâte au Djebel Djelyz, où il se fixa dans l'espoir d'y surprendre ou d'y rencontrer El-Mamoun arrivant pour lui livrer bataille.

L'émir Yhya ne cessa de lutter contre El-Mamoun et son fils Rachyd, jusqu'à sa mort. Il fut assassiné dans la vallée d'Abd Allah, aux environs de Rabat

Thaza[1], par les Arabes, le lundi 22 ramadhan 633 (1235 J. C.). Sa tête fut apportée à Rachyd, à Maroc. Son règne avait duré trois mille cent quatre-vingt-dix-sept jours, depuis le mercredi de sa proclamation jusqu'au dimanche, puisqu'il fut tué le lundi, soit neuf ans et neuf jours, durant lesquels il fut constamment en guerre avec El-Mamoun et son fils El-Rachyd.

HISTOIRE DU KHALIFAT DE L'ÉMIR DES MUSULMANS ABY EL-OLÂ [2] BEN EL-MANSOUR L'ALMOHADE.

L'émir des Musulmans, Edriss el-Mamoun ben Yacoub el-Mansour ben Youssef ben Abd el-Moumen ben Aly, était nommé Abou el-Olâ et surnommé El-Mamoun. Sa mère était blanche, nommée Safya (Sophie), fille de l'émir Abou Abd Allah ben Merdnych. Blanc, yeux noirs, taille moyenne, jolie figure, éloquent, savant, versé dans la connaissance du Hadits du Prophète de Dieu (que le Seigneur le comble de bénédictions!), plein de foi, ayant beaucoup lu, et doué d'une excellente prononciation, imam dans la science de la langue arabe, dans la politique et l'histoire, il fut l'auteur de plusieurs écrits admirables; très-instruit sur les commentaires, il ne cessa durant tout son khalifat d'étudier les

---

[1] Aghersyft.

[2] ابي العلا, Aby el-Olâ, nommé *Abu l'Ola* et *Aby Aly* ou *Aba Aly* par Condé, et *Abuli* par Mariana.

livres El-Moutha[1], El-Bokhary et le Sonna d'Abou Daoued. Docteur dans les sciences religieuses et profanes, il était énergique, rigide, despote, prompt à entreprendre les grandes choses, sanguinaire et expéditif dans sa justice. Il naquit à Malaga, en 581. A peine fut-il khalife, que tout le pays fut en feu ; partout guerre, troubles, cherté, disette et insécurité des routes. Les ennemis relevés avaient envahi la plus grande partie des pays musulmans de l'Andalousie, tandis que les Hafsides s'emparaient de l'Ifrîkya et que les Beny Meryn, faisant invasion dans le Maghreb, enlevaient les campagnes dont ils donnaient le gouvernement à leurs parents et à leurs proches, de telle sorte que personne ne savait plus à qui il convenait de s'attacher. Cette situation ne saurait mieux se résumer que par ces vers de l'époque : « Et les chevreuils se présentèrent en si grand « nombre au-devant des chiens de chasse, que ceux-« ci ne savaient plus lesquels ils devaient prendre. »

La première proclamation d'El-Mamoun eut lieu à Séville, le jeudi 2 de chouel, an 624, et il fut reconnu par toutes les provinces de l'Andalousie ainsi que par celles de Tanger et de Ceuta dans l'Adoua. Aussitôt après il envoya son message aux Almohades de Maroc, pour les inviter à reconnaître sa souveraineté et à renverser son frère El-Adel. Ses ordres furent immédiatement exécutés ; El-Adel fut assas-

---

[1] المُوطّأ, Traité de droit de Malek ben Ans.

siné, et les cheïkhs lui envoyèrent l'acte de leur soumission et firent le khotbah en son nom dans la mosquée d'El-Mansour; mais, changeant bientôt d'opinion, comme nous l'avons dit, à cause de la crainte qu'El-Mamoun leur inspirait, ils proclamèrent le soir même son neveu Yhya. Abou el-Olâ reçut l'acte de sa proclamation par les Almohades du Maroc à Séville, et le fit publier dans toute l'Andalousie : ensuite, il se mit en campagne pour venir à Maroc, capitale des rois de sa dynastie, et il arriva à Algéziras pour s'embarquer. Ce ne fut que là qu'il apprit le revirement des Almohades contre lui en faveur de son neveu Yhya, et il partit aussitôt, plein de colère, en récitant les paroles d'Hassân, lorsque l'émir des Musulmans, Othman ben Ofân, fut tué : *Entendez-vous les cris qui partent de leurs demeures; allons, hommes, accourez pour venger Othman!* Il expédia un courrier au roi de Castille pour lui demander du secours contre les Almohades, et le pria de lui envoyer une armée chrétienne pour passer avec lui dans l'Adoua, contre Yhya et les Almohades. Le roi de Castille lui répondit :

« Je te donnerai l'armée que tu me demandes, à
« la condition que tu me livreras dix places fortes,
« les plus proches de mes frontières, et que je choi-
« sirai moi-même; de plus, si Dieu te vient en aide
« et que tu entres à Maroc, tu feras bâtir une église
« chrétienne en cette ville, où les soldats qui t'auront
« accompagné pourront pratiquer leur culte, et où

« les cloches sonneront à l'heure de leurs prières. Si
« quelque chrétien veut se faire musulman, tu ne
« l'accepteras pas et tu le livreras à ses frères, qui le
« jugeront d'après leurs lois, mais si quelque mu-
« sulman veut embrasser le christianisme, personne
« n'aura à s'y opposer [1]. »

Toutes ces conditions ayant été acceptées, le roi de Castille lui envoya une superbe armée de douze mille cavaliers chrétiens pour servir sous ses ordres et passer dans l'Adoua. Ce fut la première fois que des troupes chrétiennes passèrent et agirent dans le Maghreb. Cette armée arriva près d'El-Mamoun dans le mois de ramadhan 626, et il se rendit aussitôt dans l'Adoua.

Mais à peine se fut-il éloigné, que l'Andalousie se souleva, et la plus grande partie des provinces proclamèrent la souveraineté de Ben Houd, émir de l'Espagne orientale [2].

El-Mamoum s'embarqua à Algéziras et débarqua à Ceuta dans le mois de dou'l kâada. Après avoir

---

[1] Il n'y a plus, au Maroc, qu'une seule église ou chapelle chrétienne, à Tanger, résidence des représentants des puissances, où un capucin espagnol dit la messe le dimanche; mais cette chapelle, enclavée dans l'hôtel consulaire d'Espagne, ne doit avoir aucun signe extérieur, et il est expressément interdit de faire sonner les cloches (1860). (Voir la brochure de l'abbé Godard, *Le Maroc, notes d'un voyageur*, p. 16 et suiv.)

[2] Abou Abd Allah Mohammed ben Youssef ben Houd, descendant des émirs de l'Espagne orientale, proclamé émir des Musulmans à Escuriante, le 1er de ramadhan 625 (4 août 1228).

passé quelques jours dans cette place forte, il se mit en marche pour Maroc, aux environs de laquelle il rencontra Yhya avec l'armée Almohade, le samedi 25 de raby el-aouel, an 627, à l'heure de la prière de l'Asser. Yhya fut battu et prit la fuite dans les montagnes; la plus grande partie de ses soldats furent tués, et El-Mamoun entra à Maroc, où il fut reconnu par tous les Almohades; il monta lui-même en chaire dans la mosquée d'El-Mansour, et, après avoir fait le khotbah au peuple, il maudit El-Mehdy et ses actes : « O hommes! s'écria-t-il, ne dites « plus qu'El-Mehdy est *massoum* (impeccable), mais « appelez-le le grand *medmoun* (séducteur miséra- « ble), car il n'y a point de Mehdy, si ce n'est Jésus, « fils de Marie (que le salut soit sur lui!). Je vous « dis, moi, que toute l'histoire de votre Mehdy n'est « qu'une imposture! » En terminant, il ajouta : « Ô « mes compagnons Almohades! ne pensez pas que « je vous aie dit tout cela pour conserver le gouver- « nement que vous m'avez confié. Ceux qui me suc- « céderont vous répèteront les mêmes choses, s'il « plaît à Dieu. » Alors il quitta la chaire, et il expédia immédiatement des proclamations dans tous les pays soumis à son commandement pour inviter les peuples à se détourner de la voie d'El-Mehdy et de toutes les nouveautés religieuses qu'il avait créées pour les Almohades. Il ordonnait de s'en tenir aux traces des anciens souverains, de ne plus prononcer le nom d'El-Mehdy dans les khotbah et de l'effacer

des dinars d'or et des pièces de cuivre qu'il avait fait frapper. Il fit arrondir toutes les monnaies d'El-Mehdy, décrétant que quiconque continuerait à se servir de pièces carrées serait coupable d'hérésie. Après cela, il se retira dans son palais, et personne ne le vit plus pendant trois jours; le quatrième, il se montra et il envoya chercher les cheïkhs Almohades. Aussitôt qu'ils furent réunis, il leur dit : « Ô com-
« pagnons Almohades! vous avez suscité des émeutes
« et des troubles, et vous êtes allés bien avant dans
« la perversité; vous avez trompé la confiance qu'on
« avait mise en vous, trahi le gouvernement, tué
« mes frères et mes oncles, sans songer aux bienfaits
« dont ils vous comblaient. » Tirant alors la lettre de soumission qu'ils lui avaient envoyée à Séville, il la leur fit voir en preuve de leur trahison, et ils battirent leurs mains en signe de leur confusion et de leur honte. El-Mamoun, s'adressant ensuite au kady El-Mekyouy, qui était devant lui et qu'il avait amené de Séville, il lui dit : « Que t'en semble, ô
« docteur, et que faut-il faire de ces traîtres? » Le kady lui répondit : « Ô émir des Musulmans, Dieu
« très-haut a dit dans son livre manifeste : *Quiconque*
« *violera le serment, le violera à son détriment, et celui qui*
« *reste fidèle au pacte, Dieu lui accordera la récompense*
« *magnifique!* [1] » L'émir reprit : « Oui, c'est bien là la
« vérité de Dieu, et c'est par sa justice que je dois les
« juger, car *ceux qui ne jugeront pas d'après le livre*

[1] *Koran*, c. xlviii : la Victoire, vers. 10.

« *que Dieu a fait descendre d'en haut seront les vrais cou-*
« *pables* [1]. » Il condamna à mort tous les cheïkhs et les
nobles Almohades, et ils furent tous exterminés jusqu'au dernier, sans excepter même leurs pères et
leurs enfants. Cependant on lui amena un jeune fils
de sa sœur, qui avait à peine treize ans et qui savait
déjà le Koran par cœur. En se voyant si près de la
mort, cet enfant lui dit : « O émir des Croyants! fais-
« moi grâce au nom de trois choses. — Lesquelles?
« lui répondit l'émir. L'enfant reprit : Ma jeunesse,
« ma parenté et ma connaissance du livre du Dieu
« chéri! » L'émir, regardant alors le kady El-Mekyouy
comme pour le consulter, lui dit : « Que penses-tu
« des supplications de cette créature et des paroles
« qu'il vient de prononcer ici. » Le kady lui répondit :
« O émir des Musulmans! *Car si tu en laissais, ils*
« *séduiraient tes serviteurs et n'enfanteraient que des impies*
« *et des incrédules* [2]. » Et l'émir fit mettre à mort son
jeune neveu. Alors il ordonna d'exposer les têtes sur
les murs de la ville, et il y en eut suffisamment pour
garnir toute l'enceinte. Compte fait, il se trouva quatre
mille six cents têtes. On était au milieu de l'été, et la
ville fut infectée au point que l'odeur de la putréfaction rendit les habitants malades. Sur les plaintes qui
lui furent portées, l'émir répondit : « Tout cela n'est
« qu'une excuse de ceux qui portent le deuil de ces
« têtes, dont la pourriture doit, au contraire, leur

---

[1] *Koran*, c. v : la Table, vers. 49.
[2] *Koran*, c. LXXI : Noé, vers. 28.

« faire beaucoup de bien. L'odeur des cadavres de
« ceux qu'on aime est suave comme le parfum; les
« cadavres des ennemis seuls sentent mauvais. » Et
il improvisa ces vers : « Peuple de troubles et le plus
« pervers du monde, qui ne jurait que par le nom
« frappé sur les monnaies carrées! sa destruction
« servira à bien d'autres que moi, qui les ai taillés
« en pièces et pendus aux arbres; ils n'auraient pas
« servi d'exemple si on n'avait vu leurs débris sur les
« dattiers et les murs. C'est ainsi que le talion a été
« pratiqué par la justice que chacun approuve. Certes
« si, par la volonté de Dieu, tous les hommes eus-
« sent été comme eux, il n'y aurait que des peuples
« du feu (d'enfer). » El-Mamoun s'empara également
du kady de Maroc, Abou Mohammed Abd el-Hakk,
et le remit enchaîné à Hallel ben Hamydan ben
Mokaddem el-Khathy, qui le tint en prison jusqu'à
ce qu'il eût payé six mille dinars.

El-Mamoun resta cinq mois à Maroc, et il en
sortit durant le ramadhan de 627, pour aller attaquer dans la montagne Yhya et ses Almohades. Il l'atteignit au pays de Loukâghâ et il le mit en déroute.
Il massacra la plupart des soldats de la montagne
et il envoya quatorze mille têtes à Maroc. En 628
(1230 J. C.), El-Mamoun donna l'ordre dans tout
son royaume de pratiquer les choses connues et de
punir les abus. C'est durant cette année que l'Andalousie entière secoua le joug des Almohades pour
se soumettre à Ben Houd.

En 629, El-Mamoun fut méconnu par son frère le sid Abou Moussa Amran ben el-Mansour, qui se fit proclamer et nommer El-Mouïd dans la ville de Ceuta. A cette nouvelle, l'émir sortit contre lui et vint l'assiéger pendant quelque temps, mais sans succès. Son absence s'étant prolongée, Yhya, qui avait repris de nouvelles forces, descendit de la montagne et s'empara de Maroc, où son premier soin fut de faire démolir l'église bâtie pour les Chrétiens. Il massacra un grand nombre de juifs et de Beni Ferkhan, dont il pilla tous les biens, et entrant dans le palais, il y ramassa tout ce qu'il put pour l'emporter dans sa montagne. En apprenant cela, El-Mamoun abandonna Ceuta, pour venir en toute hâte à Maroc, et il se mit en chemin dans le mois de dou'l hidjâ. A peine se fut-il retiré, que Abou Moussa passa en Andalousie pour faire sa soumission à Ben Houd et lui donner Ceuta. Ben Houd l'investit du gouvernement d'Almería, en le traitant comme un second lui-même, et c'est là qu'Abou Moussa mourut. El-Mamoun était en route lorsqu'il apprit que Ben Houd était maître de Ceuta. Il en conçut une telle peine, qu'il tomba malade et mourut de chagrin à Oued el-Abyd [1], au retour du siége de Ceuta, le samedi dernier jour du mois dou' hidjâ, an 629 (16 ou 17 octobre 1232). Son règne avait duré mille huit cent cinquante-huit jours, soit cinq ans,

---

[1] Oued el-Abyd, branche supérieure de l'Oumm el-Rebya.

trois mois et un jour. Le premier jour fut un jeudi et le dernier un samedi. Il ne cessa d'être en lutte avec Yhya, et durant tout son règne les Almohades furent divisés en deux parties, et leur gouvernement en deux gouvernements. C'est ainsi que leur dynastie s'en allait, que leur gloire s'évanouissait de plus en plus, et que le fer ne cessa de les frapper que lorsqu'ils furent tous exterminés; et certes, si son époque n'avait été aussi bouleversée par les troubles qui remplissaient l'Andalousie et le Maghreb, El-Mamoun aurait été aussi grand que son père El-Mansour, dont il avait toutes les qualités.

HISTOIRE DU RÈGNE DE L'ÉMIR DES MUSULMANS ABOU MOHAMMED ABD EL-OUAHED EL-RACHYD [1], QUE DIEU LUI FASSE MISÉRICORDE!

Abou Mohammed Abd el-Ouahed ben Edriss el-Mamoun bed Yacoub el-Mansour ben Youssef, le martyr, ben Abd el-Moumen el-Mouyd ben Aly le Koumy, l'Almohade, prénommé Abou Mohammed, surnommé El-Rachyd, eut pour mère une captive chrétienne, appelée Habèb, femme distinguée et douée d'une grande intelligence. Il fut proclamé à l'Oued el-Abyd, le lendemain de la mort de son père, soit le dimanche premier du mois de moharrem 630 (1232 J. C.), à l'âge de quatorze ans, par Kanoun ben Djermoun el-Soufyany, Chouayb Akaryth el-

---

[1] Nommé dans les livres d'histoire espagnols *Al Rascid*, et appelé *Anasio* par Mariana, qui en fait à tort le successeur immédiat d'El-Nasser.

Askoury et Francyl, général chrétien; voici comment : Habèb, ayant tenu secrète la mort de son mari El-Mamoun, manda auprès d'elle ces trois généraux, qui étaient les colonnes de l'armée d'El-Mamoun et commandaient chacun dix mille de leurs frères, et en leur apprenant la perte qu'elle venait de faire, elle les pria de nommer son fils pour successeur de l'émir et de se charger de sa proclamation. En même temps elle leur remit de très-fortes sommes et leur promit de leur donner la ville de Maroc s'ils réussissaient à en chasser l'ennemi. Ceux-ci se rendirent à ses désirs, et prirent les affaires en main en proclamant El-Rachyd et en le faisant proclamer par les leurs et puis par tout le monde, soit de gré, soit de force et à l'aide de la crainte qu'inspirait leur sabre. Quand la proclamation fut achevée, le nouvel émir se mit en route pour Maroc, en se faisant précéder du cadavre de son père porté dans un cercueil. Cependant les habitants de Maroc, ayant appris les conditions que Habèb la chrétienne avait offertes aux généraux au sujet de leur ville, sortirent en rangs de bataille sous la conduite de Yhya pour attaquer Rachyd. Mais, à la première rencontre, Yhya fut complétement battu, et Rachyd arrivait déjà aux portes de Maroc, lorsqu'elles lui furent fermées en face par les habitants, qui ne les lui ouvrirent que lorsqu'il leur eut donné l'aman, et qu'il eut payé au général chrétien et à ses compagnons le prix de Maroc. Ils reçurent, dit-on, 500,000 dinars. El-

Rachyd rentra à Maroc et il y demeura jusqu'en 633. A cette époque, ayant appelé les cheïkhs des Khelouth, il en fit décapiter vingt-cinq dans son palais même; c'est pourquoi les Khelouth, s'étant soulevés, s'emparèrent de Maroc. Rachyd prit la fuite avec son armée pour aller se retrancher à Sidjilmessa, et les Khelouth, ayant alors proclamé Yhya, l'aidèrent à revenir dans cette capitale, où il demeura à son tour jusqu'au moment où Rachyd l'en chassa. Celui-ci, ayant refait ses forces en argent et en hommes, sortit de Sidjilmessa et vint à Fès, où il demeura quelque temps à se concilier l'esprit de la population, en distribuant de riches présents et de fortes sommes d'argent aux docteurs et aux saints. C'est alors qu'il se porta sur Maroc et qu'il défit de nouveau Yhya à la tête de son armée d'Arabes et d'Almohades dont il détruisit le plus grand nombre. Yhya, vaincu, s'enfuit en toute hâte vers Rabat Taza, et ce fut en route qu'il fut trahi et assassiné par les Arabes Makhaly, qui envoyèrent sa tête à Rachyd, à Maroc. Celui-ci, maître de nouveau de cette capitale, y demeura jusqu'à sa mort (que Dieu lui fasse miséricorde!). Il se noya dans un bassin le jeudi 9 de djoumad el-tany, an 640 (4 décembre 1242). Son règne avait duré trois mille sept cents jours, soit dix ans, cinq mois et neuf jours. Il fut proclamé à Séville dans le ramadhan de 635, et à Ceuta le mois suivant, chouel. A cette époque l'Adoua et l'Andalousie furent désolées par une grande disette et par une peste épouvantable, qui laissa la plus grande partie du pays sans habitants. Le prix du blé s'éleva jusqu'à 80 dinars le kafyz.

HISTOIRE DU RÈGNE DE L'ÉMIR DES MUSULMANS ABOU EL-HASSEN EL-SAÏD. QUE DIEU LUI FASSE MISÉRICORDE !

Aly ben Edriss el-Mamoun ben Yacoub el-Mansour ben Youssef ben Abd el-Moumen ben Aly el-Koumy, l'Almohade, eut pour mère une esclave nubienne. Il fut prénommé Abou el-Hassen, surnommé Saïd, et qualifié de El-Moutamyd Billah (le soutenu par la faveur de Dieu). Il était très-brun, de sang mêlé, haut de taille, très-droit, il avait une chevelure abondante, de jolis yeux, une forte barbe, une belle prestance; énergique, redoutable, grand batailleur, courageux, il l'emportait par ses qualités sur tous ses frères. Il fut proclamé au palais de Maroc, le lendemain de la mort de son frère, le vendredi 10 de djoumad el-tâny 640, et il mourut (que Dieu lui fasse miséricorde!) le mardi, dernier jour de safar 646, pendant qu'il assiégeait Yaghmourâsen[1] ben Zyan Abd el-Ouahedy, qui s'était retranché dans le château de Tamezdyt aux environs de Tlemcen. Son khalifat compte ainsi deux mille vingt-huit jours, à partir du jour de son avénement jusqu'à celui de sa mort, soit cinq ans, huit mois et vingt et un jours.

[1] Appelé dans l'Histoire d'Espagne *Jagmorasin*, et probablement le Gomarança de Mariana.

C'est à l'époque de sa proclamation à Maroc que les Beni Meryn commencèrent à briller de leur éclat au Maghreb, dont ils gouvernaient déjà toutes les campagnes. Saïd envoya contre eux diverses armées, mais elles furent toutes défaites.

En 643, l'émir Saïd, ayant appris que l'émir Yhya ben Abd el-Hakk s'était emparé de Mekenès, tandis que Yaghmourâsen ben Zyan s'était approprié Tlemcen et ses environs, et que Mohammed el-Moustansyr, gouverneur d'Ifrîkya, avait osé prendre, contre tout usage, le titre d'émir des Musulmans (le tout au détriment de l'empire que lui avait légué son frère, et au mépris de son gouvernement), résolut de faire une grande expédition contre eux, et il sortit lui-même de Maroc à la tête d'une armée innombrable d'Almohades, d'Arabes et de Chrétiens.

Dès qu'il eut atteint l'Oued Beht[1], l'émir Yhya ben Abd el-Hakk abandonna Mekenès, et se rendit à la forteresse de Taza et de là dans le Rif, où les Kabyles de Beni Meryn se joignirent à lui. L'émir des Musulmans, El-Saïd, entra à Mekenès, dont la population sortit au-devant de lui pour implorer l'aman. Ils étaient précédés par le cheikh, le saint Abou Aly Mansour ben Harzouz, qui vint se livrer à l'émir accompagné des enfants des écoles, portant leurs planchettes sur leur tête et leurs Korans à la

---

[1] Oued Beht, dans la province des Beni Hassen, entre Mekenès et Salé.

main[1]. L'émir Saïd leur accorda le pardon et se rendit à Fès où il campa sous les murs, du côté du Midi. Il demeura là quelques jours et reçut l'acte de soumission de l'émir Yhya, ce qui le combla de joie; il accueillit parfaitement les messagers, leur fit de riches présents, et leur donna sa réponse, par laquelle il investissait Yhya du gouvernement du Rif et de toutes les places fortes qui s'y trouvaient.

L'émir Saïd leva son camp le 14 de moharrem 645; mais dans la nuit il y eut une éclipse totale de lune, et le lendemain matin, au moment où il montait à cheval pour se mettre en route, son parasol royal se brisa et les morceaux furent emportés par le vent. Frappé de ces mauvais présages, il s'arrêta

---

[1] C'est encore ainsi, planchettes en tête et Koran en main, que les tholbas et les écoliers parcourent processionnellement, au Maroc, les villes et les campagnes pour implorer la clémence du ciel durant une calamité; ils chantent tous ensemble des couplets composés pour la circonstance, comme celui-ci, par exemple, que nous avons entendu en temps de sécheresse :

بِالمَـا إِنْ شَـاءَ ٱللّٰه	غَيْتَنَا غَيْتَنَا يَا ٱللّٰه
أَرْوِيـهَـا يَـا مَـوْلَاَنْ	السُّبُولْ عَطْشَانْ
لَا مَنْ يَرْحَمْنَ سِوَاكْ	مَوْلَانَ نَسْعَوْا رِضَاكْ
يَا رَحْمَنَ ٱلرَّحْمَنْ	وَعَلَى بَابَكْ وَاقِفِينْ

Ta pluie, ta pluie, ô Allah! De l'eau, s'il plaît à Dieu!
Les épis ont soif, arrose-les, ô notre Seigneur!
Ô notre maître, nous implorons ta grâce. Qui nous fera miséricorde, si ce n'est toi?
Nous sommes debout à ta porte, ô clément des cléments!

et ne se mit en marche que le 16 ; il se porta sur Tlemcen, mais à son approche Yaghmourâsen prit la fuite, emportant ses trésors, ses femmes et ses enfants, et il vint se retrancher dans le château de Temzezdekt, où il se fortifia. Saïd, maître de Tlemcen, ainsi abandonné, poursuivit son ennemi jusqu'audit château, où il l'assiégea durant trois jours. Le quatrième jour il monte à cheval vers midi, au moment où les soldats avaient l'habitude de se reposer, et il s'en alla avec son ministre, à l'insu de tous, pour examiner les fortifications du château et chercher les moyens à prendre pour le battre et s'en emparer ; mais étant arrivé vers le milieu de la montagne, dans un endroit très-difficile, il fut aperçu par un cavalier des Beni Abd el-Ouahedy, connu sous le nom de Youssef el-Cheytân (le diable), qui faisait la ronde, et qui fondit sur lui à l'improviste avec Yaghmourâsen et Yacoub ben Djouber el-Abd el-Ouahedy. L'émir fut tué par El-Cheytân, et son ministre par Yacoub ben Djouber. Les témoins de cet événement vinrent en courant l'annoncer au camp, et les troupes, frappées de stupeur, prirent la fuite. Yaghmourâsen, se précipitant aussitôt avec les Beni Abd el-Ouahedy, qui gardaient le château, livra le camp au pillage et enleva tout ce qui s'y trouvait d'argent, d'armes, chevaux, esclaves, tentes, tambours, enseignes et drapeaux. Ensuite il ordonna de laver le corps de Rachyd et de l'ensevelir avec les serviteurs de Dieu au dehors de la porte de Tlemcen.

HISTOIRE DU RÈGNE DE L'ÉMIR DES MUSULMANS ABOU HAFS OMAR EL-MOURTHADHY. QUE DIEU LUI FASSE MISÉRICORDE !

L'émir des Musulmans Omar ben el-Syd Abou Brahim Ishac, fils de l'émir des Musulmans Youssef ben Abd el-Moumen ben Aly el-Koumy l'Almohade, prénommé Abou Hafs, surnommé El-Mourthadhy (l'agréé), eut pour mère une femme légitime, fille de l'oncle de son frère. Il fut proclamé après la mort de son frère Saïd par tous les cheïkhs Almohades de Maroc, le mercredi 1ᵉʳ de raby el-aouel 646, d'après le livre de Ben Rachyk, intitulé Myzân el-Amel (poids de l'administration). Mais cela ne peut pas être exact, parce que Saïd étant mort le mardi, dernier jour de safar, il n'était point possible que la nouvelle en parvînt à Maroc dans une seule nuit. Il est probable que El-Mourthadhy ne fut proclamé que dix jours au moins après la mort de son frère, mais que l'acte de proclamation fut écrit dans la mosquée d'El-Mansour, sous la date du 2 de raby el-aouel. Le Mourthadhy gouvernait la kasbah de Rabat el-Fath au nom de son frère, depuis que celui-ci était parti pour Tlemcen, et ce fut là qu'il reçut sa proclamation qu'il publia aussitôt et qui fut agréée par tous les Almohades, les docteurs et les cheïkhs qui l'entouraient. Il se rendit aussitôt à Maroc, et, après avoir fait renouveler sa proclamation, il prit les rênes de son gouvernement, qui s'étendait sur tout le pays compris entre la ville de Salé et le

Sous. Il resta dans sa capitale jusqu'en 653, et il en sortit pour aller attaquer Fès et les Beny Meryn, à la tête d'une immense armée de quatre-vingt mille cavaliers Almohades, Aghzâz, arbalétriers, andalous et Chrétiens. Arrivé au Djebel des Beni Behloul, au sud de la ville de Fès, il campa; mais déjà la crainte des Beny Meryn s'était tellement emparée du cœur de ses soldats, qu'ils n'en dormaient plus la nuit. Un soir il arriva qu'un cheval, s'étant échappé, se prit à galoper en tous sens au milieu des tentes; on se mit à sa poursuite, mais les soldats, apercevant ce mouvement, crurent qu'il s'agissait d'une attaque des Beny Meryn, et, l'épouvante gagnant de l'un à l'autre, toute l'armée monta à cheval. Les différents corps ne se reconnaissant plus entre eux s'effrayèrent réciproquement, et prirent la fuite dans une déroute aussi complète que si elle eût été causée par l'ennemi. En apprenant cela, l'émir Yhya sortit de Fès et vint piller le camp. Il s'empara de tout ce qui s'y trouvait, richesses, armes et bagages. Le Mourthadhy, vaincu, s'en revint à Maroc avec un très-petit nombre de Chrétiens et cheïkhs qui lui étaient restés fidèles, et il demeura dans cette capitale jusqu'au samedi 22 moharrem, an 665 (1266 J. C.), à l'arrivée d'Abou Debbous, auquel il n'échappa que par la fuite. Il fut pris et tué dans le mois suivant, le 22 safar. Ceci est attesté par un grand nombre de personnes qui en furent témoins. Son règne avait duré six mille six cent quatre-vingt seize jours, soit dix-huit ans, dix mois et vingt-deux jours. Le Mourthadhy se fit remarquer par son abstinence et ses goûts pour la vie monastique, et il fut appelé le troisième Omar. Il était passionné pour la musique religieuse, dont il ne se serait détaché ni jour ni nuit. Son époque fut tranquille et prospère, et l'abondance fut si grande sous son règne, que les habitants du Maghreb n'en virent plus jamais de semblable.

HISTOIRE DU RÈGNE D'EDRISS, SURNOMMÉ *ABOU DEBBOUS*[1], DERNIER SOUVERAIN DES DESCENDANTS D'ABD EL-MOUMEN.

Abou el-Olâ Edriss ben el-Sid Abou Abd Allah ben Sid Aly Hafs, fils de l'émir des Musulmans Abou Mohammed Abd el-Moumen ben Aly, reçut le titre d'émir des Musulmans et celui d'El-Ouathik Billah (le confiant en Dieu). Sa mère était une captive chrétienne nommée Chemcha (soleil). Il était blanc, coloré et couvert de rousseurs, haut de taille ; il avait les yeux bleus et la barbe longue ; il était adroit, courageux, expérimenté et fort habile ; il entra à Maroc par surprise contre Omar el-Mourthadhy, qui s'enfuit. Maître du gouvernement, il fut proclamé dans la mosquée d'El-Mansour par tous les Almohades, les cheïkhs, les visirs, les kadys, les docteurs et les principaux Arabes et Mesmouda, le dimanche

---

[1] Abou Debbous (l'homme à la masse d'arme), appelé *Budebusio* par Mariana.

23 de moharrem, an 665, le lendemain de son entrée en ville.

Voici comment les événements eurent lieu : Abou Debbous, informé qu'El-Mourthadhy voulait le faire périr pour plusieurs motifs, s'échappa de Maroc et se rendit à Fès chez l'émir des Musulmans, Abou Youssef Yakoub ben Abd el-Hakk, pour lui faire sa soumission. Celui-ci, l'ayant parfaitement accueilli et comblé de générosités, il lui demanda son appui et ses secours pour faire la guerre à El-Mourthadhy, et pour s'emparer de Maroc; en effet, l'émir Abou Youssef consentit à lui donner une armée de trois mille cavaliers Beny Meryn, et, en la lui confiant, il lui remit le tambour, les drapeaux et vingt mille dinars pour pourvoir aux dépenses de l'expédition; de plus, il donna ordre aux Arabes Hachem de l'accompagner, et, de son côté, Abou Debbous s'engagea à lui livrer la moitié de toutes ses conquêtes. Abou Debbous partit donc avec son armée, enseignes déployées, et au son du tambour; il arriva à Salé, d'où il écrivit aux cheïkhs Almohades, arabes et Mesmouda soumis à El-Mourthadhy, pour les inviter à le proclamer en leur faisant mille promesses. S'étant remis en route, il fut rejoint dans le chemin par une députation d'Arabes de Haskoura qui le proclamèrent et l'accompagnèrent jusque dans leurs terres. Là il écrivit à quelques ministres d'El-Mourthadhy pour leur demander des nouvelles de Maroc, et ceux-ci lui répondirent de se mettre en route de suite et de se hâter, lui assurant qu'il n'avait rien à craindre, que toutes les troupes étaient éparses dans le pays, et que le moment était fort propice pour un coup de main.

Abou Debbous partit la nuit même du jour où il reçut ces nouvelles, et arriva le lendemain à Maroc, où il entra par la porte El-Sahla, au moment où personne ne s'y attendait; c'était le samedi, dans la matinée du 22 de moharrem 665. Il parvint ainsi jusqu'à la porte de la kasbah, qui fut aussitôt fermée et que les nègres essayèrent de défendre; mais lorsque El-Mourthadhy comprit que la kasbah même allait être prise, il s'échappa du palais en fuyant par la porte El-Fâtiha. Abou Debbous rentra au palais, et, ayant été proclamé, il s'assura le gouvernement. El-Mourthadhy s'enfuit à Azimour, où se trouvait son beau-père, Ben Athouch, qu'il y avait nommé gouverneur à l'époque de son mariage et qu'il avait comblé de bienfaits et d'argent. Il arrivait donc vers lui avec confiance et assurance; mais Ben Athouch le fit arrêter et enchaîner, puis il écrivit à Abou Debbous une lettre contenant ces mots : «Ô émir des «Musulmans! apprends que j'ai arrêté le fuyard et «que je l'ai chargé de chaînes.» Abou Debbous lui envoya dire de lui expédier de suite le prisonnier, et il le fit tuer en chemin.

Abou Debbous entreprit alors d'organiser son gouvernement de Maroc et des environs. Cependant l'émir Abou Youssef, ayant appris ses succès, lui écrivit pour le complimenter et l'inviter à exécuter les conditions qu'ils avaient faites ensemble, c'est-à-dire de lui céder la moitié de ses conquêtes ; mais, à la réception de ce message, Abou Debbous, aussi arrogant que gonflé d'orgueil, oublia tous les bienfaits dont l'émir des Musulmans l'avait comblé, et il répondit au courrier : « Va-t'en dire au serviteur du « Miséricordieux, Yacoub ben Abd el-Hakk, de rester « tranquille et de jouir en paix des pays qui sont « placés sous sa domination, s'il ne veut pas que je « vienne le trouver avec des légions qu'il ne soup- « çonne pas. » Lorsque Youssef reçut ce courrier, qui lui rapporta les paroles d'Abou Debbous et lui remit de sa part une lettre telle que celles qu'un émir adresse à ses kaïds ou un commandant à ses serviteurs, il fut convaincu de la mauvaise foi et de la fourberie que Debbous avait apportées dans toutes ses actions, et il se mit en devoir d'aller l'attaquer. Il commença par envoyer des troupes dans toutes les directions pour saccager ses terres et pour battre ses partisans jusqu'en 667 (1268 J. C.) ; alors il se mit lui-même à la tête de toute l'armée des Beny Meryn, et vint se présenter à Abou Debbous, dans la province de Doukela. Ils se livrèrent une sanglante bataille, et Abou Debbous, combattant lui-même au milieu de la mêlée, fut tué ; ses troupes furent mises en déroute et son camp fut entièrement pillé. Sa tête fut rapportée à l'émir des Musulmans, Abou Youssef, qui l'expédia à Fès, où, par son ordre, elle fut promenée sur les places et les marchés, et puis pendue à la porte de cette capitale.

La mort d'Abou Debbous et la fin de son règne eurent lieu le vendredi, dernier jour de dou'l hidjâ, de l'an 667. Il avait régné mille quarante-deux jours, soit deux ans onze mois et sept jours. Sa mort marqua la fin de la dynastie des Almohades, descendants d'Abd el-Moumen. Mais il n'y a de règne durable et de vie éternelle qu'en Dieu, seul invincible, maître de toutes choses avant et après; seul Seigneur, seul adorable! C'est à lui qu'appartient la terre et tout ce qu'elle contient, et il est le meilleur des maîtres! — Le règne des Almohades, depuis la proclamation d'El-Mehdy (en 515) jusqu'à la mort d'Abou Debbous (en 667), dura cent cinquante-deux ans, et leur dynastie compte quatorze souverains.

CHRONOLOGIE DES ÉVÉNEMENTS REMARQUABLES QUI ONT EU LIEU SOUS LES ALMOHADES, DEPUIS LE COMMENCEMENT JUSQU'À LA FIN DE LEUR RÈGNE.

La première chose mémorable fut l'avénement de Mehdy en 515 (1121 J. C.), sa proclamation et l'apparition des Almohades qui ne cessèrent de briller et de fortifier leur gouvernement.

En 524 (1130 J. C.), El-Mehdy mourut, et les Almohades proclamèrent la souveraineté d'Abd el-Moumen ben Aly.

En 528 (1134 J. C.), Abd el-Moumen s'empara

du Drâa de Tedla, de la ville de Salé et des pays de Taza, et il prit le titre d'émir des Musulmans.

En 529 (1135 J. C.), il ordonna de bâtir la ville de Rabat-Taza, qui fut construite et fortifiée d'une enceinte de murailles.

En 537 (1142 J. C.), les Almohades conquirent Xérès, et le khotbah y fut fait en leur nom. Ben Razyn et Ben Hamdyn, kady de Cordoue, se soulevèrent contre les Almoravides, qu'ils expulsèrent.

En 539 (1144 J. C.), l'armée Almohade passa en Andalousie et s'empara de Tarifa et d'Algérisas, d'où les Almoravides prirent la fuite.

En 540 (1145 J. C.), Aly ben Ayssa ben Mymoun le Lemtouny renversa les idoles des Saints; les Almohades conquirent Malaga, et les ennemis vinrent à Alméria avec quatre-vingts vaisseaux, sur lesquels ils s'en retournèrent après avoir incendié les jardins environnants. D'un autre côté, Abd el-Moumen s'empara des villes de Fès, Tlemcen, Oran et de tous leurs environs. Il fut proclamé par les habitants de Séville, qui expulsèrent les Almoravides de chez eux. Enfin, il fit construire les murs d'enceinte, les fortifications et la mosquée de Tagrart, près Tlemcen.

En 541 (1146 J. C.), Abd el-Moumen se rendit maître de Maroc, d'Aghmât, de tout le pays de Doukela, et enleva Tanger aux Almoravides qui l'occupaient et qui périrent tous. Ce fut la fin du règne des Almoravides dans tout le Maghreb et en Andalousie.

En 543 (1148 J. C.), l'émir des Musulmans conquit Sidjilmessa, Ceuta, et il fit son expédition contre les Berghouata. Les Almohades s'emparèrent de Cordoue, Carmouna et Jaën. A la fin de cette même année, les habitants de Ceuta se soulevèrent contre les Almohades, tuèrent et jetèrent au feu leur gouverneur.

En 544 (1149 J. C.), les Chrétiens s'emparèrent de Mehdia en Ifrîkya, et, en Andalousie, ils prirent les places de Lisbonne, Alméria, Tortose, Merida, Braga, Santarem et Santa Maria. Tous ces pays furent conquis sous le commandement de Ben Rezyn (que Dieu le maudisse!). Durant cette même année, Yhya ben Ghânya livra aux Chrétiens les villes d'Oubéda, de Baëza et tous les châteaux qui en dépendaient.

En 545 (1150 J. C.), les Almohades s'emparèrent de Mekenès, qu'ils emportèrent d'assaut après l'avoir assiégée pendant sept ans. Ils massacrèrent la plupart des habitants, dont ils pillèrent les trésors et envahirent les harems; c'est à cette époque qu'ils bâtirent la ville de ce nom, qui existe encore aujourd'hui, et qu'ils abandonnèrent l'ancienne. En cette même année, Abd el-Moumen donna ordre d'amener l'eau de l'Aïn Ghaboula, à Salé.

En 546 (1151 J. C.), Abd el-Moumen conquit les monts Ouancherich (Ouanseris), Meliâna, Almeria, Djezaïr des Beni Mezghanna et Bougie.

En 547 (1152 J. C.), il s'empara des villes de

Bône, Kosthyla (Touzer), Constantine, de la province de Bône, de tout le Djerid et du Zab africain. En cette même année, les Almohades enlevèrent aux Chrétiens Alméria, Oubéda et Baëza, dont les Musulmans prirent le gouvernement.

En 549 (1154 J. C.), ils s'emparèrent de Niebla en Andalousie, à l'assaut, et ils massacrèrent toute la garnison, dont ils enlevèrent les harems et les trésors. Ce fut une très-grosse affaire.

En 550 (1155 J. C.), ils s'emparèrent de Grenade, dont les habitants se révoltèrent ensuite, et les en chassèrent. Ils n'y rentrèrent qu'en 552, après un très-long siége.

En 553 (1158 J. C.), Abd el-Moumen se rendit maître de Tunis, Sousa, Gabès, El-Kayrouan, Sfax. Tripoli du Midi et de la Mehdia, qu'il enleva aux Chrétiens.

En 556 (1161 J. C.), il donna ordre de bâtir la forteresse de Gibraltar, et l'ordre fut exécuté.

En 558 (1163 J. C.), mort d'Abd el-Moumen et avénement de son fils Youssef.

En 559 (1163-1164 J. C.), révolte de Ben Derâ dans la province de Ghoumara.

En 560 (1164 J. C.), expédition du Djelab, dans laquelle périrent un grand nombre de Chrétiens.

En 564 (1168 J. C.), mort du cheïkh le fekhy, le saint Abou Omar Othmân ben Abd Allah el-Seladjy el-Assouly, auteur d'El-Bourhanya (preuves évidentes) et imam du Maghreb dans la science de la religion. En cette même année il y eut une grande inondation à Séville.

En 566 (1170 J. C.), l'émir Youssef donna ordre de construire le pont du Tensyft, et il fut construit.

En 567 (1171 J. C.), il fit jeter le pont de bateaux du fleuve de Séville, et il fit bâtir la kasbah de cette capitale et les murs inclinés qui l'entourent. Cette même année mourut Mohammed ben Sad ben Merdnych, maître de l'Orient de l'Andalousie, et les Almohades s'emparèrent de Valence, de Xativa, de Denia et de tout son gouvernement.

En 568 (1172 J. C.), le 12 chouel, il y eut un grand tremblement de terre général, qui détruisit la plus grande partie des villes de Syrie, du Maghreb, du Mossoul, de Djzyra et de l'Irak ; mais ce fut surtout en Syrie que les secousses furent terribles ; il périt en cette occasion une multitude de personnes, au point que les habitants eurent peur des Francs à la vue des ruines et du grand nombre de morts. C'est en cette année-là qu'Abou Berdha (l'homme à la selle), le Chrétien, fut battu et tué, ainsi que tous ses soldats, par les Almohades.

En 569 (1173 J. C.), à la fin de châaban, mourut le cheïkh, le docteur, le saint, Abou el-Hassen Aly ben Ismaël ben Mohammed ben Abd Allah ben Harzahîm ben Zyan ben Youssef ben Choumrân ben Haffs ben el-Hassan ben Mohammed ben Abd Allah ben Omar ben Othman ben Ofân (que Dieu l'agrée!), et il fut enterré au sortir du Bab El-Fetouh de la ville de Fès. C'était un illustre docteur, méprisant les choses de ce monde, et entièrement voué à la vie monastique. Voici ce qui fut raconté à son sujet par son serviteur, nommé Abou Karn : « Un jour le « cheïkh Abou el-Hassen ben Harzahîm, après avoir « appelé sur moi le pardon et la grâce de Dieu, me « dit : J'ai vu en songe le maître de la gloire, qui « m'a dit : Ô Aly, demande ce que tu désires. — J'ai « répondu : Ô Seigneur, je te demande le pardon « de mes fautes, une bonne santé et le salut en re-« ligion, dans ce monde et dans l'autre. — Dieu « m'a répondu : Tes vœux sont exaucés; et c'est pour « cela que, n'ayant plus à m'inquiéter de ces bien-« faits pour moi-même, j'ai prié pour te les mériter « aussi. » Au commencement du mois de châaban, il dit à un de ses serviteurs : « Je ne jeûnerai point avec « les fidèles au prochain ramadhan. » Cependant il continua à se bien porter jusqu'à la fin du mois, mais ses paroles furent prophétiques; il tomba malade et mourut le 30 de châaban, veille du ramadhan. Ce jour-là, il se leva comme d'habitude, se parfuma, et après il dit à son domestique : « Ce sont là tes der-« niers services auprès de moi. » Il rentra dans sa chambre, pria deux fois, et il se coucha sur son tapis. Lorsque l'heure de la prière du Douour fut venue, son serviteur entra pour le réveiller, et il le trouva mort.

En 570 (1174 J. C.), mort du fehky, le cheïkh, le vertueux, Abou Chaïb Yacoub ben Saïd El-Senhadjy, connu sous le nom d'El-Sarya (la colonne), parce que, lorsqu'il priait, il se tenait debout et immobile pendant un temps infini[1]. Quelques-uns disent qu'il fut du nombre des Abdâl[2] (?).

En 571 (1175 J. C.), la peste fit les plus grands ravages à Maroc.

En 572 (1176 J. C.), mort du fekhy, le kady, Abou Yacoub el-Hadjâdj. C'est à cette époque que l'émir Youssef disgracia son frère Hassen, qui lui adressa quelques vers qui lui valurent son pardon et le gouvernement de Cordoue. En chouel de ladite année, s'éteignit l'étoile polaire de l'époque, l'admiration de son siècle, Abou Yaza[3] el-Nour ben Mymoun ben Abd Allah el-Azmyry, de la tribu des Beni Sabyh d'Askoûra. Il mourut âgé de cent trente ans; après être resté pendant vingt ans solitaire et entièrement dévoué à Dieu, dans la montagne qui est au-dessus de Tynmâl, il vint sur le rivage, où il vécut seul pendant dix-huit ans, ne mangeant que de l'herbe et des racines. Il était noir cuivré, grand et maigre, vêtu d'une tunique en feuilles de palmier, d'un burnous tout rapiécé et coiffé d'une chechia en joncs.

En 573 (1177 J. C.), le docteur célèbre Abou

---

[1] Au point, disent les Marocains aujourd'hui, que les oiseaux des champs venaient se reposer sur sa tête.

[2] من الأبدال (?).

[3] Aujourd'hui Moulaï Bouaza, c'était un marabout fort vénéré au Maroc.

Mohammed Abd Allah ben el-Melky, cheïkh des tholbas de son époque, mourut dans le mois dou'l hidjâ, et l'émir des Musulmans, Youssef, assista lui-même à ses funérailles.

En 578 (1182 J. C.) mourut le cheïkh vertueux, Abou Moussa Ayssa ben Amrân, kady de Maroc, qui fut remplacé par Abou el-Abbès ben Moundhyr, de Cordoue. Le kady Abou Amrân fut un des hommes remarquables de l'époque par ses belles qualités et sa charité; il écrivait parfaitement, comme l'atteste cette lettre qu'il adressait à son fils, qu'il avait envoyé tout jeune, à peine pubère, à Fès : « A mon « fils. (Que Dieu lui soit en aide, le conserve et le « complète par la science et la vertu!) Je vous écris « pour vous exprimer la peine que je ... de « votre éloignement, que Dieu très-h... été « dans le courant des choses. O moi... e « vous verrai au milieu de ceux qui sav... oran « par cœur et qui cultivent les belles-le... s et les « sciences, je vous ferai des présents qui dépasseront « votre attente. Sachez que les imams réunis ont re-« connu que le repos ne vient pas après le repos, et « que la science ne s'acquiert pas dans l'oisiveté. Étu-« diez donc les lettres pour devenir savant; exercez « votre mémoire pour la conserver, et lisez beaucoup « pour élever votre esprit; évitez la fréquentation « des hommes vils ou nuls; suivez les principes que « l'opinion publique approuve, et évitez ceux qu'elle « blâme. Votre meilleur indice sera toujours le terme

« moyen ; l'homme est là où son esprit le place. Tra-
« vaillez donc à des œuvres salutaires. Adieu ! »

En cette même année, les Musulmans conquirent les villes de Chantafyla et d'Akelych, où ils massacrèrent tous les Chrétiens, dont ils enlevèrent les femmes et les trésors.

Mort du cheïkh Abou Khazr Yakhlaf ben Khazr el-Ouaraby, illustre savant et vertueux personnage de la ville de Fès.

En 580 (1184 J. C.), mort de l'émir des Musulmans Youssef, et avénement de son fils El-Mansour. C'est dans cette même année, le vendredi 6 de châaban, qu'El-Mayorky entra à Bougie à l'heure de la prière, pendant que tous les fidèles étaient à la mosquée. Jusque-là les portes des villes ne se fermaient pas le vendredi. El-Mayorky, ayant attendu le moment où tous les fidèles étaient à la prière, entra dans la ville et fit aussitôt cerner la grande mosquée par des cavaliers et des fantassins ; il accueillit ceux qui le proclamèrent et massacra les autres ; il demeura sept mois maître de Bougie avant d'en être chassé. C'est à partir de cette époque que les Musulmans ont pris l'usage de fermer les portes des villes chaque vendredi à l'heure de la prière.

En 584 (1188 J. C.), mort du cheïkh, le phénix de son époque, Abou Medyan Chouayb ben el-Hassen el-Ansâry, originaire de Sathmâna, dépendance du gouvernement de Séville. Il mourut à Tlemcen et fut enterré au Djebel el-Abbed ; il n'avait d'autres occupations que la prière, à l'exemple d'Abou el-Hassen ben Harzhem; il suivit les préceptes du Sonna qu'Aby Ayssa el-Termydhy avait écrits pour Ben Ghâleb, et il apprit le Tsouf de Ben Abd Allah el-Doukkak. Ses derniers mots, au moment d'expirer, furent : « Dieu très-haut est durable et éternel! » Quelques auteurs donnent l'an 576 pour date de sa mort.

En 585 (1189 J. C.), El-Mansour fit arriver l'eau dans la ville de Maroc.

En 586 (1190 J. C.), les Chrétiens enlevèrent les villes de Chelba, Badja et Bayra dans l'occident de l'Andalousie.

En 587 (1191 J. C.), les Musulmans s'emparèrent du château d'Aby Dânys.

En 591 (1195 J. C.), les Chrétiens furent défaits à la bataille d'Alarcos et y périrent par nombreux milliers.

En 593 (1197 J. C.), la ville de Rabat el-Fath fut construite et entourée de murs munis de portes. C'est en cette même année que furent construits : à Rabat el-Fath la mosquée et la tour d'Hassan[1], qui n'ont point été achevées; la mosquée et le minaret de Séville; la mosquée El-Katebyn de Maroc, ainsi que la kasbah et la mosquée de cette ville.

Mort du cheïkh, le savant docteur Abou Abd Allah Mohammed ben Brahim, né à la Mehdïa, auteur du livre El-Hédaya (les présents). Il arriva

[1] Voyez page 324.

à l'âge de quarante ans sans avoir jamais fait ses prières hors des mosquées.

Mort du fekhy vertueux Abou Abd Allah Mohammed ben Aly ben Abd el-Kerym el-Fendlaouy, à l'enterrement duquel l'émir des Musulmans assista. (Que Dieu lui fasse miséricorde!) Il fut du nombre des savants et célèbre entre les docteurs. Détaché de ce monde, il ne s'occupait que de l'autre, et il priait et jeûnait sans cesse pour combattre ses ennemis internes, au point qu'il ne restait que le squelette de sa personne. Il est l'auteur de ces vers: « L'amour « et les désirs ne m'ont rien laissé, rien que le souffle « qui m'agite encore. Je suis insaisissable pour la « mort elle-même, et mon âme se traîne dans mon « ombre! »

En 598 (1202 J. C.), le cheïkh, imam de la mosquée El-Kairaouyn, Abou Mohammed Ychekour el-Djourây, mourut dans la matinée du samedi 11 de dou'l kâada; il était né à Tedla et mourut à Fès, où il résidait; il s'instruisit des doctrines d'Abou Khazr, et il suivit les cours d'Aby el-Reby, de Tlemcen, d'Abou el-Hassen ben Harzhem et d'Abou Yaza; il était très-austère. Quand arrivait le ramadhan, il liait son lit et il ne cessait de prier durant toute la nuit, récitant le Koran d'un bout à l'autre d'un seul trait. Un jour, quelqu'un lui dit: « Quand donc te « livreras-tu un peu au repos et accorderas-tu quelque « chose au sommeil, comme tu devrais le faire? » Il répondit: « C'est bien ainsi que j'acquerrai le repos

« que je désire. » Et il récita ces vers : « Ne faites pas
« du ramadhan un mois de réjouissance, et ne vous
« livrez pas à la conversation; apprenez que vous ne
« mériterez les grandes récompenses que lorsque,
« durant ce mois, vous veillerez la nuit et jeûnerez
« le jour. »

En 600 (1204 J. C.), les constructions et les réparations des murs de Fès s'achevèrent, ainsi que la porte El-Cheryah, à laquelle on plaça les battants. A cette époque, El-Obeïdy, s'étant révolté dans le Djebel Ourgha, fut pris et tué; sa tête fut pendue au-dessus de la nouvelle porte El-Cheryah de Fès, et son corps fut brûlé au milieu de ladite porte le jour même où on l'achevait, et c'est ce qui lui a valu son nom de Bab el-Mahrouk (la porte du brûlé).

En 601 (1205 J. C.), Yaïch, gouverneur chrétien, construisit dans le Rif les fortifications de la ville de Badès et celles de Mezemma et de Melilia, pour se mettre à l'abri des surprises de l'ennemi.

En 602 (1206 J. C.), les Hafsides s'emparèrent du gouvernement de l'Ifrîkya.

En 604 (1208 J. C.), les fortifications de la ville de Oudjda furent refaites à neuf, et El-Nasser fit construire les lieux aux ablutions et les bassins situés à côté de la mosquée El-Andalous de Fès, et dans lesquels il fit venir l'eau de la source qui est en dehors du Bab el-Hadid. C'est à cette même époque que furent construites la chapelle El-Kairaouyn et la grande porte avec escalier qui donne sur la cour de ladite mosquée. El-Nasser tira du bit el-mal les sommes qui furent nécessaires à ces travaux.

En 608 (1211 J. C.), mort du cheïkh, le saint Abou Abd Allah ben Hazyz, connu sous le nom de Ben Takhemyst, originaire de Fès; c'était un homme très-distingué et vertueux, qui avait une écriture superbe et qui passait son temps à copier des Korans pour les distribuer à ceux qui en avaient besoin, espérant ainsi mériter les grandes récompenses; il ne cessa d'étudier et de lire dans les écoles jusqu'à sa mort. C'est lui qui a fait ces vers : « Le savant ne « meurt pas; il vit encore lors même qu'il tombe en « poussière sous terre. L'ignorant, au contraire, ne « vit pas; il se meut, mais son esprit est mort. »

En 609 (1212 J. C.), défaite des Musulmans à Hisn el-Oukab, où périrent toutes les troupes du Maghreb et de l'Andalousie.

En 610 (1213 J. C.), le fils d'El-Obeïdy, brûlé à Fès, se souleva dans le Djebel Ghoumara en prétendant qu'il était le *Fathmy*, et il fut proclamé par un nombre considérable de montagnards et de Bédouins. El-Nasser envoya une armée contre lui, et il fut pris et tué.

En cette même année, mort de l'émir des Musulmans El-Nasser, et avénement de son fils Youssef. Les Beny Meryn, venant du sud du Zab de l'Ifrîkya, entrèrent au Maghreb en grand nombre. Grande peste en Andalousie et dans le Maghreb. Les Chrétiens s'emparèrent de la ville d'Oubéda.

En 613 (1216 J. C.), les Beny Meryn défirent l'armée almohade au Fahs el-Zad. Les Almohades, rentrés à Fès complétement nus, furent obligés de se couvrir avec des feuilles de *Méchdala* (?), et c'est pour cela que cette année-là fut appelée *El-mechdala*.

En 614 (1217 J. C.), les Musulmans furent battus au Kessar d'Aby Dânys, et les ennemis les massacrèrent en nombre considérable.

En 615 (1218 J. C.), Alphonse prit à l'assaut ledit château d'Aby Dânys, et fit périr tous les Musulmans qui s'y trouvaient.

En 617 (1220 J. C.), grande disette, sécheresse et fléau des sauterelles dans le Maghreb. C'est en cette année-là que fut construite la Tour d'or sur la rive du fleuve de Séville.

En 618 (1221 J. C.), on refit à neuf les murs de Séville et on construisit les chaussées extérieures qu'on entoura de fossés.

En 619 (1222 J. C.), les Almohades conquirent l'île de Majorque.

En 620 (1223 J. C.), mort de Youssef el-Mousthansyr.

En 624 (1224 J. C.), proclamation d'El-Adel à Murcie, et mort de l'émir des Musulmans Abd el-Ouahed, le détrôné.

En 622 (1225 J. C.), le sid Abou Mohammed, surnommé El-Baëzy, se fit proclamer à Baëza, et livra cette place et la ville de Fidjatha aux Chrétiens. Les ennemis prirent également la ville de Marbouna, du gouvernement de Murcie; dont ils massacrèrent tous les habitants, à l'exception des femmes et des enfants, qui furent faits prisonniers. El-Baëzy livra à Alphonse environ vingt châteaux forts et un nombre considérable de tours. Alphonse s'empara de Merbâla[1] et prit Tolède à l'assaut en faisant un massacre épouvantable de Musulmans; dix mille hommes de Séville, qui s'étaient mis en campagne pour porter secours à la garnison de Tolède, et un grand nombre de soldats de Murcie, qui s'étaient également aventurés pour aller secourir le château de Daleya[2], furent massacrés après avoir été mis en déroute par les ennemis. Tous ces désastres emportèrent un nombre si considérable d'Almohades de Séville et de Murcie, que les mosquées et les souks restèrent déserts.

En 623 (1226 J. C.), l'ennemi s'empara de la ville de Loucha[3], dans l'occident de l'Andalousie, et El-Baëzy livra aux Chrétiens Salvatierra, pour la prise de laquelle El-Nasser avait dépensé de si fortes sommes. Cette même année, El-Baëzy fut tué dans le château El-Modovar, par Ben Beyrouk, qui porta sa tête à Séville. Les Chrétiens s'emparèrent de la ville de Kabala. Les Arabes Khelouth livrèrent bataille aux Almohades, qu'ils mirent en déroute dans l'Adoua.

En 624 (1227 J. C.), disette au Maghreb et en Andalousie; le kafyz de blé coûtait 15 dinars. Fléau

---

[1] Aujourd'hui Marvella, port.
[2] Dalia, près d'Alméria.
[3] Loja, sur le Xenil, près Grenade.

de sauterelles au Maghreb. Les habitants de Séville proclamèrent le sid Abou el-Olâ ben el-Mansour. Les Chrétiens s'emparèrent de l'île de Majorque. Mort d'El-Adel et avénement d'Yhya, d'une part, et d'El-Mamoun de l'autre.

En 625 (1228 J. C.), apparition de Ben Houd, surnommé El-Metoukyl, dans le château d'Arbounâ, à l'orient de l'Andalousie, et sa proclamation par le peuple de Murcie comme khalife abbasside.

En 626 (1229 J. C.), grande inondation à Fès qui détruisit la plus grande partie des murs du côté du midi, et renversa trois nefs de la mosquée El-Andalous, ainsi qu'un grand nombre de maisons et de fondouks de l'Adoua. En cette même année, Ben Houd s'empara de Xativa et de Denya, et les Chrétiens prirent le château de Djebel Ayoun [1], situé sur la frontière de Valence. Ben Houd fit périr le kady El-Koustahy, à Murcie, et s'empara de Grenade, où il massacra tous les Almohades qui s'y trouvaient. Il conquit également Jaën, et dans le mois de dou'l kâada, il fut proclamé à Cordoue par le peuple, qui chassa et massacra les Almohades. C'est alors que Ben Houd fut nommé émir des Musulmans, et que El-Mamoun passa au Maghreb. Le lundi 23 de safar, correspondant au dernier jour de décembre des Européens, eut lieu le grand événement de Mayorque dont Dieu affligea également l'Islam.

En 628 (1231 J. C.), défaite des Musulmans à

[1] Aujourd'hui Gibraleon.

Mérida, que les ennemis prirent d'assaut. Au mois de châaban, ils s'emparèrent également de Badajoz et de ses dépendances. En radjeb, Ben Houd prit Algérisas et Gibraltar, et il ne resta plus aucun pouvoir aux Almohades en Andalousie.

En 629 (1232 J. C.), le sid Abou Moussa se leva contre son frère El-Mamoun, à Ceuta, et Mohammed ben Youssef ben Nasser, connu sous le nom de Ben el-Ahmar (fils du rouge), se présenta au peuple d'Ardjounâ, qui le proclama et lui donna le titre d'émir des Musulmans. Les ennemis s'emparèrent de la ville de Mourala, du gouvernement de Saragosse.

En 630 (1233 J. C.), mort d'El-Mamoun et avénement de son fils El-Rachyd. Ben Houd s'empara de Ceuta qu'il gouverna pendant trois mois, au bout desquels il fut trahi, et l'on proclama Ahmed el-Yenachty, appelé El-Mouaffyk. En cette même année, Cordoue et Carmouna se rendirent à Mohammed ben Youssef ben Nasser. Le kady El-Badjy fut proclamé à Séville. Ben Houd fit alliance avec l'ennemi pour combattre Ben el-Ahmar et El-Badjy, avec la condition qu'il lui serait compté 1,000 dinars par jour. Grande famine et peste dans le Maghreb; le kafyz de blé atteignit le prix de 80 dinars.

En 631 (1234 J. C.), grands combats entre Ben el-Ahmar, El-Badjy et Ben Houd, dans les environs de Séville. Ben Houd les vainquit; mais Ben el-Ahmar, ayant tué El-Badjy par trahison, entra à Séville, où il resta un mois et fut chassé par le peuple.

En djoumad el-tâny, Chayb ben Mohammed ben Mehfouth s'éleva au pouvoir à Lybla, et prit le nom d'El-Moutasym. En chouel, Ben Nasser fit la paix avec Ben Houd, et le proclama à Jaën, Ardjouna et dépendances, et à Berkouna.

En 632 (1234 J. C.), les ennemis assiégèrent l'île d'Iviça, qu'ils prirent au bout de cinq mois. Les Génois vinrent à Ceuta avec une flotte innombrable, et battirent la ville avec leurs balistes, mais sans succès.

En 633 (1235 J. C.), les Génois se retirèrent après un long siége, et un blocus rigoureux, durant lesquels ils avaient employé les plus horribles machines de guerre. Les habitants de Ceuta n'obtinrent la paix avec eux qu'en leur payant 400,000 dinars. Cette même année, le 3 chouel, les Chrétiens surprirent la partie orientale de Cordoue, le matin de très-bonne heure, pendant que tous les habitants dormaient encore; mais Dieu chéri sauva les femmes et les enfants, qui s'échappèrent à la partie occidentale; les hommes seuls restèrent et combattirent courageusement. Les Chrétiens assiégèrent la partie occidentale, et lorsqu'ils l'eurent prise, ils furent maîtres de toute la ville. Alors, le roi de Castille accorda la paix et l'alliance à Ben Houd, pour quatre ans et moyennant 400,000 dinars par an. C'est encore en cette année-là que l'émir des Musulmans El-Rachyd fit mettre à mort les cheikhs des Khelouth.

En 635 (1237 J. C.), les habitants de Séville et

de Ceuta proclamèrent El-Rachyd. Famine et peste dans le Maghreb, tellement désastreuses, que les hommes se mangeaient entre eux, et que l'on ensevelissait cent cadavres dans une même fosse.

En 640 (1242 J. C.), mort d'El-Rachyd et avénement de son frère El-Saïd.

En 642 (1244 J. C.), prise de Valence par les Chrétiens.

En 643 (1245 J. C.), prise de Mekenès par l'émir Abou Yhya.

En 644 (1246 J. C.), prise de Jaën par les Chrétiens.

En 646 (1248 J. C.), mort d'Abou el-Hassen el-Saïd. Prise de Séville par les ennemis. Abou Yhya s'empare de Fès et de Rabat-Tâza. C'est cette année-là qu'eut lieu le grand incendie des bazars de Fès, dans lequel fut détruit tout le faubourg, depuis le Bab el-Selsela (porte de la chaîne), jusqu'aux bains de la Halle aux Blés. Avénement d'El-Mourthadhy à Maroc.

En 653 (1255 J. C.), défaite d'El-Mourthadhy chez les Beni Behloul, aux environs de Fès.

En 665 (1267 J. C.), El-Mourthadhy, tué à Maroc, est remplacé par Abou Debbous.

En 667 (1268 J. C.), Abou Debbous fut tué et son armée détruite. L'émir des Musulmans, maître de Maroc et de ses dépendances, fit son entrée dans la capitale, le dimanche 9 du mois de moharrem de l'année 668 (8 septembre 1269 J. C.).

HISTOIRE DU RÈGNE FORTUNÉ DES MERYN, DESCENDANTS D'ABD EL-HAKK. QUE DIEU PROLONGE ET CONSERVE LEUR DYNASTIE, QU'IL ÉLÈVE LEURS ORDRES ET LEUR PUISSANCE! NOTICE SUR LEUR DESCENDANCE PURE ET SUR LEUR ÉLÉVATION PAR LA VÉRITÉ ET LA JUSTICE; LEURS ROIS, LEURS CONQUÊTES, LEURS GUERRES, LEUR BON GOUVERNEMENT, LEURS MONUMENTS ET LEURS OEUVRES.

L'auteur du livre (que Dieu lui soit propice!) a dit : La famille des Meryn est la première et la plus noble par descendance de la tribu des Zenèta, parmi lesquels ils se distinguèrent toujours par la grandeur de leur caractère et de leurs vertus. De mœurs très-douces, valeureux guerriers et profondément religieux, ils ne manquèrent jamais à leur parole. Très-nombreux et puissants, ils défendaient leurs voisins et ils donnaient refuge et secours aux malheureux. Le feu de leur hospitalité ne s'éteignit jamais, et ils étaient incapables d'une lâcheté ou d'une trahison; modestes, charitables, ils venaient en aide aux docteurs et aux saints. Ne s'écartant jamais du Sonna ancien et des exemples transmis de père en fils; célèbres dans l'histoire, ils le sont encore aujourd'hui. Que Dieu conserve leur dynastie et leur donne la victoire; que par la grâce et la puissance de Dieu leur sabre et leur drapeau soient toujours la terreur de leurs ennemis!

ORIGINE ET DESCENDANCE VÉRITABLES DES BENY MERYN.

L'auteur du livre continue : J'ai copié les notes

suivantes de celles que le fekhy Abou Aly el-Miliany avait écrites de sa propre main, savoir : Les Beny Meryn sont une fraction des Zenèta, fils de Ben Ourtadjân ben Makhoukh ben Ouadjdîdj ben Fâten ben Yedder ben Yadjfet ben Abd Allah ben Ouartyb ben el-Magguer ben Ibrahim ben Seghyk ben Ouassyn ben Yslîten ben Mazry ben Zakya ben Ouarsydj ben Zenât ben Djâna ben Yhya ben Temsyt ben Dharys (qui est Djalout, premier roi des Berbères) ben Ouardjyh ben Madghys el-Abtar ben Bez ben Kys ben Ghylân ben Moudhyr ben Nizâr ben Mâd ben Adnân. C'est à partir de Zenât ben Djâna que s'est formée la tribu des Zenèta, qui sont Arabes purs. La cause du changement de leur langue arabe en langue berbère est ainsi rapportée par les écrivains les plus savants sur l'histoire des races et des origines : Moudhyr ben Nizâr eut deux fils, Elyas et Ghylân, de leur mère nommée Rebâb bent Hedjâ ben Omar ben Mâd ben Adnân. Ghylân eut également deux fils, Kys et Douhmân. Douhmân n'eut qu'une faible postérité, qui forma les Beni Amâm, fraction de la tribu de Kys. Celui-ci engendra quatre fils et une fille : Saïd, Omar et Hafsa, qui eurent pour mère Mouzna, fille de Assad ben Rebia ben Nizâr; le quatrième, Bez et sa sœur Toumadher, naquirent de Berîgha, fille de Medjdel ben Medjdoul ben Onfar ben Moudhyr, le Berbère, le Medjdouly. A cette époque, ces Berbères Medjdouly, qui habitaient la Syrie, fréquentaient les Arabes dans les villages et sur les marchés, et souvent même ils s'associaient avec eux pour les pâturages, les eaux, l'espace et le jardinage. Or Behâ, fille de Douhmân ben Ghylân, était la femme la plus accomplie de son temps en beauté et en qualités, et de toutes les tribus arabes se présentaient des prétendants nombreux; mais les fils de son oncle Kys, ses cousins Saïd, Omar, Hafsa et Bez, déclarèrent qu'elle ne sortirait pas de la famille et qu'elle n'épouserait que l'un d'eux. Enfin, invitée à faire un choix parmi les quatre, elle donna la préférence à Bez, qui était le plus jeune et le meilleur de tous, et il l'épousa en dépit de ses frères, qui conçurent le dessein de le tuer. Sa mère, Berîgha, qui était une femme de tête, tremblant pour son fils, fit prévenir Behâ de ce qui se passait, et convint avec elle de s'échapper dans le pays de ses frères, les Berbères, où elle emmènerait également son fils Bez. Puis elle envoya chercher ses parents, qui arrivèrent secrètement, et elle partit avec eux, emmenant son fils Bez et sa belle-fille Behâ. Arrivés chez les Berbères, elle établit Bez dans sa famille, où il épousa en toute sécurité sa cousine Behâ, devint puissant et capable de résister à ses ennemis. Behâ lui donna deux fils, Alouân et Madghys. Alouân mourut jeune et sans enfants, mais Madghys, surnommé El-Abtar, fut le père des Berbères el-Boutery, dont tous les Zenèta font descendre leur origine.

Bez mourut chez les Berbères et y laissa son fils, Madghys, dont les enfants et les descendants furent innombrables; ceux-ci, parlant la langue du pays, dont ils avaient pris les mœurs et les coutumes, passaient leur vie à courir dans les champs, montés sur leurs chevaux et leurs dromadaires, habitudes et instincts qu'ils conservèrent toujours.

Toumadher, fille de Kys, ne cessa de pleurer son frère Bez, en chantant les nombreuses poésies qu'il avait faites sur son pays, sur sa tente et sa terre natale. En entendant ces vers, nul ne pouvait retenir ses larmes en pensant à Bez ben Kys, qui avait été enlevé à sa famille et qui était mort sans que personne ne l'eût plus revu. C'est encore elle qui chantait : « Bez n'a rien laissé dans notre pays, si ce n'est « sa maison, qu'il a fuie pour aller chercher la tran- « quillité; il a appris la langue des barbares; mais « s'il n'avait point demeuré dans l'Hedjaz, il n'en eût « point su d'autre. »

Abd el-Azyz el-Melzouzy, auteur du poëme Nadhm el-Selouk fi akhbar men nazel el-Maghreb men el-Moulouk (collier des fils de l'histoire des actions des rois de Maghreb), a dit : « Les Zenèta étaient voisins « des Berbères, et ils en ont pris le langage; mais ils « n'ont rien changé de plus à leurs coutumes arabes, « qui sont restées et restent encore les mêmes. La « langue arabe seule a été oubliée; ils ne la parlent « ni ne la comprennent plus; ils sont tels maintenant « encore, et tels étaient les premiers Beny Meryn. »

AVÉNEMENT DES BENY MERYN AU MAGHREB ET LEUR ÉLÉVATION EXTRAORDINAIRE AU POUVOIR.

Quand Dieu très-haut voulut faire resplendir le règne heureux et béni des Beny Meryn, fils d'Abd el-Hakk, leur dynastie victorieuse s'affermit par sa toute-puissance et les décrets de sa justice s'accomplirent. Les Almohades restèrent forts et grands jusqu'au désastre de l'Oukab, qui fut le signal de leur décadence. El-Nasser, vaincu, rentra à Maroc; mais son gouvernement ne cessa d'aller de mal en pis jusqu'à sa mort, en l'an 610, où il fut détrôné et remplacé par son fils El-Moustansyr, jeune enfant non pubère encore, incapable de diriger les affaires, et qui, adonné aux plaisirs et à la débauche, laissa les rênes du gouvernement à ses oncles et à ses parents, à ses ministres et à ses cheïkhs. Ceux-ci engagèrent entre eux luttes sur luttes, se disputant le commandement, se nommant et se destituant les uns les autres, au point d'étonner le monde. Tout se trouva bientôt bouleversé, l'anarchie devint générale, les forces s'affaiblirent, les vices envahirent le pays, la religion même se perdit, et il n'y eut plus, dans tout l'Empire, que la guerre civile que Dieu fit éclater chez eux pour les anéantir et élever le gouvernement et la dynastie des Beny Meryn.

Les Beny Meryn étaient un peuple d'élite et voué à la vraie foi. Il est certain qu'ils vivaient sur les terres situées au midi du Zab africain jusqu'à Sidjilmessa. Nomades, ils s'étaient répandus chez les Berbères et dans les lieux déserts; ils ne connaissaient ni argent ni monnaie et n'étaient point régis par un émir. Fiers et dédaigneux, ils ne supportaient ni attaque ni alliance; ils ne connaissaient ni l'agriculture ni le commerce, et leurs seules occupations étaient la chasse, le cheval et les razias. Tous leurs biens consistaient en chevaux, en chameaux et en nègres; ils se nourrissaient de viande, de fruits, de laitage et de miel. Une partie d'entre eux entrait chaque été au Maghreb pour faire paître et abreuver leurs bestiaux. En automne, ils se réunissaient tous à Agersîf, et de là ils se mettaient en route pour retourner chez eux. Telle était leur coutume depuis les temps anciens. En l'an 613, ils vinrent donc comme d'habitude; mais ils trouvèrent tout bouleversé au Maghreb, dont les forces étaient affaiblies ou dispersées. Ils apprirent que toute l'armée avait péri à la bataille de l'Oukab, et ils trouvèrent partout des lieux déserts ou fréquentés seulement par les lions et les chacals. Alors ils s'établirent tout à fait sur les terres ainsi abandonnées, et ils envoyèrent aussitôt prévenir leurs frères de la situation. « Venez, leur « dirent-ils; il y a ici, en abondance, de l'herbe et « des grains excellents; les pâturages sont vastes et « bien nourris par les eaux des ruisseaux, les arbres « sont superbes et les fruits sont exquis; partout des « sources et des rivières. Arrivez sans crainte; per- « sonne ne s'opposera à vous ni ne vous chassera. »

A la réception de ces nouvelles, les Beny Meryn se mirent immédiatement en mouvement et prirent la route du Maghreb, après s'être confiés à Dieu très-aimable et chéri. Ils vinrent d'étapes en étapes, montés sur leurs chevaux ou sur leurs chameaux, jusqu'à l'Oued Telâgh, qui fut la porte par laquelle ils entrèrent au Maghreb, avec leurs animaux, leurs bagages et leurs tentes; ils arrivèrent en nombre si considérable que leur troupe était comparable à la pluie ou aux étoiles de la nuit, ou bien encore à des légions de fourmis ou de sauterelles, et cela par la toute-puissance de Dieu, dont nul ne connaît l'étendue, car Dieu ne laisse voir que les choses dont les destinées sont décrétées.

Abou Farès a dit dans son poëme en vers : « C'est « en l'an 610 que les Beny Meryn vinrent au Maghreb « de leurs pays barbares, après avoir traversé le dé-« sert et les plaines de sable sur le dos de leurs cha-« meaux et de leurs chevaux, comme avaient fait les « Lemtouna avant eux. » Ils trouvèrent les rois Almohades déjà détachés de leurs affaires et de leurs devoirs, adonnés au vin, à la luxure et à la mollesse; aussi entrèrent-ils sans peine et commencèrent-ils aussitôt à enlever les kessours. C'est que la volonté de Dieu les avait appelés pour régner sur le Maghreb, et, comme des nuées de sauterelles, ils eurent bientôt envahi le pays, où ils se répandirent partout. Actifs et francs guerriers, ils ne cessèrent de s'étendre et de s'affermir de plus en plus, s'emparant du pays morceau par morceau, jusqu'à ce qu'enfin ils défirent l'armée almohade l'an El-Mechâala, qui est l'an 613.

L'auteur du livre (que Dieu lui soit propice!) poursuit son récit. Je tiens d'un historien, en qui j'ai grande confiance, que, lorsque les Beny Meryn entrèrent au Maghreb, ils se répandirent sur le pays et s'y affermirent, en faisant grâce à ceux qui se soumettaient à eux et en massacrant impitoyablement ceux qui les repoussaient. Les populations fuyaient devant eux à droite et à gauche, et s'en allaient sur les montagnes les plus difficiles, où elles se fortifiaient. En apprenant cette invasion, l'émir Youssef el-Moustansyr conçut de l'inquiétude, et, dans l'indécision sur ce qu'il y avait à faire à leur égard, il rassembla en conseil les magistrats, les ministres et les cheïkhs Almohades pour prendre leur avis. Ces conseillers lui dirent : « Ô émir des Musulmans! ne « faites pas attention à eux et soyez sans crainte; ils « sont fort simples et peu nombreux. Pour mettre « fin à leurs progrès, il suffira d'envoyer contre eux « un cheïkh Almohade, qui fera périr les hommes « et s'emparera de leurs femmes et de leurs biens, « après les avoir poursuivis et dispersés. » En effet, l'émir expédia aussitôt une armée de vingt mille Alhomades sous les ordres du cheïkh Abou Aly ben Ouandyn avec ordre d'aller attaquer les Beny Meryn et de les massacrer tous, pères et enfants, jusqu'au dernier d'entre eux. L'expédition partit de Maroc, et à la nouvelle de son approche, les Beny Meryn firent, eux aussi, tous leurs préparatifs pour recevoir et battre l'ennemi; ils rassemblèrent leurs troupes, et tous les chefs, s'étant réunis en conseil, tombèrent d'accord pour mettre à l'abri, dans la forteresse de Tazout, leurs harems et leurs biens. Après avoir pris cette précaution, ils s'avancèrent résolûment contre l'armée almohade. La rencontre eut lieu dans les environs de l'Oued Nekour, du pays de Badès (dans le Rif), et ce fut là une sanglante et mémorable bataille. Les Beny Meryn, assistés par le Très-Haut, remportèrent la victoire, et ils massacrèrent la plus grande partie des Almohades, dont les débris s'enfuirent en déroute et frappés d'épouvante; ils pillèrent le camp, et tout ce qu'ils enlevèrent d'argent, d'armes, de bagages, de chevaux et de mulets servit à les fortifier davantage; ils rendirent grâce à Dieu pour le secours magnifique qu'ils en recevaient, et la nouvelle de ce grand événement se répandit dans le Maghreb entier. Les débris des Almohades rentrèrent à Rabat-Taza et à Fès terrifiés, pieds nus, anéantis, n'ayant pour tout vêtement que des feuilles de Mechâala (?). Couverts de sang et de poussière, désespérés et avilis, ils versaient des larmes, et leurs cœurs étaient brisés. L'année prit le nom de Mechâala, et c'est à partir de là que les Beny Meryn grandirent de plus en plus, tandis que les Almohades s'affaiblirent tout à fait; leurs terres devinrent désertes; ils ne sortirent plus, et leur décadence fut complète. Dieu alluma le feu de la guerre civile, et leurs chefs moururent assassinés. Les cheikhs faisaient et défaisaient les sultans; ils les nommaient et les tuaient ensuite pour en nommer d'autres, pillant chaque fois leur trésor et se divisant leurs femmes et le butin. C'est ainsi qu'ils proclamèrent Abd el-Ouahed et qu'ils le mirent à mort pour nommer El-Adel, qu'ils étranglèrent à son tour; puis ils envoyèrent acte de leur soumission à El-Mamoun, et aussitôt ils le déclarèrent déchu pour élire son frère Yhya; ils ne savaient plus ce qu'ils faisaient, et c'est leur désordre qui fut leur ruine et l'anéantissement de leur pouvoir et de leurs forces, dont les Beny Meryn héritèrent.

HISTOIRE DE L'ÉMIR BÉNI ABOU MOHAMMED ABD EL-HAKK.

L'émir Abou Mohammed était fils de l'émir Abou Khâled Mayou ben Abou Beker ben Hamâma ben Mohammed, le Zenèta, le Meryn. Son père, Abou Khâled Mayou, avait fait la campagne d'Alarcos auprès de l'émir des Musulmans El-Mansour, qui, le jour de la bataille, lui avait confié le commandement de tous les Zenèta, avec lesquels il se couvrit de gloire. Il mourut (que Dieu lui fasse miséricorde!), en l'an 592, dans son pays, au sud du Zab africain, à son retour de ladite campagne d'Alarcos, et à la suite des blessures qu'il en rapporta, et qui lui valurent la mort du martyr. Son fils, Abou Mohammed Abd el-Hakk, lui succéda et prit la direction des affaires. Il était déjà célèbre parmi les Beny Meryn, par ses vertus, sa religion, sa piété et sa sainteté; humble et charitable, il prit la justice et le bon droit pour base de son gouvernement; généreux et bienfaisant, il était le refuge des orphelins et la providence des pauvres. Sa bénédiction était immense et sa main bienheureuse; son bonnet et ses culottes opéraient des miracles, et tout le monde chez les Zenèta y avait recours; on les portait aux femmes enceintes dont l'accouchement était difficile, et Dieu, venant aussitôt en aide à ces créatures, facilitait la délivrance. L'eau qui restait de ses ablutions était remise aux malades qui s'en frottaient et guérissaient aussitôt. Il était fort austère; il jeûnait en hiver comme durant les plus fortes chaleurs, et jamais on ne le vit manger dans le jour, à l'exception des fêtes. Priant et louant Dieu sans cesse, il récitait son chapelet et invoquait Dieu partout, et quelles que fussent ses occupations. Il ne mangeait que les choses permises et provenant de ses propriétés mêmes, telles que la viande de ses chameaux ou de ses brebis, leur lait et le produit de sa propre chasse. Dans la tribu des Meryn il était renommé comme savant et comme émir; il veillait avec le plus grand soin aux affaires de ses compatriotes, qui ne faisaient absolument rien sans le consulter. Il n'eut que quelques enfants. Une nuit, après avoir fait ses ablutions et ses longues prières à Dieu, il fit durant son sommeil un songe bienheureux qui lui annonçait le gouvernement de roi et d'imam pour lui et pour ses descendants. Il vit un jet de feu sortir de son membre viril, s'élever dans les airs et rayonner sur les quatre points cardinaux, puis concentrer ses rayons et couvrir de sa flamme tout le Maghreb. Il raconta ce rêve à quelques saints, qui lui dirent : « Réjouissez-« vous et soyez sans crainte; cette vision est un signe « de bonheur pour vous et vos descendants, qui serez « nobles et grands; vous serez roi puissant et illustre « et vos enfants rempliront le Maghreb de leur cé-« lébrité. Quatre d'entre eux régneront jusqu'à leur « mort, et transmettront leur trône en héritage à « leurs fils et à leurs descendants. » Tout cela arriva comme ils le dirent, et l'émir put le voir avant de mourir. Il gouverna les Beny Meryn, et à sa mort ses quatre fils héritèrent de son gouvernement.

Dans le mois de dou'l hidjâ de l'an 613, l'émir Abou Mohammed Abd el-Hakk se porta avec l'armée des Beny Meryn à Rabat-Taza, aux environs de laquelle il établit son camp, au milieu des oliviers. Le gouverneur de cette ville sortit pour l'attaquer avec une nombreuse armée d'Almohades, d'Arabes et de fractions des Tsoul, des Mekenèsa et autres. L'émir Abou Mohammed le battit et mit toute son armée en déroute; resté maître d'un riche butin, armes, bagages et chevaux, il distribua tout à ses soldats, sans rien garder pour lui; et il dit à ses enfants : « Faites bien « attention de ne pas toucher à ce butin, la victoire « et la renommée doivent vous suffire. » En djoumad el-tâny 614, les Meryn eurent une rencontre avec les Arabes Rîah et autres. Les Rîah formaient la tribu arabe la plus forte et la plus guerrière du Maghreb; nulle n'avait un aussi grand nombre de cavaliers et de fantassins, et ne possédait ses immenses ressources. Quand ils se mirent en campagne contre les Beny Meryn, ceux-ci se rallièrent tous autour d'Abou Mohammed et lui dirent : « Vous êtes notre « émir et notre capitaine; que pensez-vous de ces « Arabes qui viennent pour nous attaquer? » L'émir leur répondit : « Ô mes compagnons Meryn, si vous « êtes disposés, résolus et unis, prêts à vous aider « les uns les autres et à vous soutenir réciproquement « contre l'ennemi, si vous êtes frères, liés entre vous « par l'amour du Très-Haut, je n'ai aucune crainte « de vous conduire et d'engager le combat avec les « peuples du Maghreb entier; mais si vous êtes « désunis, si vos avis sont en désaccord les uns avec « les autres, vos ennemis, soyez-en sûrs, vous vain- « cront et vous disperseront! Ils s'écrièrent alors : « Nous sommes prêts, soumis et obéissants; ne nous « abandonnez pas et nous ne vous abandonnerons « point; nous mourrons tous sous vos yeux, s'il le « faut. Allons, levez-vous et conduisez-nous avec la « bénédiction de Dieu! »

Les deux armées se rencontrèrent aux environs de l'Oued Sebou, à quelques milles de Taferthast. La bataille fut sanglante, et l'émir Abou Mohammed Abd el-Hakk fut tué ainsi que son fils Edriss. A la vue du cadavre de leur émir, les Meryn, fous de douleur et de rage, devinrent comme autant de lions furieux et avides de sang. Levant la main droite, ils jurèrent de ne point enterrer les corps de leurs chefs avant de les avoir vengés; ils s'élancèrent contre les Rîah comme des lions affamés qui sautent sur une troupe de renards, et ils fondirent sur eux comme les aigles fondent sur les perdrix. La bataille fut de plus en plus meurtrière. Les Rîah eurent à déployer la grande résignation; ils furent presque tous massacrés, et ceux qui échappèrent au carnage s'enfuirent en déroute. Les Meryn pillèrent leur camp et enlevèrent tout ce qui s'y trouvait en argent, bagages, habillements, chevaux, chameaux et autres bêtes de somme. Ils élurent Othman, fils de l'émir Abou Mohammed, pour succéder à son père et se mettre à leur tête.

L'auteur du livre (que Dieu lui soit propice!) a dit : Le kady Abou Abd Allah ben el-Oualdoun et son frère le fekhy Abou el-Hadjadj Youssef, qui faisaient partie de la députation des nobles, des docteurs et des saints de la ville de Fès, qui vint rendre hommage à l'émir Abou Youssef ben Abd el-Hakk, à Rabat el-Fath, où il était arrivé de Maroc dans le ramadhan 683, avec l'intention de passer en Andalousie pour faire la guerre sainte, m'ont raconté eux-mêmes que, lors de leur réception, l'émir des Musulmans leur parla beaucoup de son père Abou Mohammed Abd el-Hakk, et qu'il leur dit en propres

termes : « Par Dieu, je vous l'assure, la parole de
« l'émir Abd el-Hakk était sûre. S'il disait, il faisait,
« et un mot de lui suffisait pour ne laisser aucun
« doute. Jamais il ne jurait par Dieu, ni justement,
« ni en vain; il ne buvait point de boissons enivrantes,
« et ne se livrait jamais à la débauche; ses vêtements
« bénits avaient des vertus miraculeuses; il suffisait
« de les porter chez une femme en couche pour as-
« surer une délivrance heureuse. Il jeûnait et restait
« debout la plus grande partie de la nuit; s'il enten-
« dait parler d'un saint ou d'un ermite, il accourait
« auprès de lui pour demander sa bénédiction; il
« vénérait beaucoup les saints et leur était soumis. Il
« fut le poison de ses ennemis qu'il anéantit; quant à
« nous, nous n'avons hérité que de sa bénédiction,
« et de la bénédiction des saints qui le bénirent. »

RÈGNE DE L'ÉMIR ABOU SAÏD OTHMAN BEN ABD EL-HAKK.

L'auteur du livre (que Dieu lui soit propice!) a
dit : Lorque les Beny Meryn eurent fini de combattre
les Rîah et furent de retour de leur poursuite, ils se
groupèrent autour de l'émir Abou Saïd Othman ben
Abd el-Hakk, et, après lui avoir fait les compliments
de condoléance pour la perte de son père et de son
frère, ils le proclamèrent unanimement. L'émir Abou
Saïd s'occupa avant tout de laver le corps de son
père et de l'ensevelir, et son cœur se brisa de douleur. Quand il eut rempli ces pieux devoirs, il tourna

ses pensées vers son peuple et ses frères, et ayant ordonné de réunir le butin, il le distribua sans partialité aucune à tous les membres de la tribu des Beny Meryn; puis il se remit aussitôt en marche contre les Rîah, en jurant qu'il ne les épargnerait pas avant d'avoir tué cent de leurs cheïkhs pour venger la mort de son père. En effet, il les massacra en grand nombre, et lorsque les Rîah virent qu'ils étaient perdus, il s'empressèrent de faire leur soumission à l'émir, qui l'accepta, à condition qu'ils lui payeraient un fort tribut chaque année. Cet événement amoindrit encore le royaume des Almohades, dont la faiblesse devint manifeste, et qui perdirent tout pouvoir dans les campagnes. Leurs émirs n'étaient plus écoutés que dans les villes, et la guerre civile se répandit de plus en plus dans les tribus. Les routes et les champs devinrent dangereux, et la plus grande partie des hommes, révoltés contre l'autorité, se disputaient et disaient à leurs chefs : « Nous ne vous « devons plus ni respect ni obéissance. » Les nobles et les rustres devinrent égaux; le fort mangeait le faible, et chacun faisait selon sa tête. Ils s'abaissèrent ainsi jusqu'aux crimes les plus abominables, au mépris du gouvernement et de leurs émirs, qui ne pouvaient plus les maîtriser. Les Kabyles du Fezaz, de Djenata, les Arabes et les Berbères coupaient les chemins et pillaient sans relâche les villages et les hameaux.

L'émir Abou Saïd, ayant observé ce qui se passait, et ayant vu que les rois Almohades avaient perdu leur force et leur puissance, et qu'abandonnés de leurs sujets, ils étaient réduits à ne plus sortir de leurs palais où ils vivaient dans l'ivresse, et soumis à tous les effets de la débauche et des déréglements, comprit que le moment était propice pour leur faire la guerre et les renverser. En conséquence, il rassembla les cheïkhs Meryn et les exhorta à se soulever au nom de la religion et des intérêts des Musulmans. Il les trouva tous prêts, et il avança avec ses légions conquérantes et victorieuses dans le Maghreb, envahissant toutes les tribus dans les montagnes comme dans les plaines et les vallées. Il donnait l'aman à ceux qui le reconnaissaient et lui promettaient obéissance, il leur imposait un tribut et les laissait tranquilles; mais ceux qui lui résistaient, n'obtenaient ni trêve ni repos jusqu'à leur entière destruction.

Les premières tribus qui se soumirent à lui furent celles de Houâra et de Radjeradja; puis successivement celles de Tsoul, Mekenèsa, Bathouya, Fechtâla, Sedrata, Behloula et Mediouna; il fixa le tribut de chacune d'elles et leur envoya des garnisons. Il accorda la paix aux habitants de Fès, de Mekenès, de Rabat-Taza et d'Al-Kassar Abd el-Kerym (Al-Cassar), moyennant un tribut annuel, s'engageant de son côté à veiller à la sécurité du pays et à les défendre contre les attaques des Kabyles.

En 620, l'émir Abou Saïd fit une expédition dans le pays de Fezaz, et il harcela les tribus Djenata qui l'habitaient, jusqu'à les avoir réduites à soumission et avoir corrigé leurs habitudes de pillage et de crimes.

En 621, il fit une razia dans le Fahs Azghâr[1], dont il battit et dépouilla les tribus.

L'émir Abou Saïd était grand guerrier, plein d'ardeur et de courage, doué d'un esprit solide; son commandement était ferme; il était généreux pour ses amis, mais vindicatif et terrible pour ses ennemis; secourable pour ses voisins, modeste, religieux et vertueux aux yeux de tous, respectant les docteurs et vénérant les saints, suivant en tout la voie tracée par son père, dont il ne s'écarta jamais jusqu'à sa mort. (Que Dieu lui fasse miséricorde!) Il fut assassiné en 638 (1240 J. C.) par un renégat qu'il avait élevé tout jeune, et qui le frappa d'un coup de poignard à la gorge; il mourut instantanément. La durée de son règne sur les Beny Meryn et les campagnes du Maghreb, depuis son élection à la mort de son père, fut de vingt-trois ans et sept mois.

RÈGNE DE L'ÉMIR ABOU MAHROUF MOHAMMED BEN ABD EL-HAKK.

Aussitôt après la mort de l'émir Othman, les cheïkhs Meryn réunirent leurs voix en faveur de son frère Mohammed, qu'ils proclamèrent en lui jurant obéissance et fidélité durant la paix comme à la

---

[1] Aujourd'hui Cherarda, entre le Sebou et Mekenès.

guerre, et ils lui confièrent le soin de leurs affaires. L'émir Mohammed suivit les traces de son frère et conquit de nouvelles terres sur les montagnes et dans les plaines du Maghreb. Grand guerrier, courageux et redoutable, Dieu l'assista dans ses conquêtes. Il était plein d'instruction; son gouvernement fut sage, et il fut toujours entouré de la vénération de ses sujets obéissants; il n'eut pas de plus chère occupation que la guerre, dont il connaissait l'art et les ruses. C'est ce qu'un poëte a dit ainsi: « Mohammed, habile dans ses affaires, ne passa pas un jour sans « combattre; associé de la guerre et des batailles, qui « dira le nombre de guerriers qui se mesurèrent avec « les siens? Combien de légions se heurtèrent contre « ses légions, et combien il détruisit d'armées? Ses « jour et ses nuits ne furent qu'une longue bataille; « mais il fut toujours victorieux et assisté par Dieu. » A toutes ses qualités guerrières, l'émir Abou Mahrouf joignait une grande bénédiction; sa main était des plus heureuses. Doué d'un bon caractère, il était sage, instruit, réfléchi, sincère et persévérant; il n'entreprenait rien sans l'achever; s'il donnait, il donnait suffisamment, et il n'abusait jamais de sa force. Il ne cessa de faire la guerre aux Almohades et de les avilir de plus en plus jusqu'en 642, où son gouvernement prit un tel développement que Saïd l'Almohade s'en émut et envoya contre lui une armée de vingt mille cavaliers Almohades, Arabes, Haskoury et Chrétiens. A la nouvelle de l'approche de cette expédition, l'émir Abou Mahrouf fit ses préparatifs, et les deux armées se rencontrèrent à l'endroit nommé El-Sakhrat Aby Byar, aux environs de Fès. La bataille fut sanglante et sans pareille; elle dura depuis l'aurore jusqu'au coucher du soleil, et, le soir, l'émir Abou Mahrouf fut tué sur le champ de bataille par un chef chrétien. Son cheval s'étant abattu sous lui, le chrétien n'en tint pas compte et lui porta le coup mortel. (Que Dieu lui fasse miséricorde!) Les Beny Meryn, battus, disparurent tous pendant la nuit, emportant avec eux leurs bagages, leurs familles et leurs trésors. Au point du jour, ils arrivèrent au Djebel Ghyâtha, où ils se retranchèrent pendant quelque temps. La mort de l'émir Abou Mahrouf eut lieu le jeudi 9 de djoumad el-tâny, an 642 (1244 J. C.). Son frère, l'émir Yhya ben Abd el-Hakk, lui succéda.

RÈGNE DE L'ÉMIR TRÈS-ILLUSTRE ABOU YHYA BEN ABD EL-HAKK.

L'émir Abou Beker ben Abd el-Hakk ben Mayou ben Abou Beker ben Hamâma fut prénommé Abou Yhya. Sa mère était une femme libre, descendante d'Abd el-Ouahed. Il avait le teint blanc et rose, une belle taille, la peau fine, une jolie figure et la chevelure épaisse; il se servait indistinctement des deux mains, et frappait deux coups de lance en même temps. Cavalier accompli, il fut le plus grand guerrier de son époque; énergique, ardent et résolu, nul n'était si terrible au combat et nul n'avait son adresse;

il combattait dans les rangs mêmes de ses soldats, et les meilleurs guerriers craignaient de se mesurer avec lui. Ces qualités ne l'empêchaient pas d'être bienfaisant et généreux comme le nuage qui donne l'abondance, et jamais émir ne répandit tant de bien autour de lui. Fidèle à sa parole, il tenait toujours ses promesses ; en un mot, il l'emportait sur tous les rois de la terre par son courage, sa générosité et sa sincérité. Il fut le premier des émirs Beny Meryn qui organisa son armée et son camp, et qui fit battre le tambour et déployer ses drapeaux. Maître des villes et des campagnes, il assura le gouvernement, et, avec l'assistance de Dieu, il fut l'heureuse égide des Beny Meryn.

Après sa proclamation, il commença par rassembler les cheikhs Beny Meryn, et il leur divisa le commandement des provinces du Maghreb, en donnant à chacun une certaine étendue de terres que personne ne pouvait plus revendiquer. Il donna pour instructions, à chacun de ses nouveaux kaïds, de munir leurs hommes de chevaux et de préparer des troupes pour la guerre ; ensuite il se rendit lui-même au Djebel Zraoun, où il campa avec ses proches et ses compagnons. De là, il harcelait continuellement, jour et nuit, la ville de Mekenès, dont il finit par s'emparer en l'an 643, sous le gouvernement de Saïd l'Almohade ; il entra en paix dans la place, qui lui fut livrée volontairement par le cheikh Abou el-Hassen ben Abou el-Afya. L'émir Almohade Saïd, en apprenant la prise de Mekenès, se mit en campagne et sortit de Maroc avec une armée considérable de légions Almohades, de Mesmouda, Arabes et Chrétiens; il arriva sur les bords de l'Oued Beth, où il campa, menaçant pour l'armée d'Abou Yhya. Celui-ci sortit une nuit de Mekenès seul et incognito pour venir s'assurer par lui-même de la position des troupes Almohades; il pénétra secrètement dans le camp ennemi, et, ayant examiné le nombre et les forces de ses ennemis, il comprit qu'il ne pouvait pas se mesurer avec eux, et il battit prudemment en retraite en abandonnant le pays et la ville. Ayant rallié tous les Beny Meryn, il s'en alla avec eux dans le Rif, où il se fortifia dans le château de Tazoutà. L'émir Saïd, à son arrivée sous les murs de Mekenès, fut reçu par les habitants, qui vinrent au-devant de lui avec leurs femmes et leurs enfants pour implorer son aman qu'il leur accorda. Alors il se rendit à Fès et campa sous ses murs du côté du Midi. Les cheïkhs de la ville sortirent en corps pour le complimenter et le prier d'entrer dans leurs murs. L'émir les accueillit avec faveur, mais il refusa de s'arrêter, et il s'en alla camper sous les murs de Rabat-Taza. Là il reçut l'acte de soumission de l'émir Abou Yhya, qu'il agréa, et en réponse il lui écrivit qu'il lui accordait l'aman, ainsi qu'à tous les Beny Meryn, à condition qu'il lui enverrait un corps de cinq cents de leurs meilleurs cavaliers pour servir auprès de lui. Abou Yhya lui répondit alors : « O émir des Musulmans! retourne

« dans ta capitale et confie-moi quelques renforts, si
« tu veux que je te débarrasse de Yaghmourasen et
« que je te rende maître de Tlemcen et de ses dépen-
« dances. » L'émir Saïd fut sur le point de consentir
à ces offres; mais il consulta ses ministres, qui lui
dirent: « Ô émir des Musulmans! garde-toi bien d'une
« pareille imprudence. Souviens-toi que les Zenèta
« sont frères des Zenèta, et que celui-ci, au lieu de
« faire ce qu'il te dit, pourrait bien, au contraire,
« s'unir contre toi avec ceux qu'il te propose de com-
« battre. » En conséquence, l'émir lui donna l'ordre
de rester où il était et de s'en tenir à lui envoyer
le contingent demandé. Yhya, lui ayant expédié un
corps de cinq cents de ses meilleurs cavaliers, l'émir
Saïd s'en alla à Tlemcen et mourut sous les murs de
la forteresse de Temzezdekt, où il assiégeait Yaghmourasen ben Zyan. La nouvelle de cet événement
fut apportée à l'émir Yhya par le corps des Beny
Meryn qui étaient au service de Saïd, et qui lui donnèrent les détails de la mort de l'émir, de la défaite
de son armée et du pillage de son camp. Yhya se
mit aussitôt en marche et se porta en toute hâte sur
Mekenès, où il entra et dont il prit le gouvernement.
Après être resté là durant quelques jours, il s'en alla
à Rabat-Taza, dont il s'empara, ainsi que de toutes
les forteresses de la Moulouïa, et cela durant le mois
de safar 646. Dans les derniers jours de râby el-tâny
de cette même année, il se rendit maître de Fès et fit
son entrée dans cette capitale, accueilli de bon gré

par les habitants, qui avaient envoyé leurs cheikhs au-devant de lui avec l'acte de leur proclamation, qui lui fut remis à la chapelle située au dehors du Bab el-Cheryah. Le premier qui le proclama fut le vertueux et saint Abou Mohammed el-Fechtâly, et il fut suivi par les docteurs et les cheïkhs. Le cheikh Abou Mohammed el-Abbès sortit de la kasbah avec ses femmes et ses enfants, et l'émir Abou Yhya, lui ayant accordé l'aman, le fit accompagner par une escorte de cinquante cavaliers jusqu'à l'Oued Oum el-Rebya.

L'entrée d'Abou Yhya à Fès eut lieu vers dix heures du matin, le jeudi 26 de raby el-tâny, an 646, deux mois après la mort de Saïd. C'est ainsi que le gouvernement du Maghreb passa dans ses mains. Aussitôt qu'il fut maître de l'empire et de l'armée, les troubles s'apaisèrent, la sécurité des routes et l'abondance revinrent, le commerce reprit son mouvement. Les Kabyles reçurent ordre de rester sur leurs terres, de repeupler les villages et les hameaux abandonnés, et de se livrer à l'agriculture. Les denrées se donnèrent à bon marché, et l'émir organisa toutes les affaires de ses sujets; il confia à son frère Yacoub le commandement de Taza et de toutes les forteresses de la Moulouïa, et il demeura lui-même à Fès pendant une année entière, occupé à recevoir les députations qui venaient vers lui de tous côtés.

Au mois de raby el-aouel 647 (1249 J. C.), l'émir Yhya sortit de Fès pour se rendre à la mine d'El-Aouam, dans le Fezaz, et laissa le commandement de la ville à l'affranchi El-Saoud ben Kharbâch El-Hachemy. Dès qu'il se fut éloigné, les cheikhs de la ville se réunirent chez le kady Abou Abd er-Rahman el-Moughyly, et ils décidèrent de renverser l'émir Abou Yhya, de tuer El-Saoud, son lieutenant, et d'envoyer leur soumission à Mourthadhy, en gouvernant eux-mêmes la place jusqu'à son arrivée. Étant tous tombés d'accord, ils envoyèrent chercher Chedyd, le général des Chrétiens, pour lui faire part du complot. Le kaïd Chedyd commandait à Fès, pour les Almohades, une garnison de deux cents cavaliers chrétiens, lorsque les Beny Meryn s'emparèrent de cette capitale; aussi il était resté très-fidèle aux Almohades qui l'avaient ainsi élevé; dès qu'il parut, les conjurés lui dirent : « Faites périr le nègre El-« Saoud, et prenez le commandement de la ville; « vous adresserez ensuite notre proclamation au Mour« thadhy, et vous lui demanderez de nous envoyer un « gouverneur. » Le chrétien, ayant partagé leur avis, promit de les défaire du nègre.

En conséquence, le 22 de chouel 647, au matin, les cheikhs se rendirent à la kasbah pour souhaiter le bonjour à l'affranchi El-Saoud; ils le saluèrent et s'assirent auprès de lui. Puis, Saoud ayant entrepris de leur adresser des reproches, ils lui ripostèrent avec colère, et, s'étant levés, ils appelèrent à eux le kaïd chrétien qui était posté avec ses soldats non loin du pavillon où Saoud venait de leur donner audience. El-Saoud et quatre de ses gardes furent tués, et leurs têtes, placées au bout de piques, furent promenées dans les rues et sur les marchés de la ville. Les cheïkhs envahirent le palais et pillèrent tout ce qui s'y trouvait, vêtements, argent et femmes, qu'ils se partagèrent; puis ils fermèrent les portes de la ville et envoyèrent leur proclamation au Mourthadhy. A cette nouvelle, l'émir Abou Yhya revint en toute hâte; mais il trouva les portes closes et les cheïkhs prêts à faire résistance. Il les assiégea pendant sept mois, sans succès, et ayant appris alors que Yaghmourasen ben Zyan était sorti de Tlemcen pour s'emparer de Rabat-Taza, il laissa sous les murs de Fès une partie des Beny Meryn pour continuer le siége et inquiéter nuit et jour les assiégés par des combats incessants, et il se mit en marche contre Yaghmourasen. Il le rencontra à l'Oued Isly, aux environs d'Oudjda, et à l'issue d'une forte bataille, Yaghmourasen vaincu s'enfuit en abandonnant ses trésors et son camp, dont l'émir s'empara. Les principaux Beny Abd el-Ouahedy furent tués dans cette affaire. L'émir revint alors sur Fès, où il arriva dans le courant de djoumad el-tâny, an 648 (1250 J. C.). Il redoubla les rigueurs du siége et la violence des attaques, et les habitants, désespérés, frappèrent dans leurs mains, se sentant perdus, puisqu'aucun chef Almohade ne venait les soutenir. Ils comprirent enfin leur erreur, et, ne pouvant prolonger plus longtemps leur résistance, ils envoyèrent un message à l'émir Abou Yhya pour implorer son pardon et l'aman. L'émir leur fit grâce, à condition qu'on lui rendrait jusqu'à la dernière pièce de l'argent qui avait été pillé, c'est-à-dire 100,000 dinars en or. Ceci étant convenu, ils ouvrirent les portes à l'émir, qui fit son entrée solennelle et triomphante en ville, le 23 de djoumad el-tâny de ladite année. Au bout de quelque temps, dans les premiers jours de radjeb, voyant qu'on ne s'empressait pas de lui compter l'argent, et qu'en maintes circonstances on avait même manqué au respect qui lui était dû, il fit arrêter les cheïkhs, les chefs et les nobles, et les mit aux fers en leur demandant la restitution de l'argent et de tous les effets qui avaient été pillés dans le palais. Un de ces cheïkhs, nommé Ben el-Khebâ, lui dit : « Ceux qui ont fait tout le mal étaient seulement « six, pourquoi devons-nous tous être punis égale- « ment? En faisant ce que je vais te dire, tu ne seras « que juste. — Et qu'est-ce donc que tu vas me dire? « lui répondit l'émir. — Le voici : fais d'abord tran- « cher la tête aux six qui ont causé les troubles, et « alors ce sera à nous qu'il appartiendra de te rendre « l'argent que l'on t'a pris. — En vérité, reprit l'émir, « tes paroles sont justes; » et aussitôt il condamna à mort les six principaux cheïkhs, savoir : le kady Abou Abd er-Rahman le Moughyly et son fils, El-Moucherref ben Dacher et son frère, Ben Aby Thâta et son fils. Il confisqua leurs biens et leurs trésors, et ils furent exécutés au sortir du Bab el-Cheryah, le dimanche 28 de radjeb susdit, 648. Alors il se fit rembourser par tous les autres cheïkhs, que ce coup abattit au point que nul d'entre eux n'a plus osé relever la tête jusqu'à ce jour.

En 649 (1151 J. C.), l'émir Abou Yhya s'empara de la ville de Salé, et il en confia le gouvernement à son neveu Yacoub ben Abd el-Hakk. En 653, il défit El-Mourthadhy au Djebel Behloul, aux environs de Fès; il enleva tout ce qui se trouvait dans son camp, trésors, bagages, tentes, pavillons, chevaux et chameaux, et les Beny Meryn s'enrichirent considérablement de ses dépouilles.

En 655 (1257 J. C.), l'émir Abou Yhya conquit Sidjilmessa et le Drâa. Yaghmourasen désirant enlever ces possessions au Mourthadhy, s'en était rapproché avec une grande armée de Beny Abd el-Ouahed et d'Arabes, et en apprenant cela, l'émir Abou Yhya, qui se trouvait à Fès, rassembla aussitôt ses soldats Beny Meryn, et marcha sur Sidjilmessa où il trouva Yaghmourasen déjà campé sous les murs du Bab Tahsena. Il y eut entre eux une grande bataille, à l'issue de laquelle Yaghmourasen battu prit la fuite pour Tlemcen, en renonçant à ses projets contre Sidjilmessa et le Drâa. L'émir Abou Yhya s'empara alors de tout ce pays, et il y demeura le temps nécessaire pour y organiser son gouvernement; ensuite il en confia le commandement à Abou Yhya el-Ketrany, auquel il donna ses instructions, et il revint à Fès. C'est ainsi qu'il agrandit son empire et le nombre de ses troupes, qu'il assura la tranquillité du pays et dispersa les pervers, qu'il vit s'accroître la population et disparaître les fauteurs de troubles.

Au mois de radjeb 656 (1258 J. C.), il tomba malade à Fès et mourut quelques jours après, de sa mort naturelle; il fut enterré en dedans du Bab el-Djezyryn, une des portes de l'Adoua el-Andalous, auprès du tombeau du cheikh vertueux Abou Mohammed el-Fechtâly, pour être couvert de sa bénédiction, ainsi qu'il l'avait bien recommandé durant sa vie. (Que Dieu lui fasse miséricorde!) Son règne, depuis le jour de sa proclamation après la mort de Saïd, au commencement de l'an 646, jusqu'à sa mort en radjeb 656, avait duré dix ans et un mois.

A la mort de l'émir, le gouverneur de Sidjilmessa El-Ketrany se révolta et se rendit indépendant; il fut proclamé par la population, et resta émir pendant deux ans; il fut tué en 658. Alors le gouvernement de cette ville fut pris par Aly ben Omar, lieutenant d'El-Mourthadhy, au nom duquel il la commanda pendant trois ans et demi, jusqu'à sa mort en 662. Les Arabes el-Melâbat s'en emparèrent à cette époque au nom de Yaghmourasen ben Zyan qu'ils proclamèrent, et qui leur envoya un gouverneur des Beny Abd el-Ouahed. Le gouvernement de Sidjilmessa resta à Yaghmourasen jusqu'au moment où l'émir des Musulmans Abou Youssef Yacoub ben Abd el-Hakk y pénétra, le dernier jour du mois de safar, an 673 (1274 J. C.).

RÈGNE DE L'ÉMIR DES MUSULMANS ABOU YOUSSEF YACOUB BEN ABD EL-HAKK BEN MAYOU BEN ABOU BEKER BEN HAMÂMA BEN MOHAMMED LE ZENÈTA.

Sa mère, femme légitime, se nommait *Oum el-Iman* (mère de la foi), et elle était fille d'Aly el-Bethary, le Zenèta. Lorsqu'elle était encore jeune fille, elle vit en songe la lune se lever de son sein et monter au ciel, d'où elle répandit sa lumière sur toute la terre. Elle raconta aussitôt ce rêve à son père, qui s'empressa de se rendre chez le cheïkh, le saint Abou Othman el-Ouaragly, auquel il le communiqua. Celui-ci lui répondit : « Si tu dis vrai, le « rêve de cette jeune fille signifie qu'elle enfantera « un grand roi, saint et juste, qui couvrira ses sujets « de bienfaits et de prospérités; » et cela fut ainsi. En la donnant en mariage à l'émir Abou Mohammed Abd el-Hakk, Aly el-Bethary lui dit : « Ma fille te « porte avec elle la bénédiction de Dieu, car elle est « bienheureuse, et elle fera ton bonheur en te don- « nant un fils qui sera un grand roi, qui couvrira ta « nation de gloire jusque dans les derniers siècles. » Yacoub vint au monde en 607, et selon d'autres en 609; il fut prénommé Abou Youssef, et surnommé El-Mansour Billah. Il était blanc, haut de taille et fort, il avait une belle figure, les épaules larges, la barbe longue et blanche comme la neige; affable, bienveillant, généreux, puissant, clément et pieux, jamais ses enseignes ne furent battues, jamais il ne combattit un ennemi sans l'abattre, ni une armée sans la défaire; jamais il n'attaqua une place sans s'en emparer. Jeûnant toujours, il ne cessait de prier le jour et la nuit, et ses mains quittaient rarement le chapelet; il faisait du bien aux saints, les vénérait et fréquentait leurs zaouias; il leur rendait compte de la plupart de ses affaires, qu'il dirigeait selon leurs conseils, pour le bien des Musulmans. Il aimait à soulager les pauvres et les nécessiteux. En prenant les rênes du gouvernement, il consolida les affaires, et aussitôt après il fit construire des hôpitaux pour les malades et pour les fous; il pourvut à tous les frais nécessaires à leur entretien, et il donna ordre aux médecins de leur faire deux visites par jour, une le matin, une le soir; le tout aux frais du bit el-mal. Il en fit autant pour les lépreux, pour les aveugles et pour les fakyrs, auxquels il alloua des secours tirés de la Djezya des juifs. (Que Dieu les maudisse!) Il bâtit des écoles et y établit des tholbas pour y lire le Koran et d'autres pour étudier les sciences; il leur fit des traitements mensuels. Tout cela pour mériter les récompenses du Très-Haut, qui lui inspirait toutes ces bonnes œuvres.

Ses kadys à Fès furent le fekhy Abou el-Hassen ben Ahmed, connu sous le nom de Ben el-Azâz; le fekhy Abou Abd Allah ben Amrân, le fekhy Abou Djaffar el-Mezdaghy et le fekhy Abou Oumaya el-Delaghy. Ceux de Maroc furent le docte, le conseiller Abou Abd Allah Chérif et le fekhy Abou Farès el-

Amrâny. Il eut pour ministres le cheïkh Abou Zekeria Yhya ben Hazym el-Alaouy, le cheïkh Abou Aly Yhya ben Aby Madjan el-Haskoury et le cheïkh Abou Salem Fath Allah el-Sederaty; pour hadjeb, le kaïd Athyk, et, pour secrétaires, les fekhys Abou Abd Allah el-Kenâny et son frère Abou Thaïeb Sâd el-Kenâny, et le fekhy Abou Abd Allah Aby Medyan el-Othmâny. (Que Dieu lui fasse miséricorde!)

L'émir Yakoub fut proclamé khalife huit jours après la mort de son frère Abou Yhya, le 27 de radjeb 656, à l'âge de quarante-six ans; il assura son gouvernement et soumit tout le pays, depuis le Sous el-Aksa jusqu'à Oudjda, et il mit fin au règne des Almohades, dont il effaça les dernières traces; il conquit également Sidjilmessa, le Drâa et la ville de Tanger; il fut proclamé par les habitants de Ceuta, qui lui payèrent un tribut annuel; il passa en Andalousie pour faire la guerre sainte, et il y gouverna plus de cinquante forteresses entre villes et châteaux, au nombre desquelles il comptait Malaga, Ronda, Algéziras, Tarifa, El-Mounkâb, Merbâla et Ochouna[1], ainsi que tous les forts, les villages et les tours compris entre ces places. On fit le khotbah en son nom dans toutes le chaires du Maghreb, et il fut le premier des rois Beny Meryn qui combattit pour l'Islamisme, qui renversa les croix et subjugua les pays chrétiens, dont il abattit les rois et pilla les pa-

---

[1] Aujourd'hui Almunecar, Merbala et Ossuna.

lais. Dieu très-haut se servit de lui pour relever la religion et faire briller le flambeau de l'Islam. Avant lui, les Chrétiens avaient étendu leurs bras et pris la plupart des pays de l'Andalousie, où les Musulmans n'avaient plus remporté de victoires depuis le désastre de l'Oukab, en 609; ils ne se relevèrent que lorsque ses drapeaux victorieux et son armée passèrent en Andalousie, en l'an 674 (1278 J. C.). C'est ainsi qu'il gouverna les deux Adouas et régna doublement; il fit des expéditions célèbres, des actions mémorables; ses faits et ses vertus le glorifièrent. Pieux, religieux et juste, il combla les Musulmans de bienfaits, il renversa les ennemis de Dieu, et telle fut la voie qu'il suivit jusqu'à sa mort.

Voici quelle était la vie habituelle de l'émir Yacoub ben Abd el-Hakk : il passait un tiers de la nuit à lire le Koran et récitait ses prières et son chapelet jusqu'au lever du soleil; ensuite il étudiait les livres de morale et d'histoire, entre autres le Fetouh el-Cham (conquêtes de Syrie), et il écrivait lui-même de très-belles pages; cela l'occupait jusqu'à dix heures; il faisait alors sa prière et se remettait au travail; il expédiait de sa propre main ses lettres et ses ordres; ensuite il donnait audience et présidait le conseil des cheïkhs Beny Meryn, qui l'entouraient comme les perles étoilées entourent la lune. A midi, il se rendait à la chapelle, et il y restait jusqu'à trois heures; de là, il passait dans la salle de justice, où il jugeait le bien et le mal jusqu'à l'heure de la prière du soir, après laquelle il congédiait ses ministres et ses serviteurs, et il se retirait dans son intérieur, où il s'endormait pour rêver à la guerre sainte contre les Chrétiens.

Après avoir consolidé son gouvernement, l'émir Yacoub ben Abd el-Hakk sortit de Fès et se rendit à Rabat-Taza (Tafersyft), où il prit des informations sur Yahgmourasen ben Zyan; il entra dans cette place le 1er du mois de châaban 658, et y demeura jusqu'au 4 de chouel, jour où il apprit que les Chrétiens s'étaient emparés de Salé par surprise l'avant-veille, le 2 de chouel, et qu'ils y massacraient les habitants, dont ils enlevaient les femmes et pillaient les biens. Il partit aussitôt en toute hâte et arriva tout d'une traite sous les murs de Salé; il sortit de Rabat-Taza à l'heure même (l'Asser) où les nouvelles lui parvinrent, avec une cinquantaine de cavaliers, et le lendemain, à la même heure, il faisait sa prière sous les murs de Salé, où il était ainsi arrivé en vingt-quatre heures; il tomba sur les Chrétiens qui rôdaient aux environs, et, en rien de temps, il se vit entouré d'une armée musulmane, formée des contingents de toutes les tribus du Maghreb; il assiégea les Chrétiens et les resserra sans cesser de les battre jour et nuit, jusqu'à ce qu'il se fût emparé de la ville, d'où ils furent ainsi chassés, après y être restés pendant quatorze jours. C'est alors que l'émir fit bâtir les murailles et les fortifications qui donnent sur la rivière et qui n'existaient pas à cette époque, où les Chrétiens entrèrent justement par ce côté ouvert. Les premiers travaux furent ceux du dar el-sanâa[1] (arsenal), donnant sur la mer. Yacoub assistait lui-même aux travaux qu'il dirigeait et auxquels il prenait part de ses propres mains pour mériter les récompenses magnifiques de Dieu en s'humiliant ainsi et en dotant les fidèles d'ouvrages protecteurs.

En cette même année, l'émir Yacoub s'empara de la province de Temsena et de la ville d'Anfâ[2]. C'est là qu'il reçut les présents d'El-Mourthadhy, émir de Maroc, lui demandant la paix qu'il lui accorda, en convenant que la frontière de leurs états respectifs serait marquée par l'Oued Oum el-Rebya.

L'auteur du livre (que Dieu lui soit en aide!) reprend son récit : Durant l'année de l'avénement de l'émir des Musulmans Abou Youssef, le Très-Haut répandit sa bénédiction sur le peuple du Maghreb et le combla de bienfaits. Les habitants jouirent d'une prospérité et d'une abondance inconnues jusqu'alors. A Fès et dans les autres villes, la farine se vendit à un drahem le *roubah*, le blé à six drahem et l'orge à trois drahem le *sahfa*; les fèves et tous les autres légumes étaient sans prix, et nul n'en voulait. Pour un drahem, on avait trois livres de miel ou quarante onces d'huile; les raisins, un drahem et demi le roubah; les dattes, huit livres pour un drahem; un sac

---

[1] دار الصناعة, *dar el-sanâa*, maison du travail, de l'art, de l'industrie, d'où *arsenal*.

[2] Anfâ, Anafé, aujourd'hui Dar el-Beyda, Casablanca.

d'amandes, un drahem; les aloses fraîches, un kyrath (un flous) la pièce; le sel, un drahem la charge; la viande de bœuf, cent onces pour un drahem; la viande de chèvre, soixante et dix onces pour un drahem; un mouton entier pour cinq drahem. Et tout cela à cause de la bénédiction de l'émir, de son habile gouvernement, de son admirable conduite et de ses bonnes intentions.

En 659 (1260 J. C.), les rapports de l'émir des Musulmans et d'El-Mourthadhy, émir de Maroc, s'aigrirent, et bientôt eut lieu l'affaire de l'Oum el-Ridjeleïn[1], dans laquelle Abou Youssef battit complétement l'armée d'El-Mourthadhy, composée d'Arabes, d'Almohades et de Chrétiens, dont les principaux restèrent sur le champ de bataille, et les survivants prirent la fuite en abandonnant tout à l'ennemi. El-Mourthadhy avait déployé toutes ses forces dans cette expédition, où il avait réuni les principaux Almohades et leurs cheïkhs avec les Arabes Hachem, Khelouth, Soufyan, el-Aftah, Beny Djâber, Beny Hassân; les kaïds chrétiens et andalous et les Aghzâz. A peine avait-il laissé quelques soldats à Maroc. Toute cette armée fut battue et abandonna armes et bagages, dont l'émir des Musulmans s'enrichit.

En 660 (1261 J. C.), Abou Youssef se porta sur

---

[1] *Oum el-Ridjeleïn* (la mère aux deux pieds), nom donné en cette circonstance à l'*Oued Oum el-Rebya*, parce que le combat s'étant engagé dans le lit même de la rivière, les traces des pieds des soldats restèrent sur des îlots que l'eau avait laissés à découvert.

Maroc et vint camper sur le mont Djelyz, d'où il menaça la ville en déployant ses belles troupes avec grand apparat sous ses étendards flottants. El-Mourthadhy se retrancha dans la ville, dont il ferma les portes lui-même. C'est à ce sujet que le poëte Abd el-Azyz a dit : « En l'an 660, le sultan Meryn est allé « à Maroc; victorieux, il s'arrêta au Djebel Djelyz, où « il fit briller sa magnifique armée. El-Mourthadhy, « tremblant, s'enferma dans son propre palais, et les « Arabes environnants vinrent battre et démolir les « remparts de sa ville. » El-Mourthadhy envoya le sid Abou el-Olâ Edriss, surnommé Abou Debbous, pour livrer bataille. Le combat fut sanglant, et, dans la mêlée, l'émir Abd Allah, fils de l'émir des Musulmans Abou Youssef, fut tué. Cette perte fut cause que l'émir Abou Youssef abandonna ses projets sur Maroc et revint à Fès, où il entra à la fin de radjeb, en 661.

Dans la soirée du 12 de châaban de cette année parut une comète, qui se montra chaque nuit jusqu'à l'aurore, pendant environ deux mois.

En cette même année, le célèbre chevalier Amar ben Driss passa la mer à la tête d'un corps d'armée de plus de trois mille cavaliers Meryn et volontaires pour aller faire la guerre sainte. L'émir des Musulmans lui confia sa bannière victorieuse et munit ses troupes d'armes, de chevaux et d'argent en leur donnant sa bénédiction. Ce fut la première armée des Beny Meryn qui passa en Andalousie.

En 662 (1263 J. C.), mort d'Abou el-Olâ Edriss ben Aby Koureïch, gouverneur de l'émir des Musulmans au Maghreb.

En 663, le fekhy El-Azfy, gouverneur de Ceuta, envoya ses navires pour détruire les murs et les forts d'Asîla, de crainte que ses ennemis ne s'emparassent de cette ville et ne s'y fortifiassent. En cette même année, l'émir des Musulmans se rendit aux environs de Maroc pour les saccager; mais, à son arrivée, il fut proclamé par tous les Arabes qui habitaient les champs et le voisinage de cette capitale. Alors il rentra à Fès et s'y fixa. C'est à cette époque qu'El-Mourthadhy s'indisposa contre Abou Debbous, kaïd de l'armée, qu'il accabla de reproches en l'accusant d'entretenir des correspondances avec les Beny Meryn. En même temps, il voulut le faire arrêter; mais Abou Debbous prit la fuite et vint à Fès auprès de l'émir des Musulmans, qui l'accueillit avec bonté, en lui disant : « Ô Edriss ! quel est le motif de ta venue ? » Il répondit : « J'ai fui devant la mort pour venir te « demander aide et protection contre mes ennemis; « donne-moi des soldats Beny Meryn, leurs ensei- « gnes, leurs tambours et de l'argent pour suffire aux « dépenses et je te rendrai maître de Maroc, que « nous partagerons par moitié. » L'émir lui accorda tout ce qu'il demandait aux conditions proposées, et ils engagèrent tous deux solennellement leur parole. L'émir donna à Abou Debbous cinq mille Zenèta; il lui confia les tambours et les enseignes, il le munit de chevaux, d'armes et de tout l'argent nécessaire pour les dépenses de la route; il lui remit aussi des ordres écrits pour les tribus arabes et d'Askoura pour qu'elles aient à lui fournir leurs contingents, et il le congédia après lui avoir fait ses adieux. Arrivé à Askoura, Abou Debbous s'arrêta et écrivit à ses proches, à Maroc, pour les prévenir de son arrivée et leur demander les renseignements de la situation. Ceux-ci lui répondirent : « Viens vite, les habitants « sont occupés et les troupes sont éparses dans le pays; « saisis le moment, tu n'en trouveras plus d'aussi op- « portun. » Abou Debbous se mit aussitôt en chemin et hâta la marche de ses troupes jusqu'à son entrée dans la capitale, qui eut lieu au moment où nul ne s'y attendait, vers dix heures du matin, dans le mois de moharrem 665, par la porte El-Saliha; il s'établit dans le palais d'El-Mourthadhy, qui prit la fuite et fut tué au sortir de la ville.

Peu de temps après, l'émir des Musulmans envoya un courrier à Abou Debbous, pour lui demander l'exécution de ses engagements; mais celui-ci répondit à l'envoyé : « Va dire à ton maître qu'il n'y « a entre nous d'autre engagement que le sabre, « qu'il se dépêche de m'envoyer sa soumission et de « me faire proclamer dans ses états, sinon je vien- « drai le battre avec des légions dont il ne se doute « pas. » En recevant cette réponse, l'émir comprit qu'il avait eu affaire à un traître et un rebelle, et, étant aussitôt sorti de Fès, il vint mettre le siége devant Maroc, dont il commença par saccager tous les environs. Abou Debbous, se voyant ainsi rigoureusement bloqué, tandis que ses champs étaient dévastés, ses édifices détruits et son peuple réduit à la famine, écrivit à Yaghmourasen ben Zyan, pour lui offrir son alliance et lui demander des secours contre Abou Youssef. Yaghmourasen, ayant accueilli ses propositions, se mit de suite à courir sur les terres de l'émir des Musulmans qui, à cette nouvelle, abandonna le siége et s'en alla en toute hâte vers Tlemcen pour venir l'attaquer lui-même, car il savait que de tout temps les Yaghmourasen avaient été des ennemis acharnés, et que celui-ci était des plus distingués chevaliers Zenèta.

Étant rentré à Fès, il y demeura quelques jours pour donner le temps à ses troupes de se reposer, et il en sortit le 15 de moharrem 666 (1267 J. C.), en grande pompe, avec sa famille, ses tentes, ses trésors, une armée innombrable et une magnifique cavalerie. A la nouvelle de son approche, Yaghmourasen sortit de Tlemcen pour le rencontrer, et la bataille s'engagea sur les bords de l'Oued Telagh. Les armes se choquèrent aux armes, les hommes aux hommes, les chevaux aux chevaux; des deux côtés les tentes et les familles se rangèrent et formèrent une ligne, et les deux armées fondirent l'une sur l'autre; le combat fut sanglant, jamais on n'entendit un pareil bruit; les chevaux, percés de flèches, piaffaient de colère, et la rage emportait les cavaliers.

La bataille dura depuis le matin jusqu'à midi. Un grand nombre de Meryn eurent à déployer la grande patience, la résignation que l'on doit au Miséricordieux. Mais Dieu leur donna la victoire, et les Abd el-Ouahed furent détruits ou faits prisonniers sur les bords de cette rivière. Yaghmourasen, vaincu, prit honteusement la fuite, et son fils Omar, l'aîné de ses enfants et son khalife, fut tué. L'émir des Musulmans se mit à la poursuite des fuyards qui tombaient frappés par derrière à coups de lances ou de sabres. Yaghmourasen rentra à Tlemcen, vaincu, dépouillé, seul, abandonné, et les Meryn s'emparèrent de son camp et de tout ce qu'il possédait. La bataille de Telagh eut lieu le lundi 10 de djoumad el-tâny 666. L'émir des Musulmans rentra de cette expédition victorieux, content et plein d'ardeur contre Abou Debbous. Il demeura à Fès jusqu'au mois de châaban, et il se remit en campagne pour aller attaquer le traître. Les troupes arrivèrent tout d'une traite sur les bords de l'Oum el-Rebyâ, où elles campèrent. L'émir envoya de là des détachements dans tous les sens sur les terres d'Abou Debbous, pour détruire les maisons et faucher les champs, et, le 1er de moharrem 667 (1268 J. C.), il transporta son camp à l'Oued el-Abyd, où il resta quelques jours; puis il saccagea les terres des Senhadja, et, revenant sur ses pas, il se tint aux alentours de Maroc jusqu'à la fin du mois de dou'l kâada.

Cependant, les cheïkhs arabes et Mesmouda, s'étant réunis, se rendirent chez Abou Debbous auquel ils dirent : « Qu'attends-tu donc pour attaquer les « Beny Meryn et marcher à leur rencontre, quand « tu vois notre pays bouleversé, nos biens pillés et « nos harems violés? Allons, lève-toi pour leur faire « la guerre, et ne crains pas d'aller les trouver, car « ils sont en petit nombre, et la plupart de leurs « guerriers sont restés à Rabat-Taza pour garder cette « place contre les Abd el-Ouahed qu'ils redoutent. » Abou Debbous se rendit à leurs exhortations et se mit à leur tête; il sortit de Maroc avec une armée considérable d'Almohades, d'Arabes, de Chrétiens et de Mesmouda. A la nouvelle de son approche, l'émir des Musulmans Abou Youssef se retira vers le Maghreb, usant ainsi de ruse pour éloigner Abou Debbous de sa capitale. Celui-ci, en effet, en apprenant la retraite de l'émir, crut qu'elle était motivée par la crainte qu'il lui inspirait, et il se mit à sa poursuite. Les mouvements furent tels, qu'à peine l'émir avait-il quitté un lieu de campement, Abou Debbous y arrivait avec son armée, et c'est ainsi que celui-ci suivit les traces de son ennemi jusque dans la vallée de l'Oued Aghfou; là, Abou Youssef, faisant brusquement volte-face, marcha résolûment contre lui; les deux armées se rencontrèrent, et les Beny Meryn fondirent dans la mêlée comme des vautours; ils déployèrent la grande patience, et le combat devint de plus en plus sanglant. Abou Debbous, certain d'une défaite, voulut se sauver à Maroc pour s'y renfermer et s'y fortifier; mais dans sa fuite il fut atteint par un détachement de héros montés sur les meilleurs coursiers, qui lui coupèrent la retraite et l'attaquèrent vigoureusement. Il fut tué d'un coup de lance en se défendant, et son corps roula sous les pieds de son cheval. Sa tête fut coupée à l'instant et on l'apporta à l'émir des Musulmans, qui la déposa à ses côtés et rendit grâces et louanges à Dieu en se prosternant. Il expédia à Fès la tête d'Abou Debbous pour la donner en exemple au public, et il s'enrichit des dépouilles de tout le camp ennemi. Cela eut lieu le dimanche 2 de moharrem 668. L'émir des Musulmans se rendit alors à Maroc, où il fit son entrée le dimanche suivant, 9 de moharrem, et il s'établit dans cette capitale. C'est ainsi qu'il réunit le gouvernement de tout le Maghreb. Le pays se tranquillisa, les affaires des Musulmans s'améliorèrent; les routes devinrent sûres; la paix, l'ordre et l'abondance régnèrent partout, et l'on ne vit plus ni vols, ni assassinats, ni vices, ni débauche.

En entrant à Maroc, il donna l'aman aux habitants et aux tribus environnantes, qu'il combla de bienfaits et gouverna avec justice.

Il envoya son fils, l'émir Abou Malek Abd el-Ouahed, dans le Sous et les régions méridionales, pour soumettre les rebelles et les bandits, et conquérir ce pays. Quand cela fut fait, Abou Malek revint à Maroc auprès de son père, qui éprouva une grande joie de son retour.

L'émir des Musulmans demeura à Maroc jusqu'au mois de ramadhan 669 (1270 J. C.), pour tranquilliser et organiser le pays. Le 1ᵉʳ de ce mois il se mit en marche pour aller attaquer les Arabes dans le pays de l'Oued Drâa, où ils s'étaient déclarés indépendants; maîtres des forteresses et des châteaux, ils dévastaient les terres circonvoisines, dont ils massacraient les habitants et pillaient les richesses. L'émir les atteignit vers le milieu dudit mois de ramadhan et les tailla en pièces, en leur enlevant leurs biens et leurs femmes; il conquit ainsi tout l'Oued Drâa et ses forteresses; une fraction des Arabes s'étant retranchée dans un lieu très-difficile, il les assiégea durant quelques jours; puis ces rebelles ayant obtenu l'aman de son fils Abou Malek, il leur accorda leur pardon en ratifiant l'aman donné, et il ne resta plus un seul bandit dans tout le Drâa.

L'émir revint alors à Maroc, où il rentra vers le milieu de chouel de ladite année; il y resta les derniers jours du mois, et il se mit en marche pour Rabat el-Fath, près de Salé, où il fit son entrée à la fin de dou'l kâada 669. Il y passa l'aïd el-kebyr, et ce jour-là même il proclama son fils Abou Malek pour lui succéder, en présence de tous les Beny Meryn. L'émir Abou Malek était un prince accompli en vertus, en courage et en générosité; il était doué d'un caractère affable et noble; il recherchait la société des hommes distingués; il fréquentait les savants, les lettrés et les poëtes dont il acquérait les connaissances; il avait fait un choix de docteurs pour former sa société et faire la conversation. Au nombre de ceux-ci étaient le kady Abou el-Hedjâdj ben Hakem, et le kady, le secrétaire Abou el-Hassan el-Moughyly, le fekhy respectable Abou el-Hakem Malek ben Markhal, le fekhy Abou Amran el-Temymy, le fekhy Abou Farès Abd el-Azyz, et le poëte Melzouzy. Grand amateur de la poésie et de la déclamation, il était lui-même improvisateur. L'émir des Musulmans, en proclamant son fils Abou Malek pour lui succéder, indisposa une partie des fils d'Abd el-Hakk, qui s'enfuirent le soir même et gagnèrent dans la nuit le Djebel Aberkou, où ils se retranchèrent. C'était Mohammed ben Edriss ben Abd el-Hakk et Moussa ben Rahhou ben Abd el-Hakk, avec tous leurs fils et quelques-unes de leurs femmes. L'émir des Musulmans se mit aussitôt en mesure de les poursuivre; il fit partir devant lui son fils Abou Yacoub avec cinq mille cavaliers pour les envelopper sur ladite montagne; le lendemain celui-ci fut rejoint par son frère Abou Malek, conduisant cinq mille autres cavaliers, et le troisième jour l'émir des Musulmans arriva lui-même avec tous ses soldats Meryn. Au bout de deux jours de siége, les rebelles firent leur soumission, en implorant l'aman, que l'émir leur accorda, à condition qu'ils s'en iraient tous à Tlemcen; ils s'y rendirent en effet, et de là ils passèrent en Andalousie.

En cette même année, Yacoub ben Djebyr el-Abd

el-Ouahedy, qui gouvernait Sidjilmessa au nom de Yaghmourasen, mourut d'une tumeur aux parties génitales.

L'émir Abou Youssef entreprit une nouvelle expédition pour aller attaquer, à Tlemcen, Yaghmourasen ben Zyan; il envoya son fils Abou Malek dans les provinces pour rassembler les contingents des tribus arabes et Mesmouda, et il sortit de Fès le 1er de safar de ladite année 669 avec toute l'armée des Beny Meryn (que Dieu les fortifie!); il arriva sur les bords de l'Oued Moulouïa, où il campa quelques jours pour attendre l'émir Abou Malek, qui se joignit à lui avec une nombreuse armée d'Arabes, de Hachem, d'Andalous, d'étrangers et de Chrétiens, tous bien organisés et disciplinés. L'émir resta encore trois jours, après l'arrivée de son fils, campé au même endroit pour passer en revue toute cette armée, et il se mit en marche contre Tlemcen. C'est au milieu de ces forces imposantes qu'il reçut un envoyé de Ben el-Ahmar, roi de Grenade, qui lui demandait de venir en Andalousie pour faire la guerre de religion et secourir les Musulmans, dont Alphonse (que Dieu le maudisse!) ruinait et saccageait les possessions. L'émir des Musulmans Abou Youssef (que Dieu lui fasse miséricorde!) se rendit aussitôt sous la tente du conseil, où il réunit les cheïkhs Meryn et arabes, et, après les avoir mis au courant de la situation des Musulmans en Andalousie, il leur demanda leurs avis; ceux-ci lui conseillèrent de faire la paix avec

Yaghmourasen et de passer en Andalousie dès que le pays serait tranquille. En effet, l'émir envoya les cheïkhs de toutes les tribus Zenèta et arabes en députation auprès de Yaghmourasen pour lui demander la paix. En les congédiant, il leur dit : « La paix est « la meilleure des choses, et il est très-désirable que « Yaghmourasen l'accepte; mais s'il la refuse et qu'il « veuille la guerre, dites-lui que je suis prêt, et re-« venez de suite. » Les cheïkhs, étant arrivés chez Yaghmourasen, lui parlèrent donc de la paix dans les termes les plus engageants et les plus convenables; mais celui-ci repoussa toutes leurs avances en leur disant : « Il n'y a pas de paix possible entre l'émir et « moi depuis qu'il a tué mon fils. Par Dieu! jamais je « ne ferai la paix avec lui, et je le combattrai jusqu'à « ce que ma vengeance soit assouvie dans l'anéantis-« sement de tous ses états. » Les émissaires, étant revenus auprès d'Abou Youssef, lui rapportèrent cette réponse, et l'émir se mit immédiatement en marche, en demandant à Dieu de lui être propice et de lui accorder la victoire. A son approche, Yaghmourasen sortit de la ville avec toutes ses forces et s'avança avec des soldats nombreux comme des nuées de sauterelles. Les deux armées se rencontrèrent à l'Oued Isly, dans les environs d'Oudjda, et la bataille s'engagea avec fureur. L'émir des Musulmans plaça son fils Abou Malek à l'aile droite, son fils Abou Yacoub à l'aile gauche, et ils engagèrent les premiers le combat en soutenant ainsi leur père, qui occupait le centre. La bataille, de plus en plus sanglante, dura jusqu'à la complète défaite de Yaghmourasen, qui eut son fils Farès tué et qui prit la fuite avec ses autres enfants à travers une grêle de coups de sabre. La majeure partie des Beny Abd el-Ouahed et des Beny Rachyd furent mis en pièces, ainsi que tous les Chrétiens qui combattaient avec eux, et il n'en serait pas resté un seul si les ténèbres de la nuit n'étaient venues s'interposer entre les deux armées. Yaghmourasen, abandonnant son camp défait et livré au pillage, s'enfuit à Tlemcen, où il arriva comme ceux dont Dieu très-haut fait mention dans son livre : *Ils démolissaient leurs maisons de leurs propres mains et avec les mains des Croyants*[1]. Son camp, ses trésors, ses bagages furent incendiés. Le lendemain, l'émir des Musulmans ordonna la poursuite, et il arriva lui-même à Oudjda, qu'il renversa et rasa jusqu'aux fondements, de manière à n'en pas laisser traces. La destruction d'Oudjda eut lieu vers le milieu de radjeb de l'an 670, et c'est au sujet de cet événement qu'ont été écrits les vers suivants dans quelque livre traitant de cette histoire : « Lorsque les chevaux se précipi« tent au combat, dites que cela vient de la puis« sance de Dieu, à qui nul ne peut se soustraire. « Cette puissance est aussi le moteur qui a placé un « fils à droite et l'autre fils à gauche de leur père « qui s'avançait lui-même au centre avec une formi-

---

[1] *Koran*, ch. LIX : l'Émigration, vers. 2.

« dable armée. Comment pourrais-tu échapper main-
« tenant? ô Yaghmourasen! Tes yeux sont-ils enfin
« ouverts ou fermés encore, et aurais-tu ainsi chaque
« année un fils à livrer à la mort, un camp à aban-
« donner au pillage et des tendres vierges à envoyer
« en captivité? »

Après la destruction d'Oudjda, l'émir des Musulmans se porta sur Tlemcen pour attaquer Yaghmourasen. Aussitôt rendu, il entoura les murailles de la ville de son camp et commença le siége. Quelques jours après, l'émir Abou Zyan Mohammed ben Abd el-Kaouy el-Toudjyny arriva, à la tête d'une forte armée, avec tambours et enseignes; l'émir des Musulmans alla à sa rencontre à cheval, escorté de son état-major, et ils se félicitèrent de leur jonction, qui allait leur permettre de redoubler les rigueurs du siége. Les Toudjyny, ennemis acharnés de Yaghmourasen, resserrèrent de plus en plus la place et se mirent à courir la campagne, saccageant les arbres, incendiant les jardins et fauchant les moissons, renversant tout et incendiant les villages, au point de ne plus laisser, dans tout ce pays, que les ronces et les joncs. Quand la dévastation fut achevée et que tous les partisans de Yaghmourasen furent détruits, l'émir des Musulmans invita Abou Zyan à s'en retourner chez lui, et il lui donna pour sa part du butin fait sur les Abd el-Ouahed, mille chameaux, cent chevaux, des vêtements, des tentes, des massues et des cuirasses.

L'émir, craignant que Yaghmourasen ne s'élançât à la poursuite d'Abou Zyan, resta campé sous les murs de Tlemcen jusqu'au moment où il fut certain qu'il avait heureusement atteint l'Ouencherîs et ses foyers avec son butin, et alors il se mit lui-même en marche et revint au Maghreb, riche et victorieux; il arriva à Rabat-Taza (Tafersyft) le 1er de dou'l hidjâ de l'an 670, et il y passa la fête du sacrifice (aïd el-kebyr); puis il se rendit à Fès, où il fit son entrée le 1er de moharrem de l'an 671 (1272 J. C.), et où il séjourna jusqu'au 11 du mois de safar. C'est à cette époque qu'il perdit son fils Abou Malek Abd el-Ouahed. Il en éprouva la plus vive douleur; mais il se soumit à la volonté de Dieu et donna un bel exemple de résignation. Il se rendit à Maroc, où il entra le 1er de raby el-tâny, et il y demeura quelque temps pour mettre ordre aux affaires et pacifier les pays environnants; ensuite il partit pour Tanger, sous les murs de laquelle il campa le 1er de dou'l hidjâ, et, commençant aussitôt le siége, il battit la place sans relâche du matin au soir pendant trois mois consécutifs. Depuis la mort du fils de l'émir Abou el-Yhya, Tanger était gouvernée par le fekhy Abou el-Kassem el-Azfy, maître de Ceuta, qui y demeurait avec ses cheïkhs. L'émir des Musulmans, voyant que le siége se prolongeait indéfiniment, s'était décidé à l'abandonner; mais la veille de son départ un nouveau combat s'engagea entre les assiégeants et les assiégés, et, vers le soir, une troupe d'arbalétriers, apparaissant tout à coup sur l'un des forts de la ville avec les principaux chefs, appelèrent à eux les soldats du camp en agitant un drapeau blanc. Ceux-ci, accourant, s'emparèrent aussitôt du fort, et de là ils battirent les habitants durant toute la nuit. Le matin, quelques renforts d'arbalétriers et autres s'étant joints à eux, ils redoublèrent l'attaque, et les assiégés, ayant fait une brèche dans leurs murs, prirent la fuite pendant que les assiégeants entraient d'assaut. L'émir des Musulmans usa de sa clémence envers la population et fit aussitôt publier l'aman. Il ne mourut qu'un très-petit nombre de personnes, celles qui faisaient résistance aux troupes au moment où elles entraient dans la place. Cette prise de Tanger et l'entrée de l'émir des Musulmans à l'assaut eurent lieu dans le mois de chouel, an 672 (1273 J. C.). Une fois maître de Tanger, l'émir envoya son fils, l'émir Abou Yacoub, à Ceuta pour y assiéger El-Azfy; mais, au bout de quelques jours, celui-ci fit sa soumission et reçut l'aman, à condition qu'il payerait un tribut annuel. La paix ayant été ainsi réglée, Abou Yacoub s'en revint.

Dans le mois de radjeb, l'émir des Musulmans se mit en campagne pour aller attaquer la ville de Sidjilmessa, qui était au pouvoir des Arabes el-Mounbat, et chez lesquels Yaghmourasen envoyait chaque année un de ses fils pour percevoir les impôts. L'émir Abou Youssef étant arrivé avec son armée de Beny

Meryn et d'Arabes, fit le siége de la place, qu'il battit et resserra de plus en plus, faisant usage des balistes et autres machines de guerre. Les habitants, exaspérés, montaient sur les murs, d'où ils accablaient les assiégeants d'injures et de malédictions. Ceux-ci frappèrent tant avec leurs machines qu'enfin ils démolirent un fort et firent une brèche par laquelle ils entrèrent d'assaut, malgré la résistance du gouverneur de la place, Abd el-Malek ben Hanîna, qui fut tué, ainsi que tous les Abd el-Ouahed et les Arabes Mounbat, qui étaient avec lui. La prise de Sidjilmessa eut lieu le vendredi 3 de raby el-aouel, 673, et, selon quelques versions, le 30 de safar de ladite année. L'émir des Musulmans fut clément envers la population, à laquelle il accorda l'aman et dont il organisa le gouvernement. Après être resté quelques jours pour pacifier le pays, l'émir confia sa nouvelle conquête à un gouverneur et s'en revint. A son retour de Sidjilmessa, voyant qu'il ne restait plus un seul point du pays qui ne lui fût soumis, il proclama la guerre sainte. Peu de temps après, il reçut une lettre de Ben el-Ahmar, qui le suppliait de venir secourir l'Andalousie, en lui faisant le tableau de la situation des Musulmans, journellement attaqués, massacrés ou faits prisonniers. A l'arrivée de ce message, l'émir était déjà prêt à passer la mer pour la guerre sainte, et les envoyés de Ben el-Ahmar le pressèrent davantage, en lui disant : « O « émir des Musulmans! tu es le roi de l'Espagne et

« son défenseur; c'est à toi qu'il appartient de rendre
« la victoire aux Musulmans et d'aider les faibles !
« Qui combattra pour l'Islamisme si ce n'est toi ? » Le
cheikh Abou Abd Allah ben el-Ahmar, en mourant,
avait bien recommandé à son fils d'appeler à son secours l'émir des Musulmans et de lui donner, en
échange, tout le pays qu'il demanderait. L'émir des
Musulmans, se rendant à l'appel de Ben el-Ahmar,
lui répondit favorablement et sortit de Fès.

PASSAGE DE L'ÉMIR DES MUSULMANS EN ANDALOUSIE POUR FAIRE LA GUERRE SAINTE ; SA PREMIÈRE EXPÉDITION DANS LE PAYS DES SOCIÉTAIRES.

L'auteur (que Dieu lui fasse miséricorde !) a dit :
Après avoir reçu plusieurs courriers de Ben el-Ahmar,
lui demandant du secours pour l'Andalousie, l'émir
des Musulmans sortit de Fès le 1er de chouel an 673,
et arriva à Tanger. Là, il envoya chercher le fekhy
Abou Kassem el-Azfy et lui ordonna de rassembler
des troupes pour la guerre sainte contre les sociétaires, d'armer des navires pour leur passage en mer,
et de faire un appel au zèle de tous les Croyants.
Ensuite il donna à son fils l'émir Abou Zyan le commandement de cinq mille cavaliers des principaux
Meryn et Arabes, et en lui confiant l'enseigne impériale, il lui recommanda de craindre Dieu dans son
cœur et aux yeux de tous. Puis il lui dit adieu et
l'expédia pour le Kessar el-Medjâz, où le fekhy Abou

Kassem el-Azfy avait déjà préparé vingt navires pour le passage des guerriers saints. L'émir Abou Zyan s'embarqua donc à Kessar el-Medjaz avec toute sa troupe, et débarqua le 16 de dou'l kâada, an 673, à Tarifa, où il demeura trois jours pour donner le temps aux hommes et aux chevaux de se remettre des secousses de la mer, et il se rendit à Bahyra, qu'il mit au pillage et dont il envoya le butin à Algéziras. De là, il poursuivit sa marche, tuant, pillant et renversant châteaux et villages, incendiant les moissons, abattant les arbres et bouleversant tout jusqu'à son arrivée à Xérès, sans qu'aucun Chrétien fût capable de l'arrêter, ni osât même se présenter à lui. Il envoya à Algéziras le butin et les prisonniers enchaînés, et la population fit de grandes réjouissances, car c'était la première victoire que les Musulmans remportaient depuis la défaite d'El-Oukab, en 609, où les Chrétiens anéantirent les Almohades. Dieu ayant frappé leur cœur de crainte par ce désastre, les Musulmans n'avaient plus osé combattre ni s'opposer aux Chrétiens, qui s'emparèrent de leurs terres, de leurs forts et de leurs châteaux, et marchèrent toujours de succès en succès jusqu'au moment où le drapeau victorieux de l'émir des Musulmans Abou Youssef passa la mer sous la protection de Dieu, pour relever l'Islam et confondre les adorateurs des images.

Après avoir congédié son fils, l'émir Abou Zyan, avec ses enseignes impériales pour l'Andalousie, l'émir des Musulmans envoya son petit-fils, l'émir Tachefyn ben Abd el-Ouahed, chez Yaghmourasen ben Zyan, pour traiter de la paix et faire alliance avec lui au nom de la défense de l'Islamisme, afin de n'avoir rien à craindre pour ses frontières pendant qu'il serait en guerre sainte. En effet, la paix fut signée à Tlemcen par la volonté de Dieu et sa toute-puissance, et le peuple de l'Islam se trouva ainsi réuni en un seul cœur. L'émir des Musulmans, plein de contentement, fit d'abondantes aumônes en actions de grâces au Très-Haut, et écrivit aussitôt aux cheïkhs des Meryn et aux tribus arabes, Mesmouda, Senhadja, Ghoumara, Ouaraba, Mekenèsa et autres du Maghreb, pour les appeler à la guerre sainte. En même temps il se rendit lui-même au Kessar el-Djouez et il commença l'embarquement de son armée, hommes, chevaux et bagages, pour l'Andalousie, où chaque jour il expédiait une partie des guerriers saints avec un corps des Beny Meryn. Les Croyants passèrent ainsi sans interruption, un navire après l'autre, et, lorsqu'ils furent tous débarqués sur les rivages andalous, leur camp occupait le rivage entier depuis Tarifa jusqu'à Algéziras. L'émir des Musulmans arriva lui-même sur les traces de ses troupes, qui ne s'y attendaient pas, et il débarqua sur la plage de Tarifa. Son passage eut lieu dans la matinée du 21 de safar, an 674. Il fit la prière du Douour à Tarifa et il se mit aussitôt en chemin pour Algéziras, où il trouva Ben el-Ahmar et Ben

Achkyloula, émirs de l'Andalousie, qui l'attendaient avec leurs soldats et leurs enseignes. Après les avoir salués et entretenus quelques instants, il mit fin à la mésintelligence qui existait entre ces deux rois, qui firent la paix et dont les cœurs s'unirent par la grâce de Dieu et pour l'avantage des Musulmans. L'émir leur demanda la manière de faire la guerre contre les sociétaires, et leur donna congé pour retourner chez eux; Ben el-Ahmar s'en alla à Grenade, et Ben Achkyloula à Malaga. L'émir des Musulmans se mit alors en expédition avec toute sa sainte armée, et marcha sans halte ni repos, sans s'occuper des manquants ni des retardataires, sans dormir ni manger jusqu'à son arrivée sur les bords de l'Oued el-Kebyr (Guadalquivir), et cela pour ne point laisser aux Chrétiens le temps d'être informés de son arrivée. Il donna le commandement de l'avant-garde, composée de cinq mille cavaliers, à son fils l'émir Abou Yacoub, auquel il confia le tambour et les enseignes, et l'armée établit son camp sur les bords du Guadalquivir, où elle s'abattit comme la pluie ou comme des nuées de sauterelles; les soldats ne laissèrent pas un arbre debout, pas un village sans le détruire, pas de butin sans le piller, pas de moissons sans les incendier, et ils dévastèrent complétement cette partie du pays, tuant les hommes, enlevant les femmes et les enfants. C'est ainsi qu'ils arrivèrent jusqu'au château fort d'El-Modovar, tuant, pillant, renversant, saccageant, incendiant tout sur leur passage et dans les campagnes de Cordoue, d'A[...] [..] de Baëza; les Chrétiens furent tués par milliers innombrables, et leurs femmes et enfants furent faits prisonniers dans la même proportion. Les Musulmans entrèrent à l'assaut dans la forteresse de Belma[1], et ils s'emparèrent de tous les trésors qu'elle contenait. C'est ainsi que les mains des Beny Meryn se remplirent de butin. L'émir des Musulmans ayant donné ordre de réunir toutes les prises, l'on rassembla les bœufs, les chevaux, les bêtes de somme, les prisonniers, les Chrétiennes et les enfants, les bagages et les vêtements, en si grande quantité que les plaines et les collines en étaient couvertes, sans qu'il fût possible d'en faire le compte. Alors l'émir donna ordre de pousser tout le butin devant lui, et il s'en alla dévastant toujours, et mettant le feu partout, au point que tout le pays semblait éclairé par les rougeurs de l'aurore; le butin s'augmenta encore, et les troupeaux roulaient comme les eaux d'un fleuve. L'émir s'avança ainsi jusque sous la ville d'Estidjà[2], là il reçut un courrier qui l'informait que tous les Chrétiens réunis à leurs chefs s'avançaient sous la conduite de Doun Nouna à la poursuite des Musulmans, et que ce jour même ils devaient arriver pour l'attaquer et lui enlever le butin qu'il avait en son pouvoir.

[1] Huelma.
[2] Ecija.

RÉCIT DE LA CAMPAGNE DE L'ÉMIR DES MUSULMANS ABOU YOUSSEF
CONTRE DOUN NOUNA [1], GÉNÉRAL DES CHRÉTIENS.

En arrivant à Estidjà, l'émir des Musulmans cerna la place en l'entourant de son armée victorieuse et de tout le butin que Dieu lui avait accordé. C'est en ce moment qu'un courrier vint lui annoncer l'approche de Don Nuño à la tête de l'armée chrétienne. Il réunit aussitôt les cheïkhs des Beny Meryn pour délibérer en conseil sur les dispositions à prendre contre les Infidèles. Bientôt on vit apparaître la cavalerie et l'infanterie des Chrétiens en rangs et par milliers, conduites par le général Don Nuño, qui se tenait au centre. Alphonse (que Dieu le maudisse!) avait confié le commandement de son armée et la garde de ses états et de ses affaires à ce général, sous la conduite duquel les Chrétiens n'avaient jamais été vaincus et avaient toujours prospéré en s'emparant de la plus grande partie des pays musulmans.

Infatigable, Don Nuño avait fait des conquêtes considérables, et il ne cessait jamais de courir et d'inquiéter jour et nuit le pays. Le maudit s'avança donc pour attaquer l'émir des Musulmans, à l'ombre de ses enseignes, et au son des clairons, marchant en tête de son armée noire comme la nuit et s'avan-

[1] Don Nuño de Lara.

çant rangs par rangs comme les vagues de la mer. Cavaliers et fantassins arrivèrent à sa suite à pas accéléré, les uns après les autres, prêts à l'attaque et au combat, brandissant leurs armes sur leurs chevaux harnachés et cuirassés de fer. Dès que l'émir des Musulmans les aperçut et eut remarqué leur manœuvre, il fit partir tout le butin sous l'escorte de mille des plus vaillants cavaliers des Beny Meryn, et il s'apprêta au combat avec tous ses guerriers saints. Il descendit de cheval, et, après avoir fait ses ablutions et récité deux *rikha*, il leva les mains et il prononça une invocation qui donna pleine confiance aux Musulmans, car elle était semblable à celle que le Prophète (que Dieu le comble de bénédictions!) récitait lorsqu'il menait ses compagnons au combat. « O Dieu! rends cette armée victorieuse, accorde-lui « le salut et ton aide puissante pour combattre tes « ennemis! » Après la prière, l'émir des Musulmans, remontant à cheval, rangea son armée en bataille. Il plaça son fils l'émir Abou Yacoub à l'avant-garde, et il parcourut les rangs des cheïkhs Beny Meryn, des émirs arabes et des chefs des tribus, en leur disant : « O mes compagnons musulmans, armée de « guerriers saints, c'est un grand jour celui-ci, et ce « lieu va vous offrir la mort glorieuse des martyrs! « Déjà les portes du paradis sont ouvertes, et les « avenues célestes sont parées pour vous recevoir; « tenez-vous prêts à y monter, car *Dieu très-haut a* « *acheté aux Croyants leurs biens et leurs personnes pour*

« *leur donner en retour le paradis*[1]. Du courage, com-
« pagnons musulmans, et soutenez le combat contre
« les sociétaires. Celui d'entre vous qui mourra,
« mourra en témoignant (martyr), et celui qui survi-
« vra, survivra avec un riche butin et il sera récom-
« pensé et honoré. *Soyez patients, luttez de patience les*
« *uns avec les autres, soyez fermes et craignez Dieu. Vous*
« *serez heureux*[2] ! » Lorsque les Croyants entendirent
ces paroles, ils se prirent à envier le témoignage (la
mort) ; le cœur serré, ils se dirent adieu et se jetèrent dans les bras les uns des autres, résignés à mourir en espérant gagner le paradis. Ils redoublèrent
leurs témoignages avec enthousiasme, et, pleins d'ardeur, ils s'écriaient : « En avant, les serviteurs de
« Dieu ! que pas un ne recule ! » C'est ainsi qu'ils devancèrent l'attaque des Chrétiens et qu'ils se précipitèrent sur l'armée ennemie. La bataille s'échauffa de
plus en plus, et dans la mêlée on voyait tomber les
Chrétiens comme si le feu du ciel les frappait. Ennemis de Dieu, ils furent taillés en pièces ; le sang ruisse-
lait sur les lames de sabres qui séparaient leurs têtes
de leurs corps. Les héros Meryn se précipitaient sur
eux comme des lions furieux et les massacraient avec
délices. Ils eurent aussi à faire usage eux-mêmes de
la grande patience que le Miséricordieux recom-
mande dans les combats ; et c'est ainsi que Dieu
donna la victoire à son armée, qu'il illustra ses chefs

[1] *Koran*, chap. ix : l'Immunité, vers. 112.
[2] *Koran*, chap. iii : la Famille d'Imran, vers. 200.

et prêta son secours à ses soldats. Le général infidèle Don Nuño fut tué, ses légions furent anéanties, et toute son armée fut abattue en un clin d'œil, si complétement qu'il ne resta pas une lance qui ne fût brisée, pas une cuirasse qui ne fût mise en pièces, pas un seul homme pour raconter la destruction des autres. L'émir des Musulmans donna ordre de couper toutes les têtes des Chrétiens tombés sur le champ de bataille et de les compter. On en rassembla ainsi dix-huit mille en un monceau qui ressemblait à une montagne, et au sommet duquel les muezzins montèrent pour appeler les Croyants à la prière. Les Musulmans firent leurs dévotions du Douour et de l'Asser sur le champ de bataille, au milieu des cadavres noyés dans le sang. L'émir des Musulmans s'informa alors de ceux qui avaient témoigné dans la bataille et pour lesquels Dieu avait ainsi avancé l'heure des grandes récompenses. Ils étaient au nombre de trente-deux, dont neuf Beny Meryn, quinze Arabes et Andalous, et huit volontaires. L'émir leur fit donner la sépulture, en chantant les louanges du Très-Haut et en lui rendant grâces.

Cette bataille sacrée, dans laquelle Dieu gratifia l'Islam d'un butin magnifique et anéantit les adorateurs des images, eut lieu le 15 de raby el-aouel (mois de la naissance de notre seigneur Mohammed, que Dieu le comble de bénédictions!) de l'an 674. L'émir des Musulmans expédia aussitôt des courriers dans toutes les directions, en Andalousie et dans l'Adoua. Ses lettres furent lues dans toutes les chaires et l'on fit partout de grandes réjouissances; l'on distribua d'abondantes aumônes, et l'on rendit la liberté aux esclaves en témoignage de reconnaissance envers le Très-Haut. L'émir revint alors avec le butin et les prisonniers à Algéziras, où il fit son entrée triomphante le 25 dudit mois de raby el-aouel, précédé des chefs chrétiens et de leurs familles traînant leurs chaînes. Il expédia à Ben el-Ahmar la tête de Don Nuño, en témoignage de la protection que le Très-Haut avait prêtée à ses serviteurs Beny Meryn. Ben el-Ahmar fit embaumer cette tête dans le musc et le camphre, et l'expédia à Alphonse pour lui être agréable et s'attirer son amitié.

L'émir entreprit alors de faire le partage du butin dont Dieu avait comblé les Musulmans; il préleva le cinquième pour le bit el-mal, et divisa le restant aux guerriers saints; il se trouva cent vingt-quatre mille bœufs; quant aux autres bestiaux, leur nombre était si considérable qu'il fut impossible de les compter, et que pour un drahem on avait une brebis au marché. Les prisonniers, hommes, femmes et enfants, s'élevaient au chiffre de sept mille huit cent trente, et l'on compta quatorze mille six cents têtes, entre chevaux, mulets et ânes; les armures, les armes et les bagages étaient innombrables et tous les Musulmans s'en enrichirent; l'émir, ayant fait la distribution sans partialité, aux puissants et aux pauvres, aux gens du peuple et aux nobles, finit à Algéziras le mois de raby el-tâny, et se mit en campagne le 1ᵉʳ de djoumad el-aouel pour se rendre à Séville.

DEUXIÈME EXPÉDITION DE L'ÉMIR DES MUSULMANS ABOU YOUSSEF EN ANDALOUSIE. QUE DIEU LUI FASSE MISÉRICORDE!

L'auteur du livre (que Dieu lui soit propice!) a dit : Abou Youssef sortit d'Algéziras le 1ᵉʳ de djoumad el-aouel 674, pour faire sa seconde campagne; il se dirigea vers Séville sous les murs de laquelle il campa avec l'armée musulmane, à l'endroit nommé Mâ el-Frouch, et il commença à courir dans les environs, expédiant dans tous les sens des détachements qui butinaient tout ce qui se présentait à eux; le deuxième jour il monta à cheval et se rapprocha des portes de la ville qu'il menaça, tambour en tête et enseignes déployées. Les Chrétiens se précipitèrent sur les murs pour soutenir l'attaque; mais il n'y eut aucun de leurs émirs ou de leurs guerriers qui osât se rapprocher de l'émir, et accepter son défi. Après avoir battu les murailles, ravagé les environs, brûlé les villages et tout saccagé, l'émir leva le camp et s'en vint à Xérès, qu'il traita pendant trois jours comme il avait traité Séville; puis il retourna à Algéziras, où il entra le 27 de djoumad el-aouel, et il fit le partage du butin et des prisonniers, dont le nombre était si considérable, qu'une chrétienne ne se vendait pas plus d'un ducat et demi. On se trouvait alors au commencement de l'hiver, et l'émir demeura avec toutes ses troupes campé sur les bords de l'Oued el-Nysa, près d'Algéziras, durant toute la mauvaise saison. Les Chrétiens n'ayant point pu faire leurs semailles cette année-là, les denrées devinrent rares et chères, et bientôt il y eut famine dans tout le pays. D'un autre côté, les Beny Meryn, fatigués de leur séjour en Andalousie, avaient le plus grand désir de revoir leurs familles et leurs enfants; aussi l'émir se décida à rentrer au Maghreb. Il débarqua au Kessar el-Medjâz le 30 de radjeb, an 674. Son séjour en Andalousie avait duré six mois. Il se rendit aussitôt à Fès, où il entra vers le milieu de châaban. Peu de temps après, un de ses oncles maternels, Talha ben Aly el-Bethyry, se souleva contre lui et se retrancha au Djebel Azerou dans le pays de Fezaz. L'émir, l'ayant poursuivi avec ses troupes, l'enveloppa de tous côtés, et Talha fit alors sa soumission, qui fut acceptée; il fut pardonné et reçut l'aman, le 15 de ramadhan 674.

Le 2 de chouel suivant, les juifs furent massacrés à Fès par les habitants, qui, ayant fait irruption chez eux, en tuèrent quatorze, et il n'en serait pas resté un seul si l'émir des Musulmans n'était monté à l'instant à cheval pour arrêter le massacre, en faisant publier l'ordre formel de ne point approcher des quartiers juifs.

Le 3 de chouel, l'émir décréta la construction de la nouvelle ville de Fès, et, le jour même, les premiers fondements furent jetés sur la rive du fleuve en présence de l'émir, à cheval, et les fekhys Abou el-Hassen ben Kethan et Abou Abd Allah ben el-Habâk en tirèrent l'horoscope. La ville fut fondée sous l'influence d'un astre propice et d'une heure bénie et heureuse, comme on l'a vu depuis, puisque le khalifat n'a jamais péri dans ses murs, et que jamais un étendard ni une armée, partis de son sein, n'y sont rentrés vaincus ou en fuite. Dans le même mois, l'émir donna ordre de bâtir la kasbah de Mekenès et sa mosquée.

En moharrem 675 (1276 J. C.), Abou Youssef sortit de Fès et se rendit à Maroc, où il arriva vers le milieu du mois, et il y demeura jusqu'au 1er de raby el-aouel ; il fit alors une tournée dans le Sous, et quelques jours après son retour à Maroc, il partit pour Rabat el-Fath, où il arriva le 1er de châaban ; de là, il écrivit aux cheikhs et aux Beny Meryn, aux Arabes et à tous les Kabyles du Maghreb pour les appeler à la guerre sainte. Sur leur refus, il renouvela son invitation plusieurs fois, mais toujours inutilement, jusqu'à la fin de l'an 675. Alors l'émir, voyant ce peu d'empressement pour la guerre sainte, et lassé de leurs lenteurs, résolut de se rendre sur les terres des Chrétiens avec son armée seulement ; il sortit de Rabat le 1er de moharrem 676 (1277 J. C.), et il arriva au Kessar el-Medjaz, d'où il passa à Tarifa le 25 dudit mois.

DEUXIÈME PASSAGE EN ANDALOUSIE DE L'ÉMIR DES MUSULMANS ABOU YOUSSEF POUR FAIRE LA GUERRE SAINTE.

L'auteur du livre (que Dieu lui soit propice!) a dit : Lorsque l'émir des Musulmans vit le peu d'empressement des Croyants pour la guerre sainte, il se mit lui-même en campagne avec son armée; il sortit de Rabat el-Fath le 1er de moharrem 676, et il se rendit au Kessar el-Djouez. Ce n'est qu'alors que les Croyants, voyant ses dispositions et ses forces, se décidèrent à venir à lui, et c'est ainsi qu'il fut rejoint successivement par les Beny Meryn, les Arabes, les volontaires, les Mesmouda, les Senhadja, les Ouaraba, les Ghoumara, les Mekenèsa et autres. Les troupes ayant effectué leur passage, l'émir s'embarqua lui-même, et il descendit sur le rivage de Tarifa le 28 dudit moharrem; il se rendit à Algéziras, où il demeura trois jours, et il se porta sur Ronda sous les murs de laquelle il établit son camp. Là il reçut les deux fils d'Achkyloulá, le roi Abou Yshak, maître de Guadix, et le roi Abou Mohammed, maître de Malaga, qui, après les compliments d'usage, se rangèrent sous ses drapeaux et se joignirent à lui pour aller attaquer Séville. L'émir leva le camp de Ronda le 1er de raby el-aouel pour se transporter sous les murs de Séville, où se trouvait Alphonse, roi des Chrétiens. Celui-ci, à la nouvelle de l'approche des Musulmans, fit sortir toutes ses troupes pour entourer la ville; il échelonna ses soldats le long de l'Oued el-Kebyr en rangs serrés et aussi nombreux que les épis de blé. Recouverts de leurs cuirasses et de leurs casques étincelants et armés de leurs lances éclatantes, ils aveuglaient les yeux et frappaient l'esprit d'épouvante. L'émir des Musulmans fit avancer son armée sainte et les intrépides Beny Meryn, le jour même de la naissance du Prophète (que Dieu le comble de bénédictions!), et lorsque les deux troupes furent en présence de façon à ce que les yeux se rencontrassent avec les yeux, l'émir descendit de cheval et se prosterna deux fois, selon sa coutume, en demandant au Miséricordieux de lui accorder la victoire et son secours; puis il s'écria : « Ô compa« gnons Meryn, combattez pour Dieu dans cette vraie « guerre sainte, et remerciez-le de vous avoir fait « naître Musulmans, car il ne verra point le feu « (l'enfer) celui qui combattra les ennemis de Dieu, « les Infidèles. Le Prophète (à lui le salut!) a dit la « vérité, et voici ses propres paroles : *Le feu ne réunira* « *jamais les Infidèles et ceux qui les auront tués.* Réjouis« sez-vous donc quand la bataille est sanglante au « point de ne plus voir celui que l'on frappe et dé« truit. Par Dieu, celui qui fait la guerre sainte en « pensant au Très-Haut ne meurt jamais, car, après « sa mort même, il vit pour recevoir sa récompense; « n'est-ce pas là le plus haut degré de gloire qui se « puisse atteindre? » Après avoir entendu cette allocution, les chevaliers Meryn et tous les Musulmans, voyant que les Infidèles s'avançaient serrés comme des murailles, s'approchèrent également avec l'espoir de la victoire et prêts à mourir. L'émir Yacoub se mit le premier en marche avec son étendard heureux et à la tête de mille cavaliers des principaux Meryn, précédant son père, l'émir des Musulmans; il s'élança contre l'armée chrétienne; la poussière obscurcit les airs et les Musulmans poussèrent leurs cris et leurs témoignages dans une sanglante mêlée. C'est alors que l'émir des Musulmans se précipita lui-même sur les traces de son fils avec ses troupes, tambour battant et enseignes déployées. Les Chrétiens, épouvantés, reculèrent vaincus et prirent leur course comme des ânes hors d'haleine fuyant devant leurs maîtres. Les Beny Meryn les atteignirent sur les bords du fleuve où ils sabrèrent tous ceux qui ne se précipitaient pas dans les flots, où ils se noyaient. Ceux qui restèrent sur le champ de bataille furent tués ou faits prisonniers; des milliers moururent dans le fleuve, où les Musulmans les poursuivaient encore à la nage pour les massacrer. Les eaux coulaient rougies par le sang, et leur surface était couverte de cadavres, tant que c'était bonheur à voir! C'est ainsi que leur armée et leur camp furent détruits. Les Musulmans continuèrent leurs exploits jusqu'au soir, et l'émir passa toute cette nuit à cheval devant la porte de Séville, faisant battre le tambour, et à la lueur de torches et de feux qui éclairaient le pays comme le jour. Les Chrétiens, cachés derrière leurs remparts, se frappaient la tête de désespoir. A l'aurore, l'émir fit sa prière du matin et s'en alla au Djebel el-Cherf[1], continuant à tout saccager sur son chemin et expédiant des détachements partout aux alentours pour détruire et incendier; il prit à l'assaut les forteresses de Hafalâ, Halyenâ et El-Kalâa, dont il détruisit les garnisons et fit prisonniers les femmes et les enfants; il dévasta les campagnes, incendia les villages et n'épargna rien au Djebel el-Cherf; il revint alors avec le butin à Algéziras, où il rentra le 28 de raby el-aouel 676; il resta là le temps nécessaire pour faire le partage des dépouilles entre tous les guerriers saints et pour laisser reposer les troupes; il se remit en campagne, le 1er de djoumad el-aouel, pour aller attaquer Xérès. Le roi Abou Mohammed ben Achkyloula mourut à Malaga au retour de l'expédition de Séville.

QUATRIÈME CAMPAGNE DE L'ÉMIR DES MUSULMANS.

L'émir des Musulmans se remit en campagne le 25 de raby el-tâny 676 pour aller attaquer Xérès, et avec la ferme résolution de la détruire. Arrivé sous les murs de cette place, il en fit le siége et commença à la battre; il fit couper les oliviers, les vignes, les arbres et incendia les moissons; il renversa les villages et les châteaux (que Dieu lui fasse

---

[1] Entre Séville et Niebla.

miséricorde!). Il mettait lui-même le feu aux champs, il abattait les arbres de sa propre main, et son exemple augmentait l'acharnement de ses troupes. C'est ainsi qu'en suivant le droit chemin il conduisit cette guerre sainte avec sagesse et profit, et qu'il acheva de ruiner cette partie du pays et de détruire les Chrétiens qui s'y trouvaient. Tous les chevaliers et les soldats infidèles périrent, et ce fut un immense désastre pour les Chrétiens.

Quand le pays fut complétement dévasté, l'émir des Musulmans expédia son fils, l'émir Abou Yacoub, avec un détachement de trois mille cavaliers pour attaquer les forteresses de l'Oued el-Kebyr. Abou Yacoub pilla les places de Routa, Chlouka[1], Ghâlyana, el-Kenathyr, et, suivant les rives du fleuve, il remonta jusqu'à Séville, renversant et massacrant tout sur son passage; il revint alors avec le butin et les prisonniers vers son père, qui l'attendait près de Xérès, et qui se réjouit beaucoup de son retour. L'émir rentra à Algéziras, où il fit le partage des dépouilles aux Beny Meryn et aux guerriers saints. Puis, ayant réuni les cheïkhs Beny Meryn, arabes, andalous et autres, il les exhorta à la guerre sainte, et leur dit : « Ô mes compagnons de la guerre sainte!
« les places de Séville et de Xérès sont ruinées; leurs
« dépendances sont battues et dévastées; mais il reste
« Cordoue et ses environs, pays superbe et fécond,

---

[1] Rota et San Lucar.

« d'où les Chrétiens tirent leurs subsistances et leurs
« forces! Si nous allons envahir ces terres, incendier
« les moissons et renverser les arbres, les Chrétiens
« seront bientôt réduits à la famine et tout le pays
« infidèle sera affaibli. Pour moi, je suis prêt à mar-
« cher. Et vous, quel est votre avis? Ils répondirent:
« O émir des Musulmans! que Dieu te récompense
« pour toutes tes vues, qu'il te seconde par son aide
« et son secours; nous te suivrons, soumis et obéis-
« sants; nous combattrons partout où tu nous con-
« duiras, lors même qu'il nous faudrait traverser avec
« toi la mer ou le désert. » Il les remercia, appela sur
eux les bénédictions par la prière, leur distribua des
vêtements, de l'argent, et il augmenta leur solde. Il
écrivit à Ben el-Ahmar, roi de Grenade, pour lui
apprendre qu'il allait se mettre en campagne contre
Cordoue et pour l'inviter à l'accompagner; il lui disait : « Si tu te joins à moi contre cette place, tu seras
« redouté dans le cœur des Chrétiens aussi longtemps
« que tu vivras, et tu gagneras les grandes récom-
« penses du Très-Haut. »

CINQUIÈME CAMPAGNE DE L'ÉMIR DES MUSULMANS.
EXPÉDITION DE CORDOUE.

L'auteur du livre (que Dieu lui fasse miséricorde!) a dit : L'émir des Musulmans partit d'Algéziras le 1er de djoumad el-tâny, an 676, avec l'aide de Dieu et ses légions victorieuses. L'émir Ben el-Ahmar sortit, de son côté, de Grenade avec ses troupes, et les deux armées se rencontrèrent au jardin des Roses, sur les terres de Cherouka[1]. Abou Youssef alla au-devant de Ben el-Ahmar et lui exprima sa joie de le voir, et c'est ainsi que Dieu très-haut réunit la parole de l'Islam et fit renaître l'affection dans le cœur de son peuple. Les Musulmans unirent leurs pensées pour la guerre et leur ardeur s'accrut; la conquête et la victoire au cœur, ils fondirent sur le château Beny Bechyr, qu'ils enlevèrent à l'assaut et dont ils massacrèrent la garnison, faisant prisonniers les femmes et les enfants; ils pillèrent tout et détruisirent la forteresse si complétement, qu'il n'en resta plus traces. L'émir des Musulmans dirigea la dévastation de tous côtés sur le pays des Infidèles, et il est impossible d'énumérer les quantités considérables de bœufs, moutons, chèvres, chevaux, mulets, ânes, huile, beurre, blé, orge, qui furent enlevées. Le camp regorgeait de provisions et de butin. L'armée s'avança alors jusque sous les murs de Cordoue, qu'elle enveloppa; l'émir fit battre le tambour et l'air retentit des cris et des témoignages des Musulmans. Tandis que les archers chrétiens défendaient leurs murs, Abou Youssef arriva à l'ombre de son étendard, et précédé de ses héros, jusqu'à la porte de la ville pour en examiner les fortifications. D'un autre côté, Ben el-Ahmar se plaça lui-même avec ses troupes andalouses devant le camp pour le garder

[1] Archidona.

contre une attaque des Chrétiens. Les Beny Meryn et les Arabes se répandirent dans les environs de Cordoue, attaquant châteaux, forts et villages, massacrant et faisant des prisonniers, saccageant tout, et enlevant enfin à l'assaut la forteresse de El-Zahra. L'émir des Musulmans demeura trois jours à Cordoue, et quand tous les environs furent ravagés, détruits et incendiés, il s'en vint à Berkouna. En même temps il envoya un corps d'armée à la ville de Jaën, et des détachements dans toutes les directions pour mettre le pays entier à feu et à sang. Lorsque Alphonse vit ces désastres, la ruine de ses états, les maux et les massacres dont il était victime, il envoya des prêtres et des moines auprès de l'émir, pour implorer le pardon et la paix. Ces émissaires se présentèrent à la porte de la tente impériale, humbles et soumis. Quand ils furent entrés, l'émir leur répondit : « Adressez-vous à Ben el-Ahmar; je ne suis « ici qu'un hôte étranger et n'ai d'autre paix à vous « accorder que celle que Ben el-Ahmar consentira à « faire. » Ils se rendirent alors chez Ben el-Ahmar et lui dirent : « L'émir nous a enjoint de nous adresser « à toi, et nous venons te supplier de nous accorder « une paix durable, une paix que rien ne rompra plus « à l'avenir et qui continuera jour et nuit pendant « les siècles. » Puis ils firent serment sur leurs croix de renverser Alphonse s'il n'agréait pas ce pacte, car il était incapable de rendre la croix victorieuse, de défendre ses places et de mener ses sujets contre les ennemis; de sorte que si la situation se prolongeait encore, il ne resterait bientôt plus personne dans le pays. Ben el-Ahmar se rendit chez l'émir des Musulmans, et, l'ayant mis au courant, il lui avoua qu'en effet l'Andalousie ne pourrait plus se relever que par une paix durable et telle qu'elle plaisait à Dieu. La paix fut conclue en présence de l'émir des Musulmans, chez lequel Ben el-Ahmar avait amené les moines en leur disant : « Suivez-moi, car il est « nécessaire que l'émir sanctionne notre pacte et « qu'il soit notre témoin à vous et à moi. »

L'émir des Musulmans se retira d'Arjouná et se rendit à Algéziras en prenant le chemin de Grenade. Il fit présent de tout le butin à Ben el-Ahmar, en témoignage de sa satisfaction et en lui disant : « Les « Beny Meryn n'ont d'autres fruits à recevoir de cette « campagne que le mérite de leurs actions et les ré- « compenses magnifiques. » Alors Ben el-Ahmar rentra à Grenade, et l'émir des Musulmans se rendit à Malaga, d'où il vint à Algéziras dans la première décade de radjeb de l'an 676. Il campa avec son armée autour de la ville et il tomba malade; sa maladie se prolongea pendant soixante et dix jours, soit vingt jours de radjeb, tout châaban et vingt jours de ramadhan, au point que la nouvelle de sa mort courut dans tous les pays de l'Adoua, où il dut envoyer son fils l'émir Abou Yacoub pour démentir les bruits et rassurer les populations. Lorsqu'il eut recouvré la santé, il reçut un envoyé chrétien accompagné de prêtres et de religieux pour ratifier la paix, ce qui eut lieu le dernier jour dudit ramadhan.

Cependant le roi Ben Achkyloula envoya un message à l'émir des Musulmans pour lui offrir Malaga, en lui faisant dire : « Je ne suis plus capable de maintenir le gouvernement de cette place, et si tu refuses de le recevoir de mes mains, je le livrerai aux Chrétiens ou à Ben el-Ahmar. » Or comme Ben el-Ahmar avait déjà reçu un grand nombre de villes et de places d'Alphonse et de Ben Achkyloula, l'émir des Musulmans envoya son fils, l'émir Abou Zyan, pour prendre possession de Malaga. L'entrée d'Abou Zyan dans la kasbah de cette ville eut lieu à la fin dudit mois de ramadhan. L'émir célébra la fête de la rupture du jeûne à Algéziras, et il se rendit le 3 de chouel à Malaga, où il arriva le 6, accueilli avec enthousiasme et avec de grandes réjouissances par la population, à laquelle il apportait le retour de la tranquillité et de la sûreté des routes. L'émir séjourna à Malaga le restant dudit mois, tout dou'l kâada et dix-huit jours de dou'l hidjâ. Il revint alors à Algéziras, où il s'embarqua pour l'Adoua, après avoir laissé à Malaga une garnison de mille cavaliers Beny Meryn et arabes, casernés dans la kasbah sous le commandement d'Omar ben Aly. L'émir passa dans l'Adoua durant la première décade de moharrem, an 677, et il rentra à Fès, où il séjourna quelques jours avant de partir pour Maroc.

Quand Alphonse (que Dieu le maudisse!) se fut

bien assuré que l'émir des Musulmans était passé dans l'Adoua et qu'il était arrivé à Maroc, il rompit la paix, violant la foi jurée et oubliant les bienfaits. C'est bien là le portrait des sociétaires tel que Dieu très-haut l'a décrit dans le livre évident : *Il n'y a point aux yeux de Dieu d'animaux plus vils que ceux qui ne croient pas et qui restent infidèles; ceux avec lesquels tu as fait un pacte et qui le rompent à tout moment, et qui ne craignent point Dieu* [1]. Le maudit, ayant fait ap-

[1] *Koran*, chap. VIII : le Butin, vers. 57 et 58.

Une lettre du sultan Moulaï Abd er-Rahman, qui a passé sous nos yeux, prouve au moins que, depuis la conquête d'Alger, nous jouissons dans l'esprit de l'émir des Musulmans de plus d'estime que ne nous en accorde le Koran, et que le Kartas n'en accorde à Alphonse X. Voici la traduction littérale de cet ordre impérial, adressé à un chef de troupes durant une expédition contre les Zemmours (grande tribu insoumise entre Rabat-Salé et Mekenès) : «Louanges «à Dieu l'unique! Nous avons reçu ta lettre, et nous avons compris «ce que tu nous dis au sujet de ces pervers d'Aly, d'Hassen et des «Khoutbyn (fractions des Zemmours) qui moissonnent leurs grains «avant notre arrivée. Nous voulons que tu ne les laisses point faire «et que tu les harcèles sans cesse pour les empêcher de manger leurs «moissons. Sidi Mohammed (le sultan actuel) est en chemin, et nous «lui avons ordonné de passer le gué (de la rivière entre Rabat et «Salé) pour se rapprocher de toi. Rappelez-vous tous que les Zem«mours sont vos ennemis et que des secours vous arrivent. Or ceux «qui trouvent des secours contre leurs ennemis ne reculent jamais. «*Sachez que la guerre contre les hypocrites est plus méritoire encore* «*que la guerre sainte contre les Infidèles; car s'il arrive de faire un* «*pacte avec ceux-ci, ils s'y tiennent au moins, tandis que les autres n'ont* «*ni pacte ni foi*. Poursuis les opérations de ton côté, et nous vien«drons te rejoindre par le Djebel el-Doum, s'il plaît à Dieu! Mais ne «les laisse point profiter de leurs grains! Salut. Écrit à Mekenès, le «19 du mois de ramadhan 1274 (3 mai 1858).»

pel à tous ses contingents, envoya sa flotte devant Algéziras pour la bloquer et empêcher le passage du détroit. En apprenant cela, Omar ben Aly, kaïd de l'émir des Musulmans à Malaga, craignit de se voir enlever la place, et il la vendit à Ben el-Ahmar pour 50,000 dinars et la forteresse Chloubania, vers le milieu du ramadhan 677. Ben el-Ahmar vint avec son armée pour prendre possession de Malaga, d'où Omar ben Aly se retira en emportant tout l'argent et le matériel que l'émir des Musulmans lui avait laissé pour entretenir la garnison et la marine. Lorsque ces nouvelles arrivèrent en détail à l'émir des Musulmans, il sortit en hâte de Maroc, le 3 de chouel 677, pour aller en Andalousie. Il arriva au village Makoul du pays de Temsna; mais, assailli là par les pluies, les vents et les torrents qui se déchaînaient en tempêtes perpétuelles le jour et la nuit, il ne put aller en avant, et il était encore à la même place lorsqu'il apprit que les Chrétiens (Dieu les confonde!) avaient déjà cerné Algéziras par terre et par mer, d'un côté par les troupes et de l'autre par des navires; que ceux-ci avaient jeté l'ancre vers le milieu de raby el-aouel 677, et qu'Alphonse était arrivé avec son armée le 6 de chouel. L'émir donna ordre de lever le camp pour Tanger, d'où il comptait passer en Andalousie pour chasser les Chrétiens d'Algéziras; mais pendant que ses troupes faisaient leurs préparatifs de départ, il reçut la nouvelle que l'émir Messaoud ben Kennoun s'était révolté dans le pays de Nefys aux environs de Maroc, et qu'il était suivi de tous les Arabes Soufyan. L'émir se décida alors à revenir sur Maroc, et à son arrivée Messaoud s'enfuit au Djebel Seksyoua dans le Sous, où il se retrancha, abandonnant ses trésors et ses biens dont Abou Youssef s'empara et qu'il distribua aux Beny Meryn. L'émir, se mettant aussitôt à la poursuite du rebelle, l'atteignit et l'entoura sur le Djebel Seksyoua, après avoir juré de ne se retirer, si Dieu lui prêtait vie, que lorsque Ben Kennoun aurait fait sa soumission. Cette révolte de Messaoud ben Kennoun eut lieu le dimanche 5 de dou'l kâada 677. L'émir, continuant à bloquer les rebelles, expédia son fils, l'émir Abou Zyan, dans le Sous pour faire justice de tous les bandits qui s'y trouvaient et percevoir les impôts. Abou Zyan revint auprès de son père le 30 de dou'l hidjâ, après avoir rempli sa mission. Sur ces entrefaites, l'émir des Musulmans reçut les nouvelles d'Algéziras, dont le siége rigoureux donnait lieu à des combats incessants la nuit et le jour. Le nombre des Chrétiens qui enveloppaient la place du côté de la terre, avec Alphonse (que Dieu le maudisse!) était de trente mille cavaliers et de trente mille fantassins, et du côté de la mer ils avaient rangé leurs navires en murailles armées de leurs défenses, d'où ils mettaient en œuvre les balistes et autres machines. Toutes communications avec le dehors étaient ainsi interceptées, et les habitants ne recevaient plus aucune nouvelle, si ce n'est celles qui leur étaient apportées par des pigeons qu'on leur expédiait de Gibraltar avec des billets écrits et qu'ils renvoyaient avec leurs réponses. La population était complétement épuisée par la captivité et par la faim, par les combats incessants et par les gardes qu'il lui fallait monter nuit et jour sur les remparts. Aussi la plus grande partie des habitants étaient-ils morts à la peine, et ceux qui restaient encore avaient-ils déjà fait abandon de leur vie après avoir immolé leurs enfants, de crainte que les Chrétiens, s'emparant de la ville, ne les contraignissent à changer leur religion. En apprenant tout cela, l'émir des Musulmans, retenu lui-même par son serment auprès de Ben Kennoun, qu'il avait juré de soumettre ou de tuer, appela son fils, l'émir Abou Yacoub, et lui donna ordre de se rendre immédiatement à Tanger pour aller secourir Algéziras, et pour armer une flotte capable de chasser les assiégeants. L'émir Abou Yacoub partit de Maroc pour Tanger dans le mois de moharrem 678 (1279 J. C.), et il y arriva le 1er du mois suivant, safar. Il donna ordre aussitôt d'équiper des navires dans les ports de Ceuta, Tanger, Badès et Salé; il distribua de l'argent et des armes aux guerriers saints. La population de Ceuta déploya la plus grande activité pour l'armement de cette expédition; en recevant les ordres de l'émir Abou Yacoub, le fekhy Abou Hâtym el-Azfy (que Dieu lui fasse miséricorde!) rassembla à Ceuta, les cheïkhs, les kaïds, les capitaines et leurs guerriers, et leur prêcha la guerre sainte, en les exhortant à se préparer pour aller secourir la population d'Algéziras et pour combattre et massacrer les Infidèles. Tous ceux qui se trouvaient à Ceuta, en ce moment, se levèrent et eurent bientôt rempli les navires, qui étaient au nombre de quarante-cinq, tant grands que petits; soldats, docteurs, tholbas, marchands, boutiquiers, dont la plupart n'avaient même aucune connaissance des armes, s'engagèrent pour la cause du Dieu très-haut, et il ne resta à Ceuta que les enfants, les paralytiques, les vieillards sans forces, et les enfants qui n'étaient point pubères encore. D'un autre côté, Ben el-Ahmar arma douze navires à El-Mounkeb [1], Almeria et Malaga, et l'émir Abou Yacoub en équipa quinze autres entre Tanger, Badès, Salé et Anfâ [2]. La flotte musulmane se composait en tout de soixante et douze navires, qui se rallièrent à Ceuta, et vinrent tous ensemble à Tanger pour être inspectés par l'émir Abou Yacoub. Leur arrivée offrit un coup d'œil magnifique et complet. C'est à Tanger qu'eut lieu l'embarquement des troupes, et l'émir Abou Yacoub, en congédiant les légions des Beny Meryn, leur confia son étendard heureux et victorieux en leur disant : « Allez avec la bénédiction « et la grâce de Dieu! » Les airs retentirent des cris et des témoignages des guerriers saints, et tous les autres Croyants priaient pour eux, invoquant le Très-

---

[1] Almunecar.
[2] Anfâ, aujourd'hui Casablanca, ancienne Anafé.

Haut pour qu'il leur accorde la victoire. La flotte mit à la voile à Tanger, le 8 de raby el-aouel le béni, an 678, et tous les assistants pleuraient et priaient. Les habitants de Ceuta, de Tanger et du Kessar el-Medjaz restèrent quatre jours et quatre nuits sans dormir et sans fermer leurs portes; vieillards et enfants s'étaient réunis sur les remparts, d'où ils adressaient en commun à Dieu leurs plus ferventes prières. Les voiles musulmanes s'éloignèrent sur la mer où elles rencontrèrent les eaux tranquilles et parfaitement unies, et les vents apaisés par la toute-puissance de Dieu, qui embellit ainsi pour ses soldats le passage à la guerre et aux combats. Mais le calme ralentit la marche de leurs grands navires, et ils relâchèrent à Gibraltar, où ils passèrent à l'ancre toute la nuit, durant laquelle les guerriers saints ne firent que réciter le Koran et louer Dieu. Le lendemain matin, à l'aube, 10 de raby el-aouel, ils firent leurs prières et quelques docteurs de la foi, se levant au milieu d'eux, prêchèrent la guerre sainte et énumérèrent les magnifiques récompenses que le Très-Haut tenait en réserve pour les combattants. Ces sermons les remplirent d'enthousiasme, au point de leur faire désirer le martyre, et, après s'être pardonnés les uns les autres, ils répétèrent tous la profession de foi; prêts à mourir, ils mirent à la voile et s'avancèrent contre les sociétaires.

Les Chrétiens, en voyant la flotte musulmane qui cinglait sur eux, sentirent leurs cœurs frappés d'épouvante. Leurs commandants étant aussitôt montés sur le pont de leurs vaisseaux pour examiner l'ennemi, comptèrent mille navires et s'imaginèrent qu'il s'en présenterait bientôt d'autres, mais leur erreur était certainement l'œuvre de Dieu qui en avait ainsi multiplié le nombre à leurs yeux. Se sentant perdus, ils prenaient leurs dispositions pour la retraite et la fuite, quand les vaisseaux musulmans (que Dieu très-haut les seconde!), s'avançant tous ensemble, se mirent en ligne comme des remparts; de leur côté, les Croyants, confiants en Dieu pour toutes choses, étaient prêts à mourir, demandant au Très-Haut les récompenses du paradis en échange de leur vie.

Le chef supérieur des Infidèles, monté sur son vaisseau, rallia à lui tous les autres commandants et leurs soldats, entièrement revêtus de fer et armés de pied en cap. Le nombre de leurs navires était bien supérieur à celui de la flotte musulmane, et ils étaient si entièrement recouverts de Chrétiens qu'ils ressemblaient à des montagnes obscurcies par des vols de corbeaux; leurs mouvements étaient rapides comme ceux de coursiers rapides dans la plaine. Le combat s'engagea, et les Musulmans firent leur profession de foi en disant : « C'est notre dernier jour! » Puis ils fondirent sur leurs ennemis serrés comme la pluie et comme un vent impétueux, frappant partout, détruisant tout à coups de lance et de sabre; ils entamèrent leurs navires et les forcèrent à s'échouer. Les Infidèles, voyant ce qui arrivait, s'écrièrent :

« Voilà bien une affaire terrible et cruelle. » Et, en même temps, ils prenaient la fuite; mais les Musulmans, abordant leurs navires, en massacrèrent une quantité innombrable; ils avaient beau se jeter à la mer, nager comme des crapauds, ou se coucher sur l'eau comme sur leurs lits, les croyants les atteignaient toujours avec leurs lances et leurs sabres; ils les tuèrent jusqu'au dernier, puis ils s'emparèrent de leurs vaisseaux déserts et ils enlevèrent tout ce qu'ils contenaient d'agrès et de provisions.

Les Musulmans, assiégés à Algéziras, furent au comble de la joie en voyant le massacre et la destruction de leurs ennemis, et ils reprirent courage quoiqu'ils fussent résignés à mourir. Dieu très-haut leur donna l'aman en faveur de leurs ferventes prières; il leur accorda le repos après la fatigue, la victoire après la patience, l'abondance après la famine, la joie après la douleur, la lumière après les ténèbres et le beau temps après l'orage. Les Musulmans accostèrent à Algéziras, et, le sabre en main, ils entrèrent à l'assaut en ville, massacrant tous les Infidèles qu'ils rencontraient. Le chef supérieur fut fait prisonnier ainsi que tous les kaïds chrétiens qui l'entouraient, au nombre desquels se trouvaient le neveu d'Alphonse et les grands de sa cour. Les Musulmans s'emparèrent de tout ce qui se trouvait dans le port d'Algéziras : bagages, armes, vêtements et marchandises, telles qu'argent, étoffes, perles et autres apportés par le commerce, et tout cela forma un total que la langue ne saurait exprimer. Lorsque l'on sut dans le camp des assiégeants par terre, ce qui venait d'arriver aux troupes de mer, massacrées ou prisonnières, les soldats craignirent de voir arriver sur eux l'émir Abou Yacoub, qu'ils savaient s'être porté à Tanger pour faire la guerre sainte, et ils prirent aussitôt la fuite, abandonnant tout, armes, bagages et munitions. Les habitants d'Algéziras, voyant cette déroute, sortirent tous ensemble, hommes et femmes, et tombèrent sur le camp, où ils pillèrent et tuèrent tout ce qu'ils purent; ils firent un butin considérable de bagages, d'argent, de provisions de toute espèce, et ils rentrèrent en ville avec des quantités inexprimables de légumes, de beurre, d'orge et de farine, tellement que la farine de Cordoue, dont on n'aurait pu trouver une once le matin même, à Algéziras, à aucun prix, se vendait à un drahem et demi les vingt-cinq livres quelques heures après.

C'est ainsi que, par la grâce et le secours de Dieu, soixante et dix navires musulmans remportèrent la victoire sur la flotte des Chrétiens, qui comptait plus de quatre cents bâtiments. Un courrier, porteur de la bonne nouvelle, partit aussitôt pour aller annoncer à l'émir Abou Yacoub ce que le Très-Haut avait fait pour ses adorateurs dans cette magnifique et mémorable circonstance. L'émir adressa des louanges en actions de grâces à Dieu et écrivit immédiatement à son père pour lui faire part de la victoire. Cette glorieuse bataille eut lieu le 12 de raby el-aouel, mois béni, anniversaire de la naissance de notre Prophète (que Dieu le comble de bénédictions!), an 678. La nouvelle arriva à l'émir des Musulmans pendant qu'il assiégeait encore Messaoud ben Kennoun sur le mont Seksyoua; il se prosterna devant Dieu très-haut en lui adressant de longues actions de grâces, et il donna ordre de distribuer des aumônes, de délivrer les prisonniers, de faire des réjouissances et de battre le tambour dans tous ses états. (Que Dieu lui fasse miséricorde!) Depuis qu'il avait eu connaissance du siége d'Algéziras, il ne dormait plus et mangeait sans plaisir et sans profit, il ne s'approchait plus de sa femme, il négligeait sa mise et il avait pris la vie en grand dégoût; il resta en cet état jusqu'à la nouvelle de la destruction des équipages infidèles et de la dispersion du camp qui assiégeait Algéziras.

Dans les premiers jours de raby el-tâny, l'émir Abou Yacoub vint à Algéziras, et les Chrétiens, saisis de terreur, s'attendaient à être assiégés partout; mais les choses n'arrivent que lorsque Dieu chéri le veut, et il se trouva que, indisposé contre Ben el-Ahmar depuis qu'il avait pris Malaga, l'émir Abou Yacoub fit alliance avec Alphonse pour attaquer Grenade ensemble, et les principaux Chrétiens passèrent avec lui dans l'Adoua pour demander à son père la ratification de ce pacte; mais dès que l'émir des Musulmans eut connaissance de cela, il lui adressa les plus vifs reproches. Plein de courroux, il ne ratifia point le traité, et, bien au contraire, il s'interna dans le Sous, en jurant qu'il ne verrait jamais un seul de ces Chrétiens amenés par son fils, si ce n'était dans leur propre pays. Les chefs infidèles s'en retournèrent donc fort humiliés. L'émir des Musulmans revint alors de Sous à Maroc, et il y resta quelque temps avant de se rendre à Fès, où il séjourna dans la ville Blanche[1]; il écrivit aux tribus Meryn et arabes de se réunir pour la guerre sainte, et, dans les premiers jours de radjeb 678, il sortit de la ville Blanche pour aller en Andalousie mettre fin aux querelles et combattre les ennemis; il arriva à Tanger vers le milieu dudit mois et descendit à la kasbah. En examinant la situation, il reconnut que le feu de la discorde s'était rallumé en Andalousie, et que les haines et les brigandages s'étaient beaucoup accrus, tant du côté des Musulmans que de celui des Infidèles; il trouva que l'ennemi avait fait de grands progrès depuis son éloignement, et qu'il avait profité de sa mésintelligence avec Ben el-Ahmar au sujet de Malaga; il envoya alors un émissaire à ce prince pour lui offrir son alliance moyennant la restitution de Malaga; mais Ben el-Ahmar rejeta avec hauteur ses propositions; il avait déjà fait la paix avec Yaghmourasen ben Zyan, auquel il avait envoyé de riches trésors et des présents magnifiques, afin que, s'alliant avec lui contre l'émir des Musulmans,

---

[1] Fès el-Djedid.

il harcelât son armée et courût sur ses terres pour l'empêcher de passer en Andalousie. L'émir des Musulmans, ayant eu connaissance de cette intrigue, expédia un courrier chez Yaghmourasen pour lui demander une explication et lui offrir la paix; mais Yaghmourasen répondit à l'émissaire : « Il n'y a pas « d'entente possible entre l'émir et moi; jamais il n'y « aura d'alliance entre nous, et, ma vie durant, il « ne doit s'attendre qu'à la guerre. Tout ce qu'on lui « a dit de ma coalition avec Ben el-Ahmar est la vé- « rité même; qu'il s'attende donc à me rencontrer « et qu'il se tienne prêt au combat. » L'envoyé rapporta cette réponse à l'émir des Musulmans, qui s'écria : « Ô Seigneur Dieu! accorde-moi la victoire « contre eux, ô toi le meilleur des victorieux! » Après être resté trois mois et dix-sept jours à Tanger, l'émir des Musulmans revint à Fès où il entra à la fin de chouel, an 678. Alors il expédia un second message à Yaghmourasen pour entamer de nouvelles négociations et lui démontrer son erreur : « Ô Yagh- « mourasen! lui écrivit-il, jusqu'à quand persisteras-tu « dans cette voie et quand te désisteras-tu de cette « amertume en faveur de sentiments meilleurs? Sache « que tous nos différends sont vidés; aie donc du « bon sens et agrée la paix qui est la plus belle « chose que Dieu ait faite pour ses serviteurs. Je dé- « sire que tu sois fort et puissant, capable de prêter « ton appui à la guerre sainte, et que cette guerre « et les conquêtes sur les Infidèles deviennent ta

« seule ambition. Nous devons être absolument en
« bonnes relations ensemble. Si tu refuses d'aller à
« la guerre sainte et que tu ne veuilles point entrer
« toi-même dans cette voie, laisse au moins agir les
« Croyants pour leur soutien et leur propre défense,
« et ne t'oppose plus au passage des Toudjyny, qui
« sont les alliés des Beny Meryn. » Pendant que l'envoyé de l'émir parlait, Yaghmourasen sauta à diverses reprises sur son siége, et quand il entendit prononcer le nom des Toudjyny, il s'écria, hors de lui-même :
« Par Dieu! je ne veux plus entendre un mot de ces
« gens-là. Alphonse lui-même viendrait chez eux
« que je ne l'empêcherais point et le laisserais faire. »
Quand l'émir victorieux eut perdu tout espoir d'alliance avec Yaghmourasen, il sortit de Fès pour aller l'attaquer, et cela dans le courant de dou'l hidjâ, an 679 (1280 J. C.). Arrivé au défilé d'Abd Allah, il fut rejoint par son fils, l'émir Abou Yacoub, et il se rendit à Rabat-Taza, d'où il partit au bout de quelques jours pour l'Oued Moulouïa; il n'avait pas même cinq cents cavaliers avec lui, mais là il fut rejoint par les contingents des Meryn et des Kabyles, qui arrivèrent nombreux comme la pluie, et son armée couvrit bientôt les hauteurs et les plaines. Il s'avança alors jusqu'à Tama (Mama ou Nama), où il perdit son fils Ibrahim, et il poursuivit son chemin jusqu'à l'Oued Tafna. Là, Yaghmourasen se présenta à lui avec ses trésors, sa famille et ses bagages, entouré de paisibles tribus arabes conduisant leurs cha-

meaux et leurs bestiaux. A cette vue, l'émir des Musulmans commanda de suspendre l'attaque; mais les Beny Meryn voulaient se battre, et une partie d'entre eux se mit en campagne pour chasser et, en même temps, pour découvrir l'armée de Yaghmourasen. Emportés par la chasse, ils arrivèrent sans s'en douter au camp ennemi, d'où les Abd el-Ouahed et autres Arabes s'élancèrent sur eux comme un essaim de sauterelles. Les cavaliers Meryn, battus et poursuivis, atteignirent avec peine les bords du fleuve; mais, à leur vue, l'émir, qui finissait en ce moment sa prière du Douour, monta à cheval et bondit comme un lion avec tous ses soldats. La cavalerie se divisa, sur son ordre, en deux parties; l'une se précipita sur le camp, et l'autre sur la troupe d'Arabes qui s'était présentée à lui. L'émir et son fils Abou Yacoub restèrent en arrière avec environ mille cavaliers des plus vaillants Beny Meryn. Le combat s'engagea et s'échauffa; Satan apparut, et la bataille devint de plus en plus sanglante jusqu'à l'Asser. Alors l'émir des Musulmans se montra avec ses mille cavaliers Beny Meryn, tandis que son fils Abou Yacoub se présentait aussi d'un autre côté; tous deux, avec leurs tambours et leurs enseignes, ils s'élancèrent dans la mêlée et combattirent courageusement. Yaghmourasen, comprenant que toute résistance était devenue impossible pour lui, s'en alla, abandonnant son camp, ses trésors, sa famille et sa suite; il prit la fuite en courant vers le désert, sans tenir compte, selon sa coutume, des biens et des femmes qu'il laissait derrière lui. Ses troupes furent massacrées et ses enseignes abattues pendant qu'il rentrait en cachette dans sa capitale. Tout son camp fut livré au pillage, et les Musulmans passèrent la nuit entière à faire du butin et à saccager les environs, pendant que le tambour de l'émir battait la victoire sans discontinuer. Tous les biens des Arabes furent pris, et les Meryn s'enrichirent de butin, de chameaux et de bestiaux.

Abou Zyan ben Abd el-Kaouy accourut en toute hâte chez l'émir Abou Youssef qu'il proclama et qu'il aida avec ses tribus Toudjyny à ravager les possessions d'Yaghmourasen. Lorsque tout fut incendié et détruit, Abou Youssef donna ordre aux Toudjyny de retourner chez eux, et il leur alloua une forte partie du butin. Il resta lui-même devant Tlemcen jusqu'à ce qu'ils fussent à l'abri dans leur pays, et il se mit en chemin pour revenir au Maghreb. Il entra à Fès dans le ramadhan 680; il y resta jusqu'à la fin de chouel, et il en sortit le 1er de dou'l kâada pour Maroc, où il arriva dans les premiers jours de moharrem 681 (1282 J. C.). C'est à cette époque qu'il épousa la femme de Messaoud ben Kennoun; il expédia ensuite son fils Abou Yacoub dans le Sous, et il demeura à Maroc. Il reçut là un message d'Alphonse, qui lui adressait des louanges et lui écrivait : « Ô roi victorieux! les Chrétiens soulevés contre moi « veulent me renverser pour élever mon fils Don

« Sancho à ma place, sous prétexte que je suis vieux, « sans bon sens et sans forces. Puissé-je leur tomber « dessus avec toi ! » L'émir lui répondit aussitôt : « Je « suis prêt et j'accours. » Il partit, en effet, de Maroc en raby el-aouel, et il marcha en toute hâte, sans halte ni repos, jusqu'au Kessar el-Medjaz d'où il passa à Algéziras dans le mois de raby el-tâny. Il trouva les Chrétiens dans un état complet d'épuisement et de désorganisation. Les princes et les chefs espagnols se présentèrent à lui et le saluèrent. Il se mit alors en marche, et arriva à Sakhrat el-Abâd. C'est là qu'Alphonse vint à lui, humble et faible, et que l'émir, l'accueillant généreusement, releva son courage. Alphonse se plaignit de la misère où il était tombé, et ajouta : « Je n'ai d'autres secours à attendre que ceux « que tu m'accorderas, et d'autres victoires à espé- « rer que celles que tu remporteras. Il ne me reste « d'autres biens que ma couronne, c'est celle de mon « père et de mes aïeux, prends-la en gage et donne- « moi l'argent nécessaire pour me relever. » L'émir lui remit 100,000 dinars, et ils commencèrent ensemble à faire des razias sur les terres des Chrétiens jusque sous les murs de Cordoue, où ils établirent leur camp et battirent pendant quelque temps le fils d'Alphonse, qui s'y était renfermé. L'émir envoya des troupes vers Jaën pour détruire les moissons ; il se rendit lui-même dans les environs de Tolède, et s'avança jusqu'à Madrid, en saccageant tout sur son passage ; les mains des Musulmans s'emplirent de dépouilles et de butin. L'émir retourna à Algéziras, en châaban, et il y demeura jusqu'à la fin du mois de dou'l hidjâ, il en partit le 1er de moharrem 682 (1283 J. C.) pour Malaga, qu'il assiégea, et il conquit un grand nombre de places fortes des environs, entre autres les châteaux de Kertouma, de Dakhouân et de Souhyl. Durant cette même année le fils d'Alphonse fit alliance avec Ben el-Ahmar, pour contre-balancer celle de son père avec l'émir des Musulmans Abou Youssef. (Que Dieu lui fasse miséricorde!) Toute l'Andalousie fut en feu. Ben el-Ahmar, voyant que la perte de ses états était imminente, envoya des ambassadeurs à l'émir Yacoub, dans l'Adoua, pour le supplier de venir mettre de l'ordre en Andalousie. Abou Yacoub passa, en effet, le détroit dans le mois de safar 682, et, après ces longues et terribles discussions, Dieu très-haut fit faire la paix aux Musulmans, et sa bénédiction releva les enseignes de la religion et unit la parole de l'Islam. Les razias contre les adorateurs des images recommencèrent, et l'émir des Musulmans retourna une fois encore sur les terres infidèles pour faire du butin et des prisonniers. Il partit d'Algéziras pour Cordoue, et c'est l'expédition d'El-Byrâ.

EXPÉDITION DE L'ÉMIR DES MUSULMANS CONTRE EL-BYRÂ.

L'émir partit d'Algéziras le 1er de raby el-tâny de l'an 682, et s'avança jusqu'à Cordoue, dont il rasa les environs et pilla les châteaux; puis il se porta sur El-Byrâ après avoir laissé son camp et le butin à Baëza sous la garde de cinq mille cavaliers des plus vaillants, et en cela il fit preuve de beaucoup de jugement et de prudence. Il se rendit en toute hâte à El-Byrâ, courant deux jours dans un pays désert avant d'atteindre les lieux habités; les cavaliers qui étaient avec lui ne cessèrent de galoper, et il n'y eut de halte qu'aux environs de Tolède, à une journée de El-Byrâ. Le butin et les richesses que les Musulmans acquirent dans cette expédition, et le nombre de milliers de Chrétiens qu'ils firent périr sont incalculables. L'émir, changeant de direction, se porta sur Oubéda, renversant, pillant et incendiant tout ce qui se trouvait sur son passage; arrivé sous les murs de la place, il commença aussitôt l'attaque; mais un instant après, un barbare, posté sur les remparts, lui décocha une flèche qui atteignit son cheval; l'émir fut protégé par la grâce de Dieu; néanmoins cet accident le décida à se retirer, et il revint au camp de Baëza, où il demeura trois jours pour laisser reposer ses troupes. Alors, malgré tous ses avantages, il s'en retourna à Algéziras avec les trésors et les dépouilles dont il s'était rendu maître, et il entra dans cette ville en radjeb 682. Il fit la distribution du butin aux Musulmans, et passa dans l'Adoua le 1er de châaban. Il séjourna trois jours à Tanger, et il se rendit à Fès, où il arriva dans la dernière décade de châaban; il y fit son jeûne du ramadhan et y célébra la fête. Puis il partit pour Maroc et il s'arrêta deux mois à Rabat el-Fath. Il arriva à Maroc en moharrem 683 (1284 J. C.), et il expédia son fils l'émir Abou Yacoub dans le Sous pour faire des razias sur les tribus arabes; celles-ci, fuyant devant lui, s'en allèrent au Sahara, où il les poursuivit jusqu'à la Sakyât el-Hamra, et le plus grand nombre des fuyards moururent de faim. Sur ces entrefaites, l'émir des Musulmans Abou Youssef tomba très-dangereusement malade à Maroc, et il envoya l'ordre à son fils Abou Yacoub de rentrer de suite pour le voir avant de mourir. Celui-ci se mit précipitamment en marche pour la capitale, et tout le monde se réjouit quand il arriva auprès de son père. L'émir des Musulmans retrouva le repos et put bientôt se lever; il reprit toute sa santé et il partit de Maroc pour aller de nouveau faire la guerre sainte en Andalousie, vers la fin de djoumad el-tâny, an 683. Il entra à Rabat el-Fath vers le milieu de châaban, il y passa le ramadhan, et c'est là qu'il reçut les cheïkhs et les docteurs du Maghreb, qui vinrent le féliciter pour le rétablissement de sa santé. — Il y eut cette année-là une grande disette jusqu'à la fin du ramadhan. — Dans les derniers jours de chouel, l'émir quitta Rabat el-Fath et se rendit au Kessar el-Medjâz, d'où il fit un appel aux Kabyles du Maghreb pour la guerre sainte. Toute la fin de l'an 683 fut employée aux préparatifs et au passage des troupes en Andalousie.

QUATRIÈME PASSAGE DE L'ÉMIR DES MUSULMANS EN ANDALOUSIE.

L'auteur du livre (que Dieu lui pardonne!) a dit : L'émir des Musulmans Abou Youssef passa pour la quatrième fois en Andalousie pour faire la guerre sainte, le jeudi 5 de safar, an 684 (1285 J. C.). Il débarqua à Tarifa, et se rendit à Algéziras, où il demeura quelque temps. Il se mit alors en course sur les terres chrétiennes qu'il rasa jusqu'à l'Oued Lekk[1], où il trouva les moissons en pleine maturité et une prodigieuse abondance. Il arriva à Xérès avec l'intention de rayonner de là sur tous les pays infidèles pour rétablir les Musulmans jusque dans leurs extrêmes limites, en s'arrêtant à chaque point aussi longtemps que Dieu très-haut le voudrait. Tel était son plan. Il arriva à Xérès le 20 de safar 684, et dès ce jour-là, chaque matin, après avoir fait sa prière, il montait à cheval avec ses guerriers devant la porte de la ville, et il lançait ses troupes dans toutes les directions pour détruire les moissons, couper les arbres, saccager les habitations sans relâche jusqu'à l'heure de la prière de l'Asser, où il ralliait tout son monde. (Que Dieu lui fasse miséricorde!) Il rentrait alors sous sa tente et les troupes allaient se reposer dans leur camp. Il ne cessait d'exhorter les Musulmans et de les pousser en avant,

---

[1] Guadalete.

parce qu'il savait que les Chrétiens (Dieu très-haut les confonde!) avaient leurs greniers vides et qu'ils étaient menacés par la famine. Il craignait qu'ils ne se relevassent de cette situation misérable en conservant cette province, et c'est pour cela qu'il s'acharna ainsi à détruire leurs moissons et toutes leurs ressources. Le 24 de safar les détachements Beny Meryn et arabes, qui couraient dans le pays, rentrèrent au camp après avoir tout dévasté, champs, moissons et jardins, jusqu'aux alentours de la ville de Ben Selim, où ils avaient tué beaucoup de monde et fait des prisonniers. Le même jour, toute la cavalerie musulmane qui était restée à Tarifa, ainsi que les troupes des garnisons des diverses forteresses de l'Andalousie, arrivèrent chez l'émir avec armes et bagages, et se réunirent à son armée victorieuse.

Le mercredi 25 de safar, l'émir des Musulmans envoya Ayad el-Assamy attaquer la forteresse de Chelouka, où ce kaïd massacra tous les Chrétiens qui s'y trouvaient. Le jeudi 26, l'émir, escorté d'un fort détachement, se porta devant la porte même de Xérès, et il envoya les chevaux et les mulets pour aller chercher les grains nécessaires à l'entretien de ses troupes; tous les animaux du camp suffirent à peine pour transporter les quantités de blé et d'orge que l'on réunit. L'émir des Musulmans envoya ensuite ses deux ministres, les deux cheikhs Abou Abd Allah Mohammed ben Athou et Abou Mohammed ben Amran, pour aller reconnaître la forteresse d'El-

Kantara et celle de Routha. Ils montèrent à cheval et s'y rendirent avec cinquante cavaliers; ils inspectèrent les murs de tous côtés, et se réjouirent en reconnaissant la faiblesse des Chrétiens, dont ils vinrent rendre compte à l'émir.

Le vendredi, 27 dudit mois, l'émir demeura dans son camp et ne monta pas à cheval; mais cela n'était qu'une ruse pour que les Chrétiens se crussent à l'abri d'une attaque ce jour-là. En effet, ils ne manquèrent pas de faire sortir leurs troupeaux de la ville pour les faire paître aux alentours, et l'émir Abou Aly ben Mansour ben Abd el-Ouahed, qui s'était embusqué dans les oliviers avec trois cents cavaliers, enveloppa en un instant lesdits troupeaux qu'il enleva après avoir tué tous les gardiens.

Le samedi 28, l'émir monta à cheval avec tous ses guerriers, et se rendit devant la ville de Xérès, qu'il battit pendant une heure; puis il se retira et fit abattre sur son passage un nombre considérable de vignes et de figuiers; il ne rentra au camp que le soir.

Dimanche 29, il donna à son petit-fils, l'émir Abou Aly Mansour ben Abd el-Ouahed, le commandement de mille cavaliers, et il l'expédia à Séville; puis, montant lui-même à cheval, selon sa coutume, il retourna devant Xérès, ordonnant à sa troupe de continuer l'œuvre de destruction sur les moissons, les oliviers et les figuiers.

L'émir Abou Aly Mansour se mit en marche avec ses

mille cavaliers Beny Meryn, Arabes, Assam (garb), Khelouth, El-Aftadj et El-Aghzâz, le lendemain lundi à midi. Il ne s'arrêta qu'au Djebel Djeryr, où il fit la prière de l'Asser, et il remonta à cheval avec tous les Croyants qui l'accompagnaient. Ils avancèrent jusqu'au coucher du soleil, au moment même où ils arrivaient sous les arches du pont d'El-Kantara. Là ils firent halte pour donner la ration aux chevaux, et ils se remirent en marche pour toute la nuit. A l'aube ils se trouvèrent entre le Djebel Rahma[1] et Séville, où ils attendirent le lever du soleil. L'émir Abou Aly Mansour prit alors conseil des chefs de la troupe, et il fut résolu que cinq cents cavaliers se porteraient en avant pour attaquer Séville, et que les cinq cents autres resteraient en arrière pour les suivre à distance. Cinq cents chevaux partirent donc, et l'émir Abou Aly Mansour suivit leurs traces doucement avec le reste de sa troupe. Les Chrétiens, attaqués brusquement, furent mis en pièces ou faits prisonniers; leurs harems furent violés, leurs maisons pillées. Un corps de Musulmans Beny Souhoum, Beny Ouenhoum et quelques Berghouata, ayant fait la rencontre d'un détachement de Chrétiens, livrèrent bataille, et Dieu très-haut anéantit cette portion d'Infidèles, qui furent tous tués ou faits prisonniers. Les troupes ayant rallié, l'émir Abou Aly Mansour demanda au cheïkh Aby el-Hassen Aly ben Youssef

---

[1] Sierra Morena.

ben Yergâten, quel chemin il convenait de prendre pour le retour. Le cheïkh lui répondit : « L'avis « béni, s'il plaît à Dieu, est celui qui doit nous faire « choisir la route entre Carmona et El-Kelâa. » L'émir ayant donné ordre de réunir le butin, le confia à un Amin, et le faisant passer devant, il se dirigea vers Carmona. Les Musulmans souffrirent beaucoup en route de la chaleur et de la soif. L'émir Abou Aly envoya le cavalier Abou Smyr en avant pour aller reconnaître Carmona. Abou Smyr partit au galop, mais il rencontra presque aussitôt une troupe de Musulmans qui s'étaient portés devant Carmona depuis le matin, et qui en revenaient en déroute et en fuite. Abou Smyr, s'arrêtant, leur dit : « Que vous « arrive-t-il donc? Ils répondirent : Nous étions « devant Carmona, quand une troupe de cavaliers et « de soldats en est sortie et nous a attaqués ; les « voilà qui arrivent à notre poursuite derrière cette « colline. » Abou Smyr s'arrêta donc en cet endroit avec les fuyards, et attendit l'arrivée de l'émir Abou Aly escorté de ses troupes et du butin; il le mit aussitôt au courant, et ils se précipitèrent tous ensemble du côté des Chrétiens, qui firent volte-face et prirent la fuite en désordre. Les Musulmans les atteignirent à la porte même de la ville et les massacrèrent tous, à l'exception d'un petit nombre qui parvint à se sauver derrière les remparts. L'émir ordonna alors d'incendier les moissons et de couper les arbres dans les environs de Carmona ; ce qui fut fait jusqu'à l'heure de l'Asser. Au coucher du soleil il se mit en chemin pour aller à la rencontre du butin, avec lequel il passa la nuit sur les bords de l'Oued Lekk; de là, il partit pour El-Kouas (les arches), et saccagea le pays et les moissons jusqu'à l'heure de la prière de l'Asser. Puis il se rendit à l'Oued Melâha, et, se remettant en marche, il arriva le lendemain heureusement au camp avec tout son butin.

Lundi, 30 de safar, l'émir des Musulmans monta à cheval et conduisit ses guerriers couper les figuiers et les oliviers, incendier les moissons et piller les habitations, ce qu'ils firent jusqu'à l'heure de l'Asser; cette journée fut des plus fatigantes. Il donna ordre à Saïd Bou Kheffs d'aller, avec un détachement arabe, chercher de l'eau douce et de suivre les combattants pour leur donner à boire, et cela fut fait tant que dura l'expédition.

Le mardi, 1er du mois de raby el-aouel, l'émir monta à cheval et fit crier par ses hérauts l'ordre de se mettre en course pour ravager les moissons et couper les arbres; il ne rentra dans sa tente qu'après la prière de l'Asser. Le même jour, il donna ordre aux Arabes El-Assam de s'embusquer devant la porte de Xérès pour faire prisonniers tous ceux qui en sortiraient et tuer ceux qui se présenteraient pour y entrer; il leur enjoignit également d'attaquer la forteresse de Chelouka; ils surprirent les habitants, qui se croyaient en sûreté; ils enlevèrent les vaches, les bestiaux et les mulets, mirent la place à sac et firent quatorze prisonniers. Ayad el-Assamy rentra au camp chargé de butin.

Le mercredi 2, l'émir des Musulmans (que Dieu lui fasse miséricorde!) expédia cinq cents cavaliers pour aller raser Achdja[1] et ses environs. Ce même jour arrivèrent au camp l'émir Abou Aly Omar ben Abd el-Ouahed, venant de l'Adoua, accompagné d'un grand nombre de guerriers et de volontaires, cavaliers et fantassins, parfaitement armés et équipés, et le fekhy Kassem, fils du fekhy Abou Kassem el-Azfy, avec les guerriers de Ceuta, au nombre de cinq cents arbalétriers. L'émir des Musulmans se réjouit beaucoup de l'arrivée de ces renforts, et il donna ordre à l'émir Mouhelhel ben Yhya el-Kholthy de choisir mille cavaliers arabes Khelouth pour aller piller Xérès et l'entourer pendant la nuit, de façon que personne n'en sortît pour l'approvisionner. Dès ce moment, les Khelouth ne cessèrent plus de cerner la place nuit et jour.

Le jeudi 3, l'émir des Musulmans donna à son petit-fils, l'heureux Abou Aly ben Abd el-Ouahed, le commandement de mille cavaliers pour ravager le pays des Infidèles. Ils partirent du camp au lever du soleil, après qu'Abou Aly eut reçu les adieux de son grand-père, et ils marchèrent jusqu'au fort El-Melâha, où ils s'arrêtèrent pour donner la ration aux chevaux; ils se mirent en chemin à l'entrée de

---

[1] Ecija.

la nuit, et le lendemain matin ils arrivèrent à Kalat Djaber, où ils campèrent jusqu'à la nuit; ils marchèrent ensuite le tiers de la nuit et ils arrivèrent à l'Oued Lekk, où ils demeurèrent jusqu'au jour; là ils se cachèrent jusqu'à midi pour donner le temps aux Chrétiens de se répandre sur leurs terres. Alors Abou Aly, aussitôt après avoir fait sa prière, partagea sa troupe en deux corps; il en garda un avec lui et subdivisa l'autre en deux parties, dont la première s'en alla jusqu'à la porte de Merchâna[1], renversant tout sur son chemin, tuant un nombre considérable de Chrétiens et faisant prisonniers les femmes et les enfants qui étaient dans les jardins et auprès des moissons. Le soir, les prises furent réunies à l'Oued Lekk. L'autre subdivision s'en alla à Carmona, et l'émir Abou Hafs la suivit de près; il s'arrêta sous un fort défendu par trois cents Chrétiens environ, auxquels il livra un sanglant combat, et Dieu très-haut lui donna la victoire. Les Musulmans entrèrent dans la place, dont ils massacrèrent la garnison et où ils pillèrent tout, armes, bagages, trésors et Chrétiennes. L'émir fit raser le fort et s'en revint heureux, victorieux, avec ses prises, jusqu'à l'Oued Lekk, où il se rallia avec la subdivision qui rentrait de Merchâna. Le lendemain matin, il fit passer devant lui tout le butin et il se dirigea vers El-Kouas, d'où il rentra au camp. L'émir des Musulmans se réjouit beaucoup

[1] Marchena.

de son retour et le félicita. Le même jeudi, les arbalétriers de Ceuta attaquèrent une forteresse chrétienne et ils firent quatre-vingts prisonniers, hommes, femmes et enfants, qu'ils ramenèrent avec eux au camp. L'émir des Musulmans préleva le cinquième des prises et leur partagea le reste.

Le vendredi 4, l'émir des Musulmans monta à cheval avec tous ses guerriers, auxquels il donna ordre de ravager les moissons et de couper les arbres comme de coutume. Les Musulmans se répandirent dans les champs de blé et se mirent à l'œuvre, tandis que l'émir alla s'embusquer dans les oliviers de Xérès à l'affût des Chrétiens qui auraient pu inquiéter les Musulmans. Il resta au même endroit jusqu'à la prière du Maghreb et, lorsque tous les soldats furent rentrés au camp, il y revint aussi.

Le samedi 5, l'émir des Musulmans monta à cheval après avoir fait sa prière du Douour, et vint se présenter devant Xérès, où il engagea un sanglant combat. Les Musulmans incendièrent les jardins et tuèrent plus de sept cents Chrétiens; ils ne perdirent qu'un seul homme.

Le dimanche 6, l'émir retourna à Xérès et donna ordre aux troupes de faucher les blés, tandis qu'il restait lui-même embusqué dans les oliviers pour garder les Musulmans dans le cas où les Chrétiens feraient une sortie. Comme de coutume, il rentra le dernier au camp. Ce même jour, Aly ben Hadjy el-Eftahyny sortit avec soixante et dix cavaliers de ses frères, et ils se portèrent sur Rota, qu'ils pillèrent; ils tuèrent un grand nombre de Chrétiens et revinrent au camp avec leur butin.

Le mardi 8, l'émir des Musulmans envoya un détachement de cinq cents cavaliers environ contre Arkoch, qu'ils pillèrent; ils prirent quatre-vingts Chrétiennes, des vaches, des bestiaux et bêtes de somme; ils tuèrent un grand nombre d'hommes et revinrent au camp avec leur butin.

Le mercredi 9, l'émir des Musulmans donna à son fils, l'émir Abou Mahrouf, le commandement de mille cavaliers avec ordre d'aller saccager les environs de Séville. Ce même jour, quelques Arabes Khelouth mirent à sac un fort des environs de Xérès et prirent huit Chrétiens, trois cents moutons, cent soixante et dix têtes, mules, vaches ou taureaux, et ils rallièrent le camp avec tout le butin. Ce même jour encore, les archers et les guerriers de Ceuta attaquèrent une forteresse chrétienne, où ils massacrèrent un grand nombre d'hommes et firent prisonniers treize Chrétiens et une Chrétienne, ainsi que leurs prêtres et leurs anciens. On trouva chez les prêtres une grande quantité de monnaies d'or musulmanes, dont l'émir préleva le cinquième. D'un autre côté, quelques kaïds andalous ayant aussi attaqué un château chrétien, y entrèrent à l'assaut et massacrèrent toute la garnison; ils revinrent au camp avec six Chrétiens et quatre Chrétiennes prisonniers et cent vaches, plus une grande quantité d'arcs et de munitions de guerre. L'émir se contenta du cinquième de ce butin, comme il l'avait fait pour les soldats de Ceuta.

L'émir Abou Mahrouf se mit en marche avec la cavalerie, dont il avait reçu le commandement; son père, l'émir des Musulmans, l'accompagna à cheval pendant quelque temps et le congédia en lui recommandant bien de penser à Dieu, qu'il fût seul ou en public, d'avoir du calme, de la patience et, au besoin, de la résignation. L'émir Abou Mahrouf marcha tout le jour et ne fit halte qu'au Djebel Abryz pour faire sa prière de l'Asser; remontant à cheval aussitôt après, il ne s'arrêta plus que le soir à l'Oued Lekk pour donner la ration aux chevaux; puis il se remit encore en route, et, le matin, il se trouva à la forteresse d'Aïn El-Sakhra, où il se reposa jusqu'à l'heure de l'Asser; puis, ayant encore avancé jusqu'au soir, il s'arrêta quelques heures pour donner la ration aux chevaux. Le lendemain matin, il atteignit El-Keláa; il réunit là tous les cheïkhs de sa troupe en conseil, et, sur leur avis, cinq cents cavaliers partirent aussitôt dans la direction de Séville, tandis que lui-même, à la tête des autres, déploya ses enseignes victorieuses et suivit leurs traces doucement. A la vue du premier corps de cinq cents cavaliers, les Chrétiens sortirent de Séville en grand nombre, cavalerie et infanterie, pour les combattre; mais dès qu'ils eurent aperçu l'étendard victorieux qui guidait le second corps de cavalerie, ils prirent la fuite et rentrèrent en toute hâte dans leur ville, dont ils fermèrent les portes et où ils se retranchèrent derrière leurs fortifications. L'émir Abou Mahrouf s'arrêta alors à une distance convenable pour être à l'abri des flèches ennemies, et donna ordre à ses soldats de saccager les environs, d'incendier les moissons et de détruire les habitations; il resta lui-même posté ainsi en face de la porte de Séville, jusqu'à ce que les Musulmans eussent achevé leur œuvre de destruction et l'eussent rallié. Le tambour battait sans cesse pour épouvanter les ennemis. Les Musulmans firent un immense butin et tuèrent plus de trois mille Chrétiens; c'était le jour anniversaire de la naissance de notre prophète Mohammed (que Dieu le comble de bénédictions!); ils firent trois cent quatre-vingts prisonniers, femmes et enfants, et ils s'emparèrent de cent soixante-cinq têtes, taureaux, mulets et ânes, plus d'un grand nombre de vaches et de bestiaux; aucun homme ne fut pris sans être aussitôt massacré, et ils revinrent au camp joyeux et chargés de butin.

Le mardi 15 de raby el-aouel, l'émir des Musulmans envoya son petit-fils, Abou Aly Omar Abd el-Ouahed, avec un corps de mille archers de Ceuta et de mille Mesmouda et volontaires, accompagnés de mulets chargés de haches, de lances et d'arcs, pour attaquer un fort situé à huit milles du camp, d'où l'ennemi coupait le chemin aux Musulmans qui s'isolaient un peu. Abou Aly, aussitôt arrivé, combattit les Chrétiens, qui firent preuve de courage et de résignation; ils avaient placé leurs hommes et leurs arbalétriers sur toutes les parties du fort, en haut et en bas. L'émir, étant descendu de cheval, prit son bouclier et s'élança lui-même à pied, combattant de sa propre main, entouré des cavaliers arabes qui avaient imité son exemple et suivi des archers de Ceuta et des Mesmouda. Ils entrèrent à l'assaut dans le fort, et ils tuèrent quatre-vingts Barbares; ils firent les autres prisonniers, hommes et femmes, et ils s'emparèrent de tout ce qu'ils trouvèrent, armes, bagages, provisions et farines; ils rentrèrent au camp le même jour, après avoir rasé le fort jusqu'aux fondements. En attendant, l'émir des Musulmans s'était porté devant Xérès, où il soutint un combat sanglant avec les Chrétiens de la ville qui avaient fait une sortie avec toutes leurs forces, cavaliers, fantassins et archers. Les arbalétriers musulmans ayant entamé leurs rangs, les cavaliers Beny Meryn et arabes achevèrent de les mettre en déroute, et ils en tuèrent un grand nombre devant la porte même de leur ville.

Le jeudi 17, l'émir des Musulmans monta à cheval avec toutes ses troupes et se porta contre un fort connu sous le nom de *Mentkout*, situé à environ dix milles du camp, et qui était gardé par un grand nombre de chevaliers et de nobles chrétiens, qui s'étaient voués à la guerre et se tenaient prêts à l'attaque. Les Musulmans leur livrèrent un sanglant combat, où les arbalétriers se distinguèrent; ils tuèrent environ soixante hommes, et, ayant pénétré dans le bas du fort, ils réunirent des combustibles et y mirent le feu. L'incendie dévora le fort sans cesser jusqu'au lendemain vendredi, à midi. Les Chrétiens, se voyant ainsi brûlés d'une part et battus de l'autre, mirent bas les armes et vinrent eux-mêmes se constituer prisonniers entre les mains des Musulmans, qui prirent ainsi cent quatre-vingt-dix Barbares et soixante et quatorze de leurs femmes; ils enlevèrent également leurs trésors, leurs animaux et leurs armes; ils détruisirent les dernières ruines du fort, et, après avoir dévasté la campagne environnante, ils revinrent au camp.

Le samedi 19, Abd el-Rezak el-Bataouy vint au camp pour annoncer à l'émir des Musulmans la prochaine arrivée de l'Adoua de son fils, l'émir Abou Yacoub, qu'il avait laissé sous la ville de Ben Selim, campé dans une plaine trop étroite pour le nombre de ses troupes; il ajouta qu'Abou Yacoub avait livré combat à la ville de Ben Selim, où il avait tué un grand nombre de Chrétiens. Les Musulmans se réjouirent beaucoup en entendant ces nouvelles, et le cheikh Abou el-Hassen Aly ben Zedjdân sortit aussitôt, pour aller au-devant des nouveaux arrivants, avec un détachement de Beny Askar.

ARRIVÉE DE L'ÉMIR ABOU YACOUB EN ANDALOUSIE POUR Y FAIRE LA GUERRE SAINTE.

Lorsque l'émir Abou Yacoub fut passé de l'Adoua en Andalousie avec une forte armée de guerriers et de volontaires, il se dirigea vers le camp de son père, auquel il envoya annoncer son arrivée quand il fut proche. L'émir des Musulmans monta à cheval pour aller à sa rencontre, accompagné de toutes ses troupes, dont chaque corps, Beny Meryn, Arabes ou étrangers, se rallia autour de son enseigne avec armes et bagages et défila en faisant passer les fantassins devant les archers et les cavaliers. Les volontaires et les Mesmouda étaient ce jour-là au nombre de treize mille, et les Kabyles du Maghreb, Ouaraba, Ghoumara, Senhadja, Mekenèsa, Sedreta, Lamta, Beny Ouartyn, Beny Yazgha et autres, s'élevaient à dix-huit mille hommes. Lorsque l'émir aperçut son fils, il descendit de cheval et s'arrêta pour rendre des actions de grâce à Dieu. L'émir Yacoub, mettant également pied à terre, s'avança au-devant de son père et lui baisa les mains. L'émir des Musulmans reprit alors sa monture en invitant son fils à en faire autant, et les Croyants se saluèrent les uns les autres en se réunissant. Le tambour battit et le tumulte fit trembler la terre. De retour au camp, l'émir des Musulmans descendit sous sa tente et y fit entrer son fils avec les cheikhs Beny Meryn et arabes pour prendre part à leur repas, et puis l'émir Abou Yacoub retourna à son camp avec deux cents archers de Malaga qu'il avait gardés avec lui.

Le lundi 21, l'émir des Musulmans monta à cheval, et, faisant passer devant lui les fantassins et les arbalétriers, il se porta contre la forteresse d'El-Kantara, dont il battit les murs jusqu'au moment où les Musulmans livrèrent l'assaut; ils mirent le feu à la place, massacrèrent les hommes, prirent les femmes et les enfants, et pillèrent tout, vaches, bestiaux et bêtes de somme.

Le mercredi 23, l'émir des Musulmans se mit en campagne avec toute son armée et changea le camp de place, parce que les Musulmans commençaient à ne plus y être commodément; il traversa l'Oued Lekk, et les Croyants s'établirent au milieu des arbres et des jardins de Xérès, qu'ils battirent ce jour-là depuis dix heures du matin jusqu'au Douour.

Le jeudi 24, l'émir des Musulmans renouvela l'attaque contre Xérès, qu'il battit depuis le lever du soleil jusqu'au Douour, et il rentra dans sa tente.

Le 26, il donna à son fils, l'émir Abou Yacoub, le commandement d'un corps de cinq mille cavaliers avec ordre de se porter vers Séville pour faire des razias, et de passer l'Oued el-Kebyr pour saccager toutes les terres des ennemis. Abou Yacoub se mit en marche le même jour après la prière du Douour; l'émir l'accompagna en dehors du camp, et il le congédia après lui avoir recommandé de craindre Dieu et l'avoir béni ; il revint alors se poster de nouveau devant la porte de Xérès, qu'il battit jusqu'à l'heure de l'Asser. Après avoir fait tout le tour des murs, il rentra au camp.

Le samedi 30, l'émir des Musulmans donna ordre à son fils, l'émir Abou Mahrouf, de monter à cheval avec un corps de combattants pour aller harceler Xérès. Abou Mahrouf se rendit aussitôt sous les murs de cette place qu'il battit jusqu'au soir, sans relâche et sans cesser de détruire les ennemis, tuant les hommes, faisant prisonniers les femmes et les enfants ; mais le but de ces combats perpétuels était principalement pour empêcher les habitants de Xérès de se ravitailler, et pour que les Musulmans pussent tranquillement moissonner et récolter les blés dans les campagnes environnantes. Chaque jour, en effet, les Croyants sortaient du camp avec leurs animaux et rapportaient des quantités considérables de blé, d'orge et de provisions de toute espèce, au point que nul n'avait besoin de les vendre ou de les acheter. Les guerriers vivaient dans l'abondance et le camp devint bientôt semblable à une grande ville contenant tous les métiers et tous les commerces. Ceux qui en furent témoins oculaires peuvent seuls se faire une idée de ce que c'était. On trouvait là tous les arts et métiers et des fabriques de toutes choses, excepté de haïks ; il y avait le marché de la laine filée et du coton. Les souks couvraient la plaine et les hauteurs, et si en les parcourant on se séparait d'un compagnon, on ne le retrouvait plus que deux ou trois jours après, tant la foule était grande.

L'émir Abou Yacoub était parti du camp avec cinq mille cavaliers des plus distingués, plus deux mille volontaires, treize mille hommes des Mesmouda et autres Kabyles du Maghreb, et mille archers; il emmenait également avec lui une grande quantité de mulets et de chameaux chargés de bagages, d'armes et de munitions; mais ce n'était point par crainte des Chrétiens qu'il déployait tant de forces, c'était parce qu'il avait la ferme intention de se répandre partout en même temps. Il fit sa première halte au Djebel Abryz, où il donna la ration aux chevaux, et de là il se rendit à El-Kouas. Les Musulmans commencèrent alors à chanter leurs hymnes à Dieu (qu'il soit glorifié!) avec une telle ardeur, que la force de leurs cris fit trembler la terre. Ils marchèrent toute la nuit sans cesser leurs cantiques, et, le matin, ils atteignirent l'Aïn el-Sakhra, où ils firent leurs dévotions et se reposèrent jusqu'à l'Asser. Ils se remirent en route, et la nuit les surprit à l'Oued Lekk, où ils trouvèrent un chemin couvert de ronces et de pierres. L'émir Abou Yacoub n'en avança pas moins et les troupes le suivirent, mais ses soldats se perdirent bientôt dans les ténèbres et nul ne savait plus où était son voisin. Abou Yacoub, s'étant aperçu qu'il avait beaucoup devancé les Musulmans, s'arrêta et donna ordre aux cavaliers de retourner sur leurs pas pour les rallier; il fit battre le tambour, et, en l'entendant, ceux qui s'étaient égarés rejoignirent l'émir, qui ne bougea pas de place jusqu'au retour du dernier absent. Alors il se remit en marche avec toute son armée, et le matin il put faire sa prière près de l'Oued el-Kebyr; il avança encore jusqu'au lever du soleil, et, s'étant arrêté, il descendit de cheval, invoqua le Seigneur et fit ses préparatifs de combat; tous les Musulmans l'imitèrent pour demander l'assistance de Dieu. L'émir remonta à cheval et passa le fleuve avec toutes ses troupes; il donna ordre aux Croyants de commencer les opérations sur le pays des sociétaires, et chaque corps se dirigea de son côté. Les Beny Askar et les Arabes Khelouth partirent ensemble; une heure après, ils rapportèrent à l'émir un butin considérable, vaches, bestiaux, bêtes de somme, Barbares et femmes. Les Arabes Soufyan se portèrent contre un château fort qu'ils enlevèrent à l'assaut après avoir mis le feu aux portes; ils tuèrent les hommes, prirent les femmes, les enfants, les troupeaux, tout ce qu'ils trouvèrent, et ils revinrent vers l'émir chargés de butin. Les autres détachements se répandirent dans le pays, tuant les Chrétiens ou les faisant prisonniers, ravageant, incendiant, renversant tout, et ils retournèrent également chargés de dépouilles vers l'émir Abou Yacoub, qui se tenait lui-même sur les traces des combattants avec un corps d'élite de Beny Meryn et de cheïkhs arabes.

Le général des Aghzâz, nommé Hasra, s'en alla

avec cent cavaliers attaquer le château d'El-Oued, où il fit soixante et dix prisonniers, après avoir tué un pareil nombre de Barbares qui défendaient les portes. Les Musulmans coururent sur les routes et dans les champs, dévastant et incendiant les moissons jusqu'à l'heure de l'Asser, à laquelle ils rallièrent le camp, où ils égorgèrent ce jour-là environ dix mille têtes de bétail. L'émir, ayant donné ordre de réunir le butin et de l'énumérer, prit note par écrit des quantités et les confia à des administrateurs. La nuit les soldats s'endormirent joyeux et satisfaits, tandis que, sur l'ordre de l'émir, le camp était gardé par trois cents cavaliers postés en sentinelles ou faisant la ronde jusqu'au jour. Le lendemain matin, l'émir Abou Yacoub fit sa prière, et donna ordre de battre le tambour; les Croyants montèrent à cheval et, s'étant rassemblés, ils pénétrèrent avec lui dans les bourgs situés dans les bois dont ils mirent à sac toutes les habitations; ils dévastèrent les cultures, tuèrent plusieurs milliers de Chrétiens et en firent autant prisonniers avec leurs femmes et leurs enfants; ils passèrent deux jours à courir ainsi dans la forêt et les ravins, où ils ne laissèrent absolument rien aux Chrétiens. De retour sur les bords de l'Oued el-Kebyr, l'émir passa le fleuve en se faisant précéder de tout le butin, et, arrivé sur l'autre rive, il prit d'assaut une forteresse chrétienne, dont il massacra la garnison et enleva les biens. Les troupes se reposèrent toute la nuit; le lendemain matin, elles se remirent en marche doucement avec le butin, et elles s'arrêtèrent près de Carmona pour passer la nuit. Le jour suivant, l'expédition atteignit El-Kouas et le Djebel Djeryz où l'émir se reposa les deux premiers tiers de la nuit; il se remit alors en chemin, et au jour il se trouva près du camp de l'émir des Musulmans, qui, à la nouvelle de son approche, monta à cheval avec ses guerriers pour aller à sa rencontre. Les deux troupes se rencontrèrent près de Xérès, le dimanche 5 de raby el-tâny. Le butin que l'émir Abou Yacoub apportait couvrait la terre en long et en large; et son armée défila devant Xérès avec toutes ses prises et précédée des prisonniers enchaînés et des femmes avec la corde au cou, dans le but de donner le tout en spectacle aux Chrétiens qui se trouvaient dans la place et de les frapper d'épouvante. Le tambour battait, les Croyants chantaient les grandeurs de Dieu, et ce fut un jour superbe qui enivra de joie les guerriers saints.

Le lundi 6, l'émir Abou Zyan partit pour Tarifa avec une forte troupe de Musulmans, de volontaires et cinq cents cavaliers arabes des Beny Djaber; il livra le même jour un grand combat à Xérès.

Le mardi 7, l'émir des Musulmans donna à son fils, l'émir Abou Zyan, le commandement de mille cavaliers avec ordre de courir sur les bords de l'Oued el-Kebyr. Abou Zyan sortit de la tente avec l'étendard de son père et se mit en marche. Ses mille cavaliers étaient composés de trois cents Arabes

Beny Djaber, commandés par Youssef ben Khytoun et sept cents Beny Meryn. Le soir il arriva près de El-Kouas, où il passa la nuit, et le lendemain matin, en remontant à cheval, il expédia devant lui cinquante cavaliers pour ravager les environs de Carmona. Ceux-ci partirent et tuèrent un bon nombre de Chrétiens, dont ils prirent les femmes et les biens. La cavalerie de Carmona fit une sortie contre eux, et ils soutinrent le combat jusqu'à l'arrivée de l'émir Abou Zyan, qui mit les Infidèles en déroute et en tua beaucoup. Les Musulmans se portèrent alors contre un château fort qui était tout proche et où s'étaient renfermés un grand nombre de Chrétiens avec leurs femmes, leurs enfants et leurs biens. Après avoir battu la place pendant une heure, une partie des Beny Djaber descendirent de cheval et, boucliers en mains, ils s'avancèrent en lançant des flèches jusqu'au fort, où ils entrèrent à l'assaut; ils massacrèrent la garnison et prirent les femmes et les biens. Alors l'émir Abou Zyan donna ordre à ses troupes d'incendier les moissons, de couper les arbres et de détruire les habitations. Il saccagea ainsi tout le pays entre Carmona et Séville, jusqu'à une forteresse située au sud de cette dernière ville, qu'il attaqua, emporta d'assaut et livra aux flammes. Il fit ensuite un choix de cinq cents cavaliers qu'il lança contre Séville, sous les murs de laquelle ils prirent cent cinquante femmes et quatre cents Barbares. Dans un seul champ de blé ils massacrèrent plus de cinq cents Chrétiens occupés à moissonner pour Alphonse ; il ne s'en échappa pas un seul, et les Musulmans prirent une quantité innombrable de chevaux, mulets, vaches et bestiaux. L'émir Abou Zyan ayant alors réuni tout le butin, le fit passer devant lui et rejoignit son camp à l'entrée de la nuit ; le lendemain, il se mit en marche pour retourner chez son père.

Le lundi 13 de raby el-tâny, l'émir Abou Yacoub partit avec trois mille guerriers saints et deux mille soldats et arbalétriers, pour l'île de Kebtour[1] de l'Oued el-Beira. Les Musulmans passèrent le fleuve sur des navires qu'ils avaient fait venir de la mer, et entrèrent dans l'île, dont ils massacrèrent tous les habitants, excepté les femmes et les enfants qu'ils firent prisonniers. Hasra, général des Aghzâz et son cousin se distinguèrent beaucoup dans cette expédition.

Le jeudi 16, les Musulmans s'embarquèrent de l'île de Kebtour pour passer à Algéziras, afin d'y prendre des balistes, des flèches et autres instruments de guerre pour battre Xérès.

Le vendredi, les Arabes Soufyan attaquèrent une forteresse et y prirent trois cents vaches, quatre mille têtes de bétail, trente Chrétiennes et seize Barbares ; ils en tuèrent aussi un grand nombre et ils revinrent au camp avec le butin.

---

[1] Aujourd'hui Isla Mayor, sur le Guadalquivir.

Le mardi 21, l'émir des Musulmans expédia trois cents cavaliers pour courir sous Carmona, d'où ils rapportèrent au camp une forte quantité de bêtes de somme, vaches, bétail, femmes et enfants.

Le jeudi 30, Ayad el-Assamy se mit en campagne avec une troupe de ses frères, et se porta contre une forteresse située sur les bords du fleuve; il enleva le faubourg à l'assaut, l'incendia, tua plus de trois cents Chrétiens, et il rentra au camp avec le butin et quatre-vingt-seize prisonniers, dont soixante et seize femmes et vingt barbares.

Le vendredi 1er de djoumad el-aouel, les Chrétiens de Xérès firent une sortie pour se procurer des vivres et du bois, et les Arabes Soufyan, se portant aussitôt entre eux et la ville, leur coupèrent la retraite et leur tuèrent plus de cinquante hommes.

Le samedi 2, l'émir des Musulmans donna à Hadj Abou Zoubyr Talhâ ben Aly le commandement de deux cents cavaliers, avec ordre d'aller explorer Séville et de s'informer de la situation de Sancho, roi des Chrétiens, dont il n'avait aucune nouvelle; il lui adjoignit des espions andalous et juifs.

Le lundi 4, l'émir des Musulmans monta à cheval avec tous ses guerriers, fantassins et cavaliers, et s'en alla attaquer la forteresse de Chelouka, qu'il battit et emporta d'assaut; il incendia les jardins et les habitations environnantes; il tua les hommes, prit les femmes et pilla les biens. Ce jour-là il ne resta au camp que les Arabes Soufyan pour le garder.

Le jeudi 7, Ayad el-Assamy s'embusqua avec les siens dans les grottes de Xérès, puis il s'avança avec quelques hommes et portant lui-même son pavillon rouge jusque sous la porte de la ville. Les Chrétiens, le voyant ainsi isolé, s'élancèrent à pied et à cheval en un seul bond pour l'arrêter; mais Ayad, prenant la fuite, les attira à sa poursuite jusqu'à l'endroit où ses soldats se tenaient cachés, et ceux-ci, sortant tout à coup de leurs grottes, leur coupèrent la retraite et leur tuèrent soixante et treize hommes. Ayad (que Dieu lui fasse miséricorde!) était un excellent Musulman, ennemi juré des Chrétiens qu'il ne cessa de harceler nuit et jour, sans se reposer un seul moment, depuis le jour de l'arrivée du camp à Xérès jusqu'au jour de son départ.

C'est ainsi que l'émir des Musulmans Abou Youssef fit la guerre sainte, depuis le samedi 7 de safar 684, jour de son débarquement à Tarifa et de son campement à Aïn el-Chems, jusqu'au 28 de djoumad el-aouel de ladite année, jour de son départ; il ne cessa de ravager les pays ennemis au levant et au couchant, marchant souvent la nuit, multipliant les combats et les razias, et envoyant successivement ses fils et petits-fils courir sur les terres ennemies avec de magnifiques troupes. Durant tout le siége de Xérès, chaque matin, à peine avait-il achevé sa prière, il mandait auprès de lui un de ses fils, petits-fils ou cheïkhs des Beny Meryn pour lui donner un détachement de deux cents cavaliers avec ordre de se porter sur tel point du pays qu'il voulait raser. Cela dura tant que tous les points voisins ou éloignés ne furent pas complétement battus. Les lieux les plus dévastés furent Niébla, Séville, Carmona, Ecija, Jaën et Djebel Cherf. Lorsque le pays entier fut abîmé, que toutes les moissons furent mangées, les bois coupés, les biens pillés, et que rien d'utile ne resta plus aux Chrétiens; et comme, d'un autre côté, l'hiver commençant, les denrées devenaient de plus en plus rares et chères dans le camp, l'émir des Musulmans se décida à retourner dans son pays. Il était en route lorsqu'il apprit que les Chrétiens (que Dieu les confonde!) avaient armé une flotte pour lui couper le passage du détroit; il se hâta d'arriver à Tarifa, où il donna ordre d'équiper immédiatement des navires; ce qui fut fait à Ceuta, Tanger, Rabat el-Fath, sur la côte du Rif, à Algéziras, à Tarifa et à Almunecar. Il réunit ainsi trente-six bâtiments armés et équipés complétement et montés par de nombreux arbalétriers et autres guerriers. Lorsque les Chrétiens eurent connaissance de ces préparatifs et se furent assurés du nombre et de la force des navires des Croyants, ils craignirent d'être écrasés et prirent la fuite sans attendre l'arrivée de la flotte musulmane, qui se rendit auprès de l'émir Abou Youssef à Algéziras. Les vaisseaux se mirent en rang dans la rade, sous ses yeux, pendant qu'il était dans la salle du conseil de son palais de la ville nouvelle, et ils firent des exercices et des simulacres de combat devant lui.

L'émir complimenta chacun des chefs, leur fit des présents, et leur ordonna d'attendre qu'il eût besoin d'eux.

Cependant Sancho, roi des Chrétiens, voyant son pays ruiné, ses guerriers détruits, ses femmes prisonnières, et apprenant de plus que les équipages qu'il avait envoyés pour intercepter le détroit avaient pris la fuite en déroute, envoya sa soumission et entra dans la voie de la paix et de l'humilité.

ARRIVÉE DES PRÊTRES ET RELIGIEUX CHRÉTIENS À LA COUR DE L'ÉMIR DES MUSULMANS POUR LUI DEMANDER LA PAIX.

L'auteur du livre (que Dieu lui fasse miséricorde!) a dit : Lorsque l'émir des Musulmans, pressé par l'hiver, eut décidé de s'en retourner chez lui, Sancho, roi des Chrétiens, sortit de Séville pour aller à Xérès, et à la vue des ravages que les guerriers saints avaient faits dans son pays désolé par le massacre, l'incendie, la captivité et la destruction de ses principaux sujets, il sentit le feu calciner son foie et il en perdit le sommeil. Il envoya une députation de confiance, composée de prêtres, de religieux et des principaux chefs, au camp de l'émir des Musulmans, où ils arrivèrent humbles, craintifs et soumis, pour implorer la paix; mais l'émir ne voulut ni entendre leurs discours, ni leur adresser un seul mot, et ils s'en retournèrent humiliés vers celui qui les avait envoyés; néanmoins, Sancho leur ordonna de renouveler leur ambassade dans l'espérance d'un meilleur succès. Ils revinrent donc vers l'émir et ils lui dirent : « O toi! roi victorieux, écoute nos prières; « nous voici, le cœur brisé, implorant ta clémence. « Nous te demandons le pardon et la paix, qui est une « si bonne chose. Ne nous repousse pas et ne nous « renvoie plus sans avoir exaucé nos prières. » L'émir Abou Youssef leur répondit : « Je ne ferai point la paix « avec votre roi sans des conditions que je lui enver- « rai dans un traité, par un de mes officiers; s'il les « accepte, je lui accorderai le salut; sinon je con- « tinuerai à lui faire la guerre. » Alors il manda auprès de lui le cheïkh Abou Mohammed Abd el-Hakk, l'interprète, et lui dit : « Va-t'en chez ce maudit, et « signifie-lui que je ne lui accorderai ni paix, ni « repos, si ce n'est aux conditions que voici : Aucun « empêchement ne sera mis aux affaires des Musul- « mans dans les pays chrétiens, ni à leur navigation « dans tous les ports. Aucun Musulman ne sera in- « quiété ni sur terre ni sur mer, et cela qu'il s'agisse « de mes sujets ou de tous autres Mahométans. Le « roi Sancho sera sous ma suzeraineté et soumis à « mes ordres sans restriction. Les Musulmans voya- « geront et commerceront librement, nuit et jour et « en tous lieux, sans être inquiétés ni empêchés, ni « soumis à aucune taxe ou impôt, ni au payement « quelconque d'un dinar ou d'un drahem. Le roi « Sancho ne se mêlera pas même d'un mot des af- « faires des Musulmans et ne fera la guerre à aucun

« d'eux. » Abou Mohammed Abd el-Hakk partit pour remplir le message de l'émir des Musulmans, et trouva Sancho de retour à Séville (que Dieu très-haut la rende à l'Islam!); il le salua et lui communiqua les paroles de l'émir et ses conditions, qu'il agréa et accepta. Abou Mohammed Abd el-Hakk lui dit alors : « Ô roi! tu t'es soumis au traité, mais « écoute bien mes conseils. — Parle, lui répondit « Sancho, et dis-moi ce que tu voudras. » Abd el-Hakk reprit donc : « Ô roi! il est une chose connue « et que les confesseurs des deux religions savent « par cœur, c'est que l'émir des Musulmans Abou « Youssef (que Dieu lui soit propice!) est ami de la « religion et de l'aman; qu'il est fidèle à sa parole, « qu'il tient lorsqu'il promet et qu'il oublie géné-« reusement les injures passées. Mais toi, nul ne « connaît ton caractère autrement que par ta con-« duite envers ton père, conduite indigne qui te fait « tenir en suspicion par tout le monde. » Sancho lui répondit : « Si j'avais su que le roi Abou Youssef au-« rait accepté mes services, il y a longtemps que je « les lui aurais consacrés. » Abou Mohammed reprit alors : « Par Allah! si tu sers fidèlement l'émir des « Musulmans, je te promets que tu obtiendras de « lui tout ce que tu voudras. — Eh bien, lui dit San-« cho, que dois-je donc faire, dorénavant, pour le « satisfaire? — La première chose, continua Abou « Mohammed, c'est de ne pas te mêler, même d'un « mot des affaires des Musulmans, et d'éviter de faire

« naître des discussions entre eux. Laisse-les voyager
« et commercer partout où bon leur semblera. Si Ben
« el-Ahmar te fait des propositions d'alliance, re-
« pousse-les et éloigne-toi de lui; et s'il t'envoie des
« messages, ne les reçois point; c'est ainsi que tu seras
« agréable à l'émir des Musulmans, qu'il te conservera
« la paix et qu'il t'aidera à défendre tes frontières. »
Il se trouvait justement que Ben el-Ahmar venait
d'envoyer des ambassadeurs auprès de Sancho pour
faire alliance avec lui contre l'émir des Musulmans,
et la flotte de Sancho était déjà armée dans la rivière et prête à partir. Aussi, en entendant ces dernières recommandations d'Abou Mohammed, Sancho
lui répondit seulement : « A demain, et tu verras ce
« que je ferai. » En effet, le lendemain Sancho se
rendit à cheval sur le bord du fleuve et s'y arrêta;
rejoint un instant après par les messagers de Ben el-
Ahmar, il envoya chercher Abou Mohammed, et après
l'avoir complimenté, il le fit asseoir à son côté. Alors
il engagea la conversation, qui continua jusqu'au moment où la flotte à la voile arriva devant eux. A cette
vue, les ambassadeurs de Ben el-Ahmar lui dirent :
« O roi! qu'est-ce donc que ces bâtiments qui vien-
« nent? » Sancho leur répondit : « Ces bâtiments,
« nous les avons armés pour le service de l'émir
« Abou Youssef et pour être à ses ordres, quels qu'ils
« soient. » En entendant cela, les envoyés de Ben
el-Ahmar frappèrent leurs mains de colère et ils
échangèrent entre eux des regards désespérés. Rom-

pant enfin le silence, ils dirent : « Eh bien, qu'al-
« lons-nous donc répondre en revenant de chez toi,
« ô roi ? » Sancho leur riposta : « Vous répondrez que
« je n'ai pas compris vos propositions d'alliance avec
« Ben el-Ahmar. Comment, en effet, pourrais-je m'al-
« lier avec lui, et pourquoi donc me soumettrais-je
« à des conditions ? Est-il mon parent ? Est-il mon
« semblable pour que je consente à pareille chose ?
« Celui-ci, au contraire, n'est venu que pour me
« dire de servir son maître, comme petits et grands
« doivent le faire, car son maître est le souverain
« Abou Youssef, émir des Musulmans dans les deux
« Adouas, roi de Fès et de Maroc; il gouverne les
« Musulmans du Maghreb et il est le plus illustre
« des sultans, qu'il surpasse tous par son caractère,
« par sa force et par le nombre de ses armées. Il a
« anéanti la dynastie d'Abd el-Moumen et renversé
« le gouvernement des Almohades; il n'y a pas sur
« la terre de roi plus puissant que lui. Vous n'ignorez
« pas qu'il m'a vaincu et qu'il a vaincu mon père
« avant moi, qu'il a conquis mes états, détruit mes
« sujets et mes soldats, enlevé mes harems et pillé
« mes biens. Nous ne sommes donc pas capables de
« le battre ni de lui faire la guerre, et quand tous
« les rois chrétiens lui écrivent pour lui demander la
« paix et la tranquillité, comment pourrais-je re-
« pousser ses conditions pour m'allier à son ennemi,
« qui m'est inférieur en forces et en courage ? Rap-
« portez mes paroles à Ben el-Ahmar, et dites-lui

« qu'il ne peut plus exister de relations entre nous,
« parce que ces relations ne serviraient ni mon pays,
« ni mes sujets; dites-lui encore que, n'ayant point pu
« résister à l'émir des Musulmans pour mon propre
« compte, je ne saurais lui résister pour les autres;
« et enfin, que l'argent qu'il m'a remis a été dépensé
« ou enlevé malgré moi, par le sabre de l'émir Abou
« Youssef. » Les envoyés de Ben el-Ahmar se retirèrent, convaincus qu'ils n'avaient rien de plus à attendre du fils d'Alphonse, et Abou Mohammed Abd el-Hakk dit alors : « Bien, voilà ceux-ci congédiés, et
« moi, comment me renvoie-tu chez mon maître?»
Sancho lui répondit : « Je consens à lui dévouer tous
« mes services et à obéir à ses ordres. — Tu devrais
« d'abord, lui répondit Abd el-Hakk, te rendre au« près de lui. — Avec empressement, » lui répliqua Sancho.

Lorsque les préparatifs de départ furent achevés, les Chrétiens de Séville se soulevèrent et fermèrent les portes pour s'opposer au départ de leur roi, en disant qu'ils craignaient pour lui l'émir des Musulmans; mais Sancho, leur ayant signifié qu'il était bien décidé à se rendre auprès de l'émir pour faire sa connaissance et contracter la paix, ils le laissèrent libre et lui dirent : « Fais donc ce que tu voudras et
« lui de même. » Alors Sancho quitta Séville ; mais à peine eut-il fait la première étape, les doutes et la crainte le saisirent aussi, et il dit à Abou Mohammed Abd el-Hakk, l'interprète : « Je ne sais vraiment pas

« quel sera l'effet de ma soumission, et j'ai besoin
« que tu me rassures en me jurant que je vais avec
« l'aman, et qu'en aucun cas je ne serai retenu pri-
« sonnier. » Abd el-Hakk prêta le serment exigé sur
le Livre (Koran) qu'il portait avec lui, et tranquillisa
le cœur de Sancho. Ils allèrent ainsi jusqu'à Xérès;
mais alors les terreurs de Sancho recommencèrent,
et il dit à Abd el-Hakk : « Décidément je n'irai point
« chez l'émir des Musulmans Abou Youssef, à moins
« que son fils, l'émir Abou Yacoub, ne vienne me
« chercher et me donner l'aman pour me conduire
« lui-même sous sa sauvegarde. » Ces paroles déplu-
rent beaucoup à Abd el-Hakk, qui craignait surtout
que ce que demandait Sancho ne fût une chose humi-
liante pour les Musulmans, et il lui répondit : « C'est
« bien, Abou Yacoub viendra vers toi; mais tu sais
« qu'il est grand roi et sultan magnifique, et s'il
« arrive dans tes états avec son armée pour disposer
« son père en ta faveur, il conviendra de lui re-
« mettre la place si tu veux conserver ton gouverne-
« ment; tu ne peux plus garder Xérès s'il y rentre,
« et en ne la lui remettant pas, tu manquerais à ce
« que tu lui dois et tu mépriserais sa puissance; ré-
« fléchis bien, car nul ne peut prévoir ce qui arri-
« vera si tu l'appelles ici. » En entendant cela, Sancho
revint sur ses prétentions et répondit : « C'est bien;
« j'irai moi-même au-devant de lui. » Ils sortirent
donc de la ville, et Abd el-Hakk, prenant les devants, s'en alla auprès de l'émir Abou Yacoub pour

lui faire part des désirs de Sancho, de sa soumission et de sa demande d'être présenté à l'émir des Musulmans sous sa sauvegarde. L'émir Abou Yacoub répondit, « C'est bien; » et il sortit avec Abou Mohammed ben Abd el-Hakk et une superbe troupe de guerriers Beny Meryn pour aller à la rencontre de Sancho, qu'ils rejoignirent à plusieurs milles de Xérès, et qui leur manifesta sa joie par son accueil et en leur fournissant les provisions pour tout le camp. L'émir Abou Yacoub (que Dieu lui fasse miséricorde!), ayant ordonné d'établir le camp en dehors des limites de Xérès, fit monter sa tente et y mena Sancho, qui lui dit : « Ô émir heureux! sultan béni et superbe, je « me place sous ta protection jusqu'à ce que tu m'aies « présenté à l'émir des Musulmans ton père. » Abou Yacoub lui donna l'aman et le rassura sur les dispositions de son père en lui promettant de lui faire accorder tout ce qu'il demanderait. Sancho lui répondit : « Je suis tranquille à présent et j'ai repris « confiance. » Le soir, l'émir Abou Yacoub monta à cheval et sortit du camp; tous les habitants de Xérès accoururent pour le voir, et les guerriers Beny Meryn vinrent en chevauchant exécuter des jeux devant leur maître. Sancho se tenait à cheval aussi à côté de l'émir, et il lui dit : « J'éprouve mille satisfactions de « ce que Dieu chéri a fait pour moi en m'accordant « cet accueil de votre part, qui m'assure la paix et la « tranquillité dont je suis le premier à jouir. » Alors, prenant lui-même la lance et le bouclier, il se mit à exécuter des jeux avec ses guerriers devant l'émir Abou Yacoub, et la fête dura jusqu'au coucher du soleil.

Le lendemain, Abou Yacoub et Sancho se rendirent chez l'émir des Musulmans, qu'ils trouvèrent au fort El-Sakhrâ, près de l'Oued Lekk, et qui prit ses dispositions pour les recevoir le jour même; il donna ordre à toute la troupe de s'habiller de blanc, et la terre se couvrit de la blancheur des Musulmans, tandis que Sancho s'avançait avec tous ses sociétaires vêtus de noir; cela formait un surprenant contraste. Arrivé devant l'émir des Musulmans, Sancho se prosterna, et quand il eut reçu l'aman, il se plaça à son côté et lui dit : « O émir des Musulmans! Dieu très-
« haut, qui m'a fait la grâce de te rencontrer, m'a en-
« nobli aujourd'hui par ta vue. J'espère que tu m'ac-
« corderas une petite partie de ton bonheur pour que
« je puisse vaincre les rois des Chrétiens. Ne crois
« pas que je sois venu de plein gré te faire soumis-
« sion; par Dieu, je ne suis venu à toi que malgré
« moi, parce que tu as ruiné mes états, tu as enlevé
« nos harems et nos enfants, massacré nos guerriers
« et que je suis sans forces et sans puissance pour
« te combattre et me mesurer avec toi. Maintenant
« j'obéirai à tes ordres et j'accepte toutes tes condi-
« tions dans l'espérance de la paix pour moi et pour
« mes sujets. » Alors il lui fit remettre des présents riches et rares, et il en offrit autant à l'émir Abou Yacoub. L'émir des Musulmans lui rendit la contre-

valeur de ses cadeaux, et la paix fut ainsi cimentée entre eux le dimanche 20 de châaban. L'émir renvoya Sancho dans son pays en lui donnant ordre (que Dieu lui fasse miséricorde!) de lui expédier tous les livres arabes qui se trouveraient dans les mains des Chrétiens et des Juifs dans ses états, et Sancho lui envoya treize charges composées de Korans, de commentaires, comme ceux de Ben Athya, El-Thâleby et autres; de Hadits et de leurs explications, telles que El-Tahdhîb, El-Istidhkâr et autres; d'ouvrages de doctrine spéciale, de philologie, de grammaire et de littérature arabe et autres. L'émir des Musulmans (que Dieu lui fasse miséricorde!) envoya tous ces livres à Fès et les fit déposer, pour l'usage des étudiants, dans l'école qu'il avait fait bâtir par la grâce de Dieu et sa générosité.

Après le départ de Sancho, l'émir des Musulmans revint à Algéziras, où il entra le 27 de châaban; il vit avec joie que le palais, le *méchouar* (salle du conseil et de réunion) et la mosquée qu'il avait donné ordre de bâtir dans la ville nouvelle étaient achevés; il descendit dans son palais et y passa tout le ramadhan. Le vendredi, il se rendait à la mosquée sacrée, et il ne manqua pas une seule fois de faire sa prière (el-ichfâ) au méchouar. Tant que dura le ramadhan, il fit pénitence en priant et en jeûnant debout. Les docteurs passaient toutes les soirées à lui lire des ouvrages de science, et, au dernier tiers de la nuit, il se levait pour lire le Koran et s'entretenir avec Dieu, dont il implorait la clémence et la miséricorde. Le jour de la fête de la rupture du jeûne, il se rendit, après la prière, dans la salle du méchouar, où il reçut les cheïkhs Meryn et arabes, auxquels il offrit une collation. En sortant de table, le fekhy Abou Farès Abd el-Azyz el-Mekenèsy el-Melzouzy présenta un poëme dans lequel il retraçait les exploits de l'émir, de ses fils et de ses neveux; il célébrait une à une les tribus des Meryn et des Arabes, leur gloire et leur amour pour la guerre contre les Infidèles; il mentionnait la fondation de la nouvelle ville, des édifices et de la résidence de l'émir dont il exaltait la piété, et il terminait en lui rendant grâces pour avoir été l'égide de la religion et la providence des docteurs. Ce poëme fut lu par le fekhy Abou Zyd, de Fès, connu sous le nom d'El-Kherably, en présence de l'émir et de tous les cheïkhs Meryn et arabes, qui l'écoutèrent attentivement d'un bout à l'autre. En finissant, le lecteur vint baiser la main auguste de l'émir, qui le gratifia de deux cents dinars, et fit donner à l'auteur mille dinars, des vêtements et une jument. Voici ce poëme [1]:

Dans la dernière décade de ramadhan, 684, l'émir des Musulmans envoya son fils Abou Zyan

---

[1] Nous dispensons le lecteur de la traduction de ce poëme, qui n'est autre chose qu'une répétition rimée en cent quatre-vingt-sept vers du journal détaillé de l'expédition de Xérès, que l'auteur du Kartas paraît avoir transcrit (page 490 et suiv.) tel qu'il fut tenu durant tout le temps que le sultan meryn demeura en Espagne.

avec un fort détachement pour surveiller les frontières de Ben el-Ahmar, mais en lui recommandant bien de ne point les inquiéter et de respecter les sujets de ce prince. L'émir Abou Zyan partit et vint établir son camp à la forteresse d'El-Dhekouan, située au midi de Malaga.

Durant ce même ramadhan, mourut à Algéziras le ministre Abou Aly Yhya ben Abou Yezyd el-Askoury.

A la fin du mois de chouel, l'émir des Musulmans donna ordre à Ayad el-Assamy d'aller s'établir avec tous ses frères à Estibouna (Estepona), où ils arrivèrent le 1ᵉʳ de dou'l kâada.

Le lundi, 16 de dou'l kâada, l'émir Abou Yacoub s'embarqua à Algéziras sur un trirème, commandé par le kaïd, le guerrier Abou Abd Allah Mohammed, fils du kaïd Abou el-Kassem el-Redjeradjy, pour passer dans l'Adoua et y examiner la situation des affaires. Il débarqua au Kessar el-Medjaz. Durant cette même année, la zaouïa Taferthast fut construite sur le tombeau du béat émir Abou Mohammed Abd el-Hakk, et l'émir des Musulmans dota cette zaouïa de quarante paires de bœufs de labour.

Le 30 de dou'l kâada, l'émir fut atteint de la maladie dont il mourut. Le mal alla toujours en augmentant et le consuma jusqu'à la mort (que Dieu lui fasse miséricorde!), qui arriva dans la matinée du mardi 22 de moharrem 685 (1286 J. C.), dans son palais de la ville neuve d'Algéziras. Son corps fut transporté à Rabat el-Fath, dans l'Adoua, où on l'enterra dans une chapelle de Chella. Son khalifat avait duré vingt-neuf ans, depuis le jour de sa proclamation à Fès, après la mort de son frère Abou Yhya, et dix-sept ans et vingt jours depuis le jour où il prit la ville de Maroc, renversa la dynastie d'Abd el-Moumen et gouverna tout le Maghreb. Mais nous appartenons à Dieu, et à Dieu nous reviendrons tous. L'Islam entier prit le deuil, et sa perte fut grande et douloureuse pour tous. Il s'en alla retrouver Dieu chéri, conduit par l'esprit (Gabriel) et par les anges, pardonné et agréé. Le Très-Haut veilla sur l'Islam à cause de lui, et conserva le khalifat et sa bénédiction victorieuse à son fils et à ses petits-fils. (Que Dieu comble de bénédictions notre seigneur Mohammed, sa famille et ses compagnons!)

RÈGNE DE L'ÉMIR DES MUSULMANS, ABOU YACOUB, FILS DE L'ÉMIR DES MUSULMANS ABOU YOUSSEF BEN ABD EL-HAKK. QUE DIEU LEUR SOIT CLÉMENT!

L'émir des Musulmans Abd Allah Youssef, fils de l'émir des Croyants Youssef ben Abd el-Hakk, prénommé Abou Yacoub, surnommé El-Nasser Ledyn Illah, était fils d'une femme légitime descendante d'Aly, nommée Oum el-Az, fille de Mohammed ben Hâzem el-Alaouy (l'Alide), et naquit dans le mois de raby el-aouel de l'an 638. Il fut proclamé khalife à Algéziras le jour même de la mort de son père, et pendant qu'il était lui-même dans l'Adoua. Son élection fut reçue par les ministres et les cheïkhs qui lui envoyèrent immédiatement la nouvelle; il la reçut dans les environs de Fès et il s'en revint en toute hâte à Tanger pour s'embarquer aussitôt sur la flotte qui l'attendait. Il passa la mer et débarqua à Algéziras, où s'étaient réunis les Meryn, les Arabes et des députations de tous les Musulmans de l'Adoua et de l'Andalousie. Il arriva le 1er de safar 685, et le jour de sa proclamation il était âgé de quarante-cinq ans et huit mois. »

Dès qu'il eut pris les rênes des affaires, il distribua de l'argent à toutes les tribus Beny Meryn, arabes et andalouses, aux étrangers et à la troupe; il fit des présents aux docteurs et aux saints; il distribua des aumônes aux nécessiteux; il rendit la liberté aux prisonniers dans tous ses états; il dispensa les Croyants de l'impôt *el-fythrâ*[1], dans l'intérêt des pauvres, en laissant à chacun la liberté de faire cette aumône

---

[1] العضم, aumône aux pauvres d'obligation le jour de la fête de la rupture du jeûne du ramadhân, et qui consiste en grains, dattes, fruits, et généralement en une portion de toute nourriture habituelle au donateur et à sa famille. Dans le Précis de jurisprudence de Sidi Khalil, traduit par le docteur Perron, il est dit «qu'il est de convenance de remettre cette aumône entre les mains de l'imam;» mais c'est le véritable moyen d'en détourner le but, et les Marocains de nos jours, riches et pauvres, sont encore reconnaissants à l'émir Abou Yacoub d'avoir aboli l'usage de faire percevoir el-fythrâ par les agents du fisc, en en laissant l'acquittement à la bonne foi de chaque individu. Nous devons ajouter que ce devoir de conscience est toujours scrupuleusement rempli au Maroc par chaque famille aisée.

comme il l'entendrait; il supprima la taxe des maisons, et il corrigea les abus et les injustices du gouvernement; il poursuivit la débauche et fit fermer les mauvais lieux; il assura la sûreté des routes; il abolit les droits de marché (el-mokous) et un nombre considérable d'exactions en usage au Maghreb, ne laissant échapper que les impôts qui étaient en vigueur dans des endroits inaccessibles ou qui se percevaient secrètement; il tint tous les Meryn sous sa domination, et, durant son règne, les affaires de ses sujets prospérèrent; il était blanc, il avait jolie taille, beau visage, nez long et fin; il engageait toujours le premier la conversation pour encourager ceux qui venaient à lui; il était sensé, poli, prompt à l'exécution et persévérant; il agissait sans consulter ses ministres et il était absolu dans son gouvernement. Lorsqu'il donnait, il comblait, mais s'il poursuivait, il détruisait; il était charitable envers les nécessiteux et vigilant pour les affaires de ses sujets et de son pays.

Son hadjeb Atîk l'affranchi, qui succéda à Ambâr, affranchi comme lui, était un très-grand personnage, qu'on ne pouvait aborder que très-difficilement, et qui paraissait être aussi puissant que son maître.

Ses ministres distingués furent Abou Aly Omar ben Saoud el-Hachemy et Abou Salah Ibrahim ben Amrân el-Foudoudy, qui fut remplacé, vers la fin du règne, par Yakhlaf ben Amrân el-Foudoudy.

Ses secrétaires furent le fekhy Abou Zyd el-Kbazân et le fekhy Abou Abd Allah el-Amrâny; puis le fekhy distingué Abou Mohammed Abd Allah ben Aby Maddyan et le fekhy Abou Abd Allah el-Moughyly, qui était poëte et improvisateur et qui conserva les archives et le sceau de l'état jusqu'à sa mort (que Dieu lui fasse miséricorde!); il fut remplacé par le fekhy distingué Abou Mohammed Abd Allah ben Aby Maddyan, et ensuite par le fekhy, le phénix le plus célèbre de l'époque, Abou Aly ben Rachyk.

Ses kadys furent, à Fès : le fekhy Abou Hamed ben el-Boukhala; le fekhy, le prédicateur, Abou Abd Allah ben Aby el-Saber Ayoub et le fekhy Abou Ghâleb el-Moughyly; à Maroc, le fekhy Abou Farès el-Amrâny, le fekhy Abou Abd Allah el-Sekaty et le fekhy Abd Allah ben Abd el-Malek; à Tlemcen (ville nouvelle), le fekhy distingué, versé dans le Hadits, Abou el-Hassen Aly ben Aby Beker el-Melyly.

Ses poëtes soldés et attachés à la cour furent le fekhy Abou el-Hassem Malek ben Merdjal, le fekhy Abou Farès el-Mekenèsy, le fekhy Abou el-Abbès el-Fechtâly et le fekhy Abou el-Abbès el-Djychy.

Ses médecins furent le visir Abou Abd Allah ben el-Ghalyd, de Séville, et le visir Abou Mohammed ben Omar el-Mekenèsy.

L'auteur du livre (que Dieu lui fasse miséricorde!) a dit : Après sa proclamation, l'émir des Musulmans Abou Yacoub partit d'Algéziras et se rendit sous les murs de Merbâla [1], où il établit son camp ; il expédia

---

[1] Marbella.

un courrier à Ben el-Ahmar pour lui demander une entrevue. Celui-ci vint à lui avec une troupe magnifique et nombreuse; il lui fit compliment de condoléance pour la mort de son père et le félicita de son avénement au khalifat. Ils ratifièrent l'alliance, et l'émir des Musulmans lui abandonna toutes ses possessions en Andalousie, à l'exception d'Algéziras, Ronda, Tarifa, Oued Yach [1] et leurs dépendances. Leur entrevue et leurs conventions eurent lieu dans la première décade de raby el-aouel 685. L'émir des Musulmans revint alors à Algéziras, où il passa tout le mois. Le dimanche 2 de raby el-tâny, un envoyé d'Alphonse arriva chez Abou Yacoub, qui renouvela avec lui le traité de paix fait avec son père (que Dieu lui fasse miséricorde!).

Dès que l'émir des Musulmans eut ainsi régularisé ses affaires en Andalousie, il manda son frère, l'émir Abou Athya, et lui confia le commandement des possessions qui lui restaient en Andalousie, en lui recommandant bien de servir Dieu, d'entretenir les places et d'être attentif au gouvernement; ensuite il manda le cheïkh, le guerrier saint, Abou el-Hassen Aly ben Youssef ben Yrdjan, et il lui donna la direction en chef des troupes et de la guerre, en laissant sous ses ordres trois mille cavaliers Meryn et arabes. Alors il passa dans l'Adoua, le lundi 7 de raby el-tâny, et il descendit à Kessar el-Medjaz;

[1] Guadix.

il se rendit aussitôt à Fès, où il entra le 12 de djoumad el-aouel. Quelque temps après, son cousin Mohammed ben Edriss ben Abd el-Hakk se révolta avec ses enfants, et alla se retrancher au Djebel Ourgha, aux environs de Fès, où il fut rejoint par l'émir Abou Mahrouf Mohammed, fils de l'émir des Musulmans Abou Youssef, qui fit cause commune avec lui. Abou Yacoub, après avoir inutilement envoyé divers corps d'armée contre eux, parvint, à force de ruse, à ramener son frère à soumission, et à forcer Mohammed ben Edriss et ses fils à fuir vers Tlemcen; ils furent arrêtés en chemin, enchaînés et ramenés à Rabat-Taza, où l'émir des Musulmans envoya son frère Abou Zyan pour les faire périr; mais ils ne furent exécutés en dehors de la porte El-Cheryah de Fès que dans le mois de radjeb 685.

En cette même année, Omar ben Othman ben Youssef el-Askoury se révolta à la forteresse Fendlaoua du Djebel Beny Yazgha. L'émir des Musulmans donna ordre aux Beny Askars et autres tribus berbères de cette partie du pays, Sedrat, Beny Ouartyn, Beny Yazgha, Beny Sytan et autres, de cerner et de combattre le rebelle, ce qu'ils firent pendant un mois, au bout duquel l'émir des Musulmans se mit lui-même en campagne et se rendit au village de Sédoura, chez les Beny Ouartyn, à la tête de ses troupes et des arbalétriers traînant avec eux les balistes et autres machines de guerre. A la nouvelle de son approche, Omar comprit qu'il ne pouvait se soutenir plus longtemps ni repousser l'émir, et il lui envoya sa soumission, en lui demandant la paix et l'aman, qui lui furent accordés; il descendit alors de ses montagnes et proclama l'émir, qui l'envoya à Tlemcen avec tous les siens et avec ses biens.

En ramadhan 685, l'émir des Musulmans Abou Yacoub sortit de Fès et se rendit à Maroc, où il entra en chouel; il y resta jusqu'au jeudi 13 de dou'l kâada. El-Hadj Talha ben Aly el-Bathaouy s'étant déclaré indépendant dans le Sous, Abou Yacoub manda aussitôt son neveu, l'émir Abou Aly Mansour, neveu d'Abou Mohammed Abd el-Ouahed, et il lui donna le gouvernement du Sous, avec de l'argent et des troupes pour combattre Talha. Mansour arriva au Sous et attaqua les Beny Hassen qu'il battit et détruisit en grand nombre, dans le mois dou'l hidjâ. Il se porta ensuite contre Talha, qu'il cerna, et qui fut tué dans un combat, le lundi 13 de djoumad el-tâny 686 (1287 J. C.). L'émir Abou Aly Mansour envoya sa tête à son oncle, l'émir des Musulmans, qui ordonna (que Dieu lui fasse miséricorde!) de l'exposer dans tout le pays, et de l'expédier ensuite à Rabat-Taza, à la porte de laquelle elle resta pendue dans une cage de cuivre tant que dura son règne.

Dans le mois de ramadhan, l'émir des Musulmans sortit en expédition contre les Arabes de la partie est du Drâa, qui infestaient les chemins de Sidjilmessa. Il partit de Maroc avec douze mille Beny Meryn et fit route par le Djebel Askoura jusqu'au

Bled Drâa; il continua d'avancer par l'Est jusque sur la frontière du Sahara, où il atteignit les rebelles. Un matin, de bonne heure, il les attaqua et en fit un grand carnage; il s'empara de leurs biens et envoya leurs têtes à Fès, à Sidjilmessa et à Maroc, où il rentra lui-même à la fin de chouel. Il y célébra l'aïd el-kebyr et y finit l'année.

En 687 (1288 J. C.), l'émir sortit de Maroc vers le milieu de raby el-tâny, et se rendit à Fès, où il reçut une députation de Ben el-Ahmar, lui amenant la fille de l'émir Moussa Ben Rahou, qu'il épousa à Maroc. En cette même année, au mois de safar, l'émir des Musulmans donna à Ben el-Ahmar la ville de Guadix et les forteresses Randja, Byana, El-Dyr, El-Antyr, Ghaoun et Ghouaryb. Le samedi 24 de chouel, le fils de l'émir des Musulmans, Abou Amer, se révolta et s'en alla chez Mohammed ben Athou, chef des Berbères Djeneta, avec lequel il entra à Maroc et s'y empara du pouvoir, le 1ᵉʳ de dou'l kâada. Dès que cette nouvelle parvint à l'émir Abou Yacoub, il se mit en marche contre Maroc et vint camper sous ses murs. L'émir Abou Amer, étant sorti pour lui livrer bataille, fut complétement battu; mais, vaincu, il put encore rentrer en ville et en refermer les portes à la face de son père; il se réfugia dans le palais, et, dès que la nuit fut venue, il tua Ben Aby el-Berkât, gouverneur du palais, il s'empara du trésor et sortit de la place à minuit en fuyant vers l'Est. Le lendemain, 9 de dou'l hidjâ, l'émir des Musulmans rentra à Maroc et pardonna aux habitants. L'émir Abou Amer erra dans les tribus de l'Est avec Ben Athou, pendant six mois, et finit par entrer le 22 de radjeb à Tlemcen, d'où il revint vers son père, qui lui fit grâce.

L'année suivante, 689, l'émir des Musulmans écrivit à Othman fils de Yaghmourasen, émir de Tlemcen, pour lui demander l'extradition de Ben Athou, le rebelle; mais Othman la lui refusa et lui répondit : « Par Allah! je ne te le livrerai jamais; « certes, je ne violerai pas ainsi mon propre asile. «Fais ce que tu voudras contre moi; mais je ne « l'abandonnerai point jusqu'à ma mort. » Puis, s'échauffant de plus en plus, il accabla d'injures l'envoyé de l'émir et le mit aux fers. En apprenant cela, Abou Yacoub entra dans un grand courroux et fit aussitôt les préparatifs de guerre. Il se mit en campagne le 27 de raby el-tâny, et ce fut sa première expédition contre Tlemcen et les Abd el-Ouahed. Il commença à piller et à dévaster les environs, détruisant les champs et les habitations. Le 1er de ramadhan, l'émir Othman n'ayant encore tenté aucune sortie, il se décida à l'assiéger. Pendant seize jours il cerna la place et la battit en employant les balistes, puis il revint au Maghreb, et il rentra à Rabat-Taza le 3 de dou'l kâada.

L'année suivante, 690 (1290 J. C.), l'alliance entre l'émir des Musulmans et Sancho fut rompue, et Abou Yacoub écrivit à son cheïkh Abou el-Hassen

Aly ben Youssef ben Yrdjan, pour lui ordonner de marcher sur Xérès et de ravager les pays Chrétiens au levant et au couchant. A la réception de cet ordre, Ben Yrdjan se mit en route avec tous ses guerriers. Il arriva sous Xérès dans le mois de raby el-tâny, et il commença aussitôt la dévastation. En même temps, l'émir des Musulmans sortait de Fès pour aller en Andalousie et convoquait les fidèles du Maghreb à la guerre sainte. Il arriva dans le mois de djoumad el-aouel au Kessar el-Medjaz, où il commença aussitôt l'embarquement des guerriers Beny Meryn et arabes.

Alphonse [Sancho] (que Dieu le maudisse!) envoya des bâtiments en croisière pour empêcher le passage du détroit à l'émir, qui n'en fut nullement contrarié, et qui se borna à ordonner à sa flotte de courir sur les navires chrétiens. Mais, en châaban, les Musulmans se révoltèrent en mer contre leurs commandants, qu'ils tuèrent, et ils mirent ainsi fin à leur campagne. L'émir des Musulmans ayant attendu au Kessar el-Medjaz que de nouveaux navires fussent armés pour sa traversée, passa le détroit et descendit à Tarifa dans la dernière décade de ramadhan 690. Entrant aussitôt en campagne, il assiégea pendant trois mois la forteresse de Bahyra, expédiant chaque jour des détachements pour ravager les alentours de Xérès et du fleuve. Lorsque tout le pays fut abîmé, l'émir, voyant l'approche de l'hiver, s'en revint à Algéziras, d'où il passa dans l'Adoua le 1er de moharrem 691. Bientôt il rompit aussi ses relations avec Ben el-Ahmar qui, ayant fait alliance avec Alphonse, était convenu avec lui d'attaquer et de prendre Tarifa pour empêcher un nouveau retour de l'émir Abou Yacoub en Andalousie. Ben el-Ahmar s'étant engagé à fournir l'entretien de l'armée durant tout le siége, Alphonse arriva sous Tarifa le 1er de djoumad el-tâny 691, et la cerna par terre et par mer, la battant sans cesse avec ses balistes et autres machines de guerre. Ben el-Ahmar lui fournit tout le nécessaire jusqu'au moment où les habitants de la ville lui en ouvrirent les portes, et il y entra le 30 de chouel 691. Il était bien convenu de livrer la place à Ben el-Ahmar après la prise, mais, une fois qu'il y fut, il y resta et il ne voulut même pas accepter en échange les forteresses de Chekych, Tabyra, Nekla, Aklych, Couchtela et El-Mesdjyn que Ben el-Ahmar lui offrait.

Au mois de châaban, Omar ben Yhya ben el-Ouzyr el-Ouatâsy surprit pendant la nuit la forteresse de Tazouta, dans le Rif, et s'en empara. L'émir Abou Aly ben Mansour ben Abd el-Ouahed, qui commandait la place, s'enfuit au milieu des ténèbres pardessus les murs et courut jusqu'à Rabat-Taza. Omar massacra la garnison et s'empara de tout ce qui se trouvait dans cette forteresse, argent, armes, bagages et dépôt des tributs chrétiens. L'émir des Musulmans, en apprenant ces nouvelles, expédia immédiatement son ministre Abou Aly ben Saoud, avec une forte armée, pour aller assiéger Tazouta, de concert avec l'émir Abou Aly Mansour; mais celui-ci, étant tombé malade de chagrin, mourut peu de temps après et fut enterré dans la mosquée de Taza. Au mois de chouel 691, l'émir Abou Yacoub sortit de Fès et se rendit lui-même à Tazouta avec Amer ben Yhya ben el-Ouzyr, qui lui promit de décider son frère Omar à évacuer la place et lui en assura la prise. L'émir lui ayant donné l'autorisation de se rendre près d'Omar, il entra à Tazouta, et, à la suite d'une longue conversation, sondit frère Omar, enlevant le trésor et tout ce qu'il put, prit la fuite la nuit à l'insu de tout le monde, et s'en alla à Tlemcen, en abandonnant le commandement de la place à son frère Amer. Celui-ci, ayant appris que l'émir des Musulmans voulait lui faire payer de la vie la fuite d'Omar, se renferma lui-même dans la forteresse et refusa de se rendre. Il resta dans cette situation jusqu'à l'arrivée d'Abou Saïd Farradj ben Ismaël, envoyé de l'Andalousie par Ben el-Ahmar, roi de Malaga, avec des présents pour l'émir Abou Yacoub, dont il sollicitait l'alliance. Abou Saïd arriva avec sa flotte dans le port de Ghasana, et Amer ben Yhya lui dépêcha aussitôt un message pour le prier d'implorer pour lui la clémence de l'émir des Musulmans. Abou Saïd lui accorda son intervention, et l'émir des Musulmans parut être disposé au pardon; mais Amer, craignant pour sa personne, se borna à envoyer au port quelques-uns de ses serviteurs, qui montèrent à bord des navires d'Abou Saïd pour s'en aller en Andalousie; quant à lui, ayant attendu le milieu de la nuit, il sortit de la forteresse comme pour aller s'embarquer et il prit la fuite vers Tlemcen. Des cavaliers partirent à sa poursuite, mais la rapidité de son cheval le sauva, et ils n'atteignirent que son fils Abou el-Khayl, qui fut tué et crucifié à Fès. Abou Saïd fit mettre à terre ceux qui s'étaient réfugiés à bord et ils eurent la tête tranchée. Tous ceux qui se trouvaient dans la forteresse, soldats et autres, furent également mis à mort et leurs femmes et enfants furent transportés à Rabat-Taza, où ils restèrent captifs.

Dans cette même année, l'émir des Musulmans reçut à Tazouta même une députation de Chrétiens génois qui lui offrirent des présents magnifiques, au nombre desquels figurait un arbre en or sur lequel étaient des oiseaux qui chantaient au moyen d'un mécanisme, absolument comme celui qui avait été inventé par El-Moutouakil l'Abasside.

En cette même année, les fils de l'émir Abou Yhya ben Abd el-Hakk se révoltèrent et s'enfuirent à Tlemcen, où ils restèrent jusqu'à ce que l'émir des Musulmans leur envoya dire de revenir. Dès qu'ils furent en route pour rentrer à Fès, l'émir Abou Amer, prévenu de leur approche par des espions, sortit du Rif pour les arrêter en chemin et il les atteignit à Sabra, près de la Moulouïa, où il les tua, persuadé qu'il devançait ainsi l'accomplissement des désirs de son père; mais l'émir des Musulmans Abou Yacoub, en apprenant ce crime, l'exila, et il ne cessa d'errer dans le Rif et sur les terres de Ghoumara jusqu'à sa mort, dans le mois de dou'l hidjâ 698. Son corps fut transporté à Fès et enterré à la zaouïa qui est à l'entrée du Bab el-Fetouh. L'émir Abou Amer laissa trois enfants, Amer, Soliman et Daoued, qui ne sortirent pas de prison tant que vécut Abou Yacoub, leur grand-père; mais, à sa mort, Amer et Soliman montèrent successivement sur le trône, et nous écrirons leurs règnes à la suite, s'il plaît à Dieu.

En dou'l kâada 691, Ben el-Ahmar livra la forteresse d'El-Byt à Sancho, fils d'Alphonse. En cette même année, l'émir des Musulmans décréta la célébration solennelle du *Miloud*[1] dans tous ses états, et fixa la fête au mois de raby el-aouel le béni. (Que Dieu lui fasse miséricorde pour cette innovation qu'on lui doit!)

C'est à la fin du mois de safar de cette année que le fekhy, le prédicateur Abou Yhya ben Aby Sebor vint s'établir à Fès. Au commencement de 692 (1292 J. C.) et jusqu'en djoumad el-tâny, l'émir reçut successivement un envoyé de Ould el-Renk[2], roi de Portugal, un autre du roi de Bayonne et des ambassadeurs des émirs de Tlemcen et de Tunis. Le vendredi 4 de djoumad el-tâny, il entra dans la

---

[1] Nativité du Prophète.
[2] Fils de Henri.

forteresse de Tazouta, et, vers le milieu de radjeb, les envoyés de Ben el-Ahmar, le raiss Abou Saïd et Abou Solthan el-Dany prirent congé à Fès et retournèrent en Andalousie. Le lundi 24, l'émir Abou Amer s'en alla au Kessar el-Medjaz pour inspecter les affaires de l'Andalousie, et le sultan Abou Abd Allah ben el-Ahmar se mit en voyage pour venir auprès de l'émir des Musulmans, Abou Yacoub, s'excuser de sa conduite au sujet de Tarifa, et lui demander le gouvernement de l'Andalousie; il débarqua sur la plage de Blyounech, près de Ceuta, et vint à Tanger, apportant avec lui de magnifiques cadeaux, au nombre desquels était le Livre chéri (Koran), qui avait appartenu aux rois Ommyades, et dont il avait hérité dans le palais de Cordoue. Ce Koran avait été écrit par la propre main, dit-on, de l'émir des Croyants Othman ben Offan (que Dieu l'agrée!). Abou Abd Allah arriva à Tanger le samedi 22 de dou'l kâada, et il y rencontra les émirs Abou Abd er-Rahman Yacoub et Abou Amer. L'émir des Musulmans sortit de Fès pour aller au-devant de lui après la prière de l'Asser, le 12 de dou'l kâada; il était accompagné de tous ses fils, mais l'un d'eux, l'émir Abou Mohammed Abd el-Moumen, mourut en chemin, dans la ville d'Asgar, le dimanche 30 de dou'l kâada. Son corps fut porté à Fès et enterré dans la cour du Sud de la mosquée de la ville nouvelle. Arrivé à Tanger, l'émir des Musulmans reçut Ben el-Ahmar, l'écouta avec bienveillance, le combla de générosités et lui accorda toutes ses demandes sans tenir compte de ce qui s'était passé; il lui fit de magnifiques cadeaux d'une valeur équivalente à celle des présents qui lui avaient été offerts, et il le congédia pour l'Andalousie le samedi 20 de dou'l hidjâ 692.

Dans cette même année, l'émir des Musulmans, Abou Yacoub, donna à Ben el-Ahmar la direction d'Algéziras, de Ronda et de toutes les places qui en dépendaient, telles que Yamna, El-Douna, Renych, Sakhyra, Ymagh, El-Ghâr, Nehyth, Tardela, Mechaour, Ouathyt, El-Medar, Adyar, El-Chythyl, El-Thebach, Ben Tonboul, El-Dlyl, Achtebouna, Medjlous, Chemyna, El-Nedjour et Nougarech.

L'année suivante, 693, l'armée de l'émir des Musulmans passa en Andalousie, sous les ordres de son ministre Aly Omar ben el-Saoud, pour assiéger Tarifa, qui fut ainsi cernée pendant quelque temps.

Dans cette même année, il y eut une famine et une peste désastreuses dans le Maghreb, où la mortalité fut si grande qu'on plaçait deux, trois et quatre cadavres sur la même planche de lavage. Le blé était au prix de dix drahems l'almoud, et six onces de farine coûtaient un drahem. L'émir des Musulmans convertit les mesures et rétablit le moud du Prophète (que Dieu le comble de bénédictions!), et cela fut fait par l'entremise du fekhy, le saint Abou Farès el-Melzouzy el-Mekenèsy.

En 694, la situation s'améliora, et le prix des

denrées diminua partout. Le blé descendit à vingt drahems le *sahfa*, et l'orge à trois drahems.

Au commencement de l'an 695 (1295 J. C.), l'émir Abou Yacoub se mit en campagne pour aller faire des razias sur les terres de Tlemcen; il arriva à la forteresse de Taouryt, située sur la frontière des deux états et dont il n'avait que la moitié, l'autre partie appartenant à Othman ben Yahgmourasen. L'émir des Musulmans chassa le gouverneur d'Yaghmourasen et se mit en devoir de reconstruire les fortifications de cette place; il commença les travaux le 1er de ramadhan, et toutes les murailles furent achevées et munies de leurs portes doublées de fer le 5 du même mois. (Que Dieu lui fasse miséricorde!) Chaque matin, après sa prière, il venait lui-même assister aux travaux. Alors il laissa à Taouryt une garnison de Beny Askars sous le commandement de son frère l'émir Abou Yhya fils de l'émir Abou Youssef, et il partit pour Rabat-Taza; il célébra la fête de la rupture du jeûne sur les bords de la Moulouïa.

En 696, l'émir des Musulmans rasa les terres de Tlemcen. En sortant de Fès il se rendit à Nedrôma, qu'il assiégea et battit pendant quelque temps; il vint alors à Oudjda, qu'il réédifia; il refit les fortifications et bâtit dans leur enceinte une kasbah, un palais, un bain et une mosquée; il y laissa une garnison de Beny Askars sous les ordres de son frère, l'émir Abou Yhya, auquel il donna ordre de harceler la ville et les environs de Tlemcen. Après être rentré à Fès, il se remit en campagne au commencement de l'an 697, et vint lui-même assiéger Tlemcen; il renvoya une partie de ses serviteurs, et entre autres le poëte Abou Farès Abd el-Azyz, Abou Abd Allah el-Kenany et le fekhy Abou Yhya ben Aby Sebor. En cette même année, l'émir Aly, connu sous le nom de Ben Zarbahata, trompé par une lettre de son père l'émir des Musulmans, qui avait été contrefaite par Abou el-Abbès el-Melyany, fit périr les cheikhs de Maroc, Abd el-Kerym ben Ayssa et Aly ben Mohammed el-Hentaty. Mort de l'émir Abou Zyan.

En 698, l'émir des Musulmans descendit sous les murs de Tlemcen pour la dernière fois, car il y mourut. (Que Dieu lui fasse miséricorde!)

SIÉGE DE TLEMCEN.

L'auteur du livre (que Dieu lui soit propice!) a dit : La cause première de la guerre contre Tlemcen et les Beny Abd el-Ouahed fut la fuite de Ben Athou chez Othman ben Yaghmourasen, et le refus de son extradition qu'opposa ce prince à la demande que l'émir des Musulmans lui avait adressée. Dès ce moment, les hostilités furent incessantes; mais ce ne fut que lors de sa seconde campagne contre cette ville, en radjeb 697, que l'émir Othman sortit de la ville pour livrer bataille : il fut battu et forcé de se retrancher dans la place, dont il ferma les portes et soutint le siége. L'émir des Musulmans, après avoir cerné la ville pendant quelque temps, se retira et revint à Fès, laissant à Oudjda son frère, l'émir Abou Yhya, avec une troupe de Beny Askars, auxquels il donna ordre de ravager les terres de Tlemcen et de Nedrôma. L'émir Abou Yhya ne cessa, en effet, d'inquiéter tout ce pays, et il resserra tellement les habitants de Nedrôma que leurs cheïkhs vinrent capituler. L'émir Abou Yhya leur accorda l'aman pour eux et pour les habitants de la ville, dont il prit possession; il expédia aussitôt les mêmes cheïkhs avec ces nouvelles à son frère, auprès duquel ils arrivèrent le mardi 8 de radjeb 698. Ces cheïkhs supplièrent alors l'émir des Musulmans de venir les protéger contre leurs ennemis. L'émir, s'étant rendu à leur appel, partit pour Tlemcen et arriva sous ses murs, le mardi 2 de châaban, au point du jour; il s'empara successivement de Nedrôma, Honeïn et Oran, de Ternat, Mezgharân, Moustaghânem, Tenès, Cherchel, Berhkas, Betcha, Mazouna, Ouencherych, Miliana, El-Kasbah, El-Medea, Taferguint et de toutes les terres et villes des Beny Abd el-Ouahed, des Toudjyny et des Maghraoua. Le roi d'Alger reconnut sa suzeraineté, un envoyé de l'émir de Tunis vint chez lui avec des présents, et les habitants de Bougie et de Constantine se rangèrent sous son gouvernement. Cependant le siége de Tlemcen se poursuivait avec rigueur, et les troupes renouvelaient chaque jour leurs attaques. Quand vint l'hiver, l'émir des Musulmans fit bâtir un palais sur le terrain même de sa tente, puis une mosquée dans laquelle on fit le khotbah, et bientôt, sur son ordre, tous les soldats se mirent à bâtir à droite et à gauche, pendant qu'il entourait de murailles son palais et sa mosquée. En 702 (1302 J. C.), l'émir donna ordre de renfermer tout ce nouveau Tlemcen (El-Mansoura) dans une enceinte fortifiée, et les travaux commencèrent le 5 de chouel. C'est durant ce siége qu'Othman ben Yaghmourasen mourut et fut remplacé par son fils Mohammed, surnommé Abou Zyan, qui prit les rênes du gouvernement.

En 701, Abou Abd Allah ben el-Ahmar, roi de l'Andalousie, mourut. Son fils Mohammed el-Makhlou lui succéda, et envoya sa soumission à l'émir des Musulmans avec des présents magnifiques. L'émir Abou Abd er-Rahman mourut à Tlemcen Djedid, et son corps fut transporté à Rabat-Taza, où il fut enterré dans la cour de la mosquée. A cette même époque, l'émir Abou Yacoub reçut à Tlemcen la visite d'une députation de l'Hedjaz, envoyée par El-Nasser, roi d'Egypte et de Syrie, avec de magnifiques présents. Il reçut également un envoyé du roi de l'Ifrîkya avec de très-beaux cadeaux.

L'émir fit construire dans sa nouvelle ville de vastes bains publics, des hospices, des écoles et une grande mosquée pour le khotbah du vendredi, à laquelle il adjoignit un immense réservoir et un grand minaret, surmonté d'une pomme d'or de 700 dinars. Il envoya les saints du Maghreb dans l'Hedjaz, en les chargeant d'un Koran garni de perles et de pierres précieuses pour la kâaba, et de fortes sommes pour être distribuées aux habitants de la Mecque et de Médine. Il envoya également au roi El-Nasser quatre cents chevaux de la plus belle race et élevés pour la guerre sainte.

Cependant les habitants de Tlemcen s'affaiblissaient de plus en plus et approchaient de leur fin. En 705 (1305 J. C.), le 27 de chouel, les Andalous surprirent les gens de Ceuta, dont les relations avec l'émir des Musulmans étaient devenues très-mauvaises. Ce fut le raïs Abou Saïd qui s'empara de la place; il envoya tous les Beny el-Azfy enchaînés en Andalousie et confisqua leurs biens. En apprenant cela et ayant su que le raïs Abou Saïd n'avait agi que par ordre de El-Makhelou, l'émir des Musulmans fut outré et il expédia son fils, Abou Salem Brahim, avec une forte armée pour assiéger Ceuta. Abou Salem avait avec lui les Kabyles du Rif et de Taza, mais il échoua et revint en déroute. L'émir des Musulmans le chassa de sa présence et fut dès lors dévoré par le chagrin. Il fut assassiné dans son palais de Tlemcen Djedid, le mercredi 7 de dou'l kâada 706. Il fut frappé dans le ventre durant son sommeil, par un de ses esclaves eunuques, nommé La Sâada, qui avait été gagné par Abou Aly el-Melyany, et il rendit le dernier soupir vers l'Asser de ce jour; son corps fut transporté à Chella, près de Rabat el-Fath, où il fut enterré. Dieu seul est durable et éternel.

RÈGNE DE L'ÉMIR DES MUSULMANS ABOU THÂBET AMER FILS DE L'ÉMIR ABD ALLAH FILS DE L'ÉMIR DES MUSULMANS ABOU YACOUB.

L'émir des Musulmans Amer, surnommé Abou Thâbet, était fils d'une femme libre nommée Bezou, fille de Othman ben Abd el-Hakk. Il naquit le 1er de radjeb 683. Il fut proclamé à Tlemcen Djedid, aussitôt après la mort de son grand-père, par une assemblée de Croyants auxquels se joignirent, dans la matinée du jeudi 8 de dou'l kâada 706, les cheïkhs Beny Meryn et arabes. Il mourut un an, trois mois et un jour après sa proclamation, soit le dimanche 8 de safar 708, dans la kasbah de Tanger. (Que Dieu lui fasse miséricorde!)

Il eut pour ministres Ibrahim ben Abd el-Djelil el-Ouandjsaty et Ibrahim ben Aïssa el-Yrbany; pour secrétaire des commandements, le fekhy Abou Mohammed Abd Allah ben Aby Medyan; pour hadjeb, Fredj l'affranchi, et après lui Abd Allah el-Zerhouny; pour kady, le fekhy Abou Ghâlyb el-Moughyly. Aussitôt après sa proclamation, il rassembla les cheïkhs et les principaux Meryn et Arabes pour leur demander conseil au sujet de Tlemcen, et décider s'il continuerait le siége où s'il rentrerait au Maghreb. Leur avis fut unanime pour le retour; ils lui dirent: «Rentrons de suite au Maghreb pour y mettre de

« l'ordre, car Othman ben Aby el-Olâ, ayant appris à
« Ceuta la mort de ton grand père, est sorti en toute
« hâte pour se porter sur Fès, et il est déjà entré au
« Kessar Ketâma[1] et dans Asîla; de plus, les Croyants
« sont fatigués de ce pays et de l'éloignement de leurs
« familles qui dure depuis quatorze ans. Retourne
« donc chez toi, et quand tu auras assuré la paix et
« le bon ordre, tu verras ce que tu auras à faire,
« s'il plaît à Dieu très-haut. » Lorsque tous les préparatifs de départ furent faits, l'émir envoya un ambassadeur à Abou Zyan Mohammed ben Othman ben Yaghmourasen, pour conclure la paix avec lui. Il lui abandonna toutes les conquêtes de son grand-père Abou Yacoub, moins Tlemcen el-Djedid, qui avait été construite pendant le siége, et à condition qu'il n'y entrerait pas, qu'il n'y changerait absolument rien, qu'il pourvoirait à l'entretien de la mosquée et du palais, et qu'il n'inquiéterait point les Maghrebins qui voudraient y demeurer. Ces conditions acceptées, l'émir rappela toutes ses troupes éparses dans les pays de l'Est, qui furent ainsi rendus à leurs habitants. En même temps, il écrivit à tous les kaïds arabes pour leur annoncer la mort de son grand-père et son avénement, et il expédia à Fès son cousin Abou Aly el-Hassen ben Amer ben Abd Allah ben Abou Youssef. Il lui confia une forte

---

[1] Al-Cassar, appelé aujourd'hui encore El-Kessar Seghyr, El-Kessar Abd el-Kerym, El-Kessar Ketâma, du nom de son fondateur, Abd el-Kerym el-Ketâmy.

armée avec ordre d'aller prendre le commandement de cette capitale, d'ouvrir les portes des prisons, de corriger les vices et de distribuer de l'argent aux nobles et au peuple. Tout cela fut fait; puis il fit périr l'émir Abou Yhya, oncle de son père, et son oncle l'émir Abou Selim ben Abou Yacoub, et il partit de Tlemcen pour le Maghreb avec une armée innombrable, le 1er de dou'l hidjâ 706. Il célébra en route, entre Tlemcen et Oudjda, la fête du sacrifice. Il entra à Fès en moharrem 707, et il y resta jusqu'au 7 de radjeb. Ayant appris alors que le kaïd des troupes de Maroc, Youssef ben Mohammed ben Aby Ayad s'était déclaré indépendant après avoir tué le gouverneur El-Hadj Messaoud, il se mit en expédition pour aller le combattre, et il se fit devancer par un corps de cinq mille cavaliers, sous les ordres d'Abou el-Hadjedj Youssef ben Ayssa el-Achmy et d'Yacoub ben Aznâg. Ceux-ci ayant rencontré Ben Aby Ayad sur les bords de l'Oum el-Rebya, le mirent en déroute. Ayad rentra à Maroc, où il massacra tous les Chrétiens qui s'y trouvaient, s'empara de leurs biens et s'enfuit à Aghmât. De là il alla se réfugier dans le Djebel Askoura, chez un cheïkh Askoury nommé Halouf ben Hannou, qui le trahit et l'enchaîna.

L'émir des Musulmans, Abou Thâbet, entra à Maroc le 1er de châaban 707; il reçut Ben Ayad enchaîné et il le fit périr sous le bâton; il envoya sa tête à Fès, où elle fut exposée, et il fit exécuter ses partisans et ses complices au nombre de plus de six cents hommes, dont les têtes furent alignées depuis le Bab el-Rebb, une des portes de Maroc, jusqu'au fort Dar el-Horrat Azouna. Un nombre égal fut exécuté à Aghmât. Le 15 dudit châaban, l'émir des Musulmans alla à Tamezouart pour attaquer les Seksyouy et la tribu de Rekena. Arrivé à Tamezouart, il y établit son camp, et les Seksyouy vinrent à lui pour le proclamer et lui offrir la Diffa et des présents. Alors il détacha son kaïd Yacoub ben Aznâg avec trois cents cavaliers pour aller à Haha raser les Kabyles de Rekena, qui prirent la fuite devant lui dans les pays du Sud. Ben Aznâg revint à Tamezouart rejoindre l'émir qui l'attendait, et qu'il rassura sur l'état général de la tranquillité. Abou Thâbet retourna alors à Maroc, où il entra le 1er de ramadhan 707, et le 15 il en partit pour Rabat el-Fath. Il passa par le pays de Senhadja et il traversa l'Oued Oum el-Rebya dans de grandes barques, au passage de Ketâma. Dans la province de Temsna, il fut rejoint par une troupe d'Arabes Khelouth, Assamy, Beny Djâbar et autres Hachem, qui venaient pour le saluer et se retirer, mais il n'en laissa pas partir un seul et il les conduisit avec son armée jusque sous les murs d'Anfa; là, il fit jeter en prison soixante de leurs cheïkhs, et il en fit crucifier trente autres sur les murs de la ville, pour les punir d'avoir intercepté les routes et infesté tout le pays de leur brigandage. Il se rendit alors à Rabat el-Fath, où il entra le 27 de ramadhan, et il y célébra la fête. Il fit crucifier trente bandits arabes sur les murs des deux villes (Rabat et Salé), et le 15 de chouel il partit de là pour aller raser les Beny Ryah d'Abou Thouyl, d'El-Djezaïr et de Fahs Azghâr. Il en tua un grand nombre, et il enleva leurs familles et leurs biens; il retourna à Fès, où il entra vers le milieu de dou'l kâada. Il y célébra la fête du sacrifice, et il en sortit le 14 de dou'l hidjâ pour aller assiéger Ceuta. Il s'arrêta trois jours au Kessar d'Abd el-Kerym pour réunir les Kabyles, Beny Meryn et Arabes et, entrant en campagne, il emporta à l'assaut la forteresse d'Aloudân et courut sur les terres de Demna, dont il massacra les hommes après leur avoir enlevé leurs femmes, leurs enfants et leurs biens; et cela en châtiment de leur soumission à Othman ben Abou el-Olâ auquel ils avaient servi d'éclaireurs dans le pays, qu'ils avaient acclamé et assisté, et avec lequel, enfin, ils étaient entrés au Kessar Abd el-Kerym et à Asîla qu'ils avaient mis au pillage. En se retirant du Djebel Aloudân, l'émir vint à Tanger, où il arriva le 1er de moharrem 708. Il envoya des troupes à Ceuta, et il commença les fondements de la ville de Tetouan. En même temps il expédia le fekhy Abou Yhya ben Aby el-Sebor en ambassade auprès de Ben el-Ahmar, pour lui demander d'évacuer Ceuta, et il s'établit à la kasbah de Tanger pour attendre le retour de son envoyé; mais la mort vint le surprendre, et il rendit le dernier soupir le dimanche 8 de safar, an 708.

Son corps fut transporté à Chella, près de Rabat el-Fath, où il fut enterré auprès de ses ancêtres (que Dieu lui fasse miséricorde et l'agrée!). Son frère Soliman lui succéda.

RÈGNE DE L'ÉMIR DES MUSULMANS ABOU EL-REBY SOLIMAN.

L'émir des Musulmans Soliman ben Abd Allah, fils de l'émir des Musulmans Abou Yacoub ben Abou Youssef ben Abd el-Hakk, surnommé Abou el-Reby, était fils d'une concubine de race arabe, nommée Zyana. Il conserva pour secrétaire celui de son frère, le fekhy Abou Mohammed ben Aby Medyan, qui garda la direction de toutes les affaires jusqu'à sa mort. L'émir le fit périr et le remplaça par son frère, El Hadj Abou Abd Allah ben Aby Medyan. Ses ministres furent Ibrahim ben Ayssa el-Yrtyany et Abd er-Rahman ben Yacoub el-Ouatassy.

L'émir Abou Reby fut proclamé à Tanger, le mardi 9 de safar 708, à l'âge de dix-neuf ans et neuf mois. Il fit arrêter son oncle Aly, connu sous le nom de Ben Bezydja, qui s'était fait proclamer par un grand nombre de Croyants. Il rappela auprès de lui le camp de Tétouan. Il distribua de l'argent aux Beny Meryn, aux Arabes, aux Andalous, aux étrangers et aux Chrétiens, et il s'en alla à Fès. A la nouvelle de son départ, Ben Aby el-Olâ fit une sortie de Ceuta avec une troupe nombreuse et accompagné de ses enfants et de ses frères, pour attaquer le camp durant la nuit ; mais l'émir des Musulmans, prévenu à temps, leva les tentes à minuit et se porta lui-même audevant d'Aby el-Olâ, auquel il livra bataille. Aby el-Olâ fut tué et tous ses soldats furent massacrés ou faits prisonniers. L'émir des Musulmans arriva à Fès le 11 de raby el-aouel 708, et il y célébra l'anniversaire de la naissance du Prophète (que Dieu le comble de bénédictions!). Il distribua de l'argent autour de lui, tranquillisa le pays, et organisa son gouvernement. Les rois lui adressèrent leur soumission, et il renouvela le traité de paix avec l'émir de Tlemcen.

Le 30 de dou'l kâada, l'émir fit exécuter son secrétaire des commandements, le fekhy Abou Mohammed Abd Allah ben Aby Medyan, dont les fonctions avaient duré neuf mois et vingt et un jours. Dans les premiers jours de dou'l hidjâ, l'émir expédia son kaïd Tachefyn ben Yacoub el-Ouatassy, à la tête d'une superbe armée de Meryn pour assiéger Ceuta. Le kaïd Tachefyn entra à l'assaut dans la place, le lundi 10 de safar 709 (1309 J. C.), favorisé par les propres cheïkhs et habitants de la ville qui ne voulaient plus du gouvernement andalous. Il fit part immédiatement de la victoire à l'émir des Musulmans, en lui adressant les cheïkhs de Ceuta, et il fit jeter en prison le kaïd Abou Aly Omar ben Rahou ben Abd el-Hakk, qui avait dirigé les combats.

Le 1er de djoumad el-aouel, l'émir des Musulmans destitua le kady de Fès, Abou Ghâlyb el-Moughyly.

et le remplaça par le fekhy, le conseiller Abou el-Hassen Aly, connu sous le nom d'El-Seghyr (le petit). Dans le même mois, il fit la paix avec Ben el-Ahmar, à condition qu'il lui donnerait Algéziras, Ronda et leurs dépendances. De plus, il lui demanda sa sœur en mariage, et Ben el-Ahmar ayant consenti à tout, il lui envoya de fortes sommes et des chevaux pour faire la guerre sainte, avec son homme de confiance Othman ben Ayssa el-Yrtyany.

En 710 (1310 J. C.), au mois de djoumad el-aouel, le ministre Abd er-Rahman ben Yacoub el-Ouatassy et le kaïd chrétien Ghanssalou (Gonzalves), s'enfuirent à Rabat-Taza. Ils avaient comploté avec une partie des Beny Meryn de détrôner l'émir Soliman en faveur d'Abd el-Hakk ben Othman ben Mohammed ben Abd el-Hakk. Quand ils furent près de Rabat-Taza, ils mandèrent Abd el-Hakk, qui vint à eux, et ils le proclamèrent émir des Musulmans. Celui-ci commença aussitôt à rassembler des troupes et expédia des courriers aux principaux Beny Meryn et aux cheikhs arabes, pour leur demander de le reconnaître pour souverain. Quand l'émir des Musulmans, Soliman, apprit tout cela, il sortit pour marcher sur Rabat-Taza. Il expédia en avant une troupe nombreuse de Beny Meryn sous la conduite de Youssef ben Ayssa el-Achemy et d'Omar ben Moussa el-Feddoudy ; les rebelles, à la nouvelle de son approche à laquelle ils ne s'attendaient pas du tout, comprirent qu'il leur était impossible de se soutenir, et ils sortirent la nuit de Rabat-Taza pour fuir à Tlemcen, d'où ils passèrent en Andalousie. L'émir des Musulmans, Soliman, entra à Rabat-Taza, et il fit exécuter les principaux personnages qui avaient proclamé Abd el-Hakk et s'étaient soumis à son gouvernement. C'est là qu'il tomba malade et qu'il mourut, le mardi 30 de djoumad 710, le soir, entre les deux prières (de sept à neuf heures). Il fut enterré la nuit même dans la cour de la mosquée. Son règne avait duré deux ans et cinq mois, durant lesquels il y eut constamment mauvaise récolte et disette. Les propriétés renchérirent beaucoup, et on ne pouvait plus bâtir une maison à moins de 1,000 dinars d'or. On faisait un grand commerce de bêtes de somme, d'étoffes et de bijouterie, et c'est à cette époque que l'on commença à faire usage des carreaux vernis, du marbre et des sculptures dans les constructions.

L'auteur du livre pense qu'il faut fixer la date de la fuite de Fès du ministre Ben Yacoub au mardi 23 de raby 710. Et celui qui reste toujours c'est Dieu! Qu'il soit glorifié! Il n'y a d'adorable que lui!

RÈGNE DU ROI DE L'ÉPOQUE, LUMIÈRE DU SIÈCLE, L'IMAM, L'HEUREUX, L'ÉMIR DES MUSULMANS ABOU SAÏD, NOTRE KHALIFE EN CETTE ANNÉE 726.

Que Dieu prolonge ses jours, qu'il fortifie son gouvernement et rende ses ordres et ses enseignes victorieux ! Que ses ennemis soient détruits par ses armes !

Abd Allah Othman, émir des Musulmans, est fils de l'émir des Musulmans, le victorieux par Dieu, le roi de la vérité, Abou Youssef Abd el-Hakk, prénommé Abou Saïd et surnommé El-Saïd bi-Fadhl Allah (l'heureux par la grâce de Dieu). Sa mère, femme légitime nommée Aïcha, fille de l'émir des Arabes Khelouth, Abou Athya Mouhelhel ben Yhya el-Kholty, le mit au monde le vendredi 29 de djoumad el-tâny 675. Voici son portrait : Blanc, teint coloré, taille moyenne, jolie figure, épaules larges, avenant, pieux, craignant le Très-Haut, fort dans les limites de Dieu, clément, miséricordieux, point sanguinaire, doux et modeste, digne et intelligent.

Au commencement de son règne, il eut pour ministres : Abou el-Hedjadj Youssef ben Ayssa el-Achemy et Abou Aly Omar ben Moussa el-Feddoudy, qui ont été remplacés après leur mort par Abou Abd Allah Mohammed ben Abou Beker ben Aly et Abou Sâlem Ibrahim ben Ayssa el-Yrnâny.

Pour secrétaires : El-Hadj Abou Abd Allah ben Aby Medyan et Abou el-Mekârym Mendyl el-Kenâny, remplacés à leur mort par le fekhy, l'écrivain célèbre, Abou Mohammed Abd el-Mouhemyn et par le kady le juste Abou Abd Allah Mohammed Salah ben Hadheramy, et les docteurs Abou Mohammed Salah ben Hadjadj et Abou el-Abbès ben el-Ferâk.

Pour kadys : Le fekhy Abou Amrân el-Zerhouny

et le fekhy Abou Abd Allah Mohammed, fils du fekhy, le savant, versé dans le Hadits, le saint, le béni, le kady Abou el-Hassen ben Abou Beker el-Melyly.

Pour médecins : Abou Abd Allah ben el-Ghalyth de Séville, et puis son fils le visir Abou el-Hassen et le visir Abou Mohammed Ghâlyb el-Chakoury.

Sa proclamation eut lieu dans la nuit du mercredi 20 de djoumad el-tâny 710, dans la kasbah de Rabat-Taza. Il fut proclamé par les ministres, les secrétaires, les cheïkhs et les personnages de la cour, et dans la nuit même il expédia des courriers dans toutes les directions pour porter les nouvelles de la mort de Soliman et de son avénement. Il envoya son fils, l'émir, l'accompli Abou el-Hassen Aly à Fès, où il entra à l'Asser du mercredi 1er de radjeb 710. Il descendit à la ville nouvelle, siége de leur gouvernement et demeure de leurs rois, dont il prit le commandement et qu'il organisa. Il s'assura du palais, des trésors et des dépôts d'armes et de munitions. Il ordonna de battre le tambour et de faire des réjouissances publiques. Le mercredi matin, 1er de radjeb, l'émir des Musulmans Abou Saïd monta à cheval, au palais de Rabat-Taza, et sortit de la ville en grande pompe. Sa proclamation fut renouvelée par tous les Beny Meryn, les Arabes, les Andalous, les étrangers, les kaïds et les Chrétiens, par les fekhys, les kadys, les saints et les cheïkhs de la ville. Son élection fut unanime et sortit spontanément de tous les cœurs. Et cela parce que Dieu avait réuni en lui toutes les qualités et toutes les vertus, sans lesquelles il n'est pas possible de soutenir un empire. A son sujet, un poëte a dit : « Le khalifat est venu « à lui directement et par une filière de rois. Le kha- « lifat ne pouvait que lui appartenir, et il ne pouvait « appartenir lui-même qu'au khalifat. Et si tout autre « s'en était emparé, la terre entière eût été boule- « versée. »

Lorsque sa proclamation fut achevée et qu'il se fut assuré les rênes du gouvernement, il distribua des sommes aux Beny Meryn, aux Arabes, aux troupes; il fixa des salaires pour les fekhys et pour les saints; il fit des largesses aux personnages de sa cour, et il organisa lui-même les affaires de son pays et de ses sujets; il corrigea les injustices; il diminua les impôts, et il fit ouvrir les portes des prisons, à l'exception de celles qui renfermaient les criminels, les assassins ou les personnes arrêtées par jugement du cheråa; il fit distribuer des aumônes aux nécessiteux et aux pauvres honteux; il supprima l'impôt annuel des habitants de Fès envers le gouvernement. Les affaires des Croyants se régularisèrent, et la prospérité s'accrut et s'affermit constamment sous son règne, qui fait le bonheur de ses sujets par la grâce du Dieu très-haut. Partout l'abondance, la sécurité, la joie; fêtes continuelles de chaque jour et chaque nuit, tels sont les fruits du khalifat de l'émir des Musulmans, de sa bénédiction et de sa justice éclatante. Roi de l'époque, il gouverne les riches et les pauvres, les puissants et les faibles; il protége l'opprimé et ouvre sa porte aux malheureux. Tant de justice et d'impartialité n'étaient point connues avant lui. Que Dieu prolonge ses jours et fortifie son gouvernement !

Dans les derniers jours de radjeb, l'émir des Musulmans, Abou Saïd, partit de Rabat-Taza et se rendit à Fès, où il reçut les députations des habitants, des fekhys, des kadys et des cheïkhs, qui s'empressèrent de venir le saluer et le féliciter sur son avénement au pouvoir. Il célébra la fête de la rupture du jeûne dans cette capitale, et il en partit au mois de dou'l kâada pour venir à Rabat el-Fath inspecter les affaires de ses sujets, s'informer de celles de l'Andalousie, et faire construire des navires pour courir sur les ennemis; il arriva dans ce port à la fin dudit mois; il y célébra la fête du sacrifice; il mit de l'ordre aux affaires, expédia plusieurs navires et revint à Fès.

En 711 (1311 J. C.), il donna à son frère, l'émir Abou el-Bakâ Yaïch, le gouvernement d'Algéziras, Ronda et dépendances en Andalousie, et il ordonna de nouveaux armements à l'arsenal de Salé pour courir sur les ennemis. Cette année-là, il y eut une grande sécheresse, et les Croyants se réunirent auprès de lui, en implorant ses prières. Il sortit pour demander la pluie au Très-Haut et il se rendit à la chapelle accompagné des docteurs, des saints et des lecteurs qui chantaient des louanges et des supplications à Dieu, marchant lui-même à pied pour s'humilier devant la majesté de Dieu, comme il est dit dans le Sonna de notre prophète Mohammed (que Dieu le comble de bénédictions!). Un grand nombre de pauvres suivaient le cortége, et l'émir des Musulmans fit d'abondantes aumônes. Cette procession eut lieu le mardi 24 de châaban le sacré, an 711. Le mardi 27, l'émir sortit de nouveau avec toutes ses troupes et se rendit au Djebel el-Kanderatyn en pèlerinage sur le tombeau du saint Abou Yacoub el-Achkar (le blond). L'émir pria avec ferveur en cet endroit, et Dieu exauça sa prière et combla ses vœux par une pluie abondante. L'émir ne revint de là que lorsque tout le pays fut suffisamment arrosé. Que Dieu prolonge son règne! Il n'a jamais cessé, depuis son avénement jusqu'à ce jour, de secourir les malades et d'assister aux enterrements des saints, de favoriser les docteurs, les cheurfa et les saints auxquels il distribue chaque année de l'argent, des vêtements et toutes les choses nécessaires.

En 713 (1313 J. C.), Ben Hannou el-Askoury se révolta dans le pays d'Askoura, et l'émir des Musulmans marcha contre lui; il l'atteignit dans sa forteresse, qu'il enleva avec l'aide de Dieu; il pénétra dans les pays du rebelle, s'empara de ses biens, et, l'ayant enchaîné, il le fit marcher devant lui, captif et humilié, jusqu'à Fès, où il le jeta en prison.

En 714 (1314 J. C.), au mois de dou'l hidjâ,

l'émir des Musulmans, Abou Saïd, donna à son fils, le distingué, l'émir Abou Aly Omar, le commandement des pays occidentaux de Sidjilmessa et du Drâa jusqu'au Sahara, avec des pouvoirs absolus. En cette même année, il confia le gouvernement de Ceuta et le commandement de la flotte au kaïd Yhya ben el-fekhy Aby Thaleb el-Azfy.

En 715 (1315 J. C.), il donna ordre de bâtir la porte située devant le pont de la ville nouvelle de Fès et ses murs d'enceinte; ensuite il alla à Maroc pour mettre ordre aux affaires et il revint à Fès.

En 716 (1316 J. C.), le kaïd Yhya passa à Gibraltar, qu'il enleva après un siége de quelques jours. Peu après, il détruisit dans le détroit la flotte chrétienne, dont il tua le chef, Djernâk, fléau dont les Musulmans furent ainsi délivrés par la grâce de Dieu. En chouel, ce même kaïd Yhya se révolta à Ceuta et refusa de se rendre à l'appel de l'émir, qui l'envoya assiéger par son ministre Abou Sâlem Ibrahim ben Ayssa el-Yrnâny, lequel cerna la place avec son armée pendant quelque temps.

En 719 (1319 J. C.), l'émir des Musulmans sortit de Fès pour Tanger, où il alla examiner la situation des affaires de Ceuta et de l'Andalousie; il ordonna de bâtir des puits près de l'Oued Hassan, sur la pointe du cimetière des Aghzâz, et il revint à Fès.

En châaban 720 (1320 J. C.), il s'en alla à Maroc et y resta tout le temps nécessaire pour mettre ordre aux affaires de son gouvernement et à celles de ses sujets; il restaura la ville dont il donna le commandement à Djendoun ben Othman, et il revint à Fès vers la fin de l'année.

En 721 (1321 J. C.), il alla à Rabat-Taza, où il resta trois mois ; il fortifia Taouryrt et y plaça une garnison de cavaliers, de fantassins et d'archers. En cette même année, il fit bâtir les murs d'enceinte d'Agersif.

En 722 (1322 J. C.), il partit pour Maroc au mois de raby el-tâny, et, après y être resté quelque temps pour mettre de l'ordre aux affaires, il revint à Fès.

En 723 (1323 J. C.), il y eut une grande sécheresse au Maghreb; les Croyants firent des prières, et l'émir sortit conformément au Sonna pour demander la pluie et faire des sacrifices.

En 724 (1324 J. C.), le Maghreb fut affligé par la famine; les denrées devinrent partout rares et chères. Le sahfa de blé atteignit le prix de quatre-vingt-dix dinars, et l'almoud vingt-cinq drahems; quatre onces de farine, un drahem; cinq onces de viande, un drahem; deux onces d'huile ou une once de miel, un drahem; trois onces de raisins secs, un drahem, deux onces de beurre, un drahem; les légumes et les herbages disparurent entièrement, et cette situation dura depuis le commencement de l'année 724 jusqu'à djoumad el-aouel 725, où Dieu chéri donna la pluie à ses campagnes et à ses créatures, qu'il combla des bienfaits de sa miséricorde.

Durant cette désastreuse famine, l'émir des Musulmans fit plus de bien qu'on ne saurait le décrire; il ouvrit les dépôts de grains du gouvernement et fit vendre pour quatre drahems l'almoud de blé qui valait partout seize drahems; il ne cessa de faire des aumônes; ses hommes de confiance étaient chargés de les distribuer aux Musulmans et de les faire parvenir jusqu'aux femmes ou aux pauvres honteux, à chacun selon ses besoins, depuis un dinar d'or jusqu'à quatre. C'est ainsi qu'à partir du jour de son avènement, il a constamment secouru tous les malheureux. Chaque hiver, il distribue des vêtements aux pauvres et pourvoit à leurs logements; il a donné ordre d'ensevelir dans de la toile neuve et d'enterrer avec soin et respect tous ceux qui mouraient inconnus ou étrangers au pays. Que le Dieu très-haut le récompense pour toutes ses bonnes œuvres, et qu'il le conserve aux Musulmans par sa grâce et sa toute-puissance!

CHRONOLOGIE DES ÉVÉNEMENTS REMARQUABLES QUI ONT EU LIEU AU MAGHREB, DE L'AN 656 JUSQU'À LA FIN DE NOTRE RÉCIT, EN 726.

En 656 (1258 J. C.), l'émir des Musulmans, Abou Youssef (que Dieu lui fasse miséricorde!), fut proclamé à Fès.

En 658, les Chrétiens surprirent la ville de Salé, et ils y entrèrent à l'assaut le 2 de chouel. Ce fut une grande calamité.

En 659, bataille d'Oum el-Ridjeleïn entre l'émir des Musulmans, Abou Youssef, et l'armée d'El-Mourthadhy.

En 660, entrée à Maroc de l'émir des Musulmans Abou Youssef. Le mardi 12 de chouel, apparition d'une comète qui, pendant environ deux mois, se levait chaque nuit à l'heure du Sohaur. Un corps de guerriers Beny Meryn passa en Andalousie pour faire la guerre sainte, volontairement et sous le commandement d'Amer ben Edriss et d'El-Hadj el-Taher Aly.

En 663, le fekhy El-Azfy détruisit les murs de la kasbah de la ville d'Asîla.

En 664, Arrivée d'Abou Debbous à Fès, venant faire sa soumission à l'émir des Musulmans.

En 666, 12,000 dinars d'or et trois colliers de perles furent volés au trésor de la kasbah de Fès.

En 667, mort du cheïkh Abou Merouan el-Ouadjezny, à Ceuta. Défaite des Arabes Rîah par l'émir des Musulmans El-Moustansyr, qui fit périr les hommes, prit leurs biens et leurs familles, et s'en revint à Tunis. Arrivée d'Abou Zakerya ben Salîh, envoyé par El-Mansour, roi d'Ifrîkya, avec des présents pour l'émir Abou Youssef.

En 668 (1270 J. C.), les Chrétiens s'emparèrent du port de Larache dont ils massacrèrent les habitants. Ils enlevèrent les femmes et les richesses, et ils s'en allèrent sur leurs navires après avoir mis le feu à la ville. Mort de Talha ben Aly Yacoub ben

Abd Allah, et naissance de Messaoud ben Abou Yacoub, émir des Musulmans. Omar ben Mandyl el-Maghraouy livre la ville de Meliana à Yaghmourasen ben Zyan. Le mercredi soir, 25 de dou'l hidjâ, après la prière, le roi chrétien de France [1] aborda sur la côte de Tunis avec une flotte innombrable; en descendant à terre, les Infidèles s'emparèrent du château El-Kelâa, et on ne saurait exprimer le nombre de tentes qui s'élevèrent en camp sur le bord de la mer. Il y avait quarante mille cavaliers chrétiens, cent mille archers et cent mille fantassins, mais, le 25 de raby el-tâny, le roi de France mourut pendant qu'il assiégeait encore la ville de Tunis, et sa mort fut cause de la retraite des Chrétiens. Entrée de l'émir des Musulmans, Abou Youssef, à Maroc.

En 669, expédition d'Abou Youssef contre les Arabes du Drâa. Révolte de Mohammed ben Edriss et de Moussa ben Rahou; l'émir Abou Youssef, après les avoir cernés pendant trois jours sur le mont Aberkou, près de Fès, reçut leur soumission et leur fit grâce de la vie.

En 670, Abou Youssef attaqua les possessions de Yaghmourasen, au mois de radjeb, et, après l'avoir mis en déroute à l'Oued Isly, il l'assiégea quelque temps à Tlemcen.

En 672, prise de Tanger et siége de Ceuta par Abou Youssef.

---

[1] Saint Louis.

En 673, prise de la ville de Sidjilmessa par le même.

En 674, le 3 de chouel, furent jetés les premiers fondements de Fès el-Djedid, sur la rivière. La veille, 2 de chouel, les juifs de Fès avaient été massacrés. Premier passage en Andalousie de l'émir des Musulmans Abou Youssef, pour faire la guerre sainte; il s'empara d'Algéziras, de Tarifa et de Ronda. Guerre contre don Nuño. Construction de la kasbah de Mekenès.

En 675, ordre de l'émir des Musulmans de bâtir la nouvelle ville d'Algéziras.

En 676, deuxième passage de l'émir Abou Youssef en Andalousie. Mort d'Abou Mohammed ben Achkyloula, maître de Malaga.

En 677, au mois de raby el-aouel, la flotte chrétienne vint bloquer Algéziras. Des cadeaux sont envoyés par Yhya el-Ouatyk, roi d'Ifrîkya. Au mois de châaban, Omar ben Aly, gouverneur d'Abou Youssef à Malaga, trahit et vendit la place à Ben el-Ahmar. Au mois de chouel, révolte de Messaoud ben Kanoun el-Soufyany. Construction de la mosquée de Fès el-Djedid.

En 678 (1280 J. C.), destruction de la flotte chrétienne devant Algéziras.

En 679, mort de Zyan ben Abd el-Kaouy el-Toudjyny. Les sauterelles envahirent le Maghreb et détruisirent les moissons et les champs jusqu'au dernier brin d'herbe. La mosquée de Fès el-Djedid est ornée de son grand lustre pesant sept cent quinze livres et ayant deux cent quatre-vingts calices ou godets. Siége de Grenade par Abou el-Hassen Achkyloula et Alphonse.

En 680, défaite de Yaghmourasen au Melhab, près Tlemcen.

En 681, mort du kaïd El-Zendadjy, à Ceuta. Passage de l'émir des Musulmans en Andalousie, où il rencontra, à Sakhrat el-Abbed, Alphonse, qui lui donna sa couronne en gage pour 100,000 dinars. Fuite de la kasbah de Fès du chef supérieur de la flotte des chrétiens, qui y était prisonnier. Prise de Tunis par Ben Aby Amâra. Mort de Yaghmourasen ben Zyan.

En 682 (1284 J. C.), au mois de moharrem, mort d'Alphonse *le Borgne* [1] (que Dieu le damne!) et de Tachefyn ben Abd el-Ouahed, émir de l'Andalousie.

En 683, l'eau de l'Aïn Ghaboula fut amenée à la kasbah de Rabat el-Fath, par ordre de l'émir Abou Youssef et sous la direction de Bel Hadj. Mort de Ben Aby Amâra à Tunis, où son fils Abou Hafs lui succède. Le 6 de ramadhan, la dame noble Oum el-Az, fille de Mohammed ben Hazem, mourut à Rabath el-Fath et fut enterrée à Chella.

En 685, au moharrem, mort de l'émir des Musulmans Abou Youssef. Construction du grand moulin sur le fleuve de Fès.

[1] Alphonse X, Alonzo el Sabio.

En 687, le roi d'Égypte El-Mansour s'empare de Tripoli de Syrie. Mort du cheïkh, le saint Abou Yacoub el-Achkar, à El-Kendaryn, chez les Beny Behloul.

En 690, siége et prise de Tarifa par Alphonse. Prise de la ville d'Akka par le roi El-Achraf. L'émir des Musulmans décrète la célébration solennelle de l'anniversaire de la naissance du Prophète dans tous ses états.

En 692, prise de la forteresse de Tazouta.

En 693, la mosquée de Taza est achevée, et ornée de son grand lustre en cuivre pesant trente-deux quintaux et ayant cinq cent quatorze calices ou godets; 8,000 dinars furent employés à ces travaux.

En 699, Abou Yacoub assiégea Tlemcen pendant quelque temps et s'en revint à Fès.

En 702 (1304 J. C.), mort de Ben el-Ahmar, roi d'Espagne.

En 706, mort de l'émir des Musulmans Abou Yacoub.

En 708, mort de l'émir des Musulmans Abou Thâbet, à Tanger.

En 710, le 30 de djoumad el-tâny, mort de l'émir des Musulmans Abou el-Reby, et avénement d'Abou Saïd.

En 720 (1320 J. C.), l'émir Abou Saïd fit construire la grande académie de Fès el-Djedid, et il y établit des tholbas pour lire le Koran et des docteurs pour étudier les sciences, en accordant à tous l'entretien et des traitements mensuels. Il dota cet établissement du quart des revenus des récoltes, et tout cela pour l'amour du Dieu très-haut et dans le but de mériter les grandes récompenses.

En 721, l'émir Abou el-Hassen ben Abou Youssef ben Abd el-Hakk (que Dieu les agrée tous!) fit bâtir l'académie située au midi de la mosquée El-Andalous; elle fut construite avec le plus grand soin, et munie tout autour d'un grand réservoir, de lieux aux ablutions et d'un caravansérail servant de demeure aux étudiants. Tous ces établissements reçurent leurs eaux de la source située au dehors du Bab el-Hadid, et coûtèrent de très-fortes sommes, plus de 100,000 dinars. L'émir y établit des docteurs, des auditeurs, des étudiants et des lecteurs, et pourvut à leur entretien et à leurs vêtements. Il dota enfin cet établissement de rentes considérables. Que le Très-Haut l'en récompense!

En 723 (1323 J. C.), au mois de moharrem, de l'une des sources de Senhadja, située vers l'Orient, jaillit du sang naturel, qui coula depuis la moitié de l'heure de la prière du soir jusqu'au tiers de la nuit; cette source reprit alors sa limpidité ordinaire. Le 30 de châaban, l'émir des Musulmans, Abou Saïd, ordonna la construction de la grande académie qui est située près de la mosquée El-Kairaouyn; elle fut bâtie sous la direction du docteur béni Abou Mohammed Abd Allah ben Kassem el-Mezouâr. L'émir, accompagné des docteurs et des saints, assista lui-même à sa fondation, et il parvint à faire un édifice prodigieux, le plus splendide que jamais roi ait élevé sur la terre avant lui. Il y fit arriver l'eau d'une source intarissable, et il y établit des docteurs, des savants, un imam, un muezzin et des employés pour le service. Il alloua à chacun des émoluments, et il acheta des propriétés pour en doter cet établissement, pour l'amour de Dieu et dans l'espérance de mériter les grandes récompenses.

Je prie le Très-Haut de combler notre émir de ses bienfaits dans le jardin éternel, au milieu des plus belles houris, et de me couvrir de sa bénédiction pour tout ce que je viens d'écrire sur les docteurs, les saints, les anciens et les hommes vertueux. Ô Miséricordieux des Miséricordieux! accorde-moi des richesses, des enfants, la religion en ce monde et le salut dans l'autre!

Que Dieu répande sa bénédiction et sa grâce sur notre seigneur et maître Mohammed, sur sa famille et ses compagnons!

FIN DU LIVRE RÉCRÉANT, INTITULÉ ROUDH EL-KARTAS,
CONTENANT L'HISTOIRE
DES SOUVERAINS DU MAGHREB ET LES ANNALES DE LA VILLE DE FÈS.

TABLE.

	Pages.
Avertissement...........................	1
Introduction de l'auteur Abd el-Halîm................	1

LES EDRISSITES.

Ans 172 à 380 (788 à 990 J. C.).

Edriss, descendant d'Ali, gendre du Prophète, fuit de l'Arabie et arrive au Maroc, où il propage l'Islamisme......	7
Règne de l'imam Edriss...........................	15
Règne de l'imam Edriss, fils d'Edriss.................	25
Fès; description des lieux; admiration des poëtes; prédictions; antiquités; description; histoire; étymologies du nom de Fès................................	35
Les juifs d'Espagne et huit mille familles de Cordoue passent à Fès................................	55
Énumération des établissements de Fès................	57
Règne de l'imam Mohammed, fils d'Edriss ben Edriss.....	61
Règne de l'émir Aly, fils de Mohammed................	64
Règne de l'émir Yhya, fils de Mohammed...............	65
Mosquée d'El-Kairaouyn; sa description et son histoire jusqu'en 726 (1326 J. C.); son minaret................	69
Histoire de ses prédicateurs........................	92
Règne de l'émir Yhya, fils d'Yhya...................	103
Règne de l'émir Aly, fils d'Omar....................	104
Règne de l'émir Yhya, fils d'El-Kassem, El-Mekadem (le chef).	105
Règne de l'émir Yhya, fils d'Edriss ben Omar...........	106
Règne de l'émir El-Hassen, El-Hadjem (le phlébotomiste)..	109
Règne de l'émir Moussa ben Aby el-Afya...............	111

	Pages.
Règne de l'émir Kennoun...............................	117
Règne de l'émir Abou el-Aïch, fils de Kennoun...........	*Ibid.*
Règne de l'émir Hassen, fils de Kennoun................	120
Chronologie des événements remarquables qui eurent lieu au Maghreb sous les Edrissites...........................	130

LES ZENÈTA.

Ans 381 à 462 (990 à 1069 J. C.).

Histoire des Zenèta....................................	139
Règne de l'émir El-Mouâz, fils de Zyry..................	149
Règne de l'émir Hamâma, fils d'El-Mouâz................	150
Règne de l'émir Temym el-Yfrany........................	*Ibid.*
Règne de l'émir Dounas ben Hamâma.....................	152
Règne des deux frères El-Fetouh et Adjycha..............	153
Règne de l'émir Manser, fils d'El-Mouâz.................	154
Chronologie des événements remarquables qui eurent lieu au Maghreb sous les Zenèta.............................	157

LES MORABETHYN (ALMORAVIDES).

Ans 430 à 540 (1038 à 1145 J. C.).

Histoire des Morabethyn................................	162
Règne de l'émir Yhya, fils d'Ibrahim.....................	165
Arrivée du docteur Abd Allah ben Yassyn.................	169
Règne de l'émir Yhya, fils d'Omar.......................	174
Règne de l'émir Abou Beker, fils d'Omar.................	177
Histoire des razias d'Abd Allah ben Yassyn contre les idolâtres Berghouata...	179
Règne de l'émir Youssef, fils de Tachefyn...............	190
Fondation de Maroc....................................	195
Histoire du passage en Andalousie de l'émir Youssef pour faire la guerre sainte.....................................	205
Bataille de Zalaca.....................................	207
Lettre de l'émir Youssef annonçant sa victoire...........	212
Règne de l'émir Aly, fils d'Youssef......................	224
Bataille d'Uclès.......................................	228
Règne de l'émir Tachefyn, fils d'Aly....................	236

Chronologie des événements remarquables qui eurent lieu au Maghreb sous les Morabethyn.................. 238

LES MOUÂHEDOUN (ALMOHADES).
Ans 524 à 668 (1130 à 1269 J. C.).

Histoire des Almohades; El-Mehdy.................. 242
Campagnes d'El-Mehdy contre les Almoravides.......... 252
Récit de la mort d'El-Mehdy....................... 254
Portrait, vie et principaux faits d'El-Mehdy............ 257
Règne de l'émir Abd el-Moumen.................... 260
Fondation de Gibraltar............................ 281
Portrait et vie de l'émir Abd el-Moumen.............. 288
Règne de l'émir Youssef, fils d'Abd el-Moumen......... 290
Règne de l'émir Yacoub, fils d'Youssef (El-Mansour)..... 303
Récit de l'expédition d'Alarcos et de la défaite des Chrétiens. 309
Règne de l'émir El-Nasser, fils d'El-Mansour........... 326
Visite et réception du roi de Bayonne................ 332
Siége de Salvatierra............................... 336
Bataille d'Hisn el-Oukab; défaite des Musulmans........ 339
Règne de l'émir Youssef, fils d'El-Nasser.............. 344
Règne de l'émir Abou Mohammed El-Makhelou (le détrôné). 347
Règne de l'émir Abou Mohammed el-Adel (le juste)...... 349
Règne de l'émir Yhya, fils d'El-Nasser, ses guerres avec son oncle El-Mamoun............................... 352
Règne de l'émir Aby el-Olâ........................ 356
Une armée chrétienne passe au Maroc; conditions du roi de Castille....................................... 357
Règne de l'émir Abou Mohammed Abd el-Ouahed....... 364
Règne de l'émir Abou el-Hassen el-Sayd.............. 367
Règne de l'émir Abou Hafs Omar el-Mourthady (l'agréé)... 371
Règne d'Edriss Abou Debbous...................... 373
Chronologie des événements remarquables qui eurent lieu au Maghreb sous les Almohades..................... 377

LES BENY MERYN.
Ans 610 à 626 (1213 à 1326 J. C.).

Histoire des Beny Meryn; leur origine................ 396

Leur avénement au Maghreb.............................	400
Règne de l'émir Abou Mohammed Abd el-Hakk..........	405
Règne de l'émir Abou Saïd Othman, fils d'Abd el-Hakk....	410
Règne de l'émir Abou Mahrouf, fils d'Abd el-Hakk.......	413
Règne de l'émir Abou Yhya, fils d'Abd el-Hakk..........	415
Règne de l'émir Abou Youssef Yacoub, fils d'Abd el-Hakk..	425
Passage de l'émir Abou Youssef en Andalousie; sa première expédition contre les Chrétiens....................	448
Bataille d'Ecijâ; défaite et mort de don Nuño de Lara.....	453
Deuxième expédition de l'émir Abou Youssef en Andalousie.	458
Deuxième passage de l'émir Abou Youssef en Andalousie...	461
Quatrième campagne de l'émir Abou Youssef en Andalousie.	464
Cinquième campagne de l'émir Abou Youssef en Andalousie.	466
Expédition de l'émir Abou Youssef contre El-Byra........	487
Quatrième passage de l'émir Abou Youssef en Andalousie...	490
Arrivée en Andalousie de l'émir Abou Yacoub...........	504
Arrivée des prêtres et religieux chrétiens à la cour de l'émir des Musulmans pour demander la paix; conditions; traité.	516
Règne de l'émir Abou Yacoub, fils d'Abou Youssef.......	528
Siége de Tlemcen...................................	545
Règne de l'émir Abou Thâbet Amer....................	549
Règne de l'émir Abou el-Reby Soliman.................	554
Règne de l'émir Abou Saïd...........................	557
Chronologie des événements remarquables qui ont eu lieu au Maghreb sous les Beny Meryn.......................	565

www.ingramcontent.com/pod-product-compliance
Lightning Source LLC
Chambersburg PA
CBHW070400230426
43665CB00012B/1190